教育的温度丛书

县域乡村教师有效培训研究

戴礼章◎主编　　丁常春　黄　琼◎副主编

华东师范大学出版社
·上海·

图书在版编目（CIP）数据

县域乡村教师有效培训研究/戴礼章主编. —上海：华东师范大学出版社,2022
ISBN 978-7-5760-2893-5

Ⅰ.①县… Ⅱ.①戴… Ⅲ.①农村学校—师资培养—研究—中国 Ⅳ.①G451.2

中国版本图书馆 CIP 数据核字(2022)第 100667 号

县域乡村教师有效培训研究

主　　编　戴礼章
副 主 编　丁常春　黄　琼
责任编辑　张艺捷　彭呈军
特约编辑　陈成江
责任校对　王婷婷　时东明
装帧设计　卢晓红

出版发行　华东师范大学出版社
社　　址　上海市中山北路 3663 号　邮编 200062
网　　址　www.ecnupress.com.cn
电　　话　021-60821666　行政传真 021-62572105
客服电话　021-62865537　门市(邮购)电话 021-62869887
地　　址　上海市中山北路 3663 号华东师范大学校内先锋路口
网　　店　http://hdsdcbs.tmall.com

印 刷 者　上海龙腾印务有限公司
开　　本　787×1092　16 开
印　　张　23.75
字　　数　400 千字
版　　次　2022 年 7 月第 1 版
印　　次　2022 年 7 月第 1 次
书　　号　ISBN 978-7-5760-2893-5
定　　价　78.00 元

出 版 人　王　焰

本书为国家社会科学基金教育学一般课题“县域乡村教师有效培训研究”（批准号 BKA160154）研究成果（成果鉴定等级为“良好”）

主编简介：

戴礼章，湖南省宁乡市教师进修学校原校长，正高级讲师。系全国教师培训机构发展联盟副理事长、特约研究员，湖南省教师培训机构管理专业委员会副理事长。主要从事教育管理和中小学教师继续教育研究。先后主持或参与研究国家社会科学基金（教育学类）课题3项、省部级课题4项。在《人民教育》《中国教育报》《中小学教师培训》等报刊上发表教育论文20余篇，主编或参编教育专著5部。

主　　编　戴礼章

副 主 编　丁常春　黄　琼

编写成员　（以姓氏笔画为序）

丁常春　刘令军　张国栋　胡　英

聂菊平　黄　琼　梁志平　彭惠才

程　何　谢彩飞　谭　华　戴礼章

前言

党的十八大以来，党和国家非常重视教师队伍建设，各级党委和政府从战略高度来认识教师工作的极端重要性，把加强教师队伍建设作为基础工作来抓，把教师工作置于教育事业发展的重点支持战略领域，优先谋划教师工作，优先保障教师工作投入，优先满足教师队伍建设需要，把教师打造成中华民族“梦之队”的筑梦人，作为教师队伍建设的战略目标，教师队伍优先发展、教育者要先受教育成为现实。

就是在这样的大背景下，湖南省宁乡市教师进修学校非常有幸获批国家社会科学基金教育学一般课题“县域乡村教师有效培训研究”（课题批准号 BKA160154）。本书就是这个课题研究的最终成果之一，是课题组成员集体智慧的结晶。

在课题研究过程中，得到了湖南省教育科学研究院教育发展研究所李小球所长、湖南大学唐松林教授、安徽师范大学教育科学学院周兴国教授等专家学者的指导。

回顾起来，课题组站在国际视野、国家战略的高度，进行了大量文献研究，调研了23 个省市 43 个县的 200 所乡村学校，并选取了全国经济百强县、西部经济中等县，全国贫困县等部分乡镇乡村小学、初中和高中乡村学校教师作为研究样本，虚心向各地中小学教师和培训专家咨询，并在湖南、甘肃、吉林等 5 个省 10 个县域进行了五年实践，构建了横向到边，纵向到底的网格化、网络化乡村教师培训体系。特别在提升县域乡村教师培训目标的适应度、提升培训效果的达成度、提升培训评价的有效度、提档培训条件的保障度，提振乡村教师参培的满意度等方面做了有益的探索。课题研究成果被全国教育科学规划办专家组鉴定为“良好”等级。

为了解决县级教师培训机构承担国家级课题研究存在先天的理论不足等问题，长江师范学院于海洪教授应邀加盟研究团队，多次提供理论指导，并且亲自带队到全国各地深入一线调查研究；同时又邀请了师范大学、省级和地市级教育学院或教师发展中心、基层学校的相关人员参与研究，撰写案例，出版培训著作，丰富了研究内容、拓展了实践地域、提升了理论水平。

本书从教师培训的理论基础，到乡村教师的职业特征与专业标准、乡村教师培训现状与发展动向、乡村教师培训的方式与模式、乡村教师培训保障机制与质量管理、乡村教师培训项目有效性评价六个方面进行了理性分析，并提供了大量县域乡村教师有效培训的实践探索的典型案例。

参加提纲讨论和编著人员有：戴礼章、黄昭明、丁常春、黄琼、刘令军、梁志平、胡英、谭华、程何、张国栋、谢彩飞、聂菊平、周洪波等，在本书的编著过程中，长江师范学院学报编辑部办公室主任赵庆来、宁乡市特级教师黄昭明等对课题研究和本书撰写提出了大量的建设性意见和建议，对他们的无私帮助，我们深表敬意。

在本书稿付梓之际，要衷心感谢全体参加研究的各位老师，感谢给予本课题鼎力支持的株洲市茶陵县舲舫中心小学谭自云老师，感谢为本书出版付出辛勤劳动的华东师范大学出版社的编辑们，感谢宁乡市教育局、宁乡市教师进修学校的大力支持。

需要说明的是，因篇幅所限，课题组部分成员的研究成果，仅呈现在上报材料中，在本书没有全文呈现，这里要表示歉意。

由于作者团队水平有限，本书肯定存在许多的问题，恳请各位专家、学者提出宝贵意见。我们将进一步深化研究，为乡村教师的职后发展探索更有效的路径。

本书编委会

2022 年 2 月 18 日

目录

第一章

教师培训的理论基础

第一节　教师专业发展理论

教师是专业人员，教书育人是教师的专业特征与职业使命。取得了教师资格证并不代表已成为一名合格教师，当一辈子教师其专业性也并非都得到充分发展。教师的专业发展是指教师作为专业人员，在职业道德、职业情感、职业品质、专业思想、专业知识、专业能力等方面的发展过程，如专业知识与技能的丰富与娴熟、专业理想与信念的坚持与追求、专业情感与态度的浓厚与积极，专业品格与专业智慧的形成与生成，即是教师由一名新手发展成为专家型教师或教育家型教师的过程。其中专业知识与技能是基础，专业精神与情感是动力，专业思想与信念是保障。教师的专业发展是一个持续不断的成长发展过程，是在教育教学活动中实现的。教师专业发展是主客观多种因素促进的结果，见图 1－1，其中教师培训是促进教师专业成长的一种有效举措。

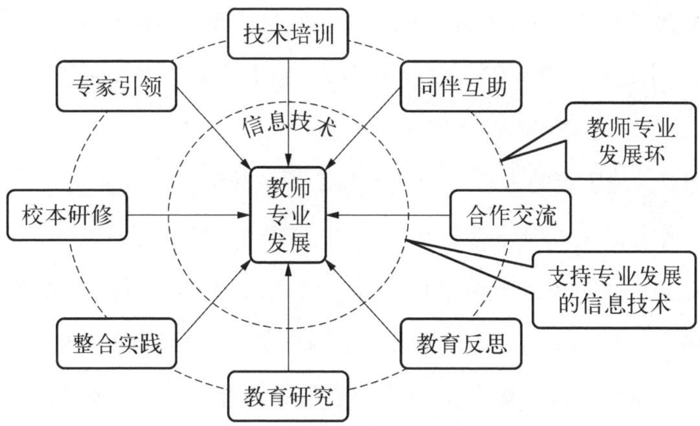

图 1－1　教师专业发展影响因素

一　基于“专业信念情感培育”的教师专业发展理论

（一）教师信念理论

教育的对象是人，教育是一种需要信念的活动。教师信念是用以理解教师思考、教学实践和专业发展的重要概念，是教师教育场境中坚守的基本教育观念、教育的思想和教育的理想。① 教育信念不仅蕴含着教师的激情，而且还包含着教师对教育的责任和使命。教师的教育信念是一种坚忍不拔的毅力和无穷的精神力量，对其教学活动及专业发展有重要影响。教育信念有内隐性，但通过教师的职后培训（认知或活动）可以改变教师的信念，尤其是关于学生和教学的认知。②

1. 教师信念理论研究的基本概念

信念：教师信念指教师对教学、教师角色、课程、学生及其相关因素等持有理论、观点或见解，是一种内隐认知，其形成主要源于教师的个体生活经历、教育实践与自我反省。教学是一种需要信念的活动，教师信念影响着教师的教学行为，是教师素质的重要组成部分。

态度：态度是个体对特定对象（人、观念、情感或者事件等）所持有的稳定的心理倾向，涉及情感、行为意向和认知三个维度。一般而言，态度是潜在的，主要是通过人们的言论、表情和行为来反映。教师的工作态度既是一种内在的心理结构，又是一种行为倾向，对教学行为起准备作用。教师的教学态度在很大程度上决定了教师的教学质量和教学效果，教师以什么样的态度面对学生，影响着学生的成长发展；以什么样的态度对待工作，决定着教育工作的质量与成败。通常情况下教学态度与教学行为具有一致性。

期望：即对人或事物的未来有所等待和希望。教师期望主要有对个人发展的期望和对教育工作的期望。国外对教师期望的研究凸显了教师信念对于学生的影响，尤其是当教师对学生的期望基于偏见和刻板印象时，学生的学习能力会受到极大的限制。欧文（Irvine, 1990）通过调查美国城市出身的职前教师（在本文中，职前教师指的是仍在教师教育培训项目中就读、尚未上岗教学的师范生。在职教师指的是获得执教资格，由所在地人事部门建立人事档案的执教人员）归纳出职前教师对学生的期望有“配合老师、聪明、愉快、自制、穿着整洁和非常有礼貌”。③ 欧文认为，这些期望与教师关于教学的信念相关，具有评价性，会深刻影响师生互动。如果学生的行为和表现没

---

① 郭元祥. 教师文化（17）——教师的信念[M]. 上海：华东师范大学出版社，2008.

② 朱旭东. 教师专业发展理论研究[M]. 北京：北京师范大学出版社，2011：22

③ Irvine, J. J. Black students and school failure: Policies, practices, and prescriptionx [M]. NewYord: Greenwood Press, 1990: 51.

有符合以上期望,就有可能被这些(未来的)教师冷落或者批评。教师的期待通常在教学过程中通过教师的言行表现出来。关于教师期望对学生的影响,以美国哈佛大学教授罗森塔尔为首的心理学家进行了一系列研究,实践证明,学生的智力、情感、个性等的发展与老师对其关注程度成正向关系。小学阶段的学生以接受、体验学习方式为主,更喜欢集体环境下情感的满足。

2. 生态文化情境中的教师信念

教师生态文化强调的是指教师个体与制度文化之间的互动,主要是指教师个体的经验、假设和信念与他们所在的学校、课堂情境之间的互动。生态文化情境中的教师信念需要在复杂的教学情境中对教师与学生的关系进行动态和具体的分析①,主要包括以下方面。

文化、价值观情境:教师关于青少年发展及其文化背景的信念。

国家和社会情境:关于教育政策、标准和问责制的信念。

即时情境:教师关于学生、课堂互动和教学内容的信念。教师对于学生、课堂互动和教学内容的信念受制于他们所处的即时情境:学生、课堂和师生互动关系。

自我:教师的身份认同和教学效能感。与教帅个人教学效能感相关的一个概念是教师的集体效能感,即教师对整个学校的教师团队教学行动能力及其对学生学习影响效果的评估。

知识观:教师应该具有什么知识,教师知识是如何获得的,为什么?

能力观:教师应该具有什么样的能力,是如何获得的,为什么?

自主观:教师应该具有什么样的自主性,在什么样的条件下实现,为什么?

环境观:教师专业发展应该具有什么样的环境(大环境包括国家制度与政策,小环境包括学校文化、社群文化、班级文化等②),教师与环境应该如何互动,为什么?

教师效能感对教师的工作质量与专业发展有很大影响。教师效能感的产生和提升需同时重视教学任务、情境的分析和对个人教学能力的评估。在分析教学任务和情境的过程中,要考虑的因素有:学生的能力和学习动机、适当的教学策略、可以利用的教学资源及其质量、可以采用的教学技术、学校的管理、学校校风和可以获得的智力和政策支持,等等。在个人教学能力评估时,教师要对自己的知识技能、教学策略的使

---

① 岳欣云. 教师生态文化研究:教师研究的新发展[J]. 教育探索,2010(11):99－100.
② 朱旭东. 教师专业发展的环理论模型构建[J]. 教育研究,2014(06):91－90.

用、性格特征和现有的教学观念进行评价，以分析自己在特定教学情境中的能力胜任情况。这两方面缺一不可，否则会造成教师效能感的偏颇，有碍教师正确评估自己在解决具体教学问题时的能力和采用恰当的教学资源。

信念影响行为，教师因信念的内隐性与积淀性而形成的定式思维难以改变，因此教师专业发展通常需要改变教师落伍的教育教学信念。一方面培训工作需要扎根于教学实践，开展教师与多个层面的互动，在教学情境中触及教师的内心深处方能有效。另一方面，对这种深层次的改变需要长时间以及相关的培训支持。

（二）教师感情理论

1. 教师个体的感情与身份、信念的关系

教育是承载着感情的实践活动，教师也并非是价值中立的认知者。虽然信念被认为是“个体行动的准备”，但如果缺乏感情或热情，行动与目的将难以有效开展、实现。感情不仅影响信念，也能够将思想的表达运用到行动之中。因此，虽然信念是我们行动的先导并能引导行动，但仅仅是信念还无法有效引发行动，必须要有感情的支持。舒尔茨(Schutz)等人借鉴皮亚杰的平衡和认知冲突理论指出，感情同信念的改变是一致的。感情是对刺激知觉后而产生的，教师的教育感情是教师个体的内心体验，当教师个体的目标或信念与其对所发生事件的认识冲突时，就会引发多种感情，进而影响行为。课堂教学情境是教师感情、信念和身份交互的场所。

学校是师生感情、理智等方面对话交流的场所，教师本身的感情展现是影响学生感情发展的，教师的感情本身具有示范的作用，言传身教的力量是巨大的，影响也是久远的。学者指出，教师感情的支持可以增强学生学业成就和自主性，具有吸引、减低散漫、维持方向、提升重点特征、控制灰心和示范的作用。① 作为职场中的人，教师要与课堂内外的人、事、物交往，交往必定涉及感情。

感情对教师的工作认知、工作效能均会产生影响，与教师的幸福感密切相关，对专业发展有重要意义。有效教学总是充满感情的，心情愉悦的教师比心情糟糕的教师可

① Debra, K. M.. Scaffolding Emotions in Classrooms. In Schutz, P. A. (Eds.), Emotion in education[M]. Academic Press, 2007: 243 - 258.

能会更能以积极的方式研究学生、改进教学方式。① 教师对感情的认知有助于师生“良好人际关系”的建立。感情是教师专业发展不可缺少的知识或能力②,是教师职后培训的重要内容。

2. 教师的感情规则、感情政治、感情劳动

社会情境的规范会影响教师与其他主体的互动关系,也会影响教师的感情行为,如权力、地位、习俗都会影响教师感情的体验与表达。

凯尔·卡特曼(Kelch Termans)认为,政治层面的原因可以影响教师工作的感情体验,教学中的感情不可避免地与利益问题(政治维度)和价值问题(道德维度)相联系。③

教师感情的政治要求、道德要求、专业要求是混杂在一起的,它们之间相互渗透,虽然要求的形式有所不同,但实质是一样的。在学校管理事务中,教师感情的展现更多是以专业要求出现,但也隐含着政治要求。教师的工作外部环境会影响其感情,大至国家制度,小至学校管理都会限制某些感情表达,尤其是学校内部管理直接影响教师感情表达的方式与内容。教师要学会控制不恰当的情绪,一方面是因为外界会将其视为一种专业精神,另一方面是学校制定的抑制教师情感表露的各种规章制度。

教师专业发展是时代召唤,教师的专业发展需要教育理想、信念、情感的有效引领,有了理想信念,教师的发展才有目标与方向;有了情感才会对教育工作充满爱与执着,才能支撑起乐学、乐业、敬业的专业精神,对教育教学有强烈的责任心和责任感,并将终生服务于教育事业作为自己的奋斗目标。扎实学识,是行动利器,是好教师的实践工具;道德情操,是境界修为,是好教师的成长阶梯;理想信念,是源头活水,是好教师的不竭动力;仁爱之心,是幸福之本,是好教师的成就之根。新时期教师培训工作不仅要丰富教师的知识,提升教师的教育教学能力,更要在思想情感上培育其教师专业发展的内在动力。因为“教师的实践活动包含了教师内在的需求、能动认识

① Sutton, R. E.. Emotional regulation goals and strategies of teachers[J]. Social Psychology of Education, 2004, 7(4): 379 - 398.

② 朱旭东. 教师专业发展理论研究[M]. 北京: 北京师范大学出版社,2011: 49.

③ Kelchtermans, G. &. Ballet, K.. The micropolitics of teacher induction: A narrative-biographical study on teacher socialization[J]. Teaching and Teacher Education, 2002(18): 105 - 120.

和选择。这也意味着教师的发展将不仅仅是一种社会的要求,也是一种自我实现与超越”。①

二 基于“知识优化与能力发展”的教师专业发展理论

知识与能力是教师专业素养的重要构成,教师的专业发展是一个知识与能力不断获得的过程。教师的专业知识是教师在教师教育和教育实践中获得的、直接作用于教育过程的实用性知识。新时期对教师专业知识结构有更高的要求,不再局限于学科知识与教育学知识的简单组合,而是强调多层复合的结构特征。教师的专业能力是教师组织教育活动,对学生有目的地施加影响的主体“行动”能力。这些“行动”能力通过教育活动来体现并保证教育活动有效进行,如良好的语言表达能力、较高的创新能力、较强的组织能力和研究能力。教师专业发展本质上是教师专业素养的优化升级,而知识优化与能力提升是教师专业素养发展的核心要件②,历来也是教师培训的主要内容。

(一)教师知识理论

教师知识理论大致由五部分构成,即教师知识的构成理论、教师个体实践知识理论、教师知识的生成理论、教师知识影响因素理论和教师知识的转化理论。

1. 教师知识的结构

(1)教师的学科知识

学科知识一般是指教师教学中所需的与教学内容相关的知识,如教材内容知识、教材教法知识、课程知识。舒尔曼提出的学科知识(con-tent knowledge)指的是具体学科的概念、规则和内容等;格罗斯曼(P. Grossman)所指的学科知识(knowledge of content)包括两方面的内容,一是学科内容本身,二是外在的学科教学法的知识。之所以说学科教学法是外在的,是因为它是该学科实质性的和文法性的结构和知识,格罗

① 杨晓奇.论“他主”与“自主”契合的教师专业发展[J].中国教育学刊,2015(10):93-98.

② 王光明,黄蔚,吴立宝.核心素养和能力促教师专业发展[N].中国教育报,2019-04-25.

斯曼冠名以“学科教学法知识”。① 吉麦斯坦德和豪(Gimmestad 和 Hall)也将学科知识列入教师的知识结构中。同其他学者一样,他们提出的学科知识也是指教师所教学科内容方面的知识,并认为这种知识需要一定的广度与深度②,毕竟教学要保证内容在纵横维度上的衔接与拓展。

(2) 学科教学知识

学科教学知识最早是1996年由时任美国教育研究会主席的斯坦福大学教授舒尔曼(Shulman),针对当时美国教师资格认证制度缺失而提出来的一个重要概念。舒尔曼认为,教师除了必须拥有所教学科的具体知识外,还应该具有将自己拥有的学科知识转化成易于学生理解的表征形式的知识,即学科教学知识。他提出,学科教学知识是包含在学科知识中的一种下属知识,它的内涵有三点:教师学科知识下的一个子范畴;与特定主题相联系的知识;旗下又包含向学生呈现和阐述特定内容的知识、有关学生学习困难及解决策略的知识。格罗斯曼在此基础上对学科教学知识的结构作了扩充,提出学科教学知识包括四部分:第一,特定主题教学策略和表征的知识;第二,有关学生学习困难及解决策略的知识;第三,教学目的的知识;第四,课程材料的知识,主要指关于教材和其他可用于特定主题教学的各种教学媒体和材料的知识。③

后续研究中,哈斯韦赫(Hashweh)对学科教学知识进行了再界定,提出教师教学建构(Teacher Pedagogical Constructions, TPCs)的概念。他认为学科教学知识是教师个人教学建构的结果,这种建构是基于种种教学事件集合而成,是教师通对所教主题的不断计划、教学和反思发展而来。它的内涵有以下几点:① 学科教学知识是个人知识;② 学科教学知识是教师各种教学建构的集合;③ 教师教学建构主要来源于计划,但同样来源于教学中及教学后阶段;④ 教师教学建构是一种创造性的过程,这种过程会受到教师其他的知识和信念交互作用的影响;⑤ 教学建构来源于对教学故事的不断反思;⑥ 教学建构是与特定主题相关的;⑦ 教学建构应该有不同的分类方式,这种

---

① Grossman, P. L. The making of a teacher: Teacher knowledge and teacher education [M]. NewYork: Teachers College P ress, 1990: 235.

② Gimmestad, M. J. &. Hall, G. E.. Teacher education programs: stru cture [J]. The lnternational Encyclopedia of Education, 1991(10): 5995 - 6000.

③ 方菲菲,卢正芝. 教师专业发展研究的新焦点:学科教学知识及启示[J]. 当代教育科学, 2008(05): 31 - 34.

分类是通过与教师自己的其他知识和信念交互作用而来的。①

马格努森 、克劳锡克和波柯认为,学科教学知识由五部分组成,分别是:关于教学观念的知识;关于课程的知识;关于学生的知识;关于学习评价的知识;关于教学策略的知识。见图 1-2。

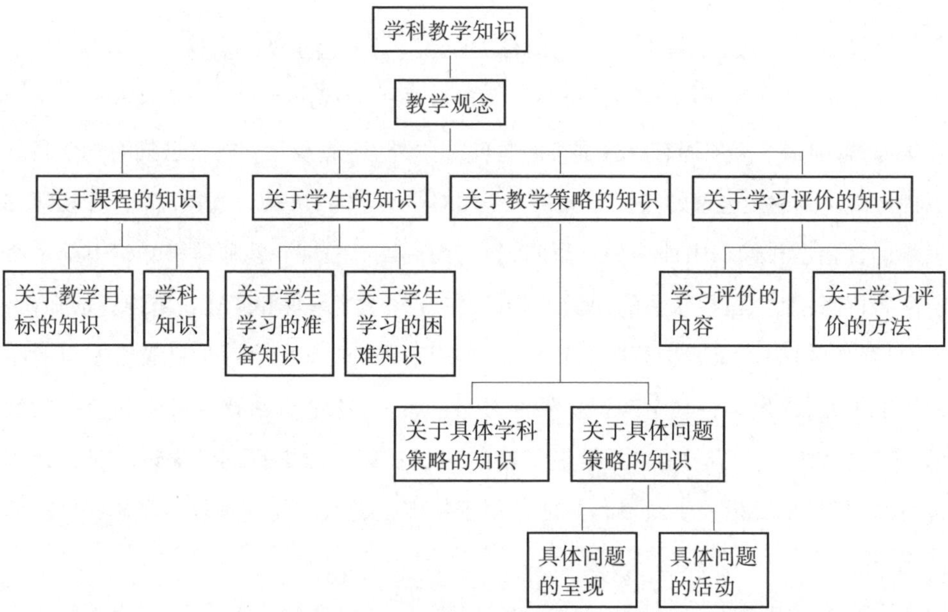

图 1-2 教师学科教学知识构成

舒尔曼将教师的教学法知识分为两种,一种是一般教学法知识,即来自于教育心理学取向的如设计教学、管理课堂和激发学生学习动机等;另一种是学科教学法知识,即教师将学科内容转化和表征为有教学意义的形式,适合于不同能力和背景学生学习的能力的知识,这种知识是综合了学科知识、教学和背景的知识而成的知识,是一种教师特有的知识。吉麦斯坦德和豪(M. J. Gimmestad & G. E. Hall)在教师的教学法知识上的看法与舒尔曼大致相同,也将其分为一般教学法知识和学科教学知识。所谓的一般教学法知识是关于如何教的知识,包括学习理论、学生学习评价策略、课堂管理、技术在教学中的运用和教育中的多元文化等。

① Hashweh, M. Z.. Teacher pedagogical constructions: a reconfiguration of pedagogical contentknowledge[J]. Teachers and Teaching: theory and practice, 2005, 11(3): 273-292.

(3) 教师的其他知识

除了学科知识和学科教学知识以外,学者们还对教师具备或应当具备的各种其他知识进行了阐述。在学者们的研究中,有对关于课程知识的阐述,有对关于学生知识的阐述,还有对各种教育背景、地域文化差异等知识的阐述。有些学者将这些知识作为独立的类型单独列出,如舒尔曼。有些学者对这些知识或进行更为细致的划分,或重新排列组合,如格罗斯曼将教师工作的多元、内含的情境(如学校、学区、地区和州等),教师所知道的学生的家庭情况、学生所生活的社区,教师在某一特定国家教育方面的文化基础,以及教师的教育哲学、个人价值观、能力倾向、优势和弱点,学生发展目标以及教学等的知识都统称为背景知识。另外,他也将学生知识和课程知识单独进行了阐述,学习者和学习的知识包括学习理论的知识,学生身体、社会状况、心理、认知发展等方面的知识;课程知识则包括课程开发程序的知识、学校各个年级内部以及跨年级的课程。无论学者们对教师知识结构类型怎样进行划分,都以学科知识和教学知识作为最基本的部分,甚至一些学者对教师知识的划分就只包括这两个方面。如伯利纳(D. C. Berliner)提出,教师知识结构包括三个方面:学科内容知识、学科教学法知识和一般教学法知识。①

吉麦斯坦德和豪在内容知识、教学法知识和学科教学知识之外,还列出了教师应掌握的另一种知识——普通知识,是指作为一个大学毕业生和受过教育的公民所应具备的知识,包括书面交流和口头交流能力、计算和数学技能、对技术的运用、历史、文学、艺术、科学等一般性知识。吉尔伯特(W. Gilbert)、赫斯特(L. Hirst)和克拉里(E. Clary)等提出了关于"课堂教师"专业知识基础的一个广泛的既前后有序又具有层次的分类:第一个层次是关于学校作为一种机构的知识,如各国教育史、教育哲学、职业道德、公共政策、学校法规和学校组织方面的知识;第二个层次是关于学生的知识;第三个层次是教学知识,包括课程发展、教学方法、教学技术、测量和学习风格的知识;第四个层次是决策层次,又称为实际应用的知识,如人际关系、教育管理、评价及建立模式方面的知识。②

2. 我国对教师知识结构的研究

国内对教师知识结构的研究可以归纳为四种取向,即功能取向、学科取向、实践取

① 王俊. 教师知识结构研究[D]. 上海: 华东师范大学,2005.
② 范良火. 教师教学知识发展研究[M]. 上海: 华东师范大学出版社,2003.

向以及复合型取向。功能取向的教师知识结构理论根据不同的功能将教师知识进行分类。学科取向的教师知识结构理论将与学科相关的教育教学知识和一般的教育教学知识区分开来。实践取向的教师知识结构理论则根据教师知识实际存在方式的不同,将实践知识和理论知识区分开来。而复合型取向的教师知识结构理论则不满其他结构划分取向的单一性,提出更为综合的教师知识结构特征。

(1) 功能取向的教师知识结构

林崇德从教师知识的功能性角度出发,把教师的知识结构分为本体性知识、文化知识、实践知识和条件性知识四部分。教师的本体性知识是指教师所具有的特定的学科知识,如语文知识、数学知识和英语语言知识等,这是人们所普遍熟知的一种教师知识,也就是所说的学科知识。教师扎实的本体性知识是其取得良好教学效果的基本保证,教师的威信取决于其本体性知识的水平。林崇德认为,文化知识是教师具有广博的文化知识,不仅能扩展学生的精神世界,而且还能激发他们的求知欲,学生的全面发展在一定程度上取决于教师文化知识的广泛性和深刻性。广博的文化知识在教学上与本体性知识具有同等重要的意义。教师实践性知识是教师个人经验的积累,与课堂教学情境密切相关,表征着教师的教育实践智慧,个性化特征突出。条件性知识则是指教师所具有的教育学与心理学知识,是一个教师成功教学的重要保障,可具体化为学生身心发展的知识、教与学的知识和学生成绩评价的知识①三个方面。

(2) 学科取向的教师知识结构

单文经的教师知识思想比较有代表性,他认为教师的知识结构应该包括一般的教育专业知识和学科知识两大部分。一般的教育专业知识是指与教学内容无直接关系的知识,如一般的教室管理、组织策略等,涵盖范围较广的原理、原则知识;教育目的知识,有关教育目的和目标、理想、价值等的知识,以及其哲学与历史的背景;学生身心发展知识,有关学生身心发展特性的了解,特别是学生认知能力的发展,以及如何激励学生学习动机的心理因素等知识;其他相关教育的知识,指教育运作的社会及文化背景,乃至教育的政策、政治、法律的情况等有关教育的概论性知识。学科知识是指教师教学时需要处理的与教学内容相关的知识:教材内容的知识,指教师所要教的教材内容本身;教材教法的知识,指融教材与教法于一体的知识,以最能表现该学科知识的形式

① 林崇德.教育的智慧[M].北京:北京师范大学出版社,2005.

出现;课程知识,包括教师进行教学所需的教学资源,并能有效运用。

另外,学生在接受课程时,教师不仅要了解学生在同一时间内所学其他各科的内容,达到融会贯通,还要了解学生同一学科过去所学的内容,以及将来要学习的教材主题及相关内容,以确保教学上前后知识的衔接。①

（3）实践取向的教师知识结构

实践性知识与理论性知识两者都是教师专业发展不可缺少的充分必要条件,两者密不可分、相互补充、相互影响。实践性知识通常呈内隐状态,基于教师的个人经验和个性特征,实践中因其具有隐蔽性、非系统性、缄默性,很难把握。陈向明对教师的实践性知识进行了分类：教师的教育信念,包括教师自我概念、自我评估、自我教学效能感和对自我调节的认识等;教师的人际知识,这种知识反映在课堂管理中,包括对学生群体动力的把握、班级管理惯例、体态语和教室的布置等；教师的情境知识,主要透过教师的教学机制反映出来；教师的批判反思知识,教师对自己思想与行为的反思与纠错;教师的策略性知识,指教师在教学活动中表现出来的对理论性知识的理解和把握,包括教师对学科内容、学科教学法、教育学理论的理解,对整合了上述领域的教学学科知识的把握,将原理知识运用到教学中的具体策略,对所教科目及其目标的了解、对课程内容和教学方式的选择和安排、教学活动的规划和实施、教学方法和技术的采用、对特殊案例的处理和选择学生评估的标准和手段等。②

（4）复合型取向的教师知识结构

复合型取向的教师知识结构认为,教师的知识结构是多层次复合型的,主要有三层。最基础层面是教师作为人类社会中的知识分子和胜任教育者角色所必需有关当代科学和人文两方面的基本知识,以及工具性学科的扎实基础和熟练运用的技能、技巧。第二层是具备学科的专门性知识与技能,是教师胜任鉴赏工作的基础性知识。第三层是教育学科类知识,由帮助教师认识教育对象、教育教学活动和开展教育研究的专门知识构成。在这方面,未来教师要加强有关对象——人的认识、教育哲理的形成、管理策略、教育教学活动设计、方法选择、现代教育技术手段的运用及教育研究等方面

① 单文经. 教学专业知能的性质初探[M]. 台北：师大书苑,1990.

② 陈向明. 实践性知识：教师专业发展的知识基础[J]. 北京大学教育评论,2003(01)：104－112.

的知识与技能。这三个层面的知识相互支撑,相互渗透,并能有机整合。①

刘清华将教师知识的"学科知识+教育学知识"二维结构进行了扩展,指出中小学教师的知识结构由八部分构成。① 学科内容知识,这部分知识是教师最基本的知识内容,也是传统教育最为强调的内容,涉及的三个范围是实质性知识(主要指一学科内部互相联系的概念的知识,是学科的事实、概念和某一学科程式及其相互联系的"解释性框架知识"的知识)、文法性知识(指在该学科中用于建构知识的方法,是产生和确立命题知识的方式和方法)和学科知识的信念。② 一般性教学法知识,是指教师关于教、学和学生的知识与信念,超越于特定学科的范畴,而且包括不同策略的知识。③ 学科教学知识,指对一个学科领域主题和问题怎样组织及教学的理解,它是教师知识的特殊区域,即教师自己的专业知识和理解的形式,它是学科知识和教学法知识的整合。④ 课程知识,既指教材层次的课程、教材以上层次的课程,又指教科书的评选以及横向与纵贯课程的知识。⑤ 学生的知识,由学生的经验知识和学生的认知知识组成。学生的经验或社会知识是指特定年龄段儿童所共有的、在课堂和学校里表现的、学生的兴趣情景因素如何影响学习和行为的,以及儿童与教师关系的本质等。⑥ 教师自我知识。教学是一种专业,自我在专业里是一个关键的因素,要求自我投身其中,而且在评价和反省中发挥重要的作用。因此,自我知识是教师的一个重要的知识基础。⑦ 教育情景知识。这是最广泛意义上的知识,学习所发生的所有环境,以及较广泛的社会教育环境都对教学会产生重大的影响,影响着教师的发展和教学活动。② ⑧ 教育目的及价值。教育是有目的的活动,教学每一步都有着近期或长远的目标,教师要有合理设定目标的知识与能力。教师专业化发展是指教师作为专业人员,在专业思想、专业知识、专业能力等方面不断发展和完善的过程,是专业新手到专家型教师的过程。我国传统的"一般文化知识+教育学知识+专业知识"的教师知识结构观已不合时宜,重视教师知识体系的建构是我国未来教师教育的主题。③

3. 教师知识的生成与转化

关于教师的知识是如何生成的,许多学者提出了实践、反思和行动研究等各种途

① 叶澜,白益民. 教师角色与教师发展新探[M]. 北京: 教育科学出版社,2001.

② 刘清华. 教师知识的模型建构研究[D]. 重庆: 西南师范大学,2000;李坤. 初中物理教师学科教学知识的个案研究[D]. 北京: 首都师范大学,2009.

③ 胡春光,王坤庆. 教师知识: 研究趋势与建构框架[J]. 教育研究与实验,2013(06): 22-28.

径，大多都指向教师的个体实践性知识，即教师的个体实践知识在行动中产生。

一些学者也指出了将教师隐性知识显性化的重要性。张民选认为，在教育领域认识和显性化隐性知识，一方面，有助于教师的专业发展；另一方面，显现和表述隐性知识是普通教师成长为学者型、专家型教师的关键。

张民选提供了实现专业知识显性化途径的三条信息，一是建立习得性、发展性和交流性学习三位一体的教师专业发展模式，为隐性知识显性化提供可能和空间；二是课后小结与札记，积累教育教学经验教训，为专业知识显性化留下素材；三是教师专业生活史研究，通过教师对专业成长的回顾，发现自己的人格、认知特性、知识结构，对自己成长的决定性影响、自己的常用教学方法、成功案例和诀窍等进行编码，加以格式化，既可供自己所用，也可与其他同事共享。①

舒尔曼强调教师的知识转化，主张教师把学科知识具体化、场景化，把概念知识改造成具有可教性的具体知识，以使学生充分地理解学习中的这些知识的过程，即学科知识向学科教学知识的转化。舒尔曼指出，学科知识的转化发生在教师批判性地反思和解释学科主题、找到多种方式去表征信息、调整素材以适应学生的能力、先前知识和前概念的时候。因此，学科知识（CK）向学科教学知识（PCK）的转换主要包括解释（Interpretation）、表征（Representation）和适应（Adaptation）三个阶段。

（二）教师能力理论

1. 结构性教师能力

结构性的教师能力观认为教师的能力是由能力结构构成的，教师的能力涉及多个方面，如学习能力、知识传授能力、科研能力、管理能力、反思能力，等等。其代表人物有伦弗克曼尼（Renfro C. Manning）、道格拉斯·米勒（Douglas R. Miller）、罗伯特雷利（Robert R. Reilly）、道恩·哈马克（Don Hamachek）以及吉尔（Barrett Jill）等人。

国内结构性教师能力研究中把教师能力分为多种能力结构，或者说多种教师能力维度（素质）共同组成了教师能力。特别是素质教育的推进，对教师能力结构的研究更加丰富。国内结构性教师能力观的代表人物主要有申继亮、唐玉光、王慧来和靳莹

---

① 张民选. 专业知识显性化与教师专业发展[J]. 教育研究，2002(01)：14－18.

等人。① 靳莹等对教师的能力进行了分级，概括性越高，迁移性越大，越具有普遍性。见图 1－3。

一级能力	二　级　能　力
基本认识能力	观察力、注意力、记忆力、想象力、思维力
系统学习能力	自我能力、专业能力、信息资料的加工利用能力、外语能力
调控与交往能力	行为与心理的调控能力、人际交往能力
教育教学能力	组织管理能力（教学内容的组织加工能力、课堂教学的组织实施能力、教育管理能力）、表达能力（语言及非语言表达能力、书面表达能力、板书表达能力、情感表达能力）、现代教育技术运用能力
拓展能力	教师自我发展的规划能力、教育教学知识的扩展运用能力、开展创造型教学的能力、教育教学科研能力

图 1－3　教师的能力体系

2. 教师能力三维度

学者基于不同的视角把教师能力分为不同的维度，其中影响较为深远的是心理学领域中把教师能力理解为有三种维度构成，即教学认知能力、教学操作能力和教学监控能力。代表学者主要有林崇德、申继亮等。

申继亮等人在林崇德研究的基础上进一步对教师能力的构成维度进行了系统研究，明确地提出了教师能力的结构模式（如图 1－4 所示），即教师能力由教学认知能力、教学操作能力和教学监控能力三个维度构成。②

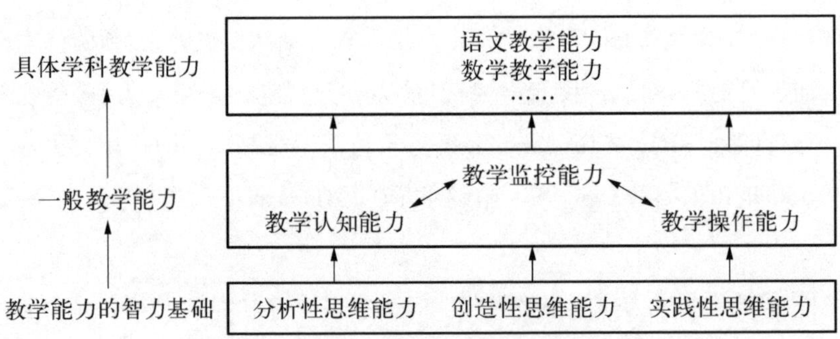

图 1－4　教学能力结构模式

① 靳莹，王爱玲. 新世纪教师能力体系探析[J]. 教育理论与实践，2000(04)：41－43.

② 申继亮，王凯荣. 论教师的教学能力[J]. 北京师范大学学报（人文社会科学版），2000(01)：6－9.

3. 基准性胜任力和鉴别性胜任力

基准性胜任力和鉴别性胜任力是管理学研究领域中的重要概念。斯宾塞认为，胜任力是指特质、动机、自我概念、社会角色、态度、价值观、知识和技能等能够可靠测量并可以把高绩效员工与一般绩效员工区分开来的个体特征，其中较容易通过培训、教育来发展的知识和技能是对任职者的基本要求，被称为基准性胜任力。而在短期内较难改变和发展的特质、动机、自我概念、社会角色、态度和价值观等高绩效者在职位上获得成功所必须具备的条件，被统称为鉴别性胜任力。① 国内学者张厚粲和徐建平等，他们把教师胜任力分为基准性胜任力和鉴别性胜任力。

徐建平和张厚粲通过运用行为事件访谈技术访谈了 31 名中小学教师，并通过对叙述的 180 个关键事件的主题分析和行为编码，以及对不同绩效教师胜任特征的差异比较，构建了教师的胜任力模型，如表 1－1 所示。②

表 1－1　教师胜任力模型

类　　别	具体胜任特征		
鉴别性胜任力	提升的动力	责任感	理解他人
	自我控制	专业知识与技能	情绪觉察能力
	挑战与支持	自信心	概念性思考
	自我评估	效率感	
基准性胜任力	组织管理能力	正直诚实	创造性
	宽容性	团队协作	反思能力
	热情	沟通技能	尊敬他人
	分析性思维	稳定的情绪	

其中，基准性胜任特征为教师共同拥有，合格教师必须具备，是对教师工作的基本要求，属于“门槛性”胜任特征，解决的是“行不行”问题，适用于教师资格的确认与教师入职连聘。而鉴别性胜任特征解决的是“好不好”与“能不能”问题。鉴别性胜任特征能够有效区分绩效优秀、一般和较差的教师，是适用于评优、淘汰的胜任力类型。美国国际培训、绩效、教学标准委员会（the Internet Board of Standards for Training,

① Lyle M. Spencer, Sige M. Spenxer. 才能评鉴法：建立卓越的绩效模式［M］. 魏梅金，译. 汕头：汕头大学出版社，2003.

② 徐建平，张厚粲. 中小学教师胜任力模型：一项行为事件访谈研究［J］. 教育研究，2006(01)：57－62.

Performance and Instruction, IBSTPDI)2004 年出台的教师能力标准①,反映了教师在面授、在线与混合环境下所具备的知识、技能与情感态度,包括 5 个维度、18 项能力、98 项具体绩效指标,能力框架见附件。

教师知识优化与能力提升是一个漫长持续的过程,其实现是个人努力与外在干预下教师专业知识、能力的生长变化共同作用的结果。② 教师知识优化与能力增强是教师持续性的专业发展,包含教师整个职业生涯所有的培训与学习活动。教师培训作为教师职后专业发展的外在重要保障就是在教师现有的知识与能力基础上,结合现实需求与教师个人发展需要,不断更新和优化教师的知识与能力结构,培养出更多的"好教师",以适应新时期教育现代化发展的节奏。

附件: 美国的 IBSTPI 教师能力标准

专业基础

能力 1: 有效的交流沟通

能力 2: 更新和提高自己的专业知识和技能

能力 3: 遵守已有的道德规范和法律条文

能力 4: 树立和维护职业荣誉

计划与准备

能力 5: 设计教学方法和教学内容

能力 6: 教学准备

教学方法与策略

能力 7: 激发并维持学习者的学习动机和学习投入

能力 8: 表现出有效的表达技巧

能力 9: 表现出有效的促学技巧

能力 10: 表现出有效的提问技能

能力 11: 提供阐释和反馈

① [美] 克莱因(Klein, D). 教师能力标准: 面对面、在线及混合情境[M]. 顾小清,译. 上海: 华东师范大学出版社,2007.

② 孙传远. 教师学习: 期望与现实——以上海市小学教师为例[M]. 桂林: 广西师范大学出版社,2013: 31.

能力 12：促进知识和技能的巩固

能力 13：促进知识和技能的迁移

能力 14：使用媒体和技术来加强学习、改进绩效

评估与评价

能力 15：评估学习和绩效

能力 16：评价教学效果

教学管理

能力 17：管理促进学习与改进绩效的环境

能力 18：适当地使用技术管理教学过程

三　基于“教学专长提高”的教师专业发展理论

教学专长是教师基于个体知识、专业经验、对实践的反思和在反思基础上的创新活动而形成的有效解决教育教学问题的所有个人特征的总和。① 具有个体能动性的教师能超越常规性教学专长而最终获得适应性教学专长，具体表现为对工作的持续投入和不断创新，而教师培训能有效激发教师专业发展的自主性和能动性，促使教师专长的不断进步。德雷福斯兄弟（Dreyfus &. Dreyfus）所提出的专长发展五阶段理论和专长训练论对教师教学专长理论的发展产生了很大影响。

（一）专长发展理论

德雷福斯兄弟所提出的专长发展五个阶段分别为：新手阶段（novice）、熟练新手阶段（advanced beginner）、胜任阶段（competent）、业务精干阶段（proficient）和专家阶段（expert）。他们认为，个体的专长发展在每一阶段都有不同的特征。在新手阶段，个体的特征表现为：缺乏实践经验，处理问题时更多地依赖书本知识；刻板地依赖规则和计划；缺乏对问题情境的知觉能力；缺乏对问题的辨别和判断能力。在熟练新手阶段，个体的特征表现为：能够细致观察和处理实际工作情境中的各种细节问题，能够对问

① 蔡永红，申晓. 教师的教学专长——研究缘起、争议与整合［J］. 北京师范大学学报（社会科学版），2014（02）：18－20.

题情境中的重要信息和无关信息进行辨别和区分;以品德和态度作为行为的准则;对情境的知觉能力还十分有限;对问题的各个方面同等对待,不能对问题的重要和非重要方面进行很好的区分。一般在工作五年左右的时候,个体的专长发展达到胜任阶段,这一阶段特征表现为:能够对从事的工作或活动进行周密的计划和安排,并能对工作或活动过程中不可预期的事件进行有效的处理;能够从长远的角度正确审视解决问题而采取的策略、方法和手段;建立起标准和规范的行为方式和解决问题的系统方法;有能力应对专业领域的各种复杂的问题和情境。到了熟练阶段,个体的特征表现为,能够从整体上观察和处理问题;能够对遇到的各种问题的重要性予以合理的区分和处理;能够根据一般的模式判断问题的发展和变化趋势;解决问题不需要付出太多的意识努力;能够视情境的变化灵活、随机应变地处理问题。而到了专家阶段,个体的特征则表现为:对问题情境的观察和处理已经达到了自动化的程度,达到专家阶段的个体通常在观察问题时会付出很少的意识努力,他们的观察过程是直觉性的和下意识的,甚至无需有意识的努力,并能够运用自己丰富的经验对问题进行恰当和有效的处理;他们不再依赖固定的规范和准则来处理问题;能够通过丰富的经验和对问题的深入理解,直觉地把握问题的关键所在,并对问题进行有效的处理;他们只有在遇到陌生的问题和情境下才对问题进行反省和分析,并寻找和采取有效应对策略;具有敏锐的洞察力。① 教师教学专长的发展是教师从新手经中间水平到专家水平的动态过程,是个人教学经验的积累、反思以及教育培训等因素共同作用的结果。

(二) 教师教学专长理论构成

1. 教师教学专长知识构成

舒尔曼(Shulman,1986)将构成教师教学专长的教师知识分为三类:学科知识、学科教学法知识和课程知识。特纳-比塞特(Turner-Bisset)(1997)根据舒尔曼的知识分类建立了一个教师两年学习模型,除了舒尔曼所提及的学科知识、学科教学法知识和课程知识外,这一模型中的教师教学专长知识构成还包括普通教学法知识(generalpedagogical knowledge)、教学模式和理论知识(knowledge about models/theories of teaching)、学生知识(knowledge of learners)、自我知识(knowledgeof self)、教育情境知

① Dreyfus, H. L. &. Dreyfus, S. E.. Mind over machine[M]. New York: Free Press, 1986.

识(knowledge of educational contexts)、教育结果、教育目的和教育价值知识(knowledge of educational ends, purposes and values),以及如何通过完成近景目标来完成远景目标的知识和意识。①

2. 教师教学专长特征

教学专长是教师基于个体知识、专业经验、对实践的反思和在反思基础上的创新活动而形成的有效解决教育教学问题的个人特征总和,教学专长不仅包括知识、思维等认知成分,也包括情绪管理、动机、角色认同等非认知成分。教师教学专长具有一般性和特殊性特征,一般性特征是教师职业所具有的共性特征,如作为教师所具备的教育教学的基本技能。特殊性特征是特定领域内的专长,不同领域的专长是不同的,如数学教学专长、英语教学专长、科学教学专长等。而由于教师个体性的差异,教学专长还具有教师的个性化特征,如某些教师在教学技能的某些方面表现特别突出。

教师教学专长是教师专业能力的具体表征,教师教学专长是在教师的专业发展过程中不断变化和成长的,是一个动态的发展过程。教师教学专长发展是认知和认知因素共同作用的结果。

3. 教师教学专长的获得

曼络思(11anross, 1997)认为,专家教师不是天生的,而是通过实践练习而来的,教师教学专长随着经验、实践和知识的增长而形成。②

(1) 实践情境获得

研究者认为,教师在专长发展过程中所需要的大量的知识,并不是孤立形成的。他们所积累的大多数专业领域知识,是他们在实践过程中通过和同事及学生进行对话而获得的。③

切尔韦罗体察到了通过实践去获得教学知识专长的重要性,他认为一个领域的专业性体现在这个领域中的学习者通过经验的积累而获得的实践性知识,并运用这种知

① Turner-Bisset, R.. The knowledge bases of the expert teacher [J]. British Educational ResearchJournal, 1999, 25(1): 39-56.

② Berliner, D. c.. Learning about and learning from expert teachers[J]. International Journal of Educational Research, 2001,(35): 463-482.

③ Crawford, P. H.. Exploring thedevelopment of teaching expertise: novice and expert teachersref1ection upon professional development[M]. Doctoral dissertation. North Carolina State University, 2003.

识去理解当前的实践情境。① 尔巴兹也认为教师知识专长的获得和实践有着密不可分的关系，她认为知识来源于实践并且指导实践。尔巴兹认为，获得实践性知识并没有什么具体的方法，并不能通过教师培训者在课堂上的讲解而传授给教师，而必须通过教师在具体的实践情境中进行比较、观察、判断、改进和反思来获得。

（2）反思情境获得

许多研究者认为，反思是一名好教师的重要特征，同时也是新手教师发展成专家教师的重要途径。美国学者唐纳德·舍恩（Donald Schon）的“反思性实践者”理论对教师教育和教师的专业发展产生了重大影响。舍恩指出教师不是技术人员，应是反思性的实践者，在教育实践中反思包括6个过程：对问题的认识，对不协调因素的认识，对问题的再构造，提出新的解决办法，在行动中检验新办法，评价结果。舍恩将反思看作促进专长发展的重要途径，专家在各种各样情境中的行为既是有考虑的又是自发的，他们在自发地作出反应的同时，也在思考他们该如何更好地对自己的行为进行反思，从而获得更多的专长。②

4. 教师教学专长的发展

（1）关注教师知识、经验和技能发展方式的教师教学专长发展理论——格拉泽（Glaser）的三阶段发展理论。该理论认为，教师专长的发展是在一段时间内机制的改变，是一个从依靠外部条件支持转变到依靠内部监控的过程。在此假设的基础上，格拉泽提出了从外部支持阶段到中间过渡阶段，再到内部监控阶段的专长内化三阶段发展理论。

（2）关注教师知识、经验和技能特征变化的教师教学专长发展理论——伯利纳（Berliner）的五阶段发展理论。德雷福斯（Dreyfus）兄弟所提出的专长发展五阶段理论成为后来伯利纳所提出的教师教学专长发展五阶段理论的理论基础。伯利纳（Berliner, D. C）根据德雷福斯兄弟对专长发展的阶段划分，也将教师教学专长的发展分为新手教师、熟练新手教师、胜任型教师、业务精干型教师和专家型教师五个阶段。

（3）关注教师专业学习的教师教学专长发展理论——专业学习三阶段模式

① Hall, v. The effects of technology resources, school administration, and teacher expertise onthe relationship between teachers' pedagogical beliefs and classroom computer use [M]. Doctoral dissertation, University of California, 2007.

② Schon, D. A. Educating the reflective practitioner: Toward a new design for teaching andlearning in the professions[J]. San Francisco: Jossey-Bass, Inc, 1987.

(Model of Domain Learning)和舒尔(Shuell)的三阶段发展理论。

① 专业学习三阶段模式

为了解释学生在学习不同学科知识时的学习机制,亚历山大(Alexander, 2003)构建了专业学习的三阶段模式(MDL)。

MDL 的第一阶段为适应阶段(acclimation),第二阶段为胜任阶段(competence),第三阶段为精练(proficiency)或专业阶段(expertise)。

② 舒尔的三阶段发展理论

从教师的专业学习角度出发,舒尔(1990)同样也将教师教学专长的发展分为三个阶段:初始阶段(initial phase)、中间阶段(intermediate phase)和终极阶段(terminal phase)。

(4) 关注对象的教师教学专长发展理论:富勒(Fuller)和布朗(Brown)的三阶段发展理论。

第一阶段为关注生存阶段。处在这一阶段的教师主要是实习教师和新手教师。在这一阶段,教师特别关注自己的生存和工作的适应性,把大量的时间用于教学之外的事务上,如处理人际关系、家庭关系等。此阶段教师教学专长的发展还十分有限。

第二阶段为关注情境阶段。在这一阶段,教师开始关注学生的学习成绩,同时也特别关注自己的课堂教学内容和教学效果。在此阶段,教师的教学专长开始有所发展和提高。

第三阶段为关注学生阶段。发展到这一阶段,教师开始关注学生的个体差异,并开始考虑如何在教学活动中根据学生的个体差异进行因材施教。在这一阶段,教师的教学专长得到了充分的发展。①

教学专长一般是指特定领域内的。不同领域的专长是不同的,专长的展示场域是实际的教学场境。就教育培训我国学者指出,教师的继续教育对提高教师的教学专长是至关重要的,在对教师进行在职培训和设计培训课程时应该考虑到以下五个方面。②

第一,教师培训计划和培训内容应与课堂教学紧密地联系在一起,主要目的是为了培训教师如何理解课堂教学,提高教师的课堂教学知识 、方法和技能,并应用到实

① 张学民. 教师职业发展与培训——教师教学专长发展的研究[M]. 北京:知识产权出版社,2007.

② 张学民,申继亮. 国外教师教学专长及发展理论述评[J]. 比较教育研究,2001(03):1-5.

际教学情境中。

第二，及时反馈培训效果，指导教师将学习方法和技能迁移到实际教学情境中。

第三，培训计划必须将教师作为终生的学习者，学校和政府要为教师的继续教育与终生学习提供良好的环境和条件。

第四，教师的在职培训和终生教育必须与高等院校建立联系，充分利用高等院校的教育资源，以便提高教师的教学专长和教学水准，如开设中小学教师的在职研究生课程班。

第五，设定长期的培训目标，建立长期的教师培训机构，并且提供培训所需要的资源和培训条件。

四 基于“学习驱动”的教师专业发展理论

“教师学习”可以分为主动学习和被动学习。被动的教师学习指的是违背教师的意愿或需要，而教师不得不参加的学习活动；主动的教师学习则指的是教师出于解决问题或提升自身的目的而进行的理论、知识和技能的自我更新。为教育界和广大教师所熟悉的“教师培训”“教师教育”一般可以归结到被动学习上，而现在研究和提倡的“教师学习”则是研究教师主动学习的特点、根据和支持因素，目的是促进教师真正的“学习”发生和真正的教师专业发展，这里主要介绍基于建构主义的教师学习理论。

（一）动态的“经验实在”学习理论

石中英（2001）指出，知识的主观性和境域性密切相关。一方面，建构主观知识的个体往往位于一定的情境之中；另一方面，特定情境中建构的知识往往是一定个体的主观知识。事实上，这种主观性、境域性的知识用建构主义的话讲就是“经验实在”。激进建构主义认为，所有人类知识从日常观察到的到科学中形成的都不可能是对位于认知主体之外完全独立的某种实在的理解和表象。没有什么知识是被发现的，所有认识都是观察者自己建构的，建构的总和就是“经验实在”。①

① Terhart, E.. Constructivism and Teaching: A New Paradigm in General Didactics? [J]. Journal ofCurriculum Studies, 2003, 35(1): 25-44.

（二）以案例为支撑的情境学习理论

基于建构主义的学习观，学习不是获得某种认知符号，而是参与到真实情境中去的活动。建构主义学者斯皮罗（Spiroet）1991 年提出，学习应当分为初级学习和高级学习两种，而传统的教育及培训恰恰是把二者混为一谈，把可以脱离经验的、简单化的和结构良好的知识学习视为唯一的途径。初级学习是一些定义完善的、以语言符号编码的学习，它对学习的要求可以停留在复述和再现的水平，因为通过大量的练习和反馈可以达到熟练的目的。但是对于那些浩瀚如大海的、复杂的、结构不良的和需要能够将新知识灵活地迁移到新的情境中去的高级学习而言，原来单一的语言解释和机械的训练往往显得苍白无力。因此，斯皮罗认为，对于高级学习而言，无论是学校教育还是教师培训，因为不同的意图，必须在不同的时间，用不同的方法创设情境，从不同的角度来多次访问和认识同样的资料。教师的学习属于高级学习，如对某一课程理念的理解、对新型学习方式的认识等问题的学习，带有非常鲜明的个体主观思维特征，不同的人可以结合自身的不同经验，予以不同程度和角度的理解，并最终形成不同的教育观念和教学行为。特别是针对具有一定教学实践经验的教师培训而言，这一特征尤为明显。①

教师培训经验告诉我们，教师的有效学习不是纯概念的识记和新理论的接收，而是在生动、鲜活的案例背景下的情境学习，正是生动而鲜活的案例架起了专家理论话语系统和教师实践系统之间的桥梁。这就要求教师培训要尽可能地结合学校及教师自身的实际，创设各种情境，以案例的方式引导教师的学习。

（三）以群体为基础的教师合作学习理论

在社会建构主义看来，学习就是知识的社会协商，学习的过程也就是一种合作和交往的过程。苏联心理学家维果茨基（Vygotsky）认为，人类的学习是在人与人之间的交往过程中进行的，是一种社会活动。

教师的合作群体作为一个职能共同体，不同的教师之间在知识结构、智慧水平、思维方式和认知风格等诸多方面都存在差异。即使是任教同一学科的教师，在教学内容的处理、教学方法的选择和教学情境的创设等许多方面也可以说是尽显个人风采。

---

① 刘昕. 塑造建构主义体育教师——兼论体育教师个体专业化发展[J]. 中国学校体育，2008(12)：20－21.

有研究者将教师基于群体的合作学习概括为以下三种类型：指导型的合作学习，如校外专家、教研员、学科带头人对教师的指导；表现型的合作学习，如公开课、教学成果展示、读书汇报会等；研究型的合作学习，如专题讨论、课题研究等。①

就教师培训而言，学习共同体就是在教师培训中渗透学习共同体的理念，以学校为基础组建的旨在促进教师间互相学习、共同实践和共同成长的学习型组织。以校为本的学习共同体，不只局限于学校这个小圈子、小空间里，而是以制度化的方式督促建立一个以学校为圆心、以不定长为半径的一个大圆、一个网络、一个立体的互动环境。

总之，学习共同体并不拘泥于形式，更注重实效。但这并不意味着学习共同体是松散的、无组织的，恰恰相反，它需要有一定的规划和制度保障。②

（四）促进教师学习的环境设置理论

近年来深受建构主义和社会文化发展理论影响的情境学习论被引入教师教育和专业发展领域。该理论将学习定义为"实践共同体的参与"，它是一个由共同目标驱动的、以工具为中介的、有群体合作与分工的活动系统。从这种学习观点出发，促进教师学习就是创设有上述特征的教师学习环境或条件。多数研究从以下方面设置有利于教师学习的元素。③

1. 置学习于情境中，围绕教学实践问题；
2. 基于教师的原有知识，促进概念转变；
3. 倡导教师做研究，在实践探究中反思；
4. 创设对话与合作机会，促进共享理解；
5. 体现研究者对教师学习的协助促进作用；
6. 利用工具，特别是网络资源促进教师学习。

（五）教师反思学习理论

建构主义教师教育强调"反省"或"反思"的重要作用，认为"反省"或"反思"是作

① 胡庆芳. 教师的学习特征[J]. 上海教育，2005(12)：28－30.
② 张运卉，张丽. 学习共同体：教师培训模式的理论与实践[J]. 中小学教师培训，2007(07)：15－16.
③ 刘学惠，申继亮. 教师学习的分析维度与研究现状[J]. 全球教育展望，2006(08)：54－59.

为一种手段,是学习者新旧知识联系的催化剂,譬如当人们在同化那些新的与原有信念和经验不一致的内容时就需要反省。研究者认为,通过这些内容相关但不同阶段的反思,可以有效地促进学习者经验与知识的整合,以及理论性知识与实践性知识的融合。①

(六) 情境—协作—会话—意义建构教师学习理论

建构主义对于学习四要素(即情境、协作、会话、意义建构)的主张,有助于传统教师学习模式的改变。在教师学习中有必要引入建构主义学习四要素,使教师有新的学习方式的形成。②

1. 真实情境:教师学习的有效方式

(1) 教学录像。

(2) 提供真实的教学案例。

(3) 学习者自行设计教学。

2. 合作与交流:教师学习的基本途径

在真实情境中的学习,是通过合作性学习来实现的。在团队的合作学习中,学习者针对典型性的案例或案例中呈现的问题,进行分析和交流,当然也可以在合作过程中分享各自的执教经验与体会。通过这种合作与对话的方式,不仅可以实现信息共享,而且有利于学习者在思维认同和冲突中巩固或重建自己的认知结构。此外,教师的合作学习,还可以很好地满足教师的社会情感需求,从而激发学习与工作的热情。

3. 反思性实践:教师自我发展的关键

在教师培训中,可以引导学习者联系已有的经验、联系自身的教学、联系学科的特性、联系本校实际,用科学的理论和新课程的理念,通过教学日志、同事(或学习者)之间的交流、网络平台等方式来省察、反思和评议:采取“行动研究”自主设计活动形式,将理论导入课程实践。也就是说,教师要不断通过“理论实践—反思二理论”的反复循环,促进自身教育认知结构的重建,实现专业素质的发展。

① 张奎明. 国外建构主义教师教育改革研究[J]. 比较教育研究,2007(02):81-85.

② 刘昕. 塑造建构主义体育教师——兼论体育教师个体专业化发展[J]. 中国学校体育,2008(12):20-21.

4. 自我建构：教师学习的理想与归宿

从这个角度说，对教师的培训可以适度采取“以学习者为中心”的模式，依据学习者的经验、需求和心理特征来设计培训过程。同时，在培训过程中要给教师学习者独立思考和实践的机会，为他们的自我建构创造条件。

五　基于“阶段性发展”的教师专业发展理论

教师专业发展是指教师的职业素质、能力、成就和职称等随时间轨迹而发生的变化过程及其相应的心理体验与心理发展历程。① 教师专业发展在本质上是一种教师不断接受新知、增强专业能力的历程；在内涵上包括教师所从事的教学工作，担任教师职务和角色，以及扮演家庭和公民的角色；在方法上是教师进行有效的职业规划；在目的上不仅要使教师胜任其职务角色，同时能达到自我实现的境界。②

（一）教师生涯的周期理论

按照教师年龄的增长来分析教师生涯发展阶段的有彼得森、赛克斯等。彼得森对已经退休的教师进行探究性访谈，内容包括教育背景、各种教学工作、课外活动、家庭生活、生涯和学校环境的改变等。从教师的回忆与描述中研究发现，在不同的年龄阶段，教师的教学态度有三个时期的改变。第一阶段，（教师年龄为 20—40 岁）职业发展期：在这个时期中，教师在教学承诺、工作士气和其他方面都有很大的转变。第二阶段，（教师年龄为 40—55 岁）最理想的职业绩效期：此时期的教师表现出高度的教学承诺与教学士气，在职业生涯上获得更进一步的技巧，在自己认为理想的教学环境中有所建树。在此时期中，他们的职业生涯达到了专业巅峰。第三阶段（教师年龄为 55 岁—退休），职业维持期或终结期：历经 15 年的教学经验后，他们在专业的活动方面开始衰退。此时期教师已不再关心教学专业的问题，并且亦从竞争性的专业生涯中逐渐地将自己撤出，在态度和许多看法上，此时期的教师呈现出极大差异。有些教师仍具有高度的教育热忱，但囿于生理机能的变化，难免陷于“心有余而力不足”的窘境；有些教

① 申继亮. 教师人力资源开发与管理[M]. 北京：北京师范大学出版社，2006.
② 彭小虎. 社会变迁中的小学教师生涯发展[D]. 上海：华东师范大学，2005.

师因不满学校环境，也会主动寻求退休，但也有些教师对自己生涯实现感到满足。①

按照教龄划分教师生涯发展阶段较早的研究者有纽曼、伯顿、恩瑞和特纳等。纽曼的划分方法随年龄增长教师生涯发展也随着变化，教师由年轻时的精力充沛到年老时想退休的想法，展现教师生涯发展的全貌，他建立了以10年为周期单位的教师生涯发展理论。其划分的周期如下。任教第一个10年（教龄1—10年）：此时期的教师，刚进入教学生涯，不但精力充沛，而且充满热忱，致力于教学并发展其专业知识与能力，努力适应其工作形态和教学环境，并寻求一个最舒适的教学环境。这时，教师的工作变动和职业改变较为明显，部分教师因结婚、专业进修或因对教学工作不感兴趣而中断其教学生涯。此外，教师的满足感与成就感来自于班级的教学活动，而不满足感则来自于学校环境。总之，教师在此时期不但精力充沛，且具热忱，他们致力于教学并发展其专业知识与能力，并考虑是否以教师为终身职业的问题。任教第二个10年（教龄10—20年）：此时期的教师倾向于保持一个稳定的教学职位，并且倾向于任教喜爱的年级、班级和学科。他们的满足感颇不一致，某些教师甚至越来越产生不满的倾向。在接近40岁的时候，部分教师自觉一成不变，或对长期的教学工作感到乏味，因此有想要调迁他校、改变任教年级、班级和学科的趋势。任教第三个10年（教龄20年以上）：此时期的教师虽然不会后悔他们选择了教师为其职业生涯的决定，但是他们却稍微存有“不满足感”。他们认为其在面对学生时已经较倾向采用非正式的处理方式，而且也具有更大的弹性。他们觉得自己年老，不再具有充沛的活力，同时又对退休问题感到困惑。②

（二）教师生涯阶段发展理论

较早关注水平阶段理论研究的富勒和布朗，从职前阶段开始，他们将教师的关注内容作为教师专业发展成熟的标准，认为教师关注自己是最初始、最低级的阶段。由关注自己到教学情境，最后关注到学生，即对自己教学效果的关注为最高级的阶段。四个发展阶段分别为：第一阶段，教学前关注阶段。在这一阶段，职前教师仍然扮演

① Peterson, A.. Teachers' changing perceptions of self and others throughout the teaching career: some perspectives from an interview study of fifty retired secondary school teachers. Paper present to the Southwest Educational research association[M]. San Francisico, 1979: 122－142.

② 彭小虎. 社会变迁中的小学教师生涯发展[D]. 上海：华东师范大学，2005.

着学生的角色,对教师角色仅凭想象。由于尚未经历教师生涯,没有教学经验,因此只关注自己。对于任教的教师常抱有观察、批判的态度。第二阶段,关注生存阶段。这一阶段是初次接触教学工作,关注的是能否保住教师职业的生存问题,如班级管理、教学内容的熟练程度和上级督导者的评价等,此时的工作压力很大。第三阶段,关注教学情境阶段。此阶段教师关注的是特定的教学情境下如何完成教学任务,较为重视教学所需的知识、能力与技巧,以及尽其所能地将自己的所学运用到自己的教学情境中。第四阶段,关注学生阶段。成为教师后,从实际工作中学会如何克服困难和调配繁重的工作,开始真正地关注学生。当然,这种关注要在他们学会应付自己的生存需要后才能对学生的需要做出反应。① 叶澜从教师"自我更新"的视角将教师专业发展划分为非关注、虚拟关注、生存关注、任务关注、自我更新关注等 5 个逐步发展的阶段,其中在"自我更新关注"阶段才自觉依照教师发展的一般路线和自己目前的发展条件,有意识地自我规划,以谋求最大程度的自我发展,走向专业发展的自觉、自律。

(三) 教师生涯循环论

教师生涯循环论研究的代表人物是费斯勒等,他们认为教师生涯发展是一个动态的、可变的过程,而不是静止的和固定不变的状态。这就形成了循环论的理论基础。理论将教师生涯发展分为 8 个阶段: 职前期、职初期、能力建构期、热情与成长期、职业挫折期、职业稳定期、职业退期和职业离岗期,每个阶段有特定的成长需求,并针对这一需求制定了相应的激励方式和不同的支持系统,以促进教师专业的不断发展。费斯勒及其同事的研究不仅打破了一维线性的研究思路,而且在前人研究的基础上,设计了教师生涯专业发展的各个阶段的激励措施,为学校领导和有关教师专业发展的研究提供了有益的启示。②

(四) 教师生涯实现论

在教师生涯专业发展中,教师要批评反思实践、重新定义假设和信念并强化自我价值,这样才会循环不断地成长。根据这个规律,斯蒂菲将教师生涯发展分为六个阶

---

① 莲蓉. 教师职业生涯发展[M]. 北京: 中国轻工业出版社,2008.

② Alph Fessler, Judith C. Christensen. 教师职业生涯周期——教师专业发展指导[M]. 董丽敏,高耀明,译. 北京: 中国轻工业出版社,2005.

段。一是新手阶段。这个阶段开始于师范生时期，在接受教师教育过程中，开始接触实际教学，并通过完成教学作业和见习等不断延续。二是实习阶段。这个阶段始于教师独立地承担备课和教学任务，直到教师可以将知识、教育学知识融为一体，并在教学中表现出一定的自信。这个阶段一般要从入职到教学的两三年后。三是专业阶段。这个阶段教学方面更为自信，学生的反馈在其中起重要作用。学生对教师的尊重和教师对学生的尊重在这个时期建立得非常牢固。四是专家阶段。能满足国家对教师的各项要求的最高标准，也是其他不足的教师要达到的目标要求。五是杰出阶段。教师的教学已经超出了现行的对教师的知识和能力的要求，已经成为专业的引领者。他们能影响市级、州级甚至国家的教育相关政策。六是荣誉退休阶段。一辈子从事教学，退休后会得到社会的认可和赞许。他们通常还会以导师、代理教师和指导者等的身份继续服务。①

教师专业发展是一个长时段的、贯穿职业生涯的过程，受到各种内在与外在的因素影响，呈现出复杂、多维、动态、实践的特质。这不仅需要教师自己一生持续不断的努力，不断从知、情、意、行等方面要求自己，克服重重阻力，实现阶段性的进步，也需要学校群体、社会环境的支持，来实现教师的发展和进步。教师专业发展的阶段性对教师培训工作的启示是：教师培训作为促进教师专业发展的一种外在力量，需要根据教师在不同阶段的发展状况、需求，设置培训的目标与内容，而不是对所有教师的“一刀切”，要关照到教师职业生涯发展的阶段性及个体差异性，为每位教师的专业发展提供最适切的发展食粮。

第二节　经典培训管理模型

培训管理模型是培训管理工作的根本，是培训专业知识与培训应用之间的桥梁，掌握经典的培训理论模型是建设实践、科学、全面、动态、开放培训管理系统的基础。在培训过程中充分利用一些经典理论模型，能使培训达到最佳的效果。

① 彭小虎. 社会变迁中的小学教师生涯发展［D］. 上海：华东师范大学，2005.

一　艾宾浩斯遗忘曲线

在培训学习的过程中遗忘会随着时间推移而出现不同程度的变化，艾宾浩斯遗忘曲线让培训管理者清晰地了解知识遗忘的规律，在记忆的最初，遗忘的速度会很快，20分钟记忆保留比率是58.2%，1小时后是44.2%，1天后只剩下33.7%，遗忘遵循的是"先快后慢"的规律。培训学习的设计者必须在遗忘临界点前进行学习干预，组织复习，将会大大地增加培训的学习效率，防止遗忘。见图1-5。

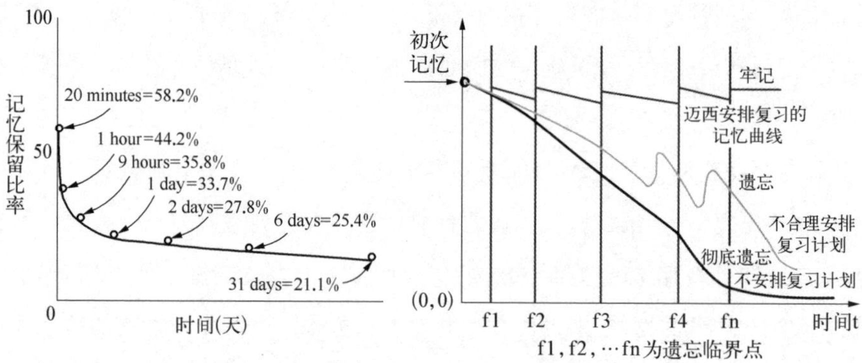

图1-5　艾宾浩斯遗忘曲线

二　问题定义模型

培训学习体系设计和课程设计与甄选，均需要识别典型问题及典型任务，问题定义模型可以帮助培训者更准确地表述问题，同时R1与R2也可以是影响完成任务的能力因素，这个差距就是人才培养的重点内容，也是培训课程设计的重要依据。见图1-6。

$$Q=S+(R1-R2)$$

名　称	内　容
Q(Question)	所存在的问题
S(Situation)	问题产生的情景：切入点、背景、问题产生的条件
R1(Result)	非期望结果或现状
R2(Result)	期望的结果

图1-6　问题定义模型结构

三　70－20－10 法则

“70－20－10 法则”是麦肯锡的一项研究成果。该法则认为成人学习 70%来自真实生活经验、工作经验、工作任务与问题解决，20%来自反馈以及与其他角色榜样一起工作并观察和学习该榜样，10%来自正规培训。这意味着我们在真正的学习当中，需要使用很多种手段强化。

学习效果分成三个部分：10%来自于课堂学习，是以讲授者为主体的，学员只是被动的接受。20%来自于向榜样学习和别人给予的反馈，教练指导、分享反馈、观摩学习等都是一些常规的做法，70%的效果来自于实际工作中的锻炼。培训管理者在组织培训的时候，需要清晰地意识到真正有效的人才培养是在实战中培养的。见图 1－7。

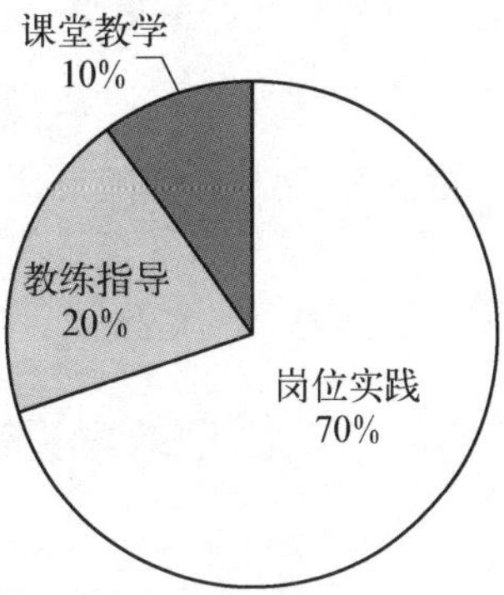

图 1－7　70－20－10 法则模型

四　4－3－3 财务预算模型

4－3－3 模型是欧美发达国家在培训投入方面的基本分配模型，即：40%用在学习分析及学习项目设计与开发上，30%用来支付课堂教学费用，30%用在培训结束之后的学习强化及巩固上。即：10 万的预算，有 4 万是用在学习分析及学习项目设计与开发上，有 3 万用来支付课堂教学费用，有 3 万是用在培训结束之后的学习强化及巩固。教师培训学习结束并不意味着培训工作的结束，后续的跟踪也是强化学习效果的重要一环。

40%		30%		30%
培训前	⟶	培训中	⟶	培训后

五　学习高原现象

在培训中，学习效果并不是呈不断递增的直线形状，而是呈曲线。在培训学习的初期,学员会因掌握并运用新的知识与技能表现出明显的进步,但随之而来的一段时间常常是学员的表现停滞不前,学习的绩效不再提升,这会对学员的学习积极性带来一定影响,这就是所谓的学习高原现象。克服高原期的方法是转变学习方法,如增加知识上的综合,建构知识网络,把知识融会贯通等。见图 1-8。

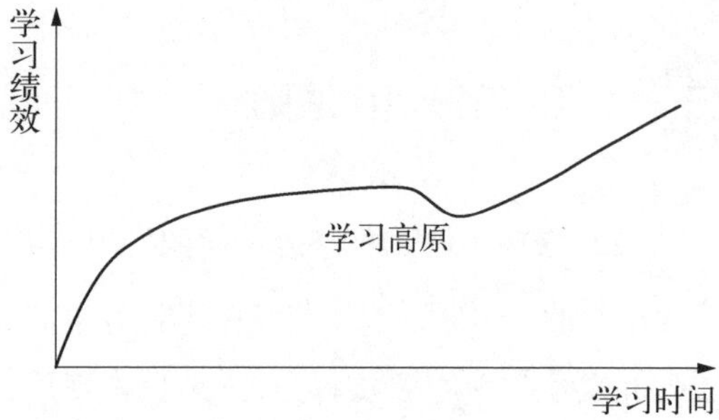

图 1-8 学习高原现象

六 ADDIE 教学设计模型

ADDIE 教学设计模型是分析、设计、开发、实施、评估五个英文单词的首字母的缩写,是目前最经典的教学设计模型,迪克·凯瑞的系统教学设计模型及后期的一些设计模型都是这一模型的变形。ADDIE 教学设计模型主要包含了三个方面的内容:第一是要学什么?即学习目标的制定;第二是如何去学?即学习策略的应用;第三是如何评价达到的学习效果?即学习考评的实施。ADDIE 解释了专业课程的实现流程。见图 1-9。

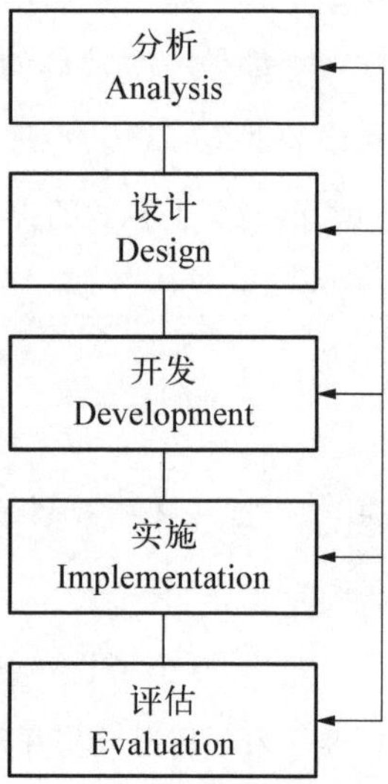

图 1-9 ADDIE 教学设计模型

七 成人学习的旅程

成人的学习不是告知的过程,而是一个消化吸收的过程。学习如享受美味,首先需要选择上好的材料(内容提炼),其次是让厨师进行烹饪(课程设计与开发),然后在优美的环境中,用正确的方法就餐(参与培训),最后还要在工作中加以实践锻炼,才能将新的技能训练转化为学习者稳定的素养。见图 1-10。

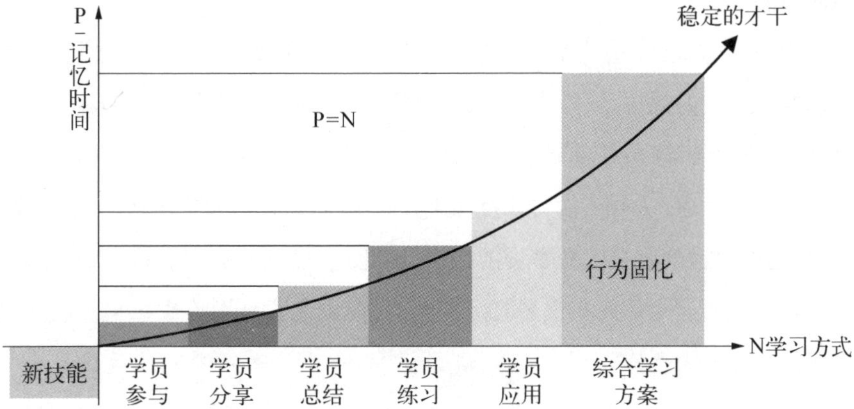

图 1－10　成人学习特点

八　柯氏四级评估

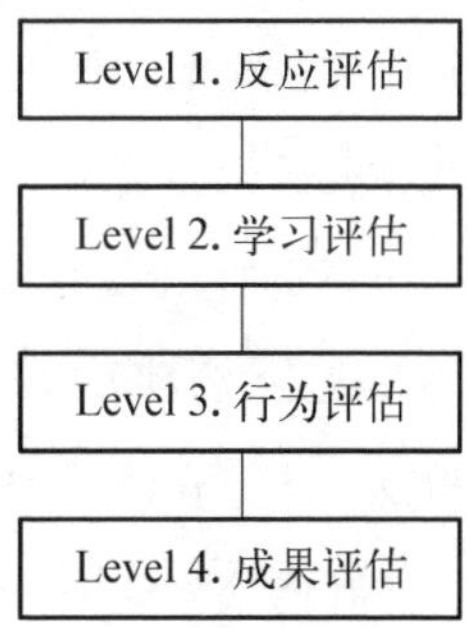

图 1－11　柯氏四级评估模型

唐纳德. L. 柯克帕特里克(Donald. L. Kirkpatrick)于 1959 年提出了培训的四级评估模式,简称柯氏四级评估模式,它是目前被应用最多的评估模型。见图 1－11。四级评估分别是:

第一级“学员反应”,是衡量参与培训项目的学员对培训所做出的反应,即在课程刚结束时,了解学员对培训项目的主观感觉或满意程度。“学员反应”评估易于进行,是最基本、最普遍的评估方式,评估目标包括对培训项目的肯定式意见反馈和既定计划的完成情况。反应层面需要评估以下几个方面:内容、讲师、方法、材料、设施、场地、报名的程序等。对这个层次的评价,首先要有总体的评价,比如询问学员:你感觉这个课怎么样?你会向其他人推荐这个课吗?但是这样容易产生一些问题,比如以偏概全、主观性强、不够理智等。因此还必须有涉及以上内容的更细致的评估方法。适合的方式有问卷、面谈、座谈、电话调查等。

第二级“学习评估”,是评估参训学员培训后能够在多大程度上实现态度转变、知识扩充或技能提升等相应结果。“学习评估”着眼于评估学员在知识、技能、态度或行为方式方面的收获。评估的方法有:测试、模拟、技能练习、培训组织者的评价。在培训之中或之后进行,由培训组织者来负责实施,评估方法有:考试、演示、讲演、讨论、角色扮演等多种方式。

第三级“行为改变”，衡量学员在参加培训后能够在多大程度上实现行为方面的转变。主要有学校的评价、同事的评价、学生的评价等方式，评估目标涉及更广泛的领域，即培训的应用领域，包括重要的在岗活动。评估的实施时间往往是在培训结束后的几周或几个月之后，这种评估将涉及几个方面的参与，包括学员所在单位、和学员学生的参与，培训的目的就是改变学员的行为，因此这个层面的评估可以直接反映课程的效果。这个层面的评估要花很多时间和精力，问卷的设计非常重要但比较难做，需要各方面的人员通力合作。

第四级“结果评估”，是评估参训学员参加培训项目后能够实现的最终成果。“结果评估”目标着眼于由培训项目引起的教育教学结果的变化情况，操作方法是设定理念、方法、技能等几个维度，在这些维度下再具体化成可度量的指标进行考查，根据考查得到数据，与培训前进行对照，看最终产生了什么效果。进行这一级评估时，往往是培训后的几个月。收集四级评估的数据所涉及的责任人包括学员自己、基层单位、教师培训机构的评估人员。这种评估方式的优点显而易见，因为教师培训单位及教育行政主管部门在培训上投入的根本目的，就是为了提高这些指标。如果能在这个层面上拿出详实的、令人信服的调查数据，不但可以增强教育行政主管部门对教育培训的信心和决心，而且可以指导教师培训课程计划，把有限的培训经费用到最能够促进一线教师专业成长的课程上来。

在四级培训评估模式中，每个级别的评估都是非常重要的，我们不能跳过前两个级别的评估直接进行第三、四级别的评估。①

九　课程质量控制模型

课程质量控制模型为量化培训管理奠定了基础，在三个综合指数中有30多项子指标，通过培训前对课程、师资及环境的综合评估，可以预见培训效果，有效地弥补柯

① ［美］唐纳德·L·柯克帕特里克(Donald L. Kirkpatrick)，詹姆斯. D. 柯克帕特里克(James. D. Kirkpatrick). 如何做好培训评估：柯氏四级评估法［M］. 林祝君，冯学东，译. 北京：电子工业出版社，2018.

氏四级评估的技术缺陷,同时课程质量模型为课程设计、讲师培养提供了量化分析的依据。见图 1 - 12。

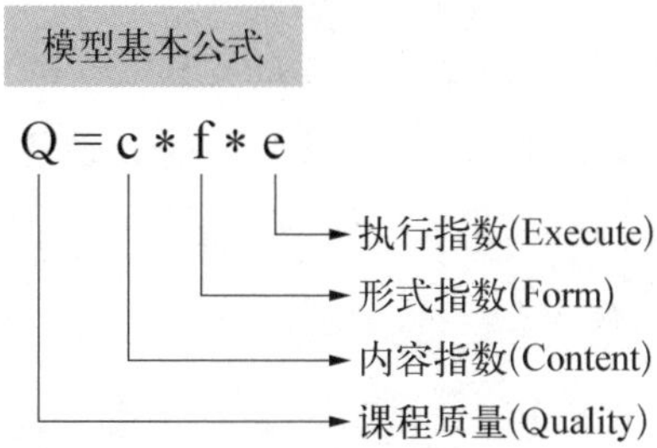

图 1 - 12　课程质量控制模型

图 1 - 13　STAR 的关键事件访谈

十　基于 STAR 的关键事件访谈

STAR 是情景(Situation)、任务(Task)、行动(Action)和结果(Result)四个英文单词的首字母组合。关键事件访谈是培训者通过对被培训者的关键事件的访谈提炼出组织智慧,了解被培训者的需求和意愿,让培训更加有效。这是培训者必须掌握的关键技能,是让培训高度支持培训业务的必要步骤。见图 1 - 13。

第三节　教师培训的必要性

培训是一种有组织的知识传递、技能传递、标准传递、信息传递、信念传递、管理训练行为,培训是人力资源开发的主要手段之一,教师培训主要是指专门的教师培训机构和专门人员对因工作和专业发展需要的在职、在业的教师所进行的专门训练或短期再教育活动。教师培训有广义和狭义之分,广义的教师培训指的是教师教育,它包括了职前教师培养和职后教师培训,而狭义的教师培训指的是教师入职培训或职后培训。一般意义上的教师培训所指向的主要是学校和培训机构对已获取教师资格的在职教师所进行的有组织、有计划的学习活动,更多指向的是促进教师专业发展的一系列外在活动，不包括教师本人自己所进行的自我学习和自我教育。

教师的素质直接影响着教育质量，我国历来重视在职教师的培训工作。新中国成立初期，考虑到当时的教育现状，设立了省、地（市）级教育学院、县级的教师进修学校，并与高等师范院校、中等师范学校相互配合，形成了省、地（市）、县三级教师培训机构体系，其中县级教师培训机构负责县域内小学教师的培训，地（市）级教师培训机构负责辖域内中学教师的培训。此段培训主要以"补偿教育"和"学历教育"为主要目的，"缺什么，补什么"，通过教育培训使大批教师达到一定的学历资质。

1977 年 12 月教育部下发《关于加强教师培训工作的意见》，开始使用"教师培训"的概念，随着我国教育事业的发展，终身教育思想被引入教师培训中，于是教师培训更多地被称为"教师继续教育"。教育部 1999 年颁发的《中小学教师继续教育规定》指出，中小学教师继续教育"是指对取得教师资格的中小学在职教师为提高思想政治和业务素质进行的培训"。该规定指出，中小学教师在一定时期必须接受国家或学校组织的培训活动，以便使其职业素质和专业水平得到提升，此后，教师的培训开始转向以教师的专业发展为重。

教师专业发展是教师培训的本质。为了进一步提高教师培训质量，财政部和教育部于 2010 年 6 月发布《关于实施"中小学教师国家级培训计划"的通知》，该计划在后来被简称为"国培计划"。"国培计划"的提出对之后中小学教师教育尤其是农村中小学教师的在职培训起到很大的推动作用。该计划由中央财政部支持，由各级学校申报并展开实施。2010 年中央财政部分拨五亿元基金对中西部"国培计划"进行财政支持，要求对农村中小学骨干教师进行专项在职培训以"教什么，学什么"为基础，发挥教师培训的作用，充分调动中小学教师参训的积极性，提高中小学教师尤其是农村中小学教师的职业水平、提升教学能力，提高中小学教师培训的效率，平衡中西部地区中小学教师授课水平的差距。"国培计划"是多年来国家对教师在职培训提出的一项重大举措。为了进一步发展乡村教育，破解乡村教师队伍面临的"职业吸引力不强、补充渠道不畅、优质资源配置不足、结构不尽合理、整体素质不高"等突出问题，造就一支素质优良、甘于奉献、扎根乡村的教师队伍，2015 年，国务院办公厅关于印发《乡村教师支持计划（2015—2020 年）》，强调将乡村教师培训纳入基本公共服务体系，保障经费投入，提供制度化、常规化的培训。增强培训的针对性和实效性，确保乡村教师培训的时间和质量，为乡村教师"充电"，打造新时代升级版的乡村教师队伍。2018 年《中共

中央 国务院关于全面深化新时代教师队伍建设改革的意见》出台,在“全面提高中小学教师质量,建设一支高素质专业化的教师队伍”中对教师培训的原则(全员培训)、方式(线上线下相结合的混合式研修)、内容(紧密结合教育教学一线实际)、管理(学分管理)、机构建设(健全地方教师发展专业机构和专业培训者队伍)等都提出了要求。

一　终身化学习社会对教师角色的挑战

在一般意义上说,教师与任何人一样都是学习者,在“知识爆炸”的背景下,知识随时间呈“几何级增长”,陈旧率加快,而信息时代的到来,则正在冲击着“教师是知识垄断者”的认知。教师作为一种职业得以维持的基础,就是要从“已有的知识经验”转换为“持续的学习”。① 社会发展与个人发展观念的变革,孕育出了教师作为一个不断学习者的角色。1994 年,“首届世界终身学习会议”在罗马隆重召开,终身学习在世界范围内形成共识。终身学习(Lifelong-Learning)是指社会每个成员为适应社会发展和实现个体发展的需要,贯穿于人的一生的、持续的学习过程。当今社会发展,一次性的学校教育,已经不能满足人们不断更新知识的需要。终身教育的主导思想就是要求每个人必须有能力在自己的一生中利用各种机会,去更新、深化和进一步充实最初获得的知识,使自己适应快速发展的社会。作为以知识传授为主要特征的教师就不知不觉地被放置在“终身教育”的体制中,必须成为一个不断的学习者。为适应这一趋势,改变学校的封闭结构,形成开放的弹性的教育结构成为各国推行终身教育的一个重大的实践。日本在 1995 年召开由社会各界知名人士组成的“终身学习审议会”,要求高等教育机构必须向社会敞开大门,广泛吸收在职成人进入高等教育机构学习。在美国,特别是 20 世纪 60 年代以后,以社区发展为目标的社会学院被大力发展起来,其对成人的开放性达到了几乎没有什么限制的地步;英国也有开放大学和大学的成人教育部,提供成人教育。在欧洲的许多国家,大学通过公开讲座、成人教育中心、函授等形式为人们提供继续教育和回归教育的机会。

在终身学习社会背景下,学校正在被要求发挥教育变革的重要作用,教师成为这

① 黄甫全. 新课程中的教师角色与教师培训[M]. 北京: 人民教育出版社,2003: 60.

个变革过程的中心，不断地学习进步成为教师专业发展的必然选择。每位教师都必须具备自我发展、自我完善的能力，不断地提高自身素质，不断地接受新的知识和新的技术，不断更新自己的教育观念、专业知识和能力结构，使自己的教育观念、知识体系和教学方法等跟上时代的步伐。终身学习的能力既是社会发展对人的要求，也是教育变革对教师职业角色提出的要求。设想如果一个老教师他自己的思想观念、知识结构从始至终都是一成不变的，他如何能培养出符合社会需要的人才？学校发展关键在于教师队伍建设，面对终身学习社会对学校和教师的严峻挑战，世界各国都在重新考虑教师的角色定位，修订适用于新型教师的培训、聘用和报酬标准，以提高教师的专业成熟度，适应未来社会发展对教师的素养要求。教师必须牢牢树立终身学习的理念，对自己的知识与经验进行重组，拓展自我的效能，成为适应时代发展要求的合格教师。①

二　教师专业发展的现实需求

人的发展是从幼稚走向成熟、不断完善的过程，作为社会职业人的教师，其专业化发展也要经历从接受师范教育的学生到初任教师，到有经验的教师，到实践教育家的过程。教师专业化是指教师在整个专业生涯中，通过专业训练，习得教育专业知识技能，实施专业自主，表现专业道德，并逐步提高自身的从教素质，成为一位良好的教育专业工作者的成长过程。② 教师的专业化发展过程就是教师的职业理想、职业技能、职业道德、职业情感、社会责任感不断成熟、提升的过程，是教师在教育教学过程中教育思想、知识结构、教学能力的不断发展。教师是一种需要不断学习的职业，这些专业素养的更新与提升的实现需要教师继续教育的支持。教师培训是促进教师专业成长的外在驱动力，指导和引领教师的专业发展由被动走向主动、由他律走向自律，主要体现在以下方面。

成为自主成长型的教师。教师不断地进行学习是教师角色适应与发展的必要条件。一个成熟的教师，不但能通过对自己调整、变革与完善不断提高自己的教学能力，在教学过程中实现自身的价值，并且能够主动反思自身专业发展的不足，自觉学习进

① 严锦屏. 教师终身学习的重要性[J]. 才智，2013(17)：59－60.

② 易森林，程宜康. 高职院校教师专业化发展研究述评[J]. 现代教育管理，2014(05)：79－83.

行弥补。这就要求教师不能靠职前所获得的教育维持一生，必须在整个职业生涯期不断自觉地更新知识和提高自己的教育能力，培养终身学习能力和可持续发展的素养，做自主成长型的教师。

成为自觉的教育思想者与实践者。教师作为教育理论转化为教育实践活动的载体，不仅是一个优秀的知识传授者，而且是把教育理论落实为教育实践的"教育行动研究者"，弥合教育理论与教育实践之间的鸿沟，探寻理论与实践结合的最佳途径与方式。教师作为一个教育行动研究者，在自己的教育实践和已有经验的基础上，必须通过不断的学习，提高认识，更新理念，对自身的教育教学进行研究，对教育问题进行反复的观察、审慎的反思，以实践促研究，以研究指导实践，从而使自己成为一个自觉的教育思想者与实践者。

成为终身学习型的教师。终身学习社会的教师所面临的挑战具有高度的不可预测性与复杂性，他们只能针对自己所处的情境以及个人专业能力的发展状况，适时地修正个人未来的发展方向，才能有效地促使教师专业潜能最大限度地发挥出来。为此，教师必须树立终身学习的理念，保持一种不断学习的心态，对自己的知识与经验进行重组，提升综合素养与教育能力，成为适应时代发展要求的合格教师。

三 教师自我价值实现的追求

根据马斯洛需求层次理论和诺尔斯的成人学习理论，教师首先作为"人"而言，有生理需求、安全需求、社交需求、尊重需求和自我实现需求这五种基本需求。其中，自我实现需求是最高层次的需要，它是指实现个人理想、抱负，发挥个人的能力到最大程度，完成与自己的能力相称的一切事情的需要。教师自我实现的需要是在最大程度地发挥自己的教育潜能，使教育工作成为自己人生价值实现的平台，工作不是一种负担，而是一件快乐的事情，使自己越来越成为自己所期望的人物。

教师专业成长的过程就是教师价值理念的形成和不断完善的过程，从实践活动价值的应然状态来看，本体价值应当是终极追求。这是因为本体价值是根本的价值，其他价值是由本体价值所派生出来的。教师专业成长的根本目的是教师自我价值的发挥与实现，而非外在的经济收入、政治地位的变化。作为一名教育工作者，教师的专业发展是实现自我价值的必由之路。教师专业成长离不开教师知识和技能的丰富与提高,教师培训首先要解决的就是教师知识的更新和技能的发展,这是教师专业发展走出工具理性转向价值理性的必然步骤。教师教育教学实践的成功不可避免地会涉及对行动的终极目的和人的终极价值的探寻,此种情形下的实践理性便“超出工具理性的应用,进入到价值理性的使用”,在这一理念的引导下,教师的工作目标、人生追求、思想理念会提升到一个更高的层次。在此过程中,教师的专业成长与成长需求的改变不仅需要内在的动力,更需要知识、思想、引导、激励等外在因素的助推,而教师培训成为促进教师专业发展的外在推动力,促使教师自我效能的拓展,激发其在教育岗位上向更高目标追求的内在动力。

第二章

乡村教师的职业特征与专业标准

第一节　乡村教育与乡村教师发展状况

乡村教育是指乡村地区的教育,即县级行政区划以下的乡镇、村落的教育。从广义上讲,乡村教育主要以广大乡村地区的学龄儿童和村民为教育对象,旨在以教育为主要手段,促进乡村儿童和村民的自我发展,促进乡村文化传承和乡村社会建设。狭义上讲,乡村教育主要是指乡村的学校教育,指在乡村地区作为正式的社会机构的学校内所开展的对乡村入学者的有目的、有组织的以影响其身心发展为直接目标的实践活动。在城乡二元化结构的影响下,城乡教育"二元分治",乡村教育质量低下,"穷国办大教育的理想与教育资源稀缺约束下的'权宜之计'使乡村教育成为国家经济社会发展的牺牲品"。① 加之城市化取向的现代教育制度设计,乡村教育的身份认同与存在价值也一度被遮蔽与忽视,并由此直接或间接地引发出一系列社会问题。我国是一个农业大国,农村占据了我国国土的大部分面积。截至 2019 年末,中国大陆总人口 140 005 万人,乡村常住人口 55 162 万人。② 乡村教育作为我们教育体系中的重要一部分,承担着广大乡村儿童和青少年的教育任务,但却是我国教育事业中的薄弱环节。乡村教育的优质发展关乎到社会公平、乡村振兴、和谐社会构建等重大问题。

十九大报告提出"乡村振兴战略",并把它列为决胜全面建成小康社会需要实施的七大战略之一。乡村振兴关系全局性、长远性、前瞻性的国家总布局,它是国家发展的核心和关键问题。在"乡村振兴"战略中,乡村教育是乡村振兴战略的重要内容之一。一方面,乡村教育振兴不仅是落实乡村振兴战略的应有之义,而且乡村教育是乡村经济建设、政治建设、文化建设和社会建设的基础,在乡村振兴中具有基础性、先导性和全局性。另一方面,乡村教育是中国义务教育的大头,又是中国教育最薄弱的所在,是实现教育公平的难点和重点。不管从"推动城乡义务教育一体化",以教育公平推进社会公平的角度,还是从实现"乡村振兴战略"的角度,办好乡村教育都具有举足

① 姚荣. 从"嵌入"到"悬浮":国家与社会视角下我国乡村教育变迁研究[J]. 清华大学教育研究,2014(04):27－39.

② 国家统计局公告,索引号:410A04－0502－201901－0014.

轻重的地位。2018 年 1 月,中共中央、国务院发布《关于实施乡村振兴战略的意见》,农村教育事业被置于“优先发展”的地位:高度重视发展农村义务教育,推动建立以城带乡、整体推进、城乡一体、均衡发展的义务教育发展机制。全面改善薄弱学校基本办学条件,加强寄宿制学校建设。实施农村义务教育学生营养改善计划。发展农村学前教育。推进农村普及高中阶段教育,支持教育基础薄弱县普通高中建设,加强职业教育,逐步分类推进中等职业教育免除学杂费。健全学生资助制度,使绝大多数农村新增劳动力接受高中阶段教育、更多接受高等教育。把农村需要的人群纳入特殊教育体系。以市县为单位,推动优质学校辐射农村薄弱学校常态化。统筹配置城乡师资,并向乡村倾斜,建好建强乡村教师队伍。

同“乡村”与“城市”一样,乡村教师也是与城市教师相对而言的。乡村教师泛指在乡村工作的教师群体。长期以来,我国乡村教师发展是与城市教师发展在同一理论框架下进行的,乡村教师发展不具有因地域差别而具有特别的模型,但城乡发展的差别、教育投入的城乡不均衡、乡村教师的生存环境与待遇决定了其自身发展的局限。①城乡发展的二元结构使乡村教育成为当前我国教育体系中的比较薄弱的一环。中小学教育具有教育的基础性、全局性的地位,我国是农业大国,广大农村中小学教师人数占到全国中小学教师人数的 1/2。农村教师当前所面临着工作条件差、时间长、压力大,待遇低、职称晋升难②,职业认同度低,职业发展积极性不高的现实。因此,乡村教师本是因工作地域不同而命名的一个群体,由于长期的城乡二元分割造成的城乡差距,现实已经异化为“条件差、待遇差”的教师群体简称。在农村尤其是偏远地区的乡村学校,由于待遇、办学条件、管理制度等原因,优秀学生不愿去、优秀教师留不住、不合格的教师退不出,这些影响乡村学校教育质量的关键问题一直没有得到有效解决。

从教育部发展司 2018 年教育统计数据中查询统计,目前我国中小学生有 17367 多万,其中乡镇占比 65.40%。教育部 2018 年公布了全国中小学教师人数,乡镇约占 6

① 唐松林,邹芳.语境视域与乡村教师:乡村教师素质分析[J].湖南师范大学教育科学学报,2013(05):54-58.

② 职称改革是乡村教师队伍建设的重要保障之一。在《乡村教师支持计划(2015—2020 年)》指导下,地方政府通过创新职称分配机制、增加职称评聘机会,创新职称评价机制推进了乡村教师职称评聘制度改革,但实践中相关部门间的博弈增加了乡村教师职称改革落地的难度,名额配给制与学校规模的矛盾限制了高级职称比例,职称评定的条件和程序尚需优化。参见:王红,邬志辉.乡村教师职称改革的政策创新与实践检视[J].中国教育学刊,2019(02):42-47.

成，其中农村教师472.95万人。根据《中国农村教育发展报告2019》发布的数据，2017年全国小学专任教师515.28万人，学历合格率99.9%，初中专任教师354.9万人，学历合格率为99.7%。自从20世纪90年代末开始的大规模农村撤点并校，以促进城镇化发展的经济导向，造成了农村教育的衰落和优秀乡村教师的流失、短缺是不争的事实，而且可以说加剧的趋势一直没能被扼制。当前，乡村学校的数量在减少，2017年义务教育学校数为321 901所，比2016年减少6 287所，减幅为1.92%。其中镇区为79 072所，比2016年增加362所，增幅为0.46%；乡村为201 633所，比2016年减少7 741所，减幅为3.70%①，乡村学校规模持续缩减，班级数量及小班班级（低于40人）增多。②《中国青年报》一份调查指出，农村教师第一学历毕业院校主要为中师和师专，而"985"和"211"高校毕业生只占调研样本的2.46%，即使省属重点本科高校毕业生也只占5.50%。虽然教学水平并不能和学历完全画等号，但这至少意味着农村学校对受教育程度高的年轻人缺乏吸引力。调查显示，乡村教师认为影响自身工作积极性的最主要因素，依重要程度居前三项的分别是：工资待遇低，占88.19%；专业技术职务晋升困难，占52.86%；工作负担重，占42.59%。③ 由于工资、职称评定等相关待遇都低于城市教师，乡村教师流失非常严重，特别是一些优秀教师选择离开，对乡村教育是一种釜底抽薪的冲击。东北师范大学农村教育研究所发布的《中国农村教育发展报告》中一组数据显示，65.7%的农村教师希望流动到城市任教，90.33%的乡镇教师希望到县及以上城市任教，93.35%的村屯教师希望到乡镇及以上地区任教，可见，乡村教育与乡村教师岗位吸引力的状况令人堪忧。但到2019年就有明显变化。

乡村教育质量事关千家万户的切身利益，影响着国家的整体教育质量、全民素质与未来的发展。城乡教育差距大，尽管原因很多，但根本是教师的差距④在农村教育改善中，最核心的问题是教师问题。近年来，农村学校的硬件设施发生了翻天覆地的变化，而农村教育的"软肋"——师资水平亟待提高的问题日益凸显。庞大的乡村教师数量与整体素质不高的矛盾成为制约乡村教育质量的关键，提升乡村教师队伍的素质成为十分迫切的现实课题，而解决这一问题的有效举措就是加强乡村教师的继续教

---

① 中国农村教育发展报告2019.[N].中国民族报，2019-02-19.

② 邬志辉，秦玉友.中国农村教育发展报告2016[M].北京：北京师范大学出版社，2017：5.

③ 王石川.善待乡村教师，延续乡村之光[N].人民日报，2015-12-23.

④ 范先佐.乡村教育发展的根本问题[J].华中师范大学学报（人文社会科学版），2015（05）：146.

育,促进乡村教师素养的整体提升。近年来,教师队伍的学历水平不断提高,农村教师提高的幅度高于城市,城乡差距在逐步缩小。农村教师培训的机会增加,但高层次培训相对较少。资料显示,“国培计划”实施以来(至2015年),先后有1 006万农村中小学教师接受培训,但农村教师参加高层次培训的机会只有62.23%,与城市教师比较相差19.07%。① 尤其是经济不发达地区情况更是堪忧。“农村教师培训第三空间路径研究”课题组从江西、湖北、湖南3省11个县(区/市)51个乡镇抽取2 165名教师,这些教师平均每年参加培训次数不足2次,平均1.85次,相当一部分教师从没有参加过培训,有少数参加过二十几次,很不均衡。有研究指出,乡村教师培训不仅高层次的培训机会不多,而且培训的“形式化”倾向明显,主要表现在理论与实践的脱节,培训重理论知识的讲解,使得本身并不具备大量理论知识的乡村教师更加迷茫,尽快完成任务的敷衍心理加重。

教师是教育的第一资源,在乡村教育发展中,建设好乡村教师队伍是振兴乡村教育的关键。提高农村教育水平,核心是农村中小学,关键是中小学教师。给乡村教师希望就是给教育希望,提升乡村教师素质就是补齐乡村教育的短板。国家历来重视乡村教育的发展和乡村教师队伍建设工作。1999年《中小学教师继续教育规定》的发布,标志着中小学师资培训进入一个新阶段;2000年《中小学教师继续教育工程方案(1999—2002年)》及其实施意见中,提出了“加强农村、少数民族和边远贫困地区中小学教师的培训”;2003年教育部发布的《中小学教师队伍建设“十五”计划》中指出,要“以骨干教师队伍和农村中小学教师队伍建设为重点……建设一支数量适当、分布合理、结构优化、富有活力的高素质、专业化的中小学教师队伍”。随着新课程改革的实施,教育部《关于开展基础教育新课程师资培训工作的意见》(2001)的颁布,全国中小学尤其是农村中小学教师的培训全面展开,力度进一步加大。但随着社会的发展,我国农村教育整体薄弱的状况还没有得到根本扭转,乡村教育和乡村教师队伍建设仍然滞后于时代发展的需要,城乡教育差距还有扩大的趋势②,2010年“国培计划”的实施,以“示范引领”的方式推动全国中小学教师全员培训的开展,乡村教师尤其是中西部地区的中小学教师培训成为“国培计划”重中之重。2012年,教育部印发中小学教

① 邬志辉,秦玉友. 中国农村教育发展报告2016[M]. 北京:北京师范大学出版社,2017:5.

② 张燕,熊玉双,梁珊珊. 经济法视野下农村义务教育的公平价值探析[J]. 唯实,2009(05):73-77.

师的《专业标准》(试行),为教师的继续教育培训提供了重要依据。2012 年,国务院在《关于加强教师队伍建设的意见》中指出,实施 5 年不少于 360 学时的教师全员培训,“构建以师范院校为主体……开发灵活的中小学教师教育体系”。2015 年 4 月 1 日,中央全面深化改革领导小组审议通过的《乡村教师支持计划(2015—2020 年)》提出,要把乡村教师队伍建设摆在优先发展的战略位置。随后,教育部与财政部、人事部、中央编办颁发《农村义务教育阶段学校教师特设岗位计划实施工作的通知》,采取切实措施加强老少边穷岛等边远贫困地区乡村教师队伍建设,明显缩小城乡师资水平差距,让每个乡村孩子都能接受公平、有质量的教育。

基础教育是国民教育体系中的关键一环,农村教育量大面广,影响广泛,乡村教师作为农村教育的主力军,其工作状态和业务水平直接关系着农村教育的质量和广大农村学生的成长,乡村教师年龄老化、思想固化、知识退化、方法旧化的现象还非常普遍,教师的职前、职后培训是提升乡村教育教师素质的必要举措,也是解决农村教师“下不去”“留不住”“教不好”“长不高”等突出问题的有力措施。在新一轮基础教育课程改革推进过程中,通过各种形式的在职培训或自主学习,中小学教师的专业素养有所提高。然而,在学习型社会和信息化社会,中小学教师也只有及时更新知识,提高教育教学能力,才能适应当代社会与教育实践提出的各种新要求。① 大力开展乡村教师培训,提高乡村教师的整体素质是建设人力资源强国、发展农村教育、保证教育均衡发展、实现社会公平、构建和谐社会的必然要求。加强乡村教师培训,提升乡村教师整体素质,办好乡村教育具有十分的紧迫性。

2020 年全面建成小康社会、基本实现教育现代化,薄弱环节和短板集中在乡村、在中西部老少边穷岛等边远贫困地区。发展乡村教育,教师是关键,必须把乡村教师队伍建设摆在优先发展的战略地位。《乡村教师支持计划(2015—2020 年)》列出了“提高乡村教师思想政治素质和师德水平、拓展乡村教师补充渠道、提高乡村教师生活待遇、统一城乡教职工编制标准、职称(职务)评聘向乡村学校倾斜、推动城镇优秀教师向乡村学校流动、全面提升乡村教师能力素质、建立乡村教师荣誉制度”等举措以加强乡村教师队伍建设,其中在“全面提升乡村教师能力素质”中指出:到 2020 年前,对全体乡村教师校长进行 360 学时的培训;要把乡村教师培训纳入基本公共服务体系,

① 罗儒国. 中小学教师培训状况的调查与分析[J]. 现代教育管理,2011(12):83－86.

保障经费投入,确保乡村教师培训时间和质量。省级人民政府要统筹规划和支持全员培训,市、县级人民政府要切实履行实施主体责任。整合高等学校、县级教师发展中心和中小学校优质资源,建立乡村教师校长专业发展支持服务体系。将师德教育作为乡村教师培训的首要内容,推动师德教育进教材、进课堂、进头脑,贯穿培训全过程。全面提升乡村教师信息技术应用能力,积极利用远程教学、数字化课程等信息技术手段,破解乡村优质教学资源不足的难题,同时建立支持学校、教师使用相关设备的激励机制并提供必要保障经费。加强乡村学校音体美等师资紧缺学科教师和民族地区双语教师培训。按照乡村教师的实际需求改进培训方式,采取顶岗置换、网络研修、送教下乡、专家指导、校本研修等多种形式,增强培训的针对性和实效性。从 2015 年起,"国培计划"集中支持中西部地区乡村教师校长培训。鼓励乡村教师在职学习深造,提高学历层次。① 各省市、自治区根据实际,出台了相应的实施办法。2016 年教育部办公厅《关于印发乡村教师培训指南的通知》《关于大力推行中小学教师培训学分管理的指导意见》出台。2018 年 1 月,中共中央、国务院颁布《关于全面深化新时代教师队伍建设改革的意见》提出:"全面提高中小学教师质量,建设一支高素质专业化的教师队伍""开展中小学教师全员培训,促进教师终身学习和专业发展等方面指出:转变培训方式,推动信息技术与教师培训的有机融合,实行线上线下相结合的混合式研修。改进培训内容,紧密结合教育教学一线实际,组织高质量培训,使教师静心钻研教学,切实提升教学水平。推行培训自主选学,实行培训学分管理,建立培训学分银行,搭建教师培训与学历教育衔接的'立交桥'。建立健全地方教师发展机构和专业培训者队伍,依托现有资源,结合各地实际,逐步推进县级教师发展机构建设与改革,实现培训、教研、电教、科研部门有机整合。继续实施教师国培计划。鼓励教师海外研修访学。"②2018 年 2 月,教育部 、国家发展改革委、财政部、人力资源社会保障部 、中央编办联合发布《教师教育振兴行动计划(2018—2022 年)》指出,要采取切实措施建强做优教师教育,推动教师教育改革发展,全面提升教师素质能力,努力建设一支高素质专业化创新型教师队伍。在"乡村教师素质提高"行动方案中提出,各地要以集中连片特困地区县和国家级贫

① 乡村教师支持计划(2015—2020 年)(国发办〔2015〕43 号)。https://www.sogou.com/sie?hdq=AQxRG-0000&query.

② 中共中央国务院关于全面深化新时代教师队伍建设改革的意见。http://www.moe.gov.cn/jyb_xwfb/moe_1946/fj_2018/201801/t20180131_326148.htm.

困县为重点，通过公费定向培养、到岗退费等多种方式，为乡村小学培养补充全科教师，为乡村初中培养补充“一专多能”教师，优先满足老少边穷岛等边远贫困地区教师补充需要。加大紧缺薄弱学科教师和民族地区双语教师培养力度。加强县区乡村教师专业发展支持服务体系建设，强化县级教师发展机构在培训乡村教师方面的作用。培训内容针对教育教学实际需要，注重新课标新教材和教育观念、教学方法培训，赋予乡村教师更多选择权，提升乡村教师培训实效。推进乡村教师到城镇学校跟岗学习，鼓励引导师范生到乡村学校进行教育实践。“国培计划”集中支持中西部乡村教师校长培训。党的十八大以来，我国中小学教师培训工作既重视规模发展，更注重质量提升。

教师是教育的第一资源。系列文件的出台表明了国家对乡村教育发展和乡村教师队伍建设的重视，系列配套措施的实施促进了乡村教育的发展、城乡教育的均衡，乡村教师整体素养的提升，乡村教师队伍的专业素养、职业认同感正稳步提升。东北师范大学中国农村教育发展研究院发布《中国农村教育发展报告 2019》显示，农村义务教育阶段在校生占总体的 65. 40%；农村普通高中教育在校生占总体的 52. 35%；2017 年全国各地共招聘特岗教师 7. 7 万人，分布在 1 万多所农村学校，乡村小学和初中生师比低于国家标准；2017 年全国小学专科及以上学历教师比例为 95. 26%，其中农村为 93. 80%；全国初中本科及以上学历教师比例为 84. 63%，其中农村为 81. 10%，城乡差距存在但较 2016 年有所缩减。调查显示，《乡村教师支持计划（2015—2020 年）》实施后，对支持计划持满意态度的乡村教师占比达 84. 85%。83. 46%的乡村教师愿意继续留在乡村学校任教。①

第二节　乡村教师的职业特征

教师是从事教育教学工作的专业人员，教师职业属于专门职业。职业特征是指具有相同职业的群体性特征。乡村教师作为我国教育工作者的一个特殊群体，存在着一些显著的共性特征。

---

① 《中国农村教育发展报告 2019》：乡村教师队伍建设成效明显。http：//edu. people. com. cn/n1/2019/0113/c1006-30524889. html.

一　乡村教师来源多元，任教乡村学校的动机复杂

根据教育部发布2018年全国教育事业发展基本情况，我国有乡村教师290多万人，其中中小学近250万人，40岁以下的青年教师近170万人，占58.3%。① 就乡村教师的来源和从教动机来看，全国各地经济社会发展状态和自然资源的不同使其具有一定的差异性。总体来讲，目前县域乡村教师呈现出来源多元、动机复杂的特点。当下，县域乡村教师队伍大体由三大部分组成。第一部分是年龄相对较大，原来就在乡村任教的"土著型"教师。这类教师一种是中等师范毕业统一分配的公办教师，后来通过函授、进修、自学考试等途径获取师范类大专或本科学历；另一种是由原来的民办教师转为公办教师，他们大多是高中或以下学历，后来通过在职进修、函授或自学等途径获得中师或以上学历，这部分教师年龄更大，大多接近退休或已退休。"土著型"教师教育教学能力相对较强，对乡村有一定教育情怀，但其观念陈旧，对新知识特别是信息技术知识学习不够，教育科研能力弱，对教师专业发展认知程度低，缺乏终身学习理念，学习动力明显不足。第二部分是20世纪80年代中期以后分配的中师毕业生。他们大多初中毕业考入各地师范学校，虽然起点低，但生源质量普遍较好，且受过正规师范教育，素质较为全面，目前年龄大概在45至55岁之间，是县域乡村义务教育阶段教师中的中坚力量。第三部分是近年来国家加大对乡村教师队伍建设力度，各地逐年招聘、选调的"新生代"教师。这类老师其中一部分来自各地师范院校培养的定向委培生或免费师范生。虽然生源的综合素质不理想，但经过五年或六年的系统师范教育，所学知识面广，综合素质相对较高；另一部分是来自于非师范院校毕业生，他们通过教育学、心理学课程考试，"速成"取得教师资格证。由于没有经过系统而又专业的师范教育和教育学实习的"打磨"，"教师实践性知识"缺乏，教学基本知识和基本技能不高。"新生代"乡村教师理念、知识较新，信息技术能力相对较强，但教学经验缺乏，乡土情怀缺失，乡村教育资源利用意识不强，发展乡村教育文化的内驱力不足。

乡村教师担负乡村教育振兴的重要角色，其职业动机直接影响乡村教育质量和乡村教育的发展。乡村教师的职业动机是乡村教师从事乡村教育的愿望、兴趣、理想所

---

① 教育部发布2018年全国教育事业发展基本情况[N]. 人民日报，2019-02-27.

表现出来的激励其行为的主观因素，是乡村教师专业发展的内生动力。不同乡村教师具有不同的职业动机，同一乡村教师在不同时期其职业动机也存在差异。按照马斯洛需要层次理论，乡村教师在自身需要的内在推力和外部诱因的拉力作用下形成自己的职业动机。总体而言，乡村教师的职业动机大体包括：谋生动机，尊重动机，发展动机，兴趣动机，成就动机。谋生动机主要是指乡村教师以谋生作为工作动机，谋职教师岗位的目的是为了获取物质报酬来满足生存的基本需要。他们认为工作就是为了挣钱和养家糊口，缺少精神层面的价值追求，很少思考通过教书育人创造业绩去实现自己的人生价值。在谋生动机方面，刚入职的新教师由于物质保障较差而表现更强，他们中有的并不是衷心选择从教，而只是将乡村学校暂时作为栖息之地、跳板，一旦时机成熟就离职走人。针对这一群体，各级政府和教育行政部门应制定相应鼓励政策，认真落实相关政策，提高其待遇水平，从而提升乡村教师从教的热情；尊重动机是指乡村教师的教育教学能力和工作效果受到学生、家长及社会的认可赞誉，从而更加激励乡村教师乐教善教的信念。入职时间较长的教师比入职时间较短的教师更希望得到社会的尊重。因此，完善乡村学校激励机制、优化社会环境因素能有效提升乡村教师的尊重动机；发展动机主要是指乡村教师在岗位中希望获得更多报酬和谋求更高地位的需要。这方面，入职时间较长的教师动机较强，男教师比女教师动机要强。乡村学校在教师职位晋升时，坚持以实绩、以能力论英雄，做到客观公正，一视同仁，有利于激发全体教师的发展动机；兴趣和成就动机能有效促使乡村教师立志终身从教和专业发展的自觉。成就动机、兴趣动机的强弱与乡村教师入职时间的长短关系并不明显，教育行政部门和乡村学校可通过加强教师培训、提高教师待遇、改善工作环境等来提升乡村教师的职业兴趣和成就动机。①

二　乡村教师以单科教学能力应对全科教学需求

近年来，我国基础教育快速发展，而教师队伍整体素质提升滞后，存在严重的结构性问题，数量不足，学科结构失衡，难于满足基础教育发展需求，出现了严重的以单科

① 王欢，李亮. 农村教师职业动机及其培养研究[J]. 决策探索，2017(07)：59－60.

教学能力应对全科教学需求的现状,这一现象在乡村义务教育阶段尤为严重。据《中国农村教育发展报告2017》的调查显示,2015年乡村学校生师比中小学为14.57∶1,2016年初中为10.98∶1。乡村学校师班比2015年小学为1.90∶1,2016年初中为4.03∶1。① 虽然出现了乡村学校生师比持续下降,师班比逐渐上升的总体趋势,但由于乡村学校尤其是一些村小和教学点,一般地处偏僻、经济落后、条件艰苦的地方,生源减少,学校总体规模缩小,但班级数变化不大;同时,由于近年来新招聘的"新生代"教师中男女比例严重失衡,女性育龄教师比例奇高,正值生育适龄期,加上二胎政策的开放,乡村学校因生育休假教师显著增加,导致乡村教师紧缺,尤其是艺术、科学、综合实践、美术、音乐、英语、体育等学科教师严重缺乏。从教育部教育统计数据来看,艺术、音乐、美术、科学等学科生师比均大于400∶1。其中乡村学校艺术学科生师比为4 488.82∶1,科学学科生师比为1 813.59∶1。见表2-1。

表2-1 2018年我国初中阶段不同学科生师比

	全国	语文	政治	数学	英语	科学	物理	化学	生物	地理	历史	体育	艺术	音乐	美术
全国	12.41	70.02	190.76	72.67	79.76	1 431.29	182.05	284.5	301.15	317.01	242.83	227.26	6 901.59	473.75	494.47
地区	12.83	73.64	210.14	75.32	77.92	1 149.86	187.04	294.06	330.34	354.11	260.97	216.17	10 676.84	488.35	519.6
乡村	10.96	61.03	162.52	64.39	76.44	1 813.59	159.36	242.73	254.99	266.59	212.43	213.75	4 488.82	411.04	420.05

资料来源:根据2018年教育部教育统计数据整理

由表2-1可知,艺术、科学等学科的乡村教师数量缺口大,美术、音乐等学科教师数量也严重不足。即使是音、体、美等专职教师到了乡村后,由于受班额小,班级多、编职紧的乡村学校大环境影响,乡村教师大多是"一个萝卜一个窝",学校为了确保全部课程的实施,教师不得不同时兼任语文、数学、科学等其他学科教学,有的甚至要担任所有学科进行"全科教学"。从现实状况来看,目前,除少数部属师范大学以外,地方师范院校新生录取分数普遍不高,师范专业的生源质量总体不高。不能确保师范生的生源质量,就难于保证教师的培养质量。同时,随着教师资格制度的改革,近年来招聘的新教师中,非师范院校毕业的二本、三本毕业生占有极高的比例。这种多科或全科教学的教非所学的现状,对于这些新入职的教师来讲是一个严峻的挑战,这也对乡村学校的教学管理和教师培训提出了更高、更难的要求。

① 邬志辉,秦玉友.中国农村教育发展报告2017[M].长春:东北师范大学出版社,2018:33.

要改变这一现状，首先要改革乡村教师培训供给侧，因地制宜，大力开展“适岗”培训。针对多科或全科教学的教非所学的现象，开展岗位适应能力提高培训；引导乡村教师学会从教学实践中提升教学能力；实行分层分类培训，促进乡村教师教学能力的有效提升。同时，加强对乡村学校校本研修的指导，开展送教下乡、送培到校、现场问诊与跟岗研修，通过“送出去”“到面前”“落地里”等多种措施，进一步推进培训阵地前移。

其次，加强乡村学校教师管理创新，尽快落实《关于全面加强乡村小规模学校和乡镇寄宿制学校建设的指导意见》中关于小规模乡村学校教师编制按“班师比”和“生师比”相结合的方式核定，因地制宜实施“学区内走教制度”，将艺术、科学、音乐、体育、美术等紧缺学科教师集中管理，每天安排专车接送教师到域内乡村学校上课，以解乡村教师短缺的燃眉之急。

再次，改革乡村教师培养供给侧。“用公费教育”取代“免费师范生教育”，实行高考定向招生，公费培养乡村教师等政策，吸引优质生源就读师范大学毕业后回到“本乡本土”从事教育工作。针对乡村教师学科结构失衡问题，要创新培养方向，借鉴全科医生的培养方式，在乡村教师的培养上，探索由“主专业+副专业”组成的“双专业、三专业”甚至“全科式”综合化培养，为乡村学校培养一批“一专多能”或“多科”“全科”的教师，以破解乡村教师短缺的困境。

三　非师范院校毕业的乡村新教师比例偏高

20 世纪 90 年代教师教育制度改革以来，我国教师教育的体系结构发生了深刻变化。新的教师教育制度取代旧的师范教育制度，大批中等师范学校被取消，办学层次由中师、专科、本科的“旧三级”向专科、本科、研究生的“新三级”转变，逐步形成师范院校为主，综合性大学共同参与的多元性，开放化的教师教育新格局。据统计，从 1978 年至 2008 年的 30 年间，我国中等师范学校由 1 046 所缩减至 192 所，高等师范院校由 157 所下降至 139 所，其中，培养教育学士的院校由 29 所上升至 57 所。2008 年全国在校师范类学生 250. 84 万人，其中，中师生 69. 8 万，占 27. 8%，本科生 181. 03 万，占 72. 2%。至 2007 年我国培养本科师范生的高等院校共 341 所，其中师范院校仅 96

所，在本科师范生培养院校中仅占 28.2%；专科师范生培养院校 409 所，其中 139 所为师范专科学校，在专科师范生培养院校中仅占 34.0%；培养中师生的学校和机构共 2 198 所，其中 196 所为中等师范学校，在中师生培养学校和机构中仅占 8.9%。①

同时，随着教师资格证书制度的实施，非师范专业的高校毕业生只要通过“教育学”“心理学”考试，无需经过教师专业教育就可以取得教师资格证从事教师职业。虽然在认证过程中需要进行面试和试教，但标准不精确，执行不严格，有的甚至流于形式，而且教师资格考试与注册新的办法中规定，非师范专业毕业的新教师只要参加在职培训就可定期注册，这种规定致使教师的入职门槛过低。随着高校扩招，毕业生就业难度增大，大量非师范生进入中小学从教。中小学教师学历层次虽然大幅提高，但队伍的整体专业素质并未与之成正相关，甚至出现了堪忧的状况。人们普遍认为，现在的本科生还不如过去的专科生甚至中专生，研究生还不如过去的本科生，这种现状不可避免地给中小学教师队伍整体素质提升带来消极影响。况且，并不是学历越高、教育教学能力就越强，对于乡村学校常规的教育教学来讲，最主要的影响因素是新入职教师的基本素质、岗位适应能力和敬业精神。而在职教师胜任力的提升与其继续教育现状密不可分。②

目前，在乡村中小学“新生代”教师中，非师范院校毕业生已占很大比重，这在拓宽乡村学校教师来源渠道、优化教师队伍结构的同时，新教师的“全面完成教育教学任务，提高工作成效的基本能力，包括专业知识、专业能力及以职业道德与专业价值观为主要内容的职业素养”尚未形成，很多地方新教师大都是“临阵磨枪，入伍即上战场”，由于缺乏实用有效的任职培训，没有系统掌握教育学、心理学知识，不能熟练运用教学法，“实践性知识”欠缺，甚至在板书设计、口语表达、教学管理等基本方面都难以胜任。“新生代”教师胜任力不足的问题也日益显现。

因此，必须针对非师范院校毕业的新任教师胜任力现状制定科学实效的职后培训机制，重点加强对新教师（尤其是非师范专业）的基本技能、教学操作能力、教育理论、课堂管理、班级治理等方面的培训。发挥新任教师信息技术应用能力较强的优势，大力开展互联网+校本研修培训，采用线上、线下相结合，利用网络资源优势和校本研修

① 王玉. 非师范专业中小学新任教师胜任力的培养[J]. 教育观察，2017(06)：28－29.

② 赵婉莉. 教师胜任力培训：现状、问题及对策——以中学英语教师为例[J]. 中国成人教育，2017(18)：147－151.

的有利因素，不断强化新任教师的专业素养，提高非师范院校毕业生的教育胜任力。

四　乡村教师流动性强，综合素质提升难度大

随着城市化进程的日益推进和城乡发展差异的加大，乡村学校出现了教师招不进、留不住、教不好的现象。调查显示，我国2013年农村教师队伍中首次配置到乡村学校的占51.2%，但在二次配置中调进了县城的教师占56.9%，农村教师中有36.7%的不安于现在的岗位。在县域教师流动中，"向上流动"的占67.3%，"平行流动"的占28.2%，"向下流动"的仅有4.5%，而且在流动的人员中大多为年轻、高职称的优秀教师。① 城镇教师中有77%的不愿意交流到条件相对落后的乡村学校任教；师范毕业生中虽有80.2%的愿意当教师，但仅有38%的愿意去乡村学校任教。② 研究者对云南省30个县10 356位乡村教师的调查显示，云南乡村教师中近80%有流动（调动）及流失（改行）意愿，且学校所在地区越偏远贫困，教师流动或流失的意愿最为强烈，30岁以下青年教师为显著群体。③ 在近年招聘的"新生代"教师中有87%的为"走教型"，同时他们当中有相当部分并不是衷心选择从教，而只是将乡村学校作为暂时栖息之地，乡村学校尤其是村小学和教学点出现了"铁打的营盘，流水的兵"的单向教师流动现象，致使乡村学校教师队伍不稳，骨干难留，新教师的培训、成长永远在路上。一定程度上，乡村学校沦为新聘教师的"练兵场"，乡村教育质量难于提高，教师整体素质提升难度大。

导致乡村教师单向流动的主要原因：一是乡村教师待遇不高。从义务教育教师与公务员工资差距变动的趋势来看，2009年开始的绩效工资改革大幅缩小了义务教育教师与公务员平均工资的差距，但不容忽视的是，他们之间工资的差距依然存在。④ 据2014—2016年全国中小学教师工资抽样调查，乡村义务教育教师平均工资低于社

① 75.6%农村受访者感到乡村教师严重紧缺[N]. 中国青年报，2016-05-13.

② 毛莉. 提升乡村教师职业吸引力[N]. 中国社会科学报，2014-12-22.

③ 王艳玲，李慧勤. 乡村教师流动及流失意愿的实证分析——基于云南省的调查[J]. 华东师范大学学报（教育科学版），2017(03)：134-141.

④ 付卫东. 纵观义务教育教师绩效工资改革十年[N]. 中国青年报，2019-04-01.

会平均工资水平和公务员平均工资水平。① 虽然随着相关乡村教师支持计划的实施，乡村教师待遇有了一定提高，但由于环境艰苦，“不受欢迎”的岗位环境产生的需要补偿的负面心理效应未得到满足，致使乡村教师岗位满意度低，获得感、幸福感不强。二是工作压力大。乡村学校留守儿童多，存在隔代教育、学生学习动力不足和态度不端正等突出问题，而学生家长受教育程度不高和忙于生计，几乎没有家庭辅导能力，把学生的学习和管理重担全压在教师身上。同时，由于编制紧，“一个萝卜一个坑”，出现多科甚至全科教学压力，教学质量难于提升，教师工作成就感和荣誉感得不到满足。三是专业发展外在支持条件差。高质量、效果好的培训不足，教师发展缺乏名师骨干引领，同伴互助缺失，新教师素质提升和专业发展缓慢。王艳玲等通过抽样调查对云南特岗教师流动及流失意愿的影响因素分析指出，有 90.7%的特岗教师有流动（调动）及流失（改行）意愿，根本原因在于脱离本乡本土、生存条件较差、专业发展支持匮乏。②

为解决这一现象，必须综合施策，在切实建立乡村教师待遇保障机制、创新编制配备、深化职称制度改革、扩大定向培养、改善办学条件等的基础上，一是要改进教师管理机制，实行“学区走教”制度，同时发挥域内名校、大校的示范和辐射作用，带动薄弱学校共享优质资源，协同发展。二是加大培训力度，因地制宜，创新培训方式，充分发挥“工作坊”和“名师工作室”的“名师孵化器”的作用，培育和稳定乡村骨干教师队伍。三是采用“激励乡村教师乐教乡村”与“支持乡村教师回城生活”的“双轨并行”方式，探讨“弹性上班，岗位轮流，城乡对流”的教师流动机制，解决乡村学校优秀教师流失问题。

五 新聘乡村教师以接受城市化、现代化教育为主，乡村情怀脱落

从目前乡村教师队伍的整体结构来看，随着年龄较大的“土著型”教师的退休和

① 蔡雪，薛海平. 工资改革提高了我国义务教育教师工资水平吗？[J]. 教育科学研究，2018(09)：26－33.

② 王艳玲，苏萍，苟顺明. 特岗教师流动及流失意愿的影响因素分析——基于云南省的调查[J]. 教师教育研究，2017(05)：7－13.

乡村教师招聘力度的加大,"新生代"教师将日益成为乡村教师的主体。而这些"新生代"乡村教师的学习经历、专业成长和就业路径等已和"土著型"乡村教师有了很大区别,他们当中虽然也有的出生在乡村,但其所读高中(甚至初中)、大学都不在乡村了,他们接受的教育以城市化、现代化的教育为主。虽然现在回到乡村学校任教,但他们中有大批的人已沦为村落生活的"异乡人",乡土文化的"陌路人",村落事务的"边缘人"。他们与学校、与学生的关系,也不像以前"土著型"教师那样基于血缘、亲缘和地缘的关系,而是服务对象的关系。因此,乡村教师的心境与工作环境是游离的,其专业发展普遍面临着"自身"与"场域"脱节的困境。①

改革开放以来,我国乡村社会发生巨大变化,乡村出现了空心化现象,乡村教育出现了一定的衰落,乡村教育与乡村社会脱离,乡村教育内容与乡村社会不对接,乡村元素在乡村教育中缺失,乡村文化遗失,乡村教育变成了城市教育的附庸。② 然而,乡村教育是我国义务教育的重要组成部分,承担着70%左右学生的成长成才的重任,是解决贫困代际传递和乡村文明承续的有效途径。从全面建成小康社会和乡村振兴战略看,乡村文化是乡村振兴的战略支撑,解决当下乡村文化相对落后问题需要办好乡村教育。乡村教育是乡村文化保护与发展、村乡文明复兴与传扬、乡村生态建设与优化的原动力。乡村振兴是庞大而复杂的系统,其最为根本、最为核心的是"乡村人"的现代化。而从乡村教育的本质看,乡村教育具有乡村性、多样性、多元性和时代性等特征。这些特征给乡村教师队伍建设提出了更高要求。加强乡村教师队伍建设,加强乡村教师乡土情怀的培育是乡村教育振兴、乡村文化振兴,进而实现乡村振兴的关键。乡村教育地处乡村,对培养促进当地经济社会发展的现代劳动力和提升村民素质等方面具有不可替代的优势。"乡村教师的素质要求绝不仅仅是知识的多少与学历的高低,更是对乡村社会的亲近与广博的爱"。③

乡村学校教育是传播乡土文化、传承乡村文明的重要载体,乡村教育的发展离不开乡村教师浓浓的乡土情怀,乡士情怀是乡村教师素质不可或缺的职业素质。④ 乡村

① 田爱丽,房才桐. 基于场域的乡村教师适应性专业发展取向[J]. 现代教育管理,2019(04):86-90.

② 陈旭峰. 乡村教育不可简单城市化[N]. 学习时报,2014-11-17.

③ 刘铁芳. 乡土的逃离与回归:乡村教育的人文重建[M]. 福州:福建教育出版社,2011:45-49.

④ 李长娟,王珏璟,赵准胜. 乡村学校教育视域下乡土文化的断裂与传承[J]. 教学与管理,2016(16):5-8.

振兴战略背景下的乡村学校，不仅承担着传统乡村学校的教育功能，而且还承担着“乡村文化虚化后全面涵蕴乡村少年成长的精神保姆”。因此，必须加强对“新生代”乡村教师的乡村文化、乡土情怀、乡村教育资源利用等方面的培训。青年教师是乡村教育可持续发展的战略保障，但有研究表明，《乡村教师支持计划》政策倾斜点与乡村青年教师需要有非对称性，存在乡村青年教师亲情分割、多学科教学知识短板、同伴交流缺位，以及婚恋社会交往尴尬的治理盲点。①

六 乡村教师专业发展的资源供给不足

乡村教师专业发展是乡村教育振兴的内生动力。乡村教师专业发展的路径无外乎“外塑式”和“内发式”。然而，不论是“他主型”的“外塑式”还是“自主型”的“内发式”路径，均受到资源环境供给不足的阻滞。首先，乡村文化等生态环境阻滞。相较于城市教师，乡村教师的专业发展之路更为曲折，这与乡村教师所处的文化生态有着密切的关系。乡村教师生活在一个较为闭塞的文化生态中，容易出现“信息孤岛”和“文化孤岛”现象，致使乡村教师教育理念滞后、安于现状、乐于求稳、疏于变革，现代教育理念缺失、自主发展意识不强。同时，乡村文化生态较深地影响着乡村学校的文化环境和行为规范，乡村学校重制度约束和圈子文化，学校文化缺少现代化的元素，这种求稳守旧的乡村文化生态严重阻滞着乡村教师的专业发展。

其次，培训学习等成长路径阻滞。在各级组织的众多培训中，大多注重乡村教师专业知识的再学习和教学技能的再训练，而乡村教师迫切需要的教学策略、教学模式、教学智慧等往往被忽视。在培训内容和培训方式的选择上，很少有针对乡村教师的特殊境遇的考量，培训活动的安排脱离乡村教学实践，脱离乡村教师的实际场域，乡村教师培训的选择权、自主权被忽视。这种单向传递或简单灌输的培训学习方式，徒增乡村教师的厌倦，平添乡村教师的失落。同时，受乡村学校条件制约，乡村学校对教师外出培训学习缺乏制度保障，支持力度不足，校本研修形同虚设，同伴互助名师缺失，专业发展缺乏引领。

---

① 王红. 政策精准性视角下乡村青年教师激励的双重约束及改进[J]. 教师教育研究，2019，31(04)：47－52.

第三，制度机制等激励环境阻滞。随着乡村教师支持计划系列政策的实施，乡村教师的获得感有所增强，但在激励乡村教师专业发展的制度机制建设方面还存在系列问题。各地存在现有政策落实递减，“最后一公里”未打通的问题；在名师骨干的遴选培育、职称晋升评聘等方面，忽视乡村教师的特殊性，将乡村教师和城市教师置于同一竞争平台①，使乡村教师难于脱颖而出；“四位一体”的乡村教师专业发展支持服务体系没有真正形成；乡村学校在物质奖励、精神激励、思想激励、主人翁意识培养等方面机制缺失。虽然我国已经颁发中小学《教师专业标准》，但由于乡村教师和城市教师在专业发展的情境性方面存在差异，二者不应采用“同一把尺子”衡量，否则，乡村教师必然在“我是谁”的困惑中找不到自身专业发展的“林中之路”。

第四，条件待遇等生存环境阻滞。乡村学校一般地处偏避、交通不便、条件艰苦。受城乡二元结构影响，乡村教师工作任务繁重，生活压力较大，物质待遇偏低。由于留守儿童大多学习不端，家庭辅导缺失，学生学习成长的压力全在教师身上，家校关系疏离，教学质量难于提高，相当一部分乡村教师很难体验到教师职业的快乐与尊严，这些不利因素销蚀着乡村教师的教育情怀。相对优秀的乡村教师在进城招聘考试中得以离乡进城，而更多的乡村教师进城无望，由此失去坚守乡村的淡定，职业认同感、满意度低，倦怠明显。②

全面促进乡村教师专业发展，必须从资源环境供给侧入手，改善乡村教师专业发展的困境。首先要综合施策、加大政策等支持力度。确保经费投入，改善办学条件和生活条件，建立教师工资增长机制、落实乡村教师不低于地方同级公务员待遇的规定；科学设置编制，采取切实措施优化乡村教师性别、学科结构，努力构建城乡优秀教师双向流动机制；根据乡村教师专业发展的实际场域，加强学校物质文化、制度文化、精神文化的调适，加强乡村教师专业发展文化生态的整体性和结构性建设，重塑乡村教师的文化身份。其次，要强化专业支持。加强“四位一体”乡村教师专业发展支持服务体系建没，“统筹协调‘送出去’，惠及人人；精准内容‘到面前’，辐射全员；示范带动‘落地里’，服务自主，让乡村教师培训不偏向脱靶，真正富有实效”。③ 针对村小和教

① 王红，邬志辉. 乡村教师职称改革的政策创新与实践检视[J]. 中国教育学刊，2019(02)：42－47.

② 陈纯槿. 中学教师工作满意度影响因素的实证研究——基于 PISA2015 教师调查数据的分析[J]. 教师教育研究，2017(02)：84－91.

③ 汪文华. 高质量的乡村教师培训需要瞄准“靶向”[N]. 中国教育报，2018－04－12.

学点教师外出培训学习机会极少的难题，创新培训方式，采取“互联网+校本研修，互联网+片区学科联组，互联网+工作坊”等研修形式，做到线上线下融通，解决工学矛盾。再次，激发内生动力，引导乡村教师唤醒自主自强的主体意识，立足乡村，强化“火炬手”“播种机”的责任担当，在实践中反思，在行动中探索，不断提升自我，实现自身专业成长。

第三节　基于中小学教师《专业标准》的乡村教师专业发展

一　我国中小学教师《专业标准》的出台

教师专业化是职业专业化的一种类型。教师专业化就是“教师个体专业水平提高的过程，以及教师群体为争取教师职业的专业地位而进行努力的过程”。从本质上说，所谓教师专业发展就是教师个体专业不断发展的历程，是教师不断接受新知识，增长专业技能的过程，是一个教师的职业理想、职业道德、职业情感、社会责任感不断成熟、不断提升、不断创新的过程。教师要成为一个成熟的专业人员，需要通过不断的学习和探究历程来拓展其专业内涵，提高专业水平，从而达到专业成熟的境界。

2012 年 2 月 10 日，教育部下发《关于印发〈幼儿园教师专业标准（试行）〉〈小学教师专业标准（试行）〉和〈中学教师专业标准（试行）〉的通知》（教育部文件教师[2012]1 号）。（以下将中小学《教师专业标准（试行）》简称为《专业标准》）。《专业标准》是国家对合格教师的基本要求，是教师开展教育教学活动的基本规范，是引领教师专业发展的基本准则，是教师培养、准入、培训、考核等工作的重要依据，具有评价与导向的功能。教师《专业标准》框架由基本理念、基本内容与实施建议三大部分构成。

基本理念：师德为先，学生为本，能力为重，终身学习。

师德为先是前提。教师要热爱教育事业，具有职业理想，践行社会主义核心价值体系，履行教师职业道德规范，依法执教。同时也包含着关爱学生，尊重学生人格，富有爱心、责任心、耐心和细心；为人师表、教书育人、自尊自律、以人格魅力和学识魅力教育感染学生，做学生健康成长的指导者和引路人。

学生为本是核心。教师在教育教学中一方面要尊重学生权益，以学生为主体，充分调动和发挥学生的主动性；另一方面，在工作中要遵循学生身心发展特点和教育教学规律，提供适合的教育，促进学生生动活泼学习、健康快乐成长，全面而有个性的发展。以学生为本，不是一句空洞的口号，而是要有实际行动，体现在教育教学的方方面面。

能力为重是基础。教师要把学科知识、教育理论与教育实践相结合，突出教书育人实践能力；研究学生，遵循学生成长规律，提升教育教学专业化水平；坚持实践、反思、再实践、再反思，不断提高专业能力。

终身学习是保障。教师要不断学习先进教育理论，了解国内外教育改革与发展的经验和做法；优化知识结构，提高文化素养；具有终身学习与持续发展的意识和能力，做终身学习的典范。

《专业标准》从三个维度（专业理念与师德，专业知识，专业能力），十几个领域（中学14个领域，小学13个领域）提出了具体的基本要求（中学63条，小学58条）。《专业标准》既体现了中国传统教育理念，也结合了新的社会时代背景对教师终身发展的要求。《专业标准》作为我国关于教师专业要求的第一份政策文本，超越了不同学科和不同发展阶段教师的具体要求，是对所有教师的一般性共同要求，是中小学教师培养和培训的主要依据。中小学教师专业标准的素质结构见表2－2。

表2－2 中小学教师专业素质要求一览表

项目	专业理念与师德				专业知识			专业能力						
	1	2	3	4	5	6	7	8	9	10	11	12	13	14
中学	职业理解与认识	对学生的态度与行为	教育教学的态度与行为	个人修养与行为	教育知识	学科知识	学科教学知识	通识性知识	教学设计	教学实施	班级管理与教育活动	教育教学评价	沟通与合作	反思与发展
小学	职业理解与认识	对学生的态度与行为	教育教学的态度与行为	个人修养与行为	小学生发展知识	学科知识	教育教学知识	通识性知识	教育教学设计	组织与实施	激励与评价	沟通与合作	反思与发展	

二 中小学教师《专业标准》解读

《专业标准》以“专业理念和师德、专业知识和专业能力”为三个核心维度界定教师的专业标准结构，其基本内容包含“维度”“领域”和“基本要求”三个层次。其中，三维度的教师素质结构框架保证了标准制定的科学性，通过细化三维度形成的领域和基本要求为标准的实施提供了实践指导。

第一维度体现了人本性。第一个维度“专业理念和师德”包括了以下四个领域：职业理解和认识，对学生的态度和行为，教育教学的态度和行为，以及个人修养和行为，提出了18项基本要求。这些基本要求重点强调“学生为本”和“师德为先”的理念，体现了人本性。如在《小学教师专业标准》中对教师的教育教学态度和行为提出，要“树立育人为本、德育为先的理念”，“将小学生的知识学习、能力发展与品德养成相结合，重视小学生全面发展”。在学生全面发展方面，着重提出因材施教，“尊重教育规律和小学生身心发展规律”的理念。这些要求进一步细化了教师在教育教学中的态度和行为，优先体现出“人本”的教育理念。

第二维度体现了知识的专业性。教育从知识型向素质型转型是时代要求，对教师提出了更高的要求：教师不能以应试为目标和单纯以传授知识为重，而要重视提高学生的自我学习能力、真善美的辨别能力、对事物深入分析的思维能力；教师不再是死板被动的教书匠，而是积极主动的反思者，应该在教学中不断充实自己，主动反思，以满足社会、学生以及自身发展的需要。《专业标准》中教师的“专业知识”维度以教师知识构成的四个领域为基础，结合我国教育教学的实际，划分了“教育知识”“学科知识”“学科教学知识”和“通识性知识”等四个领域，共涉及有关教师专业知识的18项基本要求，强调对学生身心发展规律的把握，其中包括对学生生理、心理、文化，以及行为特点的了解、对所教学科内容的掌握，以及在教学活动中对学生全面成长的关注，这些内容充分体现了教师在知识结构上的专业性。但在具体的学科知识和学科教学知识的要求上，中学教师强调了学科性，而小学和幼儿教师强调了综合性，表明未来教师资格及专业发展中学要体现“分科”性，小学要体现“综合”性。①

① 潘黎，邹群. 试析我国教师资格制度改革——基于中小学(幼儿园)教师专业标准的视角[J]. 中国教育学刊，2012(05)：18-20.

第三维度体现了教师专业的社会性。“专业能力”维度包括“教学设计”“教学实施”“班级管理与教育活动”“教育教学评价”“沟通与合作”“反思与发展”六个领域，25项有关教师专业能力的基本要求。其中除传统的教学设计与实施、班级管理、教学评价等能力之外，还突出了人际交往和沟通合作的能力，这是在新时期社会发展背景下对教育教学工作的新要求。社会发展要求教师必须具备和提升多方面的能力，以适应社会发展对教育提出的新要求。①

《专业标准》的制定作为教师自身专业的基本依据，为教师个人的专业发展提供了方向引领，教师可以此制订自己的发展规划，在教育教学活动中大胆创新，主动研修和参加教师培训，逐步提升专业发展水平。对教师培养培训机构来说，要将《专业标准》作为教师培养培训的主要依据，加强学科与专业建设，依据《专业标准》完善教育培养方案、课程建设，改革与创新培训方式，构建教师培养培训质量的评价标准与体系。

三　基于教师《专业标准》的乡村教师专业发展

乡村振兴战略的实施离不开教育的支撑。而作为我国乡村地区的教师，仍然局限于传统教书匠的角色，一直缺少与农村社会应有的互动。乡村教师是教师队伍的弱势群体，但职业身份被“蜡烛、园丁、人类灵魂工程师、太阳底下最光辉的职业”等“拔高”，社会地位被虚夸、圣化，而乡村教育的现状又“撕裂”教师的教学生活，分解了其生命价值，教师话语权利被“遗忘”，切断了乡村教师的自身诉求。② 陶行知先生早在20世纪初就提出了乡村教师改造农村社会的思想，指出“乡村学校做改造乡村生活的中心，乡村教师做改造乡村的灵魂”，这些思想对于今天的乡村振兴战略和乡村教育发展仍具有积极的启发意义。陶行知的乡村教师社会改造观认为，乡村教师社会改造角色应定位于大众文化的促进者和独立性的民主促进者，乡村教师改造社会应具备农夫的身手、科学的头脑、改造社会的精神三方面素质，乡村教师改造社会应通过宣传农业

① 郑鸿颖．中英两国教师专业标准对比解析［J］．教育与教学研究，2014（11）：23－27．

② 张晓文，吴晓蓉．乡村教师生活世界遮蔽与回归——基于教育人类学生命价值的视角［J］．教师教育研究，2019，31（04）：40－46．

科技、弘扬先进文化、参与农村治理的途径来实现。“乡村教育应以农业为本，乡村教师应与农民为友，乡村教育要为农村服务”应该是乡村教育与教师的“一个准绳”。

乡村教育要侧重对弱者、底层和穷人提供公共教育服务，我们所理解的乡村教育在全民教育的理论框架下需要强调四点突破：一是需要破除传统的地域空间形态，乡村教育绝不只是布局于乡村社会中的教育空间概念；二是需要破除传统的服务群体形态，乡村教育绝不只是服务于农业户籍人口的教育群体概念；三是需要突破传统的服务对象形态，乡村教育绝不只是单项服务于农村社会发展的教育对象概念；四是需要突破传统的学校教育形态，乡村教育绝不只是局限于学校教育，更不只是局限于农村基础教育阶段学校教育概念。乡村教师要有“浓郁的乡愁”，使乡村学校成为“乡愁”的承载与文化的“故宫”与“子宫”，需要从根本上改变“同情话语”与“帮扶思路”下的教育发展模式。① 乡村教师应该有一种担当，明确拒绝以下思路：将乡村学校简单片面地剥离出村落社会，以实现乡村教育的城市化办学；将乡村学校的使命简单理解为乡土社会中城市学校的复制品；乡村学校只有在与城市学校同等的以“城市教育话语体系”为本位的竞争下获得成功才具有意义。乡村学校要成为乡土社会中的文化“故宫”，要保有几分和城市学校不一样的，要能够承载着“乡愁”的软实力。但是，乡村教育不是向落后看齐，不是向贫穷妥协，而应该具有现代意识，紧跟现代社会发展步伐。

乡村教师专业成长的根本属性在于“乡村性”，而其区别于城市教师的专业特质在于“乡土性”，乡村教师本身就是“乡土文化”的重要组成部分。② 在乡村振兴战略背景下，乡村教师专业成长的根本属性是乡村性、乡土性，实现乡村教师专业成长的途径是制度支持、文化整合、“生命关怀”以及“精神自治”。只有如此才能促进乡村教育系统的生态发展，推进乡土文化的传承与重塑，振兴乡村教育。乡村教育要守住“乡愁”，关注“逆城市化”现象，正视知识经济时代“回归乡村主义”思潮带来的“教育互转”。

中小学教师《专业标准》的制定为乡村教师的专业发展提供了很好的参照，这是乡村教师专业发展的方向与基本要求。当下，乡村教师是建设新农村、重塑乡村文化

---

① 李涛. 农村教育何日重获话语权：将是一场艰苦的拉力赛[N]. 中国青年报，2015－10－12.

② 刘星. 乡村振兴战略背景下乡村教师的专业成长：根本属性、特殊性及其路径[J]. 教育理论与实践，2018(23)：37－39.

的灵魂。实施乡村振兴战略，就要优先发展农村教育事业。① 乡村学校应成为当地文化建设的高地，乡村教师应成为重塑乡村社会文化的中坚力量，②乡村教师队伍建设的“根本”在于提高乡村教师职业认同感，在于创造条件让乡村教师实现自己的人生价值，③因此，乡村教师专业发展在一定程度上要体现出“乡村教育”的特色与情怀。

为了解乡村教师专业发展的状况，对照中小学教师《专业标准》，课题组通过问卷星和人工现场发放形式进行大规模问卷调查并结合访谈，见表 2－3、2－4。调查发现，乡村教师在职业素养提升的 13 个指标上认同度较高，内容包括：教师信念坚定、教师感情提升、知识结构完善、教学能力提高、教学专长明显、学习动力充盈、反思习惯养成、合作精神具备、生涯发展持续、职业倦怠消减、涉农问题清楚、乡愁意识强烈、现代文明紧跟，在不同类型的地区、不同类型的学校中权重表现有所不同，见表 2－5。

表 2－3　调研对象地区分布情况一览表

省份	数量	占比	省份	数量	占比	省份	数量	占比
吉林	992	11.71%	河北	201	2.37%	山东	410	4.84%
湖南	882	10.41%	云南	201	2.37%	上海	350	4.13%
辽宁	876	10.34%	四川	102	1.20%	内蒙古	307	3.62%
重庆	872	10.29%	江苏	102	1.20%	北京	205	2.42%
广东	615	7.26%	黑龙江	101	1.19%	西藏	99	1.17%
湖北	531	6.27%	山西	101	1.19%	浙江	99	1.17%
贵州	523	6.17%	河南	100	1.18%	广西	97	1.14%
甘肃	512	6.04%	新疆	100	1.18%	江西	96	1.13%

表 2－4　调研对象结构分布情况一览表

年　龄	人　数	比　例	职　称	数　量	占　比
30 岁以下	1 017	12%	高级职称	1 694	20%
31—40 岁	2 966	35%	中级职称	3 151	37%

① 钟焦平. 乡村振兴必先振兴乡村教育[N]. 中国教育报，2019－03－11.
② 马敏. 让乡村教师成为乡村社会文化建设的中坚力量[N]. 人民日报，2016－09－09.
③ 王鉴，苏杭. 略论乡村教师队伍建设中的“标本兼治”政策[J]. 教师教育研究，2017(01)：29－34.

续 表

年 龄	人 数	比 例	职 称	数 量	占 比
41—50 岁	2 542	30%	初级职称	2 628	31%
51 岁以上	1 949	23%	未定职称	1 001	12%

表 2-5 乡村教师专业素养提升的认可要素

要素	教育信念坚定	教育感情提升	知识结构完善	教学能力提高	教学专长明显	学习动力充盈	反思习惯养成	合作精神具备	生涯发展持续	职业倦怠消减	涉农问题清楚	乡愁意识强烈	现代文明紧跟
得分	4.37	4.28	4.37	4.44	4.29	4.37	4.36	4.39	4.35	4.05	4.03	3.98	4.30
均值	0.923	0.925	0.879	0.837	0.946	0.916	0.897	0.842	0.910	1. 161	1. 066	1.114	0.960

注：得分满分为 5 分

这 13 个要素可以划分为两大类，一类是通用标准或者说是国家标准部分，如教育信念坚定、教育感情提升、知识结构完善、教学能力提高、教学专长明显、学习动力充盈、反思习惯养成、合作精神具备等素养，城乡教师差异不大，这些指标要与国家标准同步，必须达到国家标准要求。但在教师的教育信念与教育情感方面，乡村教师与城市教师相比，其“乡村”意味更为浓厚。在我国教师队伍中，乡村教师能够长期扎根于乡村，默默坚守着为人师表的信念和职责，撑起了乡村教育的蓝天；他们肩负着振兴乡村教育、实现教育强国、阻止贫困现象代际传递的重要使命，广大乡村教师依旧能够坚持职业操守，继续在教师岗位上发光发热，无怨无悔，用自己的青春、智慧和汗水编织着无数农村孩子绚丽多彩的梦，这就是理想与情感的作用。因为教育是一种带有感情的实践活动，乡村教师只有对乡村有感情，对乡村教育有感情，对乡村学生有感情，才能对乡村教育有着浓浓的爱，不舍的情，才能实现乡村教师从“乡土逃离”到“乡土回归”。① 由于乡村教师具有不同于“城市教师”的群体性特征，在专业发展的要求上乡村教师与城市教师应有所区别，那么另一类是具有“乡村”特色的乡村教师专业发展要素，有职业倦怠消减、涉农问题清楚、乡愁意识强烈、现代文明紧跟等。而这类素养是乡村教师专业素养发展中需要特别关注和加强的。

教师职业倦怠主要是指教师在日常因超负荷工作产生工作压力，而对工作产生的一种负面的情绪。相较于城市教师，乡村教师工作环境差、生活待遇低、职称晋升慢等

① 蹇世琼，冉隆锋. 以乡情促乡村教师回归乡土[N]. 中国教育报，2018-07-05.

诸多现实导致乡村教师专业发展理想渺茫、方向迷茫，职业成就与幸福获得感低，乡村教师的职业倦怠情况较为普遍，乡村教师对自己的福利待遇、社会地位表示不满，男教师的倦怠程度超过女教师。① 职业倦怠严重影响教师的专业发展，教师培训要在提高教师“教学效能感”的基础上提升乡村教师的信心与活力②，消解职业倦怠。

乡村社会是乡村教师的生活纽带和精神寓居之所，乡村教师的乡土情怀是一种强大的教育力量，关注乡村、乡村民众、乡村教育、乡村文化、乡村发展就是浓厚乡村情怀的具体表征，而涉农问题清楚、乡愁意识强烈则反映出乡村教师对乡村发展的身份参与与发展乡村的责任意识，促使乡村教师从乡村文化的“边缘人”走向“传承者”③，这种认识会帮助教师更好地感知到乡村教师这一身份在社会结构中的价值④，并转化成专业发展的巨大能量，不断更新专业知识、专业能力、专业理念，完善职业生涯专业发展规划。而在乡村振兴战略紧锣密鼓实施的当下，乡村教师培训不仅是提高乡村教师综合素养、提升乡村学校教育质量，更是促进乡村学校参与 建构乡村教育社会支持系统的需要。⑤

没有乡村教育的现代化就没有中国教育的现代化，实现教育现代化，重点在乡村，关键在教师。长期以来，乡村教师被标签化为滞后于现代文明发展的群体。受地域、文化环境的影响，相较于城市教师，乡村教师在教育思想、理念、知识、能力等方面专业素养的现代化培育是落伍的。教师的现代素养是社会发展对教师应具备的综合素质与能力的新要求（如《乡村教师支持计划（2015—2020 年）》提出的“全面提升乡村教师信息技术应用能力”），是教育思想、知识与能力结构的升级换代。乡村教师的专业发展必须体现时代性，紧跟时代文明。加强现代素养培育就是为乡村教师的专业发展赋能。⑥

---

① 王振宇. 我国乡村教师职业倦怠研究的 10 年：回顾与展望[J]. 现代教育科学，2019(11)：151－156.

② 张莉莉，林玲. 城市化进程中乡村教师的境遇：倦怠与坚守——对 97 位村小、教学点骨干教师的调查[J]. 河北师范大学学报(教育科学版)，2014(01)：16－20.

③ 汪明帅，郑秋香. 从“边缘人”走向“传承者”——回归乡土的乡村教师发展研究[J]. 教育发展研究，2016(08)：13－19.

④ 周桂. 场域视野下乡村教师身份认同的危机与出路基于陕西省 WN 市四县的调研反思[J]. 当代教育科学，2019(08)：40－44.

⑤ 周兴国. 乡村教育的现代化困境与出路[J]. 教育研究与实验，2018(04)：1－6.

⑥ 杨志成. 教师现代化是教育现代化的重要基础——温寒江先生讲述教师科研的中国故事[J]. 教师发展研究，2019(03)：9－15.

第三章

乡村教师培训现状与发展动向

第一节　县域乡村教师培训现状

以终身教育理念为基础，以专业化发展为目标的教师培训是 20 世纪下半叶以来世界教育发展中影响最深远、意义最深刻的教师教育革命性潮流。自 20 世纪 80 年代以来，中小学教师的培训力度逐年增强。这些培训活动促进了中小学教师的专业发展和素质提高，极大地改善了我国中小学教师的整体面貌。

新中国成立以来，我国中小学在职教师培训经历了学历补偿时期的学历培训、20 世纪 90 年代的教师素质提升培训、21 世纪开始教师专业能力全面提升培训三个时期。2010 年开始实施的旨在提高中小学教师特别是乡村教师队伍整体素质的重要举措——中小学教师国家级培训计划，即“国培计划”以来，教师培训尤其是乡村教师培训受到国家前所未有的重视。“国培计划”的实施是教师培训形态发生变化的分水岭，该计划全面推动了乡村教师培训，推动了高等学校、各级教育培训机构积极投入到乡村教师培训之中，乡村教师培训的有效性受到关注。

一　乡村教育大数据调查

本次全国乡村教育大数据调查主要来自教育部教育统计数据和东北师范大学中国农村教育发展研究院发布的《中国农村教育发展报告》2016—2018 年相关数据。

2016 年，全国共有义务教育阶段学校 23.0 万所，比上年减少 1.3 万所；教学点 9.8 万个，比上年增加 0.5 万个。义务教育阶段在校生 1.4 亿人，比上年增加 238.2 万人，增长 1.7%。小学招生、在校生人数继续增长，城市小学增长较快。初中招生、在校生规模也开始呈现增长趋势，城市初中增长较快。

2016 年，普通小学专任教师为 578.9 万人，比上年增加 10.4 万人；初中阶段专任教师为 348.8 万人，比上年增加 1.2 万人。小学生师比为 17.1∶1，初中生师比为 12.4∶1，均与上年持平。

义务教育学校高一级学历教师比例继续提升，农村学校提高幅度快于城市，城乡差距进一步缩小。2016 年，全国小学专科及以上学历教师比例为 93.7%，比上年提高 1.8 个百分点，农村为 91.8%，城乡差距为 6.2 个百分点，比上年缩小 1.4 个百分点。全国初中本科及以上学历教师比例为 82.5%，比上年提高 2.2 个百分点，农村为 78.6%，城乡差距为 11.7 个百分点，比上年缩小 1.3 个百分点。①

2017 年，全国共有义务教育阶段学校 21.9 万所，比上年减少 1.1 万所，其中普通小学 16.7 万所，比上年减少 1.06 万所。2017 年全国共有初中阶段学校 5.2 万所，比上年减少 224 所。2017 年义务教育在校生数达 1.45 亿人，其中乡村学生为 3418.77 万人，占总数的 23.6%，城市小学增长超过农村小学。

2017 年，义务教育阶段专任教师 949.4 万人，比上年增加 21.7 万人，增长 2.3%；其中普通小学专任教师 594.5 万人，比上年增加 15.6 万人，初中阶段专任教师 354.9 万人，比上年增加 6.1 万人。小学生师比为 17.0∶1，比上年缩小 0.1；初中生师比为 12.5∶1，比上年增加 0.1。

2017 年，全国小学专科及以上学历教师比例为 95.3%，比上年提高 1.6 个百分点，农村为 93.8%，城乡差距为 4.6 个百分点，比上年缩小 1.6 个百分点；全国初中本科及以上学历教师比例为 84.6%，比上年提高 2.1 个百分点，农村为 81.1%，城乡差距为 10.3 个百分点，比上年缩小 1.4 个百分点。

2017 年，全国小学中级及以上职称教师比例为 50.2%，比上年下降 2.4 个百分点。其中，农村小学为 49.6%，城乡差距从上年的 2.5 个百分点缩小到 1.8 个百分点；全国初中中级及以上职称教师比例为 61.1%，比上年下降 0.1 个百分点。其中，农村初中为 59.7%，城乡差距从上年的 5.2 个百分点缩小到 4.2 个百分点。②

2018 年，全国共有义务教育阶段学校 21.38 万所，比上年减少 5 110 所；义务教育阶段招生 3 469.89 万人，比上年增加 156.11 万人，增长 4.7%；在校生 1.50 亿人，比上年增加 456.08 万人，增长 3.1%。小学招生、在校生人数继续增长，城市小学招生增长较快。初中招生、在校生规模持续增长，城市初中增长较快。2018 年，义务教育阶段专任教师 973.09 万人，比上年增加 23.73 万人，增长 2.5%；其中普通小学专任教师 609.19 万人，比上年增加 14.70 万人，初中阶段专任教师 363.90 万人，比上年增加

① 参见教育部中国教育概况：2016 年全国教育事业发展情况。

② 参见教育部中国教育概况：2017 年全国教育事业发展情况。

9.03 万人。小学生师比为 17.0∶1,与上年持平;初中生师比为 12.8∶1。

义务教育学校专任教师学历层次继续提升,农村学校提高幅度快于城市,城乡差距进一步缩小。2018 年,全国小学专科及以上学历教师比例为 96.5%,比上年提高 1.2 个百分点,农村为 95.3%,城乡差距为 3.5 个百分点,比上年缩小 1.1 个百分点;全国初中本科及以上学历教师比例为 86.2%,比上年提高 1.6 个百分点,农村为 82.8%,城乡差距为 9.6 个百分点,比上年缩小 0.7 个百分点。

2018 年,全国小学中级及以上职称教师比例为 48.7%,比上年下降 1.5 个百分点。其中,农村小学为 48.4%,城乡差距从上年的 1.8 个百分点缩小到 0.9 个百分点;全国初中中级及以上职称教师比例为 60.5%,比上年下降 0.7 个百分点。其中,农村初中为 59.3%,城乡差距从上年的 4.3 个百分点缩小到 3.2 个百分点。①

数据显示,全国中小学学校的数量在逐年减少,但招生规模持续增加,城市增长快于农村。乡村中小学数量减少与我国乡村持续进行的“撤点并校”有关。“撤点并校”的目的是合理调整中小学布局,整合教育资源,突破农村基础教育瓶颈,提高教育质量,有合理性、必要性,但大量撤并农村小学和教学点影响了农村学生就近入学的权益,农村出现学生“上学远、上学难、上学贵”的问题,导致安全隐患和小学生辍学率增加。同时很多中小学实行寄宿制管理,学生家庭的教育成本明显提高,在很大程度上抵消了义务教育免费的政策功效。② 近年来乡村教学点的增加就是一种有益的弥补举措。

受到乡村教师生活补助、农村义务教育阶段学校教师特岗计划等政策影响,我国乡村教育师资短缺问题得到有效缓解,乡村学校生师比持续下降,学历逐步提升。《乡村教师支持计划(2015—2020 年)》提出的“提高乡村教师生活待遇,统一城乡教职工编制标准,职称(职务)评聘向乡村学校倾斜”正逐步得到落实,乡村教师队伍稳定性逐步增强。有调查显示,《乡村教师支持计划(2015—2020 年)》实施后,对支持计划持满意态度的乡村教师达 84.85%,83.46% 的乡村教师愿意继续留在乡村学校任教。③ 乡村教师的职业吸引力增强,在这些地方甚至出现了一些城镇教师争相到乡村学校任

---

① 参见教育部中国教育概况:2018 年全国教育事业发展情况。
② 杨东平. 教育蓝皮书:中国教育发展报告(2019)[M]. 北京:社会科学文献出版社,2019.
③ 东北师范大学中国农村教育发展研究院.《中国农村教育发展报告 2019》发布[N]. 中国民族报,2019-02-19.

教的局面。① 国家及地方一系列支持乡村教师发展政策举措的实施,乡村教师队伍建设成效明显,师资队伍向好发展。但由于我国乡村教育发展历史欠债较多,是我国整体教育的短板。城乡教育差距的根本是教师的差距,师资仍是乡村教育的短板②,加强在职教师的培训工作仍然艰巨和意义重大。

二 乡村教师培训现状实地调研

(一) 相关课题组的调查

一项基于甘肃、四川、内蒙古三省份的调查显示③,在2663名农村调查教师中有98.3%的教师参加过培训;农村教师参加培训的主要动因是提升自身素质、获得培训合格证、晋升专业职称,最主要动因是提高自身素质和教学技能,体现出教师专业发展中的自觉意识较高,其中,提升自身素质和教学技能23.0%,获得培训证书和继续教育占18.2%,晋升职称占16.8%。从培训时间上而言,不定期远程培训是教师培训的主要形式,占比为35.6%,其次是0.5—1天的集中培训,占比为30.8%,第三是10—20天的短期集中培训,占比为23.0%。区县级培训和校本培训是农村教师参加培训的主要形式,占比分别为26.8%和25.7%,其他依次为市级培训占比为19.4%、省级培训为14.5%、国家级培训为12.3%。提升教学水平、教育理念和教育技术的培训在农村教师参加培训内容占比较高。提高教学技能技巧内容的培训比例最高为20.4%,其次为前沿课改动向和新课程理念培训占比为17.5%,第三是教育技术培训占比为14.9%。

就乡村教师培训效果来说,认为培训对教学帮助60%以上的比例仅占36.2%,其中,对教学有81%以上帮助占12.6%,对教学有61%至80%帮助占23.6%。对教学帮助低于60%的教师比例接近65%。有30%的农村教师认为10—20天的短期集中培训效果较好。就不同级别的培训效果而言,培训者认为省级培训和市级培训效果比较

① 佘颖. 乡村教师职业吸引力增强[N]. 经济日报,2018-09-04.
② 王佳. 多头并举解决乡村教育短板问题[N]. 北京青年报,2019-07-22.
③ 高慧斌. 一项基于甘肃、四川、内蒙古三省份的调查发现——农村教师培训成效喜忧参半[N]. 中国教育报,2017-01-06.

好,占比分别为:省级培训 29.0%、市级培训 28.9%、国家级培训 24.9%、区县级培训 10.1%、校本培训 6.8%。有 24.8%的农村教师认为提高教学技能技巧的培训内容效果比较好,17.3%的教师认为解决实际问题的培训效果比较好。乡村教师通过培训在各方面的能力有所提高,其中,认为培训对教师教育教学应用能力提高的比例最高,其中,"教育教学应用能力提高较快"为 24.4%,"开阔了教育视野"为 21.9%,"掌握了一些现代教育技术与方法"为 21.3%。

就教师培训需求状况来说,不足 51.9%的农村教师认为需要参加培训,其中非常需要的占 18.5%、比较需要的占 33.4%、不需要参加培训的占 14%。

就迫切性来说,迫切需要参加提高教学技能技巧培训的农村教师占比 26.0%,19.1%的教师迫切需要解决实际问题的培训,13.8%的教师迫切需要前沿教育理论和课改理念的培训。

就培训方式来说,实地考察、观摩实录培训在农村教师希望参加的培训形式中占比较高。20.7%的教师希望参加实地考察、观摩型的培训,19.7%的教师希望参加观看、评析名师课堂实录型培训,18.5%的教师希望参加同行介绍经验、教学展示研讨型培训。

经验丰富的一线教师和名师、特级教师是乡村教师比较期待的培训教师。希望一线教师、名师、特级教师担任培训者的比例超过 60%,其中,希望经验丰富的一线教师担任培训教师的比例为 33.3%,希望名师、特级教师担任培训教师的比例为 28.7%。

希望通过培训提高教学实施能力的农村教师比例最高。24.7%的教师希望提高教学实施能力,18.8%的教师希望提高教学管理能力,16.5%的教师希望提高对学生的管理能力。

课题组总结指出:一是 18.7%的农村教师认为培训内容的实用性不强,13.6%的教师认为培训理念难以转化为教育实践,12.4%的教师认为缺少案例分析。这三点都与实用、实践密切相关,导致农村教师培训的实效性大打折扣。二是乡村教师培训效果均值度和需求均值度均好于和高于镇区教师和县城教师。乡村教师对培训的需求度高,其中小学教师和初中教师高于高中教师,培训效果好于镇区教师和县城教师,但乡村教师参加高层次培训的比例明显低于县镇教师。不同教龄教师对培训需求存在非常显著差异,教龄越低,培训需求度越高。除正高级和未评职称教师外,其他职称教师的级别越高培训效果均值度也越好,未评职称教师均值度最高。

针对此状况，课题组提出了建议：加强农村教师培训需求调查，开展有针对性的培训；提高区县级培训和校本培训的质量，加强农村教师实践考察、观摩培训；提高乡村教师尤其是教学点教师参加国培和省培的比例，给予乡村教师尤其是教学点教师参加脱产学习更多机会；加强未评职称教师和三级教师、5年以下教龄教师的培训。

"农村教师培训的第三空间路径研究"课题组从江西、湖北、湖南3省的51个乡镇抽取2165名农村教师进行问卷，有效回收率96.6%。在对教师基本情况的调查中，有63.5%的教师反应在"提高学生成绩或升学率"方面的压力比较大，在教学中遇到的难题方面，选择"缺乏创造性或艺术"最多，占43.95%，其次是"培训机会少，对学生的理解与指导不佳，难以激发学生的兴趣，教学设备不足或自己用不好"占30%多。选择"学科知识不扎实，综合能力弱，教学技能缺乏"占15%—20%。在培训意愿方面，有37.2%表示"非常愿意"，31.8%表示"比较愿意"，只有9%的选择了"不太愿意"。培训动机方面，在多项选择中，73.2%选择了"提高教育教学能力"，选择"更新知识，开阔眼界"的有67.7%，46.7%选择"与同行、名师交流"，选择"职称晋升"的有21.1%。在培训障碍方面，"计划少"与"工学冲突"的占一半，"培训形式、内容不合理，培训层次低"占41.7%，"效果不好，帮助不大"的占35.9%。在培训需求方面，"理论"需求者占20%，"教学技能"需求者占32.6%，两者结合的占47.4%。在培训的实际效果方面，只有39%的教师认为培训对自己的教学能力"提升较大"或"提升很大"。30%的教师认为培训者对学员群体的农村教育环境"了解"或"比较了解"，认为培训内容"比较符合"农村教育实际的不到40%。可见学员对培训效果的评价并不好。就阻碍农村教师将培训内容与教学实际有效结合起来的因素，77.1%的教师提到的因素是"工作时间紧，任务重"，44%的教师认为是"与优秀教师等交流机会少"，36.3%教师认为是"缺乏教学实践指导"，32%教师则认为是"缺乏专家指导"。另外，29.2%的教师认为是"自学和提升的意识不够"的自身因素所导致。①

课题组通过对不同年龄段、学历、性别、学段的农村教师培训意愿、需求、效果等因素的分析，得出了"工学矛盾是培训的主要障碍""培训成效整体偏低""示范、交流及过程考核是有效培训的核心""培训偏重于科目教学知识""融合理论与实践知识是培训者应有的素养""基于教育实践的优秀教学示范、理论与实践交织学习、注重文化差

① 戴伟芬. 农村教师培训的第三空间路径研究[M]. 北京：科学出版社，2017：21-31.

异的合作培训在乡村教师中广受欢迎”等结论。其中“将优秀中小学教师的课堂教学录像供给学员作为参考与示范”“培训中教育理论、学科理论与教学技能学习交叉进行”“城市与农村中小学指导教师共同指导农村教师培训，并结合城乡差异”的方式的认可度在80%以上。在对农村教师专业发展有效合作培训方式考察的基础上，课题组总结了12种合作培训方式，受欢迎程度由高到低依次排列是“高校给予理论指导，城乡学校在教育教学实践中帮扶”“教育专业理论与教学技能交叉进行”“高校教师与中小学指导教师共同帮助”“学员个体教学实况录像，高校教师和中小学指导教师分析存在问题并指导”“优秀中小学教师课堂教学录像供给学员参考示范”“远程教育培训中高校教师与学员就问题面对面交流”“远程教育培训中中小学指导教师与学员就问题面对面交流”“面授学习与线上学习交叉结合进行”“培训后的优秀教师协助高校教师提升学员教育教学水平”“上半场理论下半场实践，理论学习与技能学习结合”“高校教师与中小学指导教师到学员所在地共同提高的教育活动”“在公开课课程平台上，依托一个专业主题，城乡学员共同交流”。可见，对乡村教师来说，最受欢迎的是对他们教学实践最有实际帮助的培训。

“中小学教师教学生活质量评价研究”课题组，从东、中、西部地区的湖北、湖南、内蒙古、甘肃、江苏、浙江、广东7个省份的510所城乡中小学教师作为调查对象。调查数据显示，在培训需求方面，排在首位的是“实践能力与实践智慧”，占样本数的38.5%；其次是“广博的文化知识”，占样本数的25.7%；排在第三位的是“学科专业知识”，占样本数的21.1%；再者就是“教育学、心理学理论知识”，占样本数的13.9%。在培训方式的选择上，教师最希望的专业发展途径依次为“脱产学习与进修（33%）”“请校外的专家指导和帮助（17.9%）”“参加自上而下的教师培训（13.8%）“自主学习（13.2%）”“校本教研和校本培训（11%）”“参加科研活动（10%）”。

在对培训效果的评价上，只有一半左右的教师对培训（包括校内、校外）的效果表示“非常满意”或“基本满意”。校外培训效果评价高于校本评价，城乡教师对校内外培训评价有明显差异，乡村教师对校外培训的效果评价高于城市教师，城乡教师的“满意率”分别为52.2%、67.4%，两者相差15.2个百分点，城乡教师对校内培训的“不满意率”分别为24.8%、39.4%，两者相差14.6个百分点。①

① 罗儒国.中小学教师培训状况的调查与分析[J].现代教育管理，2011(12)：83-86.

（二）"县域乡村教师有效培训研究"课题组调查

1. 调查的基本情况

2017年10月—2018年3月，"县域乡村教师有效培训研究"课题组分成3组，深入湖南6个地州市，每个州市按照经济强、中、弱选择2个县共12个县（长沙市宁乡县、浏阳县，常德市桃源县、石门县，衡阳市常宁县、衡阳市，张家界市慈利县、桑植县，邵阳市武冈县、隆回县，湘西土家族苗族自治州保靖县、龙山县）展开调研，每个县访谈3所乡村学校，1所初中、1所中小以及1所村小。调研深入各县各片区乡村学校，邀请不同区域不同层次的教师通过观课议课、座谈或电话访谈、问卷星网络调查等方式，向学生、教师和各片区教育行政管理者就教师对于各级培训现状和需求情况进行了全面细致专项调研，力求真实了解湖南省义务教育阶段教师参加各级培训项目的现状和现实需求，以得到乡村中小学教师培训的真实有效数据。

2018年7—10月，课题组分三组调研我国北部吉林、辽宁两省、西部五个省份，具体为吉林省吉林市舒兰市、长春市九台区、长春市德惠市、长春市农安县、松原市前郭县、延边朝鲜族自治州和龙县，辽宁省本溪市明山区、本溪县。西部的云南、四川、重庆、甘肃、陕西五省市，具体为重庆市武隆、彭水、酉阳、秀山、长寿、垫江、梁平、云阳、奉节、巫山等（区）县；云南省昭通市大关县、楚雄市姚安县、丽江市永胜县、红河州泸西县，文山州广南县；四川省广元市利州区、青川县、北川县；陕西省汉中、咸阳、宝鸡市；甘肃省榆中县、会宁县、张家川县、甘谷县；同时，调研组调研了山东省聊城市高唐县、泰安市东平县，河南省洛阳市栾川县，浙江省杭州市，以电话调研我国南部广西省百色市田阳县。每一县至少访谈一所学校，每所学校至少访谈5人。另外，课题组对三期教育部"校长国培计划"初中校长项目"边远贫困地区农村校长助力工程"班的学员（2015年16省39区县50位校长，2016年14省41区县50位校长，2018年17省市86区县100位校长）进行深入访谈；在湖南省中小学教师发展中心对"湖南省未来教育家、湖南省卓越教师培训班"的200多位学员深入访谈；在西北师范大学访谈了贫困地区生物骨干教师培训班和初中语文教师培训班学员100名。2016—2019年，课题组持续不断地以各种形式进行调研，遇到没有理清的问题、没有精确的数据随时调研，力求数据精准、资料真实。

为避免出现因"幸存者偏差"导致的信息统计偏差，课题组调研尽量扩大调查样本，强化样本选择的随机性，最大程度地将参与和没有参与培训的教师都囊括在随机选择的样本中。

课题组自编“县域乡村教师有效培训调查问卷”，发布在问卷星里，让乡村教师自愿填写，同时还辅助采用实地观察、个别访谈、座谈、文献调研、电话访问 5 种调研方式。

2. 问卷星调研

调研主要限于以上省市义务教育阶段的乡村教师，其中小学教师 3046 人，占总数的 53.55%；初中教师 2 709 人，占总数的 46.45%；合计有效填写总人数 5 688 人。填写问卷教师年龄和教龄分布见表 3－1、3－2。

表 3－1　调查对象年龄状况

选　　项	小　计	比　　例
25 岁(含)以下	925	16.26%
26—35 岁	1 845	32.44%
36—45 岁	1 449	25.47%
45 岁以上	1 443	25.37%
其他	26	0.46%
合计	5 688	

表 3－2　调查对象教龄状况

选　　项	小　计	比　　例
3 年以下	1 232	21.66%
3 年以上 5 年以下	771	13.55%
5 年以上 10 年以下	675	11.87%
10 年以上	3 010	52.92%
本题有效填写人次	5 688	

3. 电话访谈和现场座谈

2017 年 10 月 7 日至 2018 年 3 月 31 日，课题组在 17 个省市中按照资深教师、骨干教师、新聘教师、其他在职教师 4 个层次选择 432 位乡村在职中小学教师进行了座谈、访谈、电话访问，其中资深教师(45 岁以上)102 人，占 23.6%(包括乡村特级教师 5 人)，乡村骨干教师(25 岁—45 岁中乡镇优秀教师)120 人(包括在乡村工作的名师工作室首席名师 10 人),占 27.78%;2017 年乡村新聘教师 76 人,占 17.6%;其他乡村在职教师 134 人,占 31.02%。调研内容与过程见表 3-3,座谈、访谈、电话调研对象总体情况见表 3-4。

表 3-3 调研内容与过程

序号	调 研 内 容	调 研 地 点	调研对象	调研方式
1	了解乡村教师的基本情况,已经参加过培训的整体有效度,培训需改进之处,今后的培训需求	问卷星:县域乡村教师培训调查问卷	湖南省 12 个县随机选择的乡村教师	网络问卷
2	了解培训的效果、问题与建议	17 个省市教师培训机构、每个县 1 所乡村学校	28 所乡村学校的 50 位乡村教师	电话访问
3	了解当地教育教学基本情况,了解不同层次的对象参培想法和建议	17 个省市教师培训机构、每个县 1 所乡村学校	教师培训机构的工作人员、教研员、一线教师、校长	座谈
4	观察与诊断乡村学校建设、乡村课堂教学开展情况	17 个省市教师培训机构、每个县 1 所乡村学校	校长、授课教师、学生	实地观察
5	了解乡村培训管理者、培训参与者对今后培训的期望和建议	17 个省市教师培训机构、每个县 1 所乡村学校	教师培训机构的工作人员、县教研员、一线教师、校长	个别访谈
6	了解并借鉴其他学者关于乡村教师有效培训的研究成果	互联网、中国知网	由"乡村教师培训""教师有效培训"等关键词检索论文、政策与法规等	文献调研

表 3-4 座谈、访谈、电话调研对象总体情况

<table>
<tr><th>方　式</th><th>内　容</th><th colspan="2">维　　度</th><th>数量(人)</th><th>百分比</th></tr>
<tr><td rowspan="9">座谈、访谈、电话调研</td><td rowspan="4">分层次</td><td colspan="2">资深教师</td><td>102</td><td>23.6%</td></tr>
<tr><td colspan="2">骨干教师</td><td>120</td><td>27.78%</td></tr>
<tr><td colspan="2">新聘教师</td><td>76</td><td>17.6%</td></tr>
<tr><td colspan="2">其他在职教师或教育管理者</td><td>134</td><td>31.02%</td></tr>
<tr><td rowspan="5">分区域</td><td rowspan="2">教师所在区域</td><td>乡村</td><td>253</td><td>58.6%</td></tr>
<tr><td>城乡结合部</td><td>61</td><td>14%</td></tr>
<tr><td rowspan="3">教育管理者分布区域</td><td>城区</td><td>15</td><td>3.5%</td></tr>
<tr><td>乡村</td><td>91</td><td>21.1%</td></tr>
<tr><td>城乡结合部</td><td>12</td><td>2.8%</td></tr>
</table>

续　表

方　式	内　容	维　度	数量(人)	百分比
实地调研	学校类型	乡镇初中	12	25%
		乡镇中小	12	25%
		村小	24	50%

4. 教师培训需求情况分析

（1）参加培训的动因

在参培动因调查问卷中，有 90.15%的教师认为参加是为了“提升自身素质，提高教学技能”，71.68%教师是为了“获得继续教育学分”，64.35%的教师为“教育改革发展所需要”，40.68%的教师是“听从上级主管部门和学校安排”，48.56%的是“晋升专业职务需要”，47.78%的教师是为了“力争成为学科骨干或带头人”。教师无论是为了“提升自身素质，提高教学技能”“晋升专业职务”“力争成为学科骨干或带头人”，抑或是为了“适应教育改革发展需要”，整体来看，进修培训已经得到了广大教师普遍的认同，参加培训提升自身素质是大家共同的追求。有部分教师是出于“获得继续教育学分”和“听从上级主管部门和学校安排”的动机，说明仍有少部分教师或多或少总带任务式、被动式心理来参加培训。课题组访谈中发现，现在乡村教师学习积极性有较大提高，85%的教师都是主动争取参培机会。从另一个侧面看，“教师学分管理制度”在其中起很大促进作用。老师们每到下半年都会主动查看自己的培训学分，并想办法完成。“教师学分管理制度”以任务驱动形式，可有效促使教师逐步由被动参培到主动学习的转变。由此看出，内外因相互作用可以促使乡村教师主动参培，外在压力对主动参培作用明显，但对培训效果的提升帮助有限。在少数乡村学校也存在个别不爱学习，或以各种理由拒绝培训的教师。课题组对教师参加培训动因的调查结果见表 3－5。

表 3－5　参加培训的动因

选　项	小　计	比　例
晋升专业职务需要	2 762	48.56%
获得继续教育学分	4 077	71.68%
力争成为学科骨干或带头人	2 718	47.78%
教育改革发展所需	3 660	64.35%

续 表

选 项	小 计	比 例
提升自身素质,提高教学技能	5 128	90.15%
增强竞争力,以另谋发展	1 190	20.92%
听从上级主管部门和学校安排	2 314	40.68%
其他	123	2.16%
本题有效填写人次	5 688	

(2) 培训类型与时间需求

问卷调查中有68.85%的教师认为收获最大的培训类型是集中培训,64.1%的教师认为是远程培训,45.9%的教师认同校本研修。座谈中我们发现,在集中研修中老师们更偏爱异地集中研修和送教下乡,在远程培训中老师们更喜欢工作坊研修或网络研修与校本研修整合培训。老师们普遍认为,异地集中研修更能排除工作和家庭干扰以集中心思学习,也更能学习到外地新颖的教育教学经验;送教下乡借助乡村学生课堂示范更有学习借鉴意义。送教下乡一般是小规模培训,可以做到人人参与磨课、研讨,每个参培老师都有展示和提升的机会,是非常接地气的培训;工作坊研修或网络研修与校本研修整合培训,可以把网络研修和集中研修或校本研修的优势有机整合,有利于教师经验的交流与共享,多数教师都认同这种培训形式。结果见表3-6、3-7。

表3-6 教师喜欢的培训类型

选 项	小 计	比 例
远程培训	3 646	64.1%
集中培训	3 916	68.85%
校本研训	2 611	45.9%
其他	206	3.62%
本题有效填写人次	5 688	

表3-7 教师希望培训的时间安排

选 项	小 计	比 例
寒暑假连续集中培训	1 949	34.27%
每周或每月一到两天,分散培训时间	1 463	25.72%

续　表

选　　项	小　计	比　　例
工作日连续集中培训	1 310	23.03%
工作日与周末结合集中培训	859	15.1%
其他	107	1.88%
本题有效填写人次	5 688	

教师对于远程培训的认同度高于以往，究其原因，一是网络远程培训的内容不断更新，能让老师们接受到更多的新知；二是网络研修与校本研修的结合，或者采用工作坊形式，使老师们在学习过程中结合自身工作实践来加以探讨，有利于学以致用。当然，这其中也反映出教师平常的教学任务普遍较重，集中培训学习与工作经常发生冲突。现在乡村网络也比较顺畅，网络研修比较方便，教师可以利用自由时间自主安排学习，这一点从集中培训时间安排的调研方面也有所反映。对于集中培训，25.72%的教师主张集中时间宜是1—2天，而在时段安排上23.03%的主张在工作日，34.27%的主张安排在暑假，而学校管理者59.48%的认为最合适的安排是3天以内的培训，最好安排在暑假（43.1%）和工作日与休息日结合段（25.86%）。在座谈调研中，无论是管理者还是教师认为，集中培训时间一次最好不超过3天。学校管理者从乡村学校编制紧、学校工作安排难以调整的角度考虑认为集中培训安排寒暑假较为合适，工作期间安排远程培训较为合适；部分乡村教师也希望在假期培训，以缓解工作期间既要忙学习又要忙工作两难兼顾的矛盾。有部分乡村教师希望培训在工作日，不耽误假期休息时间。

（三）对培训内容需求的分析

通过问卷调查发现，乡村教师认为在教育教学专业与理论知识方面自身最欠缺急需加强的是教育信息技术、多媒体和课程整合应用知识、新课程标准与新教材的理解、专业学科知识、德育及心理健康教育的理论以及教育科研方法；最困惑的问题是如何激发乡村学生的学习兴趣；在专题内容方面，提升教学智慧是急需内容，方法是教育理论知识与教学技能并重。见表3－8、3－9、3－10、3－11、3－12。

表 3-8 教师欠缺的知识

选　项	小　计	比　例
信息技术、多媒体和课程整合应用知识	4 299	75.58%
对课程改革、新课程标准、新教材的理解	3 807	66.93%
人文方面的知识	2 379	41.82%
课程与教学论知识	2 570	45.18%
其他	244	4.29%
本题有效填写人次	5 688	

表 3-9 教育教学方面需要补充的知识

选　项	小　计	比　例
专业学科知识	3 882	68.25%
德育及心理健康教育的理论	3 409	59.93%
教育科研方法	3 522	61.92%
教师职业道德规范	1 106	19.44%
新课程标准	2 591	45.55%
其他	183	3.22%
本题有效填写人次	5 688	

表 3-10 培训急需的专题内容

选　项	小　计	比　例
课标解读	823	14.47%
教材分析	661	11.62%
教学设计	1 211	21.29%
教学智慧	2 938	51.65%
其他	55	0.97%
本题有效填写人次	5 688	

表 3－11　教师知识与能力培训的侧重内容

选　项	小　计	比　例
以知识培训为主	415	7.3%
以技能培训为主	948	16.67%
技能培训与知识培训并重	4 325	76.04%
本题有效填写人次	5 688	

表 3－12　本学科教学最困惑的三个问题

选　项	小　计	比　例
教学设计	2 733	48.05%
教学组织	2 287	40.21%
教学评价	2 267	39.86%
激发学生学习兴趣	4 068	71.52%
师生互动	2 102	36.95%
作业有效性	2 837	49.88%
其他	225	3.96%
本题有效填写人次	5 688	

从调查问卷情况来看，教师对参加培训的期待是：能获得实用的新知识和理念(77.88%)；能获得可以在工作上应用的一些有效的技巧或技术(77.58%)。教师反映在教学中最需要的知识是：对课改、新课标、新教材理解与把握的知识(71.68%)、任教学科专业与前沿知识(65.78%)、青少年学习心理方面知识(62.83%)；在教育教学专业能力方面，老师们最急需培训的是：多媒体、信息网络应用能力(70.8%)和分析处理教学内容、整合课程教材的能力(52.21%)；在班级管理方面，教师渴望得到如何培养学生良好行为和学习习惯方面的培训(81.71%)、如何利用各种活动培养学生集体荣誉感和凝聚力方面的培训(68.14%)和如何做好留守学生和后进生工作方面的培训(51.03%)。可见，解决实践工作问题的方法与技能的提升是教师在培训中的普遍渴求。

站在教育管理者的角度，普遍反映教师目前教学中最需要的知识依次是：对课改、新课标、新教材理解与把握的知识(80.17%)，教师专业发展方面的知识

(66.38%),青少年学习心理方面知识(59.48%)。急需提升的教学专业技能主要是:多媒体、信息技术应用能力(64.66%),分析处理教学内容和整合教材的能力(60.34%)。在班级管理方面需要的培训是:如何培养学生良好行为习惯和学习习惯方面的培训(74.14%),如何做好留守学生和后进生工作(60.34%)方面的培训,如何利用各种活动培养学生集体荣誉感和凝聚力方面的培训(59.48%)。

在座谈中我们了解到,大多数教师期待通过培训学习到典型教育教学案例,了解如何在本职岗位上做到学生为本、师德为先;期待通过培训理解教师专业标准,了解教师专业标准所包含的教师专业能力内涵,认识教师专业发展的新内容;期待通过培训了解教学设计的内涵和特点,掌握教学设计的基本步骤和方法,学会对具体教学内容科学合理的教学设计;期待通过培训解决教育教学的实际问题,基于教学案例的评析和反思,掌握和应用适切的教学方法和教学策略;期待通过培训了解信息技术支持课程改革的动向,学会在教学中合理运用现代信息技术优化教学的实际问题;期待通过培训掌握校本研修的方法,以课堂观摩为突破口和切入点,通过观摩同一学科教师的课堂教学,学习借鉴,提出改进建议,共同促进教学水平提升;期待培训能定期开展班级研讨活动,针对某一个问题或典型案例进行研讨,能与更多的教师同行交流,提高自身教育教学能力。

在座谈交流中,多数教师对日益增多的单亲家庭孩子的教育、对留守儿童的教育表现出严重的焦虑。乡村学校单亲家庭孩子和留守儿童越来越多,其教育基本依靠学校,现有知识和经验让老师们感觉对其教育有无力感,教师迫切需要获取更多的关于单亲家庭孩子和留守儿童教育的知识与方法,以及相关心理健康教育方面的知识。

(四) 对培训团队与培训活动形式的需求分析

乡村教师们最看重的是培训课程与师资质量,这一点教育管理者层面也是同样的感受。80.17%的被调查者认为影响培训满意度的主要因素是培训课程与师资。调研发现,乡村教师最需要的培训者是能深入教学一线总结教学规律、指导教学实践对他们教学真正有帮助的教学一线骨干教师或经验丰富的专职培训师(93.51%),而对于高校专家(20.65%)和教育行政部门领导(6.19%)的认同度不高。教师们对在培训中能获取经验丰富的一线骨干的经验用来指导自己的工作更感兴趣，而且在跟一线骨干教师和名师面对面的互动交流中最能感受到培训的实效性。见表 3－13。不过，乡村教师对培训是比较看重和渴望的，尤其是对教育能力提升急迫的青年教师，但就机会来说城乡是有差距的。课题组走访安徽肥西县某乡镇中学担任初中班主任并执教初中二年级英语的谭老师(23 岁，教龄 2 年)，她这样描述自己所在乡村所需的教育前景："我大学毕业就到这里来教书，激情满怀地担任班主任工作，可这两年最困扰我的是在教学工作上只靠自己的自研自学和同事之间的相互切磋，班主任工作也是只能靠自己在实践中摸索。我的同学在市里任教，她们的研修与培训的级别与次数较多，学习的机会也比我多，相比之下，我的专业成长速度明显比她们慢很多。"

表 3－13　有效的培训活动形式

选　　项	小　计	比　　例
名师示范教学	4 680	82.28%
在专家指导下进行课题研究	2 915	51.25%
学员研讨交流	2 687	47.24%
专家面授讲座	2 123	37.32%
主题活动(如教育教学研究成果征集活动)	1957	34.41%
与专家研讨互动、交流对话型	2 163	38.03%
专家会诊教学问题	2 330	40.96%
学员参与研课、磨课	2 988	52.53%
其他	87	1.53%
本题有效填写人次	5 688	

就有效的培训形式来说，82.28%的教师选择了名师示范教学型，52.53%的教师选择了学员参与研课、磨课，51.25%的教师选择了在专家的指导下进行课题研究型，接下来顺序是学员研讨交流、专家会诊教学问题、与专家研讨互动、交流对话型，排在最后的是专家面授讲座和主题活动(如教育教学研究成果征集活动)。在座谈中教师们提出，最喜欢的培训形式是示范课堂、课例讲解，以及那些接地气的活生生实例，而纯粹的讲座式培训和没有指导的教育教学研究成果征集等主题活动的效果不佳。这与"农村教师培训的第三空间路径研究"课题组的调查结论

比较一致。

(五)培训考核评价方式要求分析

对教师培训如何考核更有实效,64.35%的教师选择根据培训课程完成相应的作业,46.57%的教师选择了提交论文或撰写培训心得,48.84%的教师选择了提交教学案例或现场说课。可以看出,对于教师参加培训,他们自身并不满足于简单完成课程作业,教师不仅主张考核评价方式应多样化,更应该使评价能促进教师加强培训学习、在学习中不断提升自我水平,通过培训能够实现专业成长,具体见表3-14。

表3-14 培训考核评价有效的方式

选　项	小　计	比　例
考试	1 074	18.88%
根据培训课程完成相应作业	3660	64.35%
提交论文或撰写培训心得	2 649	46.57%
提交教学案例或现场说课	2 778	48.84%
建立基于培训课堂表现的纪实档案	1 535	26.99%
通过学员之间或者学习小组之间展示竞争评价	1 882	33.09%
上一节被认可的课	1 329	23.36%
其他	121	2.13%
本题有效填写人次	5 688	

乡村教师的培训应遵循按"需"培训的原则,既要考虑社会、教育大环境下国家意志主导的教师培训的客观需求,又要综合考虑农村教师培训的现实需求。只有从教师的真正需求入手选择培训的内容、方式才能使乡村教师真正从培训中"学""思""研""行"。从培训内容看,乡村教师更希望培训内容"乡村化"而非"城市化"、"实践化"而非"理论化",即乡村教师在培训项目内容设置上要照顾到参培学员的地域特点和年龄层次,选择适合乡村教师专业化发展的培训课程。从培训方式看,乡村教师对单纯学术讲座、集体听大课等方式已心生厌倦,更倾向培训者创新培训理念与方式,立足乡土,探寻特色之路,强化针对性,照顾差异性,注重实用性,增强乡村教师专业发展的自信与自觉。

第二节 乡村教师培训中存在的主要问题

一 培训顶层设计有待完善，五级培训层次关系不清

教育部特别重视乡村教师培训顶层设计工作，出台了一系列文件、规范，提出了一系列要求。早在2010年，教育部和财政部出台《教育部财政部关于实施"中小学教师国家级培训计划"的通知》（教师〔2010〕4号）指出，根据党的十七大关于"加强教师队伍建设，重点提高农村教师素质"的要求和《国家中长期教育改革和发展规划纲要》精神，为进一步加强教师培训，全面提高教师队伍素质，教育部、财政部决定从2010年起实施"中小学教师国家级培训计划"；中小学教师培训属地方事权，应以地方为主来实施；中央实施"国培计划"旨在发挥示范引领的作用；通过实施"国培计划"，培训一批"种子"教师，使他们在推进素质教育和教师培训方面发挥骨干示范作用；开发教师培训优质资源，创新教师培训模式和方法，推动全国大规模中小学教师培训的开展；重点支持中西部农村教师培训，引导和鼓励地方完善教师培训体系，加大农村教师培训力度，显著提高农村教师队伍素质；促进教师教育改革，推动高等师范院校面向基础教育，服务基础教育。首批"国培计划"包括"中小学教师示范性培训项目"和"中西部农村骨干教师培训项目"两项内容。中小学教师示范性培训项目主要包括中小学骨干教师培训、中小学教师远程培训、班主任教师培训、中小学紧缺薄弱学科教师培训等示范性项目，为全国中小学教师培训培养骨干，作出示范，并开发和提供一批优质培训课程教学资源，为"中西部农村骨干教师培训项目"和中小学教师专业发展提供有力支持。按计划，2010—2012年"中小学教师示范性培训项目"采用集中培训的方式培训3万名中小学学科骨干教师和骨干班主任教师；采用远程培训的方式培训90万人，包括60万名义务教育学校学科教师和30万名高中新课程学科教师；政府购买和组织开发一批优质培训资源，为"中西部项目"和教师终身学习提供服务支撑。① "中西部农村骨干教师培训项目"对农村中小学教师采取骨干教师脱产研修、集中培训和大规模教师

① 参见"国培计划"——中小学示范性培训项目实施方案（2010—2012）。

远程培训相结合方式，为中西部农村地区培训一批骨干教师，使他们在实施课程改革、素质教育和教师培训上发挥示范辐射作用。①

对于中小学骨干教师培训，要求遴选高水平大学、专业教师培训机构和优质中小学，面向全国中小学骨干教师和中小学骨干班主任教师进行分类、分层集中培训，全面提升骨干教师的教育教学能力和水平，使他们在推进基础教育课程改革、实施素质教育和教师培训等方面发挥骨干带头和辐射作用。中小学教师远程培训是充分发挥现代远程教育手段的作用，遴选专业远程教育机构，采用以远程培训为主的方式，对 90 万名农村义务教育学校骨干教师和高中课改学科骨干教师进行有针对性的培训，并通过多种有效手段和途径，使更大范围的教师共享优质资源，帮助教师解决教育教学过程中所面临的现实问题，提高教师实施新课程的能力和水平。

2010 年教育部组织开展“国培计划”培训课程资源征集、遴选、推荐活动，2011 年，教育部公布“国培计划”资源库首批推荐课程资源目录，这个目录是教育部委托全国教师教育课程资源专家委员会对各地申报的 2471 件课程资源进行评审选出的，经过资格审查、初审、复审三个阶段的工作，确定“国培计划”资源库首批推荐课程资源 662 件，其中包括公开征集的课程资源 494 件，“国培计划”生成性课程资源 168 件。2012 年教育部实施《“国培计划”课程标准（试行）》（教师厅函〔2012〕5 号），为规范“国培计划”项目管理，提高培训质量，教育部委托全国教师教育课程资源专家委员会组织专家研制了《“国培计划”课程标准（试行）》，中小学教师示范性培训项目、中西部农村骨干教师培训项目、幼儿园教师国家级培训计划的培训任务承担院校（机构）要根据《“国培计划”课程标准（试行）》设置“国培计划”培训课程，研制项目实施方案。

2013 年教育部出台《教育部关于深化中小学教师培训模式改革全面提升培训质量的指导意见》（教师〔2013〕6 号）明确提出：要增强培训针对性，确保按需施训；中小学教师培训要以实施好基础教育新课程为主要内容，以满足教师专业发展个性化需求为工作目标，引领教师专业成长；要求各地将上述要求贯穿于培训规划、项目设计、组织实施、质量监控全过程；根据新任教师岗前培训、在职教师提高培训和骨干教师高级研修等教师发展不同阶段的实际需求，开展针对性培训；实行教师培训需求调研分析制度，建立与中小学校共同确定培训项目的新机制。同年，教育部发布《关于成立中小

① 参见“国培计划”——中西部农村骨干教师培训项目实施方案（2010—2012）。

学校长和幼儿园园长国家级培训项目管理办公室的通知》(教师司〔2013〕59号),中小学校长和幼儿园园长国家级培训项目管理办公室设在国家教育行政学院,负责中小学校长和幼儿园园长国家级培训项目的日常管理工作,具体负责提出相关项目实施建议方案、实施项目过程管理、建设项目信息化管理工作平台、监控和评估项目执行质量、编辑项目实施动态和简报、撰写项目质量评估报告等。2014年底,教育部启动16个学科(领域)教师培训课程标准研制工作。2016年底教育部印发《关于大力推行中小学教师培训学分管理的指导意见》,以激发教师参训动力,促进教师终身学习为目标,在规范培训学分登记、建立培训学分银行、加强培训学分应用等方面进行了制度创新设计。

2017年教育部办公厅印发《中小学幼儿园教师培训课程指导标准(义务教育语文学科教学)》《中小学幼儿园教师培训课程指导标准(义务教育数学学科教学)》《中小学幼儿园教师培训课程指导标准(义务教育化学学科教学)》3个文件的通知(教师厅〔2017〕10号),规范和指导五年一周期教师全员培训工作,分层、分类、分科组织实施教师培训,提高教师培训的针对性和实效性。

教育部2016年11—12月,分5组对河北、山西、内蒙古、吉林、安徽、海南、重庆、贵州、云南和陕西等10省进行了首批国培计划实施情况调研。调研结论是:"国培计划"在10省实施成效显著,中小学教师培训大规模开展,加强了县级教师培训机构能力建设,建设了省市县三级专家团队,国培的"输血"功能正在向"造血"功能演进。但是,仍然存在着项目顶层设计有待完善等的问题。①

2017年3月至2018年8月,课题组深入全国各地调研,同样发现国培、省培、市培、县培、校本研修等五级培训之间的关系和相互衔接等方面存在问题,主要体现在国培遍地开花,各地层层成立了国培办,国培的专家遴选、学员的选取都与原来设计特别是针对性方面出入较大,出现了"省培向国培看齐,市培作用发挥不好,县培力不从心,校培形同虚设"的局面。

国培应该是引领和示范,以教育专家培训为主,以专和精为主要目的,为省培培养

① 2016年11—12月,教育部分5组对河北、山西、内蒙古、吉林、安徽、海南、重庆、贵州、云南和陕西等10省进行了首批"国培计划"实施情况调研,发现"国培计划"及地方教师培训存在项目顶层设计有待完善、项目区县主体作用有待发挥、培训针对性和实效性有待提高、学员参训动力有待激发等问题。参见教育部教师工作司司长王定华在2017年"国培计划"管理者高级研修班上的讲话。

专家型培训者。但是,国培专家遴选没有按照国培计划要求安排到位。如一个送教下乡国培项目培训班,要求省外专家1个以上,县外2个以上,从要求看,这个标准难以达到。从现实实施看,更是“纸上谈兵”,难以落地。从学员遴选上,应该是学科骨干或者带头人,如置换脱产学员要求是乡村骨干教师,有些选的是一般教师或县城教师,更有甚者,选工作能够安排开的,也就是能够脱产的,导致一些非主科教师成为参加培训的专业户。由于国培项目“一竿子到底”,县级培训机构接受了国培项目就忙于国培工作,把县培工作全部压缩,可以说是偏离主业,得不偿失。

教师培训理想状态应该是“金字塔结构”:国培项目应该是少数单位承担,承担单位应该是高校和非常优秀的省教育学院承担,培训对象是专家型培训者;省培以省教育学院为主,个别优秀的市教育学院可以承担,培训对象是教学带头人和骨干教师级的培训者,为市培培训教师;市培、县培应该是以教学带头人和骨干教师、校级培训者为主;校培才是对教师的全员培训。换句话说,五级培训既是培训水平的标志,也要对培训内容、培训对象进行合理划分,各级培训的机构、职能、职责,培训任务、培训内容和培训对象应该不同,更不能交叉。

二　培训机构建设有待加强,培训力量不足

受大学排行榜的影响,各高校普遍以科研立校,抓教学也只能到“本科层次”,教师更是追求科研,除非研究领域所致,否则有能力的教师不愿意承担培训任务,即使是承担培训任务也正像有人说的“飞来飞去,下了飞机做大报告”。各高校都设有教师继续教育学院或者培训学院等培训机构,但是这个机构一般都是管理机构,培训教师都是外聘。外聘教师是全国拉通,看上去队伍很强大和庞大,但研究乡村教育的教师并不多,真正能够讲好乡村教育的教师更少。

省级教育学院从全国目前来看,已经没有几家了,各地省级教育学院纷纷改制,变成全日制专科、本科,比如湖北省、重庆市等。还有的省份与教育厅、教育科学院等合并。有的虽然没有改制,但是也在办学历教育,对中小学特别是乡村教师的工作状态、工作需要、素质要求的研究不够关切。

市级教师进修学校地位比较尴尬,因为教育经费是县级统筹,目前有的省把市教

师进修学院改为教师发展中心，也是管理机构。受经费、职能和编制的影响，进修学校教师的发展空间及职业能力都有一定的局限性，其工作职能主要是管理和协调，真正投入到培训一线的教师寥寥无几。

改革开放以来，县级教师进修学校在完成小学教师学历补偿教育和普及九年义务教育的任务中做出了重要贡献。当前，义务教育阶段教师学历达标任务基本完成，中小学教师培训工作已逐渐转入以提高教师整体素质为目标的继续教育新阶段。以县级教师进修学校为主体的县级教师培训机构在实施中小学教师继续教育中成为主力军，任务十分艰巨。但目前县级教师培训机构总体看比较薄弱，功能单一，不能适应新时期开展中小学教师继续教育工作的需要，不能适应基础教育发展和改革的需要，亟待进一步建设与强化。

2002 年教育部为贯彻落实《中共中央国务院关于深化教育改革全面推进素质教育的决定》和《国务院关于基础教育改革与发展的决定》，完善以现有师范院校为主体的、有中国特色的教师教育体系，落实《中小学教师继续教育规定》和《中小学校长培训规定》，建立和健全中小学教师继续教育制度，扎实推进中小学教师继续教育要求，发布《教育部关于加强县级教师培训机构建设的指导意见》（教师〔2002〕3 号），提出必须进一步加强县级教师培训机构建设，使县级教师培训机构成为我国教师教育体系不可缺少的重要组成部分，使县级教师培训机构成为广大农村中小学教师终身学习和提高专业水平的重要阵地，成为广大农村中小学教师接受现代远程教育的工作站或教学点。

《教育部关于加强县级教师培训机构建设的指导意见》中要求，要按照小实体、多功能、大服务的原则加强县级教师培训机构建设。积极促进县级教师进修学校与县级电教、教研、教科研等相关部门的资源整合与合作，优化资源配置，形成合力，努力构建新型的现代教师培训机构；要按照专而精、专兼结合、合理流动的原则加强县级教师培训机构师资队伍建设；按照精干、高效的原则，加强县级教师培训机构领导班子建设；要按照先进性和实用性相结合的原则，加强县级教师培训机构的硬件建设。县级教师培训机构要了解中小学、研究中小学、服务中小学，与中小学校建立密切的伙伴关系。要密切结合本地区中小学教师的实际，研究探索促进中小学教师终身学习的有效机制，完善教师继续教育制度。

按照这个标准，县级培训机构达标的不多。要想对布局分散、数量众多的乡村教师进行培训,县级培训机构专业培训教师的数量远远不足,只能靠新技术新手段和新方法才能解决这个矛盾。更为普遍的是,越是经济条件较好的地区,以及城市里的大区,教师进修学校办得越好,有的甚至升格为教师进修学院。而越需要加强教师培训工作的农业县,培训机构越差,甚至没有,导致对乡村教师有效培训、靶向供给的力量明显不足。这需要教育部及各级地方政府调整政策及标准,出台可以落地的举措,以解决县级培训机构力量不足的问题。

三　培训目标针对性差,精准施培不够

培训目标看似是“虚”的、口号性的一句话或者一段话,其实是解决乡村教师有效培训的核心问题,也是最重要的问题。怎么样精准确定培训目标、精准施培才是乡村教师有效培训的大问题。

课题组在调研中发现,乡村教师培训存在的问题排序是:培训注重形式,轻视培训实质占 88.2%;培训形式比较单一,不适宜教师的学习方式占 81.22%;培训的内容不太符合教师工作需求占 64.79%;培训评价方式单一,培训达不到预期效果占 61.5%;培训的组织管理不精细,学习氛围不浓占 36.62%;培训师资水平不够高,不能满足需求占 17.37%。在访谈中超过一半的教师认为是教师培训脱离实际,没有解决乡村教师的现实问题,也没有研究分析乡村教师的实际需求。这些问题都与培训目标高大上、脱离实际有关。主要问题体现在以下几个方面。

(一)形式与实质分离

在教育学中有一对立的学派,即形式教育和实质教育。古罗马的昆体良提出了形式教育的主要思想,该思想主要是注重能力培养。夸美纽斯之后,慢慢形成了实质教育,也就是要注重知识传授。应该说二者各有利弊,结合起来或者说形式与实质相统一是比较理想状态。体现在教师培训工作上仍然存在形式与实质分离的问题:在安排培训中注重形式上的完美、数量上的足额,忽视了乡村教育的现实需求和乡村教师的实然状态。

兴趣是最好的老师,激发教师培训的内驱力非常重要。学习主动性与与内驱力是

教师专业成长的核心要素。课题组在调查中发现(见表 3－5),40.68%的乡村教师参加培训是听从上级主管部门和学校安排;71.68%的教师参培是为了获得继续教育学分;48.56%的教师是晋升专业职务需要才参培;有 20.92%的教师是为了增强竞争力,以另谋发展才参加培训;有 90.15%的教师是为了提升自身素质,增强教学技能而参加培训;47.78%的教师参培是希望自己力争成为学科骨干或带头人;64.35%的教师认为教育改革发展所需继续学习。前后两组数据对比发现,乡村教师参培多是因为行政手段的强制性命令,目的是为了晋升专业职务、为了获得继续教育学分,而不是自我能力的主动提升、自我发展和想学、会学、愿学、乐学。如此,教师参培演变成了教师的任务与负担。教育主管部门为了提高教师培训的覆盖面与普及率,强制推动培训,乡村教师接受培训的内需不强,这不能不说是教师培训实效性不高的重要原因。

我们在调查访谈中发现,还有相当一部分教师一年多次参加培训,成为参与培训的“专业户”,而另外一些教师从来都没有参加培训(确切说是没有亲自参加培训学习)。有的参加网络培训是别人代为操作,点击后既不听也不看,只要计时计培训分数就行。在安排培训时,培训方几乎没有考虑过乡村教师的地域来源、在学校的工作状况及教育对象、自身的婚姻家庭情况、教师的生活和学习、学习资源与工作环境等因素,也没有考察乡村教师的学习动力、知识储备。往往是在开班时发一份调查问卷调查教师所需,但是这个调查问卷是否统计、统计后怎么样使用都是未知数。因为培训方案、培训课程、培训模式等方面是对上不对下(上级文件怎么要求就怎么安排)。课题组调查了包括高校、教师进修学院、县级培训机构 50 个培训单位的近 4 年的培训方案,培训形式、培训内容甚至授课教师变化都不大。培训没有根据乡村教师所需制订方案,内容也无法根据乡村教师需求来设计,因为组班的时候就是“求大同而未细分”,这样的培训效果当然是打了折扣。这些问题教育部门早已察觉,《教育部关于大力加强中小学教师培训工作的意见》《教育部关于深化中小学教师培训模式改革全面提升培训质量的指导意见》的出台,都是针对“教师培训针对性不强、内容泛化、方式单一、质量监控薄弱”等突出问题的。

(二)模式与现实脱离

教育部出台《关于深化中小学教师培训模式改革全面提升培训质量的指导意见》后,各培训单位优化了培训模式,提高了集中培训的效果。但是在培训实践中,广大乡村教师参与培训的模式仍然单一,没有满足乡村教育的现实需求也是客观存在的。

从国家层面看,全国有县域中小学教师 360 万以上,“国培”“省培”等集中培训是无法满足这个群体的,对这个群体进行培训必须依靠县级培训机构和网络培训模式,而网络培训对广大偏远地区和特别需要参加培训的“土著型”教师来讲是太不适用的。县级培训机构建设参差不齐,培训教师课程设计能力、授课水平等都有局限性,培训方式单一而且随意性较大,影响培训的效果。

课题组在访谈中发现三个突出问题:第一,研训脱钩。一些教师培训机构总结提炼出来的培训模式,同样存在“对上不对下”的问题,研究对上,培训对下,研究与培训各自为政;第二,步骤拼凑,纸上谈兵。研究者在网络上搜集几个关键词,就拼凑成一种模式,比如“三步”“四环”“六字”等,既没有创新,也没有实际使用价值;第三,概念覆盖。光看文字,模式中确实有新颖概念,也切合当前时局,其实只是在一堆老生常谈的文字上覆盖一些新的或时髦的概念,观其内里,概念内涵解读不清,逻辑混乱。

(三)内容与需求偏离

《关于深化中小学教师培训模式改革全面提升培训质量的指导意见》要求,教师培训内容应贴近中小学一线教育教学实际,以典型教学案例为载体,创设真实的课堂教学环境,实践性课程应不少于 50%;培训者团队一线优秀教师所占比例不少于 50%。我们在调研中也发现(见表 3-11):乡村教师中 7.3%的希望培训内容以理论培训为主,16.67%的希望以实践培训为主,更有 76.04%的乡村教师希望培训内容是理论培训与实践培训并重、理论与实践相结合;在培训急需专题调研中(见表 3-10),有 14.47%的乡村教师是急需课标解读专题培训,11.62%的是急需教材分析专题培训,21.29%的是急需教学设计专题培训,51.65%的是急需提升教学智慧专题培训,前三者合起来都少于教学智慧专题,而教学智慧主要是教师的实践智慧,是需要在教学实践中感悟获得的。

课题组收集了调研的各省市县 50 个国培项目实施方案,50 个省市培训项目实施方案,50 个县培项目实施方案,把其中培训课程和对应的教学课件共 158 个进行分析发现,培训课程大多为理论性、理念性课程,实践性课程也多为适合城区学校的课程或者在城市学校进行学习实践，能够解决乡村教师职业倦怠、提高乡村教师教育教学技能、家校共育技巧、对留守儿童关爱、乡村孩子厌学问题（初高中），以及教师的乡村教育情感问题等培训内容不足，加上过于追求规模的网络培训，对解决乡村教师实际存在的突出问题帮助有限。访谈时不少参训教师反映存在“不实用”“用不上”的问题。学者李桂荣、韩肖艳通过对河南省参加“国培”的1 000多名中小学教师的调查表明，“国培”在培训安排的很多方面与教师需求有差距。①

因缺乏对乡村教师的职业倦怠的原因及乡村教师的现实需求的分析，导致乡村教师被动参与培训，缺乏培训的积极性，再加上现有乡村教师培训内容的体现方式几乎是讲座和报告，专家讲、教师听，没有彼此的交流互动，即使是交流互动也不是在“一个频道上”，由于多数授课教师没有乡村教学经历，对乡村教育、乡村学校、乡村教师缺乏透彻了解或了解不全面、不彻底，讲授课程中也就相应缺少了解决乡村教育具体问题的操作性方案。

乡村教师参加培训有两个主流，一部分是想学习的，但是他们关心的是怎么样解决自己教育教学中的实际问题，希望能从培训中找到解决问题的“吹糠见米”方法或策略；另外一部分人是想通过学习获得某种“效益”（如获得继续教育学分或某种资格），对学习内容不太关心。对于前者，在课程的开设上，就要增加“做事”的课程，让乡村教师在学会“做事”之后，自己再通过内省、反思，领悟教育理论知识。对于后者，任何的课程设计都是无意义的，需要从培训管理和培训评价环节上下功夫，使评价成为推动其有效学习的一个施力点。

事实上，当下比较受欢迎的乡村教师培训“吹糠见米”的方法或策略，技术化倾向较为明显，突出表现就是教师专业素质的知识化、技能化。培训课程设置以专而精的学科知识和教学技能为基本内容。因此，时下的乡村教师培训内容有陷入技术化误区的倾向，奉行的都是“实用主义”，走的都是“技术路线”——学校缺少什么、需要什么就培训什么，乡村教师缺少什么、需要什么就培训什么。对于一所学校来说，最缺少和最需要的是教学成绩提升，所以教师培训的重心就落在能够尽快提高学生成绩的教师教学技能上。这种“技术化”的教师培训课程往往“短、平、快”“小、巧、灵”，易操作、易

① 李桂荣，韩肖艳．“国培计划”绩效评价指标体系与抽样研究［J］．教育发展研究，2014（12）：1－6.

出成效,多属于显性度和出镜率高的"快餐式培训"。①

应当承认,合理的专业知识和专业技能是教师专业素质结构的重要组成部分,也是教师专业化的基础。"按需培训,学用一致"帮助教师解决实际需求与问题的教师培训行为本无可厚非。当然,在培训目标的确定上,也不能过于"技术化"。专业知识和专业技能毕竟是显性的、表层的教育专业素养,而更具教育价值的因素还在于内在的、深层的东西——乡村教师的专业精神文化。振兴乡村教育,促进乡村学校、教师、学生全面发展,需要我们更理性地去思考、研究和确定乡村教师培训内容,注重乡村教师不同于城市教师独特素质的建构、转型和结构优化为根本任务,在关注乡村教师培训技术层面课程设置的同时,应更加侧重乡村教师专业精神文化的塑造与培养。②

一个培训项目目标的确定在一定意义上决定着这个培训活动的内容和形式及培训的效果。制定契合培训对象的培训目标是保证培训有效性的重要前提。很多调查证实,乡村教师培训目标严重脱离乡村教师的实际,其培训目标多没有结合乡村教师实际进行有效的制定,突出表现是:乡村教师培训目标漠视城乡差异,忽视乡村地区教师教学环境的特殊性,与城区教师培训目标没有实质性的差别。乡村教师对于培训的需求也有许多不同于城区教师的需求。例如,在我们的访谈调查中发现,当前乡村学校面临的一个严重问题是留守儿童问题,乡村教师需要的不仅仅是如何传授知识的教学技能,更为需要的是如何有效地管理这些孩子的指导,如何对这个特殊群体进行心理辅导教育,然而很少有涉及这个问题的针对性培训。按照培训城区教师的发展目标来设计培训乡村教师的方案缺乏乡村教育的针对性,培训结果自然很难达到预期的效果。而针对乡村教师的专门培训也存有大一统现象,忽视乡村教师个体需求之间的差异和不同发展阶段的教师对培训的不同要求,忽视不同年龄或教龄、不同职称级别的教师在对培养目标的期待方面存在的显著差异。访谈调查发现,大多数乡村教师的教龄相对较长,年龄越大教龄越长参与培训的意愿越弱,对培训的需求也有所不同。例如,教龄较长的乡村教师更多的是希望得到教学的创新性培训和与学生交流与沟通方面的培训。只有培训目标定位准确,才有可能制订出合适的培训方案及得到良好的

① 高鹏,宋月.教师培训应走出唯技术倾向的误区[N].中国教育报,2014-08-27.

② 杨进红.乡村教师专业发展的文化阻抗及调适——乡村教师发展系列研究之二[J].广西民族师范学院学报,2017(03):20-23.

培训效果。否则，培训只会流于形式，对乡村教师的专业发展产生不了应有的效果，反而导致乡村教师产生对培训的阻抗情绪。

四　培训过程管理不到位，培训质量评价欠科学

教育部门对培训项目管理是抓两头放中间，在立项上抓得非常紧，公开招标，认真审查培训方案；培训结束，开展大范围的跟踪满意度调查。但由于多种客观原因，特别是培训人员数量大，导致培训过程管理不到位，主要体现在对培训课程内容组织、培训方式变革、组织安排调整、教师反馈处理等工作的忽视或相应机制的缺失。事后处理不如加强事前、事中管理，过程管理是培训质量管理体系中的关键一环，培训目的的实现需要加强培训过程质量管理和阶段性评价，尤其是对培训实施过程中教师反馈的问题要及时跟踪、及时处理。

培训评价是对培训的有效监督和激励。在乡村教师培训中，评价工具没有设计好，已有的工具利用也不到位。目前培训评价涉及对培训项目本身的评价、参训教师的评价、培训专家的评价三个方面。对于参训教师的评价往往只有考勤记录、作业成绩。对于作业也只是看提交没有提交，最多看看文章长短，流于形式。而培训考勤，管理者只看得“人”在即可，达不到考勤对参训教师学习的督促作用。对于参训教师的培训效果评价倾向于简单的终结性评价，以量化的标准衡量所有参培教师，忽视了参训教师是发展中个体的特性。同时，乡村教师评价缺乏持续性和连贯性，往往培训结业证书拿到手就意味着培训的终结，而对培训实际效果“无人问津”，这也严重影响着乡村教师的参训心态。对于培训项目本身的评价缺乏或走过场。当一个培训项目结束，谁来对这个培训项目作评价、评价结果如何运用等没有一个正式的评价机构来负责，更多的是象征性的让参训教师填写一个关于培训或各个培训教师的评价表，而评价表多为培训项目负责人拥有，对项目负责人的评价制约机制却没有。再者，由于缺乏严谨的教师培训者的资质标准，当前对于培训者的评价多是由参训教师对培训者的满意情况进行一个问卷调查，并不能准确评判培训者的培训质量。而参训人员提交的作业情况，也难以反馈到参训教师手里，即便反馈到教师手里，也多被束之高阁。总之，当下评价的最大的问题是评价与效果的游离。

五 培训手段创新不够，新技术新方法运用不足

乡村教师培训需求呈现出基础型需求和发展型成长性需求相互交织的新特点。一方面，由于受到城乡发展不平衡、交通条件不便、学校办学条件差等因素的影响，乡村教师专业发展停留在满足基础性需求层面上，加之乡村教师日常的教学任务量很重，包班上课，教授多门，没有高水平优秀教师参照，按部就班完成既定任务已经是满负荷的工作量；另一方面，信息化社会，知识爆炸，信息来源渠道多元，乡村教师足不出校门便可以获得很多信息，教师可以自己主动学习来提升自己。再一方面，乡村教师来源渠道多样，每年都有大量的新教师进入，新教师群体和原有教师团队不断融合，很多乡村教师不想仅仅停留在基础型需求的层面，他们想继续提升自己的专业知识和能力，对于如何满足自身的发展型成长性需求呈现出较为迫切的意愿，因此，乡村教师培训需求呈现出多样性。当前青年乡村教师有很好的专业基础，具备一定的创新意识和创新能力，但是受到所处乡村环境、学校条件、地方文化氛围等多方面因素的影响，要想满足这种需求，仅仅依靠以往满足基础性需求所实施的活动和项目，很难达到所期待的效果。

当下的培训活动和项目在满足乡村教师基础型需求的同时，也涉及满足乡村教师发展型成长性需求的内容和方式，我们只是一贯地认为这些培训活动和项目可以很好地解决乡村教师目前所面临的全部问题和挑战，却忽略了乡村教师认知投入不断积淀所带来的对培训消费需求的细化。这种细化体现在乡村教师对培训的靶向性要求更加精准、更加及时，能够直接针对当下教学实施和班级管理中发生的事件、产生的问题和萌生的困惑；同时，这种细化也不再聚焦于一般意义和一般水平的“普适问题”，而是需要在培训中不断提炼、迭代，通过培训牵引乡村教师本土化有效解决策略的生成。

有学者提出了运用深度学习理论来思考培训问题。赵兴龙在《互联网时代乡村教师深度培训模式》一文中系统介绍了深度学习与培训的关系问题，提出习惯性消费需求和提升型消费需求的概念①；严文蕃等通过对国外一些学者深度学习观点分析后认

① 赵兴龙. 互联网时代乡村教师深度培训模式[J]. 电化教育研究，2018(04)：86－92.

为，深度学习的目标是要真正地创造出新知识，并能够运用新知识联系和解决现实社会的问题。① 祝智庭等认为，深度学习的核心理念是促使深度参与、培育高阶能力、为迁移而学，并且提出了智慧教育中深度学习能力冰山模型。② 詹青龙等在迈克尔·富兰新教育基本观点的基础上提出，深度学习需要超越内容掌握，需要在现实世界中创造和运用新知识，最终目标是让学生成为独立的学习者。③ 郭华认为，深度学习是学生主动的、有意义的、自主参与学习的过程，其特征表现概括为“建结构”“抓关键”“迁移和应用”。④ 康淑敏认为，深度学习是学习的高级阶段，属于复杂的认知过程和高投入的学习方式。张浩等认为，高阶思维是深度学习的核心特征。何克抗提出了深度学习的含义，这个定义既涉及学习方式，又涉及学习过程和学习结果等多方面因素。此外，威廉和弗洛拉·休利特基金会关于深度学习的6项能力、美国国家研究理事会关于深度学习的定义，以及学习能力的三个领域划分等研究成果，都很好地促进了深度学习在全球的广泛研究。

研究中发现，学术界对于深度学习普遍的界定对象是学生或学习者，而没有明确提及教师，这是不是意味着在教师培训领域中应用深度学习理论就缺乏了相关的理论基础呢？其实恰恰相反，深度学习理论对于学生学习而言是适用的，对于教师培训而言也是适用的，因为教师培训的过程其实也是教师转化角色和作为“学生”进行学习的过程。从本质上而言，深度学习理论所适用的对象是任何学习者，尽管这些学习者的学习情境、场所、年龄、经验等不尽相同，但是要达到深度学习所要求的高阶认知能力的目标，都需要付出复杂的认知投入。然而，用深度学习理论指导培训工作改进培训工作，在实践中并没有这么简单。与一线教师沟通讨论发现，一方面，一些乡村教师，尤其是刚入职不久的年轻教师，还是能够突破基础型需求的束缚，跃升到发展型成长性需求，但是他们所拥有的解决自身发展型成长性需求的能力不稳定，在教学实践中表现为分析不到位、评价不准确、创造不灵活，而且教师认知能力受到周边学校和学校内部机制的影响，与外界的联结途径非常有限；另一方面，一些乡村教师是按照自己

---

① 严文蕃，李娜. 互联网时代的教学创新与深度学习——美国的经验与启示[J]. 远程教育杂志，2016(02)：26－31.

② 祝智庭，彭红超. 深度学习：智慧教育的核心支柱[J]. 中国教育学刊，2017(05)：36－45.

③ 詹青龙，陈振宇，刘小兵. 新教育时代的深度学习：迈克尔·富兰的教学观及启示[J]. 中国电化教育，2017(05)：73－79.

④ 郭华. 深度学习的关键是真正落实学生的主体地位[J]. 人民教育，2019(Z2)：55－58.

上学时老师教他的方式来教现在的学生,仍旧拿着一本教科书、一本教案、一本练习册,像格式刷一样"刷"着一拨又一拨的学生,遇到自己知道的知识尚可应对,遇到自己不熟悉的知识或新出现的知识就很难胜任。

联通主义学习理论告诉我们,学习即连接的建立和网络的形成,学习允许我们接受新知识,是将新知识作为个人知识网络的新节点而编码的过程。要解决乡村教师有效培训问题,需要把反映分析、评价和创造这个层次认知结果的内容方式和外部社会资源网络两个条件结合起来,即做到深度培训。也就是说,把乡村教师外部社会资源网络中已经拥有发展型成长型能力的教师群体直接对接给他们,打通两端教师的互学通道,让各自的优势相互渗透;同时,把已经具备发展型成长型能力的教师群体所拥有的社会资源网络与乡村教师共享共用,提升乡村教师外部社会资源网络的品质并扩展范围。

这里需要解决一个乡村教师的学习环境与工作环境对接问题。我们曾经调查到一组乡村音乐教师,他们见到我们,哭诉着说:"参加培训的学校,具有超前的办学理念、高质量的教学水平和良好的社会口碑,有名师工作室,承办过全国活动,参加培训真是大开眼界,但是回到工作的乡村,甚至音乐课都不能正常开,你说我们参加培训是有效呢还是无效呢?让开这个眼界做什么呢?不知道外界的世界有多精彩,我们心里还好受一些,看到了人家工作环境、工作状态,自己真是汗颜呀!"东北师范大学、长江师范学院等高校提出了 UGS\UGSS 共同体模式①,倡导通过互联网把相距两端(高校与地方)的教师真正联结起来,把双方的智力流转起来,不仅是简单地"输血",而是通过"输血"实现"造血",进而取长补短、相互促进。在互联网如此发达的今天,这是实现精准培训的一个重要方向。通过外部社会资源网络联结的双方教师可以构成持续稳固的学习共同体,通过学习共同体产生动力,分享、改变、生成、反思、创新等在一种平等友好的环境中不断涌现。教师社会资源网络的联结不仅可以分享观点,还通过这种网络活动产生动力和改善新观点。

因此,课题组建议,要提高乡村教师培训有效性,培训手段创新不可或缺,培训要实现从粗放走向精准、从封闭走向开放、从外部走向内在、从培训走向研修。充分运用人工智能新技术,构建互联互享的教师网络学习社区出版培训新方法。

① 钱军平. 从观念到行动:教师教育一体化的困境与出路[J]. 教师教育论坛,2015(09):19-26.

互连。把乡村教师和城市教师联结起来。为了保证联结的质量,采用教师之间“一对一”联结方式更能发挥这些教师的引领作用,同时把乡村教师的积极性和主动性调动起来,进一步激发他们的内生动力。

互享。乡村教师和优质的城市学校教师之间的分享是相互的,而不是单项灌输的;不但互享数据、信息、知识和智慧,而且互享个体和学校所拥有的社会资源网络。社会资源网络的相互联通所产生的迭代和辐射效应,会借助互联网的强大优势和惯性,源源不断地将两端的教师“卷入”新的社会资源网络中,产生新的学习观、教学观、课程观和资源观,不断推动教师共同进步。

互补。乡村教师和城市教师之间是可以优势互补的。由于采用精准联结的“一对一”方式,这种优势互补可以在双方所在的团队中形成穿越。乡村教师不能解决的问题,城市教师可以帮助解决;城市教师不能解决的问题,乡村教师可以帮助解决。比如,我们认真听了几个城市教师讲授“美丽的小兴安岭”,他们怎么讲授也没有小兴安岭地区乡村教师讲授的有味道,因为城市教师缺乏这种深刻体验。互补在某种程度上可以很好地破解两端教师的职业倦怠感。这就需要我们在推行网络学习社区出版培训中要做到这样几点:①

寻。为乡村教师所在的学校寻找合适的优质校,优质校应该具备“六个基本相近”:一是办学理念基本相近;二是文化氛围基本相近;三是技术应用基本相近;四是教研氛围基本相近;五是常态教学基本相近;六是评价考核基本相近。至于教材方面,如果能够使用相同版本的教材则更为合适。

配。在优质校中为乡村教师匹配合适的优秀教师,双方的基本要求应具备“四个相同”:年级相同、学科相同、教龄相同(相近)、职务相同。

通。让乡村教师与远端教师“一对一”联结。乡村教师具备的基本条件:一是对技术使用抱有信心;二是学科基本功较为扎实;三是具备一定的班级管理经验。在实际操作的过程中,一般都采用双方自愿、分批联结的办法,让双方教师都精准找到合适的联通对象。

筑。构筑共同体空间。根据各个学校教师使用倾向的不同,可以采用多种方式进行空间建构,比如国家教育资源公共服务平台、区域网络研修平台等,为教师个体之间

① 于海洪.面向乡村教师有效培训的网络学习社区出版[J].中国出版,2019(15):57-60.

的交流研讨提供合适便捷的通道;共同体空间中主要开展的活动可以概括为“四个一”: 认一位好师傅、交一个真朋友、上一堂优质课、作一次深反思。

研。通过双方沟通选择相应的培训研学主题,一般按照一个学期的规划做起,比如在一个学期中可以安排多个主题,定期研讨,这样双方就会根据计划和进度进行相应的准备,提高研讨的效率和质量。

建。建立相应的机制。这些机制包括: 教师之间定期远程交流机制;学校之间定期成果展示机制;学校领导定期会商机制,等等。

用。整理收集应用相应的成果。通过“一对一”联结,把积累的课例、资源、材料、活动等收集整理并转化为学校自己的内部资源,如校本课程、开放式学习活动、项目式学习活动等,让更多的教师受益。

第三节　国内外中小学教师培训的发展动向

一　培训管理法制化

在竞争日益激烈的 21 世纪,世界各国都把在职教师培训作为国家的一项重要工程来抓。以立法的形式对教师在职培训予以管理,从而保证教师在职培训制度的建立、完善和实施,这是大多数国家实施教师培训的基本做法。

日本是世界上较早进行教师培训立法的国家。1949 年,日本颁布《教育公务员特例法》,明确规定国立学校的教育职员为国家公务员,规定教育公务员为尽其职责,必须不断地研究和进修,教师可脱产进修。教师研修取得的学分可以作为获取高一级教师许可证的依据。1986 年,日本制定的《审议经过概要之三》要求,国立中小学和特殊教育学校任教的新进教师和特殊学校的新教师都应有 1 年左右的进修时间,学校应安排有经验的教师对新教师进行指导,新教师试用期一年,与进修期一致。具有教育公务员任命权者必须制定对教师和在职研修人员的培训计划及相关制度。德国 1992 年通过《教师继续教育法》,规定在职中小学教师参加不同形式的研习、讨论和提高性的在职教育,连续 3 年少于 6 周或不参加者,则被取消教师资格。法国于 1972 年将中小学教师在职培训纳入教师培训体系,《继续教育立法》规定：每个中小学教师每年都享受学习进修假两周,一生中累计有两年的带薪学习进修假。① 英国政府1972年发布的《教育白皮书》、1976年发布的《教育绿皮书》、1983年发布的《提高教师质量》的白皮书,都强调了教师在职教育和培训工作,同时强调教师没有进修就没有加薪的机会,这无疑激发了广大教师参与在职培训的积极性。② 美国各州都颁有自己的教育法令,绝大多数州都实行了《教师任职许可证》制度,许可证不是永久性的,都有年限(一般为5—7年)。超过年限继续从教必须先参加专门的培训,修完教师培训课程,严格考核合格后才能得到新的《教师任职许可证》。③

我国的教师培训工作走向法制化的轨道是近20年的事情,1993的《教师法》首次在法律层面对教师在职培训作出了规定：教师有“参加进修或者其他方式的培训的权利”“各级人民政府应当采取措施,加强教师的思想政治教育和业务培训”“各级教师进修学校承担培训中小学教师的任务,非师范学校应当承担培养和培训中小学教师的任务”。《教育法》(1995年颁布,2015年修订)四十一条指出:“从业人员有依法接受职业培训和继续教育的权利和义务。国家机关、企业事业组织和其他社会组织,应当为本单位职工的学习和培训提供条件和便利。”1999年教育部《中小学教师继续教育规定》从法律层面明确了中小学教师继续教育的权利、义务、内容与类别、组织管理、条件保障、考核与奖励措施。进入21世纪,教师继续教育工作备受重视,国务院颁布的《关于基础教育改革与发展的决定》(2001)、《2003—2007年教育振兴行动计划》(2004)、国务院《关于加强教师队伍建设的意见》(2012)都对教师的培训工作提出了要求。如国务院《关于加强教师队伍建设的意见》(2012)指出,“建立教师学习培训制度”“完善教师培养培训体系”,包括实行5年一周期不少于360学时的全员培训制度、培训学分制度,进一步明确了培训方式、对象、计划等方面的内容。

近年来,为发展乡村教育,加强乡村教师队伍建设,国家出台了《中小学教师国家级培训计划》(教育部,财政部,2010)、《国家中长期教育改革和发展规划纲要(2010—

① 朱玉东.论国外中小学教师培训的基本动向[J].内蒙古师范大学学报(教育科学版),2003(06):39.

② 冯莉.论中小学教师继续教育存在的问题及其对策[J].湖南第一师范学报,2008(01):47-49.

③ 关松林.发达国家中小学教师培训的经验与启示——以美国、英国、日本为例[J].教育研究,2015(12):124-128.

2020年)》(国务院,2010)、《关于大力加强中小学教师培训工作的意见》(教育部,2011)、《关于加强教师队伍建设的意见》(国务院,2012)、《关于深化中小学教师培训模式改革,全面提升培训质量的意见》(教育部,2013)、《乡村教师支持计划(2015—2020年)》(国务院,2015)、《全面深化新时代教师队伍建设改革的意见》(中共中央、国务院,2018)、《乡村教师支持计划实施办法(2015—2020年)》(教育部,2018)、《实施卓越教师培养计划2.0的意见》(教育部,2018)等系列文件,都强调了教师尤其是乡村教师培训的重要性,并制定了实施指导意见和举措。我国的教师培训工作正走向法制化、制度化、规范化的轨道。

二 培训目标专业化

教师专业化发展是指教师作为专业人员在专业思想、知识、能力等方面不断发展和完善的过程,即是从新手到专家型教师的转变过程。① 纵观世界主要国家教师培训的目标体系可以发现它正从单一化走向多元化、从学历化走向专业化。当代教师培训的目标已经超越学科知识、教育理论和教学能力的范围,扩展到作为专业人员的教师素养的所有方面,提升教师专业理想、知识、情感等专业化成长成为教师培训的目标指向,对此各国都提出了看似不同实际相似的培训目标。美国提出了"五者型"教师培养目标:学者、教学者、交往者、决策者和示范者②;英国提出了"完整型"教师培养目标:教师优良的个人品质、精湛的教育教学技能和较强的学习能力三要素的统一。日本教师培训也不再局限于专业知识的传授、专门技能的提高,还要求任职教师不间断地开展教育科学研究,进行自我素质提升,特别态度、观念和情意的研习和改变。③

我国的教师培训工作起步较晚,经历"学历补偿""专业知识补充"阶段后,教师培训开始转向教师的专业发展为重,主要目的是促使中小学教师逐步树立正确的教育观念,具有良好的职业道德,完善知识结构,不断提高履行岗位职责的能力,以整体素养

① 赵连贵.教育科研:教师专业发展有效途径[J].现代中小学教育,2013(06):94.
② 陈跃红.美英教师继续教育的发展探析及启示[J].继续教育研究,2009(09):15-16.
③ 朱玉东.论国内外中小学教师培训的基本走向[J].内蒙古师范大学学报(教育科学版),2003(06):39-42.

的提升来适应现代教育发展的需要。2011 年，教育部在《关于大力加强中小学教师培训工作的意见》指出，要“紧扣培养造就高素质专业化教师队伍的战略目标，提高教师师德素养和业务水平为核心，全面提高教师素质”。2012 年，国务院《关于加强教师队伍建设的意见》中对教师的整体专业素质提出了要求：“具备良好的职业道德素养，先进的教育理念，扎实的专业知识基础和较强的教育教学能力。”《乡村教师支持计划实施办法(2015—2020 年)》中，提出以“提升乡村教师专业水平”为目标，增强培训的针对性和实效性，持续提升乡村教师能力素质。2018 年，教育部等五部门关于印发《教师教育振兴行动计划(2018—2022 年)》的通知中，将“教师培养培训的内容方式不断优化，教师综合素质、专业化水平和创新能力显著提升”作为 5 年的工作目标。促进教师专业发展作为教师培训的目标已成为多数国家的共识，培训已经从经验走向了科学，从事务走向了学术，教师的专业成长是培训的目标和遵循的规律①，这一目标取向不仅变革了教师培训的内容与方式，提高培训质量，也大大推动了教师专业化发展的进程。

三　培训内容系统化

与教师培训目标专业化相适应，教师培训内容从单一学科知识培训到融学科知识、教育学知识和一般知识于一体，培训内容系统、序列。② 英国将进修课程按程度不同划分成五种：补习课程、高级研究文凭课程、教育学士学位课程、硕士学位课程和短期课程，以满足不同程度教师的需求与发展。新加坡中小学教师在职培训的内容丰富多样，以菜单式的形式提供给教师选择，其中 60%课程与专业相关，40%课程根据教师的爱好与需求选择，其培训课程主要包括几大领域：与教学、教学工作有关的语言课程(外语)、学生心理课程、课堂管理、教育艺术、电脑培训、团队协作等课程；与自我人格发展有关的、与个人兴趣爱好相关的插花、茶艺、绘画、书法、作曲、唱歌、瑜伽、跳舞等非专业培训。课程内容设置丰富，尤其重视沟通能力、交往能力、理解他人、认识自我等自我发展机制方面的培训，主要着眼于教师自身能力的挖掘。受“博雅教育”传

① 王红，吴颖民. 实现专业化，教师培训的发展路径[N]. 光明日报，2017-06-15.
② 朱玉东. 论国内外中小学教师培训的基本走向[J]. 内蒙古师范大学学报(教育科学版)，2003(06)：39-42.

统的影响,美国与英国为教师培训设置了除专业知识以外的通识教育课程,包括自然、人文、社会等学科,使教师具有宽泛的知识基础,强调师范性与学术性的结合。

根据社会、科技发展和中小学教改的需要,我国的中小学教师培训不断修订进修计划,改革课程大纲,更新教材内容,帮助教师更新知识、掌握新的教学技能技巧,帮助教师解决教育教学中的实际问题,以促进教师更好地适应社会发展与教育改革的需要。在当前知识更新速度加快和科学技术在教育教学领域广泛应用的背景下,对教师培训课程内容提出了现代化、系统化的要求,主要包括:更新教师的教育理念,促使教师角色由传统的知识传播向培养适应社会发展、促进社会发展的整体发展观转变;促使教师吸收新的教育理论并运用于自己的教学实践,促进学生发展和自身素质的提高;掌握现代化的教学手段,如信息技术应用能力,提升课堂教学的生动性、趣味性和有效性。如美国对“K-12”(“K-12”是指从幼儿园到十二年级,这两个年级是美国、澳大利亚等国家免费教育系统头尾的两个年级)的科学教师的在职培训提供知识技能的同时,也增添了“实现有效教学的信心与勇气”等提高专业精神与情感的内容,为教师专业的持续性发展提供精神动力。① 但我国教师培训在拓宽教师的知识领域和提升教师的专业精神与专业情感等方面有很大欠缺,课程内容设置碎片化,系统性、完整性不强,提供教师根据自己专业发展状况进行自由选择的菜单式课程不多。

四 培训形式多样化

各国在教师培训实施中,为满足不同层次教师的多样化需求,创新多元化的培训模式,概括起来主要有以下几种。

“高校本位”培训模式。以高校为培训主体的培训模式,也叫“高校本位”模式,是以高等院校为基地,利用高等院校(主要是高等师范院校)的优质教育资源,对在职教师开展的以提高教育理论思想水平、提升教育技能以及教育科研能力为主的培训。高校在长期的教师培养中积累了丰富的经验,有系统的培训课程体系,有利于提高教师的教育理论水平、更新思想观念和提升教师的科研能力,是一种层次较高、较为正统的

① 于杨. 美国科学教师在职培训新动向[J]. 高教探索,2014(05):84-88.

培训形式。以高校为基地教师培训的主要内容是非学历教育，形式主要包括岗前培训、单科进修、学位进修、骨干教师进修、高级研讨班、双语教学培训以及现代教育技术培训等，教师往往通过函授、脱产、半脱产的形式参加。

基于高校的办学理念与方式，学术性见长是这种模式的主要特点，因此培训不免存在理论课程多，实践性课程不足；课程内容常常与在职教师的教育教学实践相脱离，难以满足教师对解决教育实践问题的需求；培训内容的针对性不强，教师学习有一定的被动性。由于高校培训主要是参考教育主管部门的意见，教师个人在学习内容与方式的选择上缺乏话语权。随着基础教育改革的深入，“高校本位”的教师培训面临着参训教师需求差异大和基础教育实践复杂性增加的现状，其传统的培训内容与方式与现实状况脱节，教育理论与教育实践二元分离的严重缺陷不断招致中小学校与教师个体的批评和抵触，对其进行改革的呼声也越来越大。①

“学校本位”培训模式。“学校本位”培训模式，即由教师任职学校自主制订培训规划、自主组织的培训活动。这是一种以教师群体或个人的专业发展需要为出发点的培训模式。实践证明，教师培训或研修并不是非要参加高校或校外培训机构的教师培训活动，而应该在具体的教育教学情境中进行，这样有助于提高教师的教育实践能力。任职学校是教师开展教育实践与专业成长的场所，教育问题的产生、理论与实践的结合、教育科研的开展都依赖于学校，因此，任职学校理应成为教师专业成长和培训的重要基地。例如，美国在中小学设立教师在职培训管理小组，吸收校长和资深专家参加，与大学教授、教师培训机构人员、教育行政管理者一起，共同设计、制订培训计划，确定培训内容，并开设灵活多样的必修课程、学位课程、假期课程。② 英国形成了“以中小学为基地”的教师培训架构。在这一政策引导下，大多数教师专业发展的任务转移到了中小学校，大学主要是协助课程开发、培训质量评估、新教师资格认定和颁发合格证书等工作。培养教师的高校与中小学建立一种“伙伴式”的关系，培训主题由中小学来确定，内容主要是解决中小学存在的实际教育问题，送教上门，激发了教师参与培训的积极主动性，实效明显。③ 我国农村地区幅员辽阔，农村教师工学矛盾突出，乡村学

① 谭兆敏，段作章. 国外教师在职培训模式的比较研究及与启示[J]. 继续教育研究，2006(01)：75－79.

② 关松林. 发达国家中小学教师培训的经验与启示——以美国、英国、日本为例[J]. 教育研究，2015(12)：124－128.

③ 朱艳. 比较视角中的英国中小学教师培训[J]. 教育研究与实验，2014(06)：73－76.

校开展“以校为本”的教师培训可以根据学校的发展状况，以及教学教育实践的实际需求，因地制宜，因材施训，有针对性地灵活安排培训内容。培训内容是根据学校教师的基础状况、工作现状和实际需要而展开。“学校本位”培训作为一种教师开展继续教育的重要方式，它比较符合我国地域分布广、教师培训任务重、工学矛盾突出、学校正常教学秩序需保证等现实情况，可以与离职培训有效互补。“学校本位”的培训方式已在我国国家顶层设计中得以体现，在基层也愈加重视，开展得比较好。

“研训一体”培训模式。“研训一体”是把教育科研和培训一体化，这种模式形式灵活、针对性强，按需施教，注重能力提高，在各国的教师培训中都受到普遍重视。日本教师的在职进修称为“研修”，都、道、府、县的“教育研修中心”“理科教育中心”“教育会馆”是中小学教师进修的主要机构，各地都设置一所教育研修中心，设有专职人员负责中小学教师的在职进修。①

教育实习是高等学校师范教育专业教学工作的重要组成部分，是高等院校师范专业教学计划的重要组成部分，是师范教育的必要环节。教师教育实习基地是高校师范生培养体系中理论应用于实践的重要场所，是高等师范院校与基层学校联系的重要平台。如美国没有独立从事教师培训的专业机构，其教师培训资源主要分布在高校和中小学，教师专业发展学校系双方共同创建，为中小学教师的专业发展提供终身学习资源。近年来，我国本着资源共享、相互协作、互惠互利、共同发展的原则，高等师范院校为强化对地方的服务，与地方学校共建教育实习基地，创新合作方式，将准教师的实践锻炼与在职中小学教师的专业成长结为一体，以师范生的成长和在职教师专业成长为共同价值追求，使地方中小学教师与师范院校学生在教育实践中取长补短，共同提高，这已经成为比较接地气的一种教师进修的有效方式。

五　培训手段现代化

随着信息与网络技术的发展，产生了以信息与网络技术为基础的现代远程教育，远程教师教育培训是基于现代信息技术的新型教师培训模式。教师网络研修是依托

① 朱玉东. 论国内外中小学教师培训的基本走向[J]. 内蒙古师范大学学报(教育科学版)，2003(06)：39－42.

网络平台上丰富的优质课程资源、交互式学习情境,个性化的自主学习与集体式的协作学习相结合,形成一种全新的开放学习模式,让广大教师足不出户就能获得高质量的学习内容、与专家对话、与同伴交流,实现参训者专业能力与现代教育技术应用水平的双重提高。在英国,通过高校与相应的培训机构提供教师远程培训迅猛发展,比如英国开放大学、莱斯特大学和诺丁汉大学等都用远程教育的形式开展研究生层次的在职教师培训。美国称远程教育"为成千上万的在职教师打开了进入教师学习的大门""扩大终身教育领域必须把信息时代的力量引进学校";法国远程教育中心是欧洲最大的远程教育机构,面向从小学到成人学习人群,提供基础教育、高等教育、职业教育及培训等领域宽广的远程教育资源和服务,目前共有 300 多个专业、3 000 多个课程模块的学习资源。①

在互联网日益发达的今天,教师培训资源的集成与优化在教师培训中发挥着越来越重要的作用。对于我国广大乡村教师来说,一方面,教师远程培训资源的开放性能为更多乡村教师提供参加培训的机会,克服优质培训资源短缺的弊端,为全体教师提供多层次、多样化的继续教育内容。另一方面,基于个体需要的个性化学习成为现实。基于个体需要的个性化学习是适应时代发展需要的基本生存方式,这一直都是教育发展所追求的目标。推动教师专业发展的学习只有建立在教师个体需求的基础上,并以自己所喜爱的方式才是最有效果的。远程培训适合在职教师继续教育的工作与学习特点,时间机动灵活,更重要的是实现了学习内容的个性化,即参训者可以根据自己的实际情况,制订个人学习计划,进行灵活自主调查学习。远程教育培训丰富的学习资源,开阔了教师视野,如果在管理举措上能监督和激励出教师的积极主动性,就能够取得较好的培训效果。② 但远距离教育培训本身也存在着一些固有的缺点,如培训者和学员、学员和学员缺少面对面的交流、沟通,难以照顾到每个学员自身的特点,培训的效果难以确保,等等,因此远距离教育培训最好作为其他培训方式的有效补充。新时期,在移动网络、物联网络、人工智能的发展进步下,"互联网+"成为促进教师培训变革的核心力量,革除着培训管理与过程粗放的弊端,"精准"培训成为了可能。③

---

① 张雪. 法国远程教育发展现状[J]. 中小学电教,2010(03):57-60.

② 方中雄,毕超. 发展远程培训　创新教师继续教育模式[J]. 北京教育学院学报,2010(04):1-3.

③ 闫寒冰,单俊豪. 信息技术为教师培训"画像"[N]. 中国教育报,2018-04-12.

六 资格证书管理动态化

在一些国家《教师资格证书》不是终身制，定期更新，而更新证书的基本条件就是要参加培训。美国规定了教师资格证书的有效期限，证书到期后教师必须获取学分或取得高一级学位后才能更新，更换新证后才能资格继续任教。美国各州对教师资格更新的条件不尽相同，但几乎都是把参加继续教育或专业发展作为资格更新条件之一。有的州（如佛罗里达）取消了永久性的教师资格证书，将证书更新与定期的继续教育直接挂钩。① 英国在教师专业标准认定中明确指出，“教师的专业发展应贯穿于入职教育和整个从业生涯”之中，并构建了新教师培养、入职培训和在职教育三个阶段“一体化”的教育体系。② 德国教师具有公务员身份，这样在管理上可以更好地统一安排与管理，但教师的职后培训有着自愿性而非强制性的特点，一方面培训的内容与形式是教师“菜单式”的选择，很合自己的口味；另一方面是因为德国政府为教师参加培训提供了许多优厚的福利，如培训一切必要的消费政府买单，给予补助，但教师每年参与培训是教育管理部门的督查项目。而我国的教师资格管理仍然有着“一证到手，终生有效”的历史特征，这种“终身制”严重违背了职业后续发展的规律，弱化了教师个体专业发展的积极主动性。

我国在推进中小学教师继续教育过程中提出把教师参加继续教育列入教师考核的内容，作为教师职务聘任的必要条件。《中小学教师继续教育规定》第十八条规定：“地方各级人民政府教育行政部门要建立中小学教师继续教育考核和成绩登记制度。考核成绩作为教师职务聘任、晋级的依据之一。”2011 年 1 月，教育部发布《关于大力加强中小学教师培训工作的意见》（教师[2011]1 号），提出将“教师完成培训学分（学时）和培训考核情况作为教师资格再注册、教师考核和职务聘任的必备条件和重要依据”。2013 年 5 月，教育部在《关于深化中小学教师培训模式改革全面提升培训质量的指导意见》（教师[2013]6 号）中，要求“县级教育行政部门要将教师培训列入中小学办学水平评估和校长考评的指标体系”。2016 年 12 月，教育部在《关于大力推行中

① 牛风蕊. 美国教师资格证书制度分析及其启示[J]. 天津电大学报，2011(03)：53－55.

② 徐红，唐姗姗. 英美教师专业标准的比较及启示[J]. 河北师范大学学报（教育科学版），2014(06)：78－82.

小学教师培训学分管理的指导意见》(教师[2016]12号)中,要求“市县级教育行政部门要建立教师培训档案,记录教师所学课程、学习成效和学时学分等关键信息”“严格落实教师培训学分作为教师资格定期注册必备条件,每个注册有效期内,教师须完成省级教育行政部门规定的培训学分,方能注册通过。将教师培训学分作为教师职称评聘、绩效考核、评优评先的必备条件。将教师培训学分管理纳入学校办学水平评估、校长考评和县级教育督导的指标体系”。在此背景下,我国各地出台相关措施,加大对中小学教师参加培训的奖惩管理力度。但如何以学分管理机制加强对教师资格认定的管理来促进教师自觉学习提升和专业发展,是新时期中小学教师队伍建设需要解决的问题。

许多国家都明确规定教师参加培训期间享受公差待遇,可以领取交通、膳食等补助。美国教师参加培训可以向学校或地方学区申请补助经费,英国的做法是长期培训学习的学费由教育科学部支付,旅费由地方教育行政部门负担,进修教师还可以得到各种津贴。美国的一些学区规定教师任教7年之后可以申请“休假年”(带薪)用来进修学习,新加坡教师连续工作6年可申请半年的带薪进修学习,英国、德国、日本等都有与此相类似的规定。

对教师未按规定参加培训各国也制定了一些惩罚措施,包括不能更新证书、不能评聘教师职务、批评教育等。我国颁布实施的《中小学教师继续教育规定》第二十条规定:“无正当理由拒不参加继续教育的中小学教师,所在学校应督促改正,并视情节给予批评教育。”这种规定过于笼统,操作性、实效性都不强,应与职称晋升、工资提高、考核、教师资格认定和注册等挂钩。

七 继续教育终身化

终身教育思想的提出,迅速成为遍及全球的势不可挡的教育思潮。教师专业化是指教师个体专业水平提高的过程,以及教师群体为争取教师职业的专业地位而进行努力的过程,需要不断学习和进步,教师只有不断地优化自身的知识结构,不断地更新知识和技能,才能具有持续性学习和发展的意识和能力,才能实现教师专业的可持续发展。英国1976年颁布的教育《绿皮书》规定教师每工作七年有一年的带薪休假进修,

1992年的教育白皮书规定新教师有五分之一的进修时间，正式教师每七年轮流脱产进修一次；日本1949年的《教育公务员特例法》提出，教职员为尽其职责，必须不断地进行研究和提高修养，提出教师教育应着重由培养“完成式教师”向培养“未完成式教师”转变，重视教师个人的终身发展，把教师视为在教育实践中持续不断发展的专业人员；美国对教师专业发展的终身化通过与教师切身利益相关的资格评定、晋级、提薪等与在职进修挂起钩来，促进教师为胜任这一职业不得不躬身学习。如美国将教师的资历分为副教师、专业教师、终身教师和专家教师4个由低到高的等级，与薪资挂钩，在职进修是阶梯上升的必要条件。我国1999年颁布实施的《中小学教师继续教育规定》第七条明确规定，中小学教师继续教育原则上每五年为一个培训周期。2012年2月，我国教育部颁发《幼儿园教师专业标准（试行）》《小学教师专业标准（试行）》《中学教师专业标准（试行）》，其中“终身学习”成为建构教师专业标准的四个基本理念之一，明确指出教师要在教育工作中“学习先进（学前、中小学）教育理论，了解国内外（学前、中小学）教育改革与发展的经验和做法；优化知识结构，提高文化素养；具有终身学习与持续发展的意识和能力，做终身学习的典范”。

八　培训机构专业化

专业化是行业发展的必然要求。教师培训是职业发展教育，是教师工作胜任力的进一步提升，对象是具有丰富教育经验的在职从业者，是实践导向的工作胜任力提升，属于人力资源开发的范畴。教师培训作为一种独立的业种有特别的职业特点与职业要求，与师范教育在知识内在的逻辑体系、实践与理论的基本范式上都有所区别。教师培训作为教育学与人力资源管理的交叉学科，应有自己的独立学科与专业地位。① 促进教师的专业发展，首先要将教师培训这项工作专业化。教师培养的专业化建设是机构自身发展和教师教育发展的必由之路，走学科建设的道路是必然的趋势。② 专业化可促使教师培训机构符合专业标准并获得相应专业地位，按照一定的专业标准开展培训活动，成为专业的教师培训机构。教师培训走向专业化发展之路，必须加强自身

① 余新.教师培训的本质、功能与专业化发展[J].教育科学研究，2010(12)：41－44.
② 王红，吴颖民.实现专业化，教师培训的发展路径[N].光明日报，2017－06－15.

在组织机构、职能、管理、教师等方面的专业化建设,其中专业化的培训师资队伍是培训机构专业发展的基础;专业服务质量与水平是机构专业化的直接体现;专业化管理是培训质量与成效取得的保证。英国为促进教师培训机构的专业化,2007 年将培训机构管理归口于地方政府管理的“学习与技术委员会”,全国均衡地分为 11 个教师教育培训中心,每个中心都拥有大量的成员和一个以大学为主领导机构,领导机构负责本区域培训机构的专业化建设,如由哈德斯菲尔德大学领导的北部教师培训中心的建设目标明确指出:加强北部地区教师入职教育的保障在于提升培训导师和机构管理者的专业化水平。威斯敏斯特教师培训中心也指出,只有教师培训机构真正走向专业化,才能保障教师培训质量。① 美国的全国师范教育鉴定委员会是一个被美国教育部和美国高等教育认可委员会所承认的全国性、独立性的教师教育认可专业机构,它可凭借认可标准和认定程序淘汰质量不合格或不理想的教师教育专业机构以及培养方案,以激励教师培训机构的专业化建设。美国全国师范教育鉴定委员会与其他协会合作共同制定教师培训的技术标准,以规范培训机构的培训质量管理。

在我国,教育培训是一个朝阳产业,各级各类培训机构不断增多,但准入门槛低或没有准入条件限制,培训质量与效果难以保证,也给教师培训管理工作增加了难度。行业标准是行业运行的准则和规范操作的依据,为规范培训市场、优化教师培训资源、促进教师培训机构转型发展、提升教师培训机构的竞争力和品牌建设,以及契合各级各类教师教育的专业标准的要求,建立教育培训机构国家标准、制定教师培训机构资格准入制度是大势所趋。教师培训机构的国家标准是教师培训机构设立、业务开展与质量监控的最基本的依据,对培训机构的准入、业务规范、标准化建设、评估等有重要作用。国家标准应是多序列、多层次的标准体系,以兼顾我国区域、城乡发展不平衡的现实。② 不符合标准的培训机构应被拒之门外,质量和社会口碑不好的应被市场所淘汰。为规范培训管理,2018 年教育部办公厅印发通知,要求各地切实做好校外培训机构整改工作,严格培训机构资质认定,未能取得教师资格的教师资格证取得者,培训机构不得聘用其从事学科类培训工作。

---

① 祝怀新,许啸. 英国教师培训管理体系改革探析[J]. 西南大学学报(社会科学版),2009(03):90-93.

② 李中亮. 教师培训机构国家标准建设的作用、迫切性和依据[J]. 西北成人教育学院学报,2014(02):1-4.

随着“国培计划”“省培计划”的推进，县级教师培训机构作为乡村教师培训与管理的重要机构的标准化建设正日益被提上议程。2011 年 11 月 29 日，教育部办公厅《关于开展示范性县级教师培训机构评估认定工作的通知》（教师厅〔2011〕26 号）印发，为县级教师培训机构改革与建设提出了新标准。评估标准共分五项一级指标：组织领导、基础设施、教师队伍、专业效能和特色影响，观测指标见表 3－15。

表 3－15　县级教师培训机构标准化建设观测指标

<table>
<tr><th>一级指标</th><th>分　值</th><th>二级指标</th><th>分　值</th><th colspan="2">观测点数</th></tr>
<tr><td rowspan="4">组织领导</td><td rowspan="4">16</td><td>组织保障</td><td>4</td><td>2</td><td rowspan="4">10</td></tr>
<tr><td>机构管理</td><td>5</td><td>2</td></tr>
<tr><td>领导班子</td><td>4</td><td>4</td></tr>
<tr><td>经费保障</td><td>3</td><td>2</td></tr>
<tr><td rowspan="2">基础设施</td><td rowspan="2">17</td><td>校舍条件</td><td>7</td><td>4</td><td rowspan="2">12</td></tr>
<tr><td>培训条件</td><td>10</td><td>8</td></tr>
<tr><td rowspan="3">教师队伍</td><td rowspan="3">22</td><td>专任教师</td><td>10</td><td>7</td><td rowspan="3">15</td></tr>
<tr><td>兼职教师</td><td>4</td><td>4</td></tr>
<tr><td>能力建设</td><td>8</td><td>4</td></tr>
<tr><td rowspan="2">专业效能</td><td rowspan="2">33</td><td>培训管理</td><td>10</td><td>7</td><td rowspan="2">19</td></tr>
<tr><td>功能发挥</td><td>23</td><td>12</td></tr>
<tr><td rowspan="4">特色影响</td><td rowspan="4">12</td><td>服务对象评价</td><td rowspan="3">6</td><td colspan="2" rowspan="3">3</td></tr>
<tr><td>同行评价</td></tr>
<tr><td>社会评价</td></tr>
<tr><td>特色创新</td><td>6</td><td colspan="2">1</td></tr>
<tr><td></td><td>100</td><td></td><td>100</td><td colspan="2">60</td></tr>
</table>

在 5 项一级指标中，“教师队伍”和“专业效能”的分值分别占 22%和 33%，观察点数分别占 15%和 30%。可见，培训者素质能力和机构作用发挥是评估的重点，而“特色影响”以 12%的权重进一步突出了“教师队伍”和“专业效能”这两项重点指标。县级教师培训机构以标准化建设促进教师培训机构的专业化，以专业化提升教师培训机构建设的标准化。

第四章

乡村教师培训的方式与模式

第一节　乡村教师培训方式

教师培训方式是指教师培训机构根据某一教师群体的培训需求，为提高其专业知识和专业技能而进行培训活动的组织方式。教育部《关于深化中小学教师培训模式改革全面提升培训质量的指导意见》指出"转变培训方式，提升教师参训实效"。要求各地针对教师学习特点，强化基于教学现场、走进真实课堂的培训；通过现场诊断和案例教学解决实际问题，采取跟岗培训和情境体验改进教学行为，利用行动研究和反思实践提升教育经验，确保培训实效；改革传统讲授方式，强化学员互动参与，增强培训吸引力、感染力。教师培训方式的分类可以从培训机构和学员两个角度进行划分。

一　从培训机构组织方式的角度划分

（一）短期集中培训

短期集中培训是为了解决教育教学中的某个实际问题，教师培训机构将某些特定的教师群体进行短期集中，组织开展技能训练、理论学习、问题研讨的培训方式。

特点：这种教师培训模式能够在较短的时间内，"短平快"地提升某个特定教师群体的教育教学技能或知识水平，能够快速解决特定教师群体在教育教学实践过程中遇到的一些共性问题。

优势：组织较为简单，针对性较强，管理比较方便，适合具有共性的某类教师群体通过短时间的集中学习解决共性问题，学员的数量可以比较大。

劣势：解决问题的范围比较狭窄，对学员的个性问题无法提供"个别化"的解决方案，对学员技能和知识水平的提高有限，教师培训机构和学员都容易陷入"完成任务"泥沼。一方面，培训机构为了完成培训"量"而组织培训，即所谓短期培训做"量"，快速冲"量"；另一方面，学员为了学分证书而参加培训，容易出现滥竽充数的现象。

（二）校本培训

学校根据自己本单位的发展目标、方向或者规划，在对本单位教师的知识现状和发展潜力进行科学系统评估基础之上，充分利用校内校外的各种教育教学资源，通过培训设计和路径设定，为满足学校自身发展和提升的需要所采取的旨在以提高教师教育教学技能和理论水平的全员培训活动。其特点如下：

1. 针对性强。学校要发展，教师是关键。校本培训解决的是学校发展中教师专业发展的问题，主要是教师的思想理念以及教学技能问题。由于培训活动的组织者就是学校的管理者，因此组织者的培训意图与学校的发展需要是紧密相连的，培训要解决的问题也是本校教师教育教学实践中遇到的真实问题，需求调查真实可信，信息来源准确，本校教师"缺"什么就"补"什么。

2. 实效性好。学校自身组织的培训活动，受训教师能将培训所获及时进行教学实践，反馈和修正较为迅速，最重要的是能有效化解一线教师的工学矛盾。校本培训是所有培训方式中最经济的培训方式。

3. 涉及面广。基层学校自行组织的培训活动，可以完全不受专业领域的限制，技能培训、学科专业知识水平提高、职业道德水平、思维创新能力，等等，只要是学校发展需要的，培训都可以涉及。

优势：培训突出学校主体地位，能根据学校的发展需求以及教师的能力现状，有针对性地组织培训，形式多样，时间、场地、内容都具有无可比拟的灵活性。

劣势：学校自身的培训资源有限，需要有一定的外力支持，不然会导致任务式培训或者低效培训；另外，还需要培训组织部门有强大的管理能力，以及对学校发展目标的清晰认识，否则培训会走向形式主义。

（三）送教下乡

送教下乡是培训机构根据基层学校的申报，有计划有目的地组织教师培训者，深入到基层学校的课堂进行理论与实践相结合的现场示范性专题培训。

特点：典型的"浸入式"培训，符合现代教育培训理念，针对性强，培训者需要在现场以师傅的身份进行示范性的传授与指导，以便解决一线教师在教育教学过程中遇到的实际困难。

优势：能与一线学校的教育教学实践紧密结合，能够将晦涩艰深的教育理论转化为具体的教育教学实践案例活动,受到基层学校和一线教师的欢迎。另外,一线教师参加专业培训可以不出校门,有效缓解了突出的工学矛盾,减轻了基层老师的经济负担和时间成本。

劣势:如果前期调研不够,容易造成“供”与“需”脱节;参训人数较少;培训效果受培训者专业素质的制约。

(四)现代远程培训

现代远程培训是以计算机为基本工具,在互联网上通过视频讲座、在线文本学习、同伴交流互动、专家在线答疑等途径进行的网络培训。其特点如下:

1. 开放性。这是远程教育最本质的特征,常规的教师培训是封闭性的,远程培训通过互联网,可以共享各种教师培训资源。

2. 延伸性。常规的教师培训,把学员从各个学校汇集在某个场所中,在一定的组织安排下,由培训机构组织者选取培训者对学员进行培训活动,本质是将培训机构收集的培训资源进行有效的功能收缩和集中应用。远程培训则正好相反,它把培训机构收集的培训资源通过网络传输给四面八方的学习者,借助各种多媒体技术,把培训资源向外传输,实际上就是把培训资源和培训功能向外扩散。远程培训就是通过这种“病毒式”的扩散方式,将培训资源的学习功效向整个社会延伸。这种培训资源的延伸性正是现代教师培训理念——终身学习的体现。

3. 灵活性。远程培训不受时间、地点的限制,让一线教师依据自己的实际情况,自由选择学习时间和地点。

优势:课程质量高,学习资源多,对一线教师的指导性强;由于整个培训过程是非实时的交互和课程学习,学员完全可以根据自身的实际情况,选择合适的学习时间和地点,这样一来就较好地解决了一线教师参加培训突出的工学矛盾问题。

劣势:参加培训的教师必须具备上网学习条件和一定的计算机操作技能;培训机构无法对参训教师的学习进行有效监控。这种培训方式对弄虚作假的学习者无法进行有效识别,需要学习者有高度的学习自觉性,如果学习者不够自觉,培训往往会流于形式。

二 从学员接受培训的方式来进行划分

(一) 现场诊断

由教育科研人员、课程研究专家、培训师和任课教师共同组成的问题研究团队,选定一个教学现场,通过一个循序渐进的流程对课堂进行现场诊断,并各自提出改进策略的一种教师培训方式。

现场诊断的教师培训方式,可分为"现场观察—课后诊断—提出改进方案—综合意见形成总结报告"四个步骤。研究团队在现场的诊断应特别重视培训者对学习者提出的问题进行解决,可以采用专家点评、单独交流、分组讨论等多种方式,使学习者的专业知识和专业技能得到有效提升。

(二) 案例教学

案例教学可分为两个阶段:第一阶段,案例提炼,包括三个步骤:前期准备,设定主题,情境叙述。第二阶段,案例使用,包括案例导入、案例讨论、解读与使用三个步骤。培训机构可根据学员需求,分类别、学科、层次设计案例教学培训实施方案,使每一个学习者都能借助案例进行教育教学理论的学习、感悟、借鉴、反思、研究。

(三) 问题探究

培训师深入到学习群体之中,对学习者在教育教学中遇到的问题和困难进行专业的收集、整理和分类,然后逐一提出问题解决方案,进行有针对性的培训指导。问题探究教学方式的一般步骤是:发现提出问题、广泛讨论交流、课程专家点拨、学员反思总结。问题探究培训方式取得成效,关键在于要引导学习者自己提出问题,然后自己思考和分析诊断问题、在培训师的指导下自己解决问题。

(四) 专题讲座

根据学习者在教育教学专业技能提升和专业知识获取方面的共性需求,培训机构给某次培训活动确定一个最能满足学习者需求的培训专题,组织学习者在某个特定场地进行集中宣讲的培训方式。

（五）示范模仿

培训者和学习者之间临时结对，按照“定向结对—演示示范—自主练习—反思迁移”的步骤，用于提高学习者教学设计和课堂教学技能，培训师和学习者之间以互动的方式完成培训活动。

（六）自修反思

学习者根据自己的专业发展需求，在培训师的指导下，完成“自主学习—自主实践—自主评价—自主完善”的提升过程。这种培训方式的一般流程是：提出研修计划、自主进行研修、自主实践体验、专家跟踪指导、学员反思总结。

（七）研训互动

培训师以个人身份参与受训学校集体或者教师个人承担的教育教学科学研究，在科学研究过程中培训，在科学研究实践中发现问题、解决问题，最终提升学习者的专业能力。

（八）网络信息交流

培训教师通过 QQ 群、微信群、网络平台等方式，定期对学习者发布教育教学资源，以及各种前沿教育教学理念供学习者学习。学习者所在学校通过对学习者设定的各种信息考核指标，用行政或激励手段促使学习者开展网上学习，并在学校进行传播和推广。

（九）行动研究

培训师与学习者组成研究团队，就某个问题的解决一起深入到学习者所在的学校，在自然、真实的教育环境中采用现场观摩和诊断的方式，查找学习者所教班级、所教学科中遇到的困难与问题，以帮助学习者解决具体困难和问题为抓手，提高学习者教育教学工作成效的一种培训方式。行动研究的关键是把“行动”和“研究”合二为一，要求学习者根据自己的教育教学情况，在专业人员指导下通过开展具体的实践行动来研究和解决问题。

三 新时期我国乡村教师培训方式的革新

我国教师培训历来坚持多层次、多形式、多途径的工作原则,培训工作既有全国统一要求,又不搞“一刀切”,而是因时因地制宜,采取长期与短期、脱产与函授、近距离与远距离、校内与校外、正规与非正规等各种方式,充分考虑方便教师培训和突出培训实效等因素,创造性地开展教师培训工作。灵活多样的培训形式最大程度地满足不同层次、不同学科、不同地区、不同需求的中小学教师参加培训的要求,是保证广大中小学教师全员积极参加培训的前提。随着教师培训的规范化、制度化、常态化,各种有助于促进乡村教师专业发展的培训随之产生,尤其是一些符合国情、具有地方特色的培训方式备受欢迎。

(一) 送教下乡

送教下乡是落实国家《乡村教师支持计划(2015—2020 年)》教育培训工作“重心下移,上下勾连”、乡村教师“足不出校”接受高质量学习培训的要求,实现城乡教育资源互补,城乡互动、相互促进、共同发展的重要举措。教育部研究制定了《送教下乡培训指南》〔教师厅[2016]1 号〕,倡导创新教师培训模式,提升乡村教师培训实效,要求送教下乡培训团队“深入课堂、现场指导,着力提升乡村教师课堂教学能力”,通过诊断示范、研课磨课和成果展示总结提升等环节,切实通过“接地气”的培训以提升乡村教师教育教学能力。高质量的送教下乡培训可以在一定程度上解决传统教师培训(如短期集中培训)中出现的培训时间短暂、培训内容不系统不连贯、受训教师前期准备不充分、教师受训机会不均等、培训期间学习效果呈现不明显、培训质量反馈不全面等方面的问题,将教师培训与校本研修有机结合,切实起到“雪中送炭”的作用。国培送培下乡培训项目是由省市统筹、区县组织,依托本地培训团队,整合区域外专家资源,采取任务驱动方式,定期开展下乡培训,带动校本研修,实现乡村教师培训模式创新,提升乡村教师培训实效。

送教下乡是帮扶乡村薄弱学校的重要措施,其关键在于取得实效,而取得实效必须把握好“送什么、怎么送、由谁送”的关键问题。第一,送什么。清楚受训方的教育需求及要求是前提。送培方在送培前要有充分的调研,确定受训方的教育需求,由乡村教师“点菜”，对照“菜单”确定所送的内容。现阶段对于广大乡村学校来说，最缺乏的不是教学硬件，更新教师的教育理念与提高教育教学技能更为迫切；第二，怎么送。有了好的内容，更需要好的送教方式。送教下乡一定要让乡村教师积极主动参与其中，“送培”不能窄化为“送课”，避免让送培下乡活动变成送课教师讲课的独角戏。一是要体现“立体式”。现场作课、交流研讨、专题报告、理论辅导、答疑解惑于一体。二是要体现“互动式”。同台竞技，同台展示，互听互评，解疑答难，送教者既是示范者，又是与乡村观摩教师的互动者，城乡教师面对面的研讨，心贴心的交流，互动学习，教学相长，共同提高。三是要体现持续性。任何指望送几节示范课让一线教师如法复制就可以提高教学质量的想法都是幼稚的。“送教下乡”要做好效果的持续跟踪，形成常态化、制度化、规范化的机制。第三，由谁送。“送教下乡”不能简化成纯粹的“名师演讲”，要根据送教内容精心挑选在该学科领域水平较高、经验丰富的从事一线教学的优秀教师承担送教任务，实现与乡村教师的教学活动与教学需求的真实对接，使送教活动充分接地气，避免让送培活动脱离乡村教师的实际，变成十分尴尬的“塑料花”。送教下乡是一项系统工程，前期调研→系统分析→确定目标→编制方案→反馈确认→组织实施→评价总结的工作流程不可缺少。①

（二）以课领训

为切实提高中小学教师培训的针对性、实效性，教师培训逐步走向精细化，聚焦课堂、立足课堂就成为当前乡村教师培训的选择方式，“以课领训”模式踏上了教师培训的变革之旅。

“基于问题思考、走进真实课堂、回归理论引领、改变教学行为”是立足教师培训主体性实践的“以课领训”的方法论②，其基本构架是“走进真实课堂、基于教学案例、提升教学理论、实现思维碰撞”；核心是：问题引领、体验课堂、唤醒意识、引发思考、质疑碰撞、启迪思维、点燃智慧、获取知识、提升素养、发挥能力。“以课领训”立足点在“课”，着力点在“领”，关键点在“训”，提升点在“思”，既有真实的课堂教学情境，又有

---

① 杨洁. 农村教师“送培下乡”的 S－T－U 模式：要素与操作[J]. 当代教育科学，2018(08)：82－86.

② 胡来宝，石博. “以课领训”夯实教师培训主体性实践[J]. 中小学教师培训，2015(12)：28－30.

围绕课堂教学的专业理论提升,更有课堂教学的问题思考,让教师分享到了优秀教师的真实课堂,又能及时习得专家的专业理论精要,并与专家进行思想交流与思维碰撞,从分享中品味、思考,从感悟中消化、吸收,力求“课堂、案例、理论、思考”四位一体,形成“理论培训+课堂实践+理论再提升+交流研讨+实践跟进”逐步递进的螺旋式培训模式,避免乡村教师培训“轻理论学习,重实用技巧”的片面操作,有效兼顾教师理论素养与实践能力提升。“以课领训”的基地是真实的课堂教学,是教师在真实课堂的教学情境下的学习与培训。“以课领训”有着围绕课堂教学的专业理论提升,更有课堂教学的问题思考与碰撞和主体性行为的实践跟进,因此,它不仅关注教师的教,更看重学生的学,是教师教学水平提升、专业发展、课堂效率提高、学生全面发展的统一。

(三) 乡村教师研修工作站

为有效提高乡村教师素质,2008 年开始,北京市教委等创办了“农村中小学教师研修工作站”培训模式,其方式是: 将远郊区县学员选送入城区优质中小学,由城区中小学学科优秀教师进行教学实践指导,以教育教学观摩实践为主,通过随堂听课、接受指导、参与教研、理论学习等方式学习并体会名师的教育教学艺术,丰富进修教师的教学实践知识,提升其学科素养和教育教学实践能力;研修教师学习内容主要是所教学科的课程标准和教材、课堂教学设计与教学实施等实践性知识。指导教师均系特级教师、市级学科教学带头人或市级骨干教师。乡村教师进站后,工作站根据研修教师的个人情况和需求,精心选择指导教师,量身定做研修计划,开展制订教学计划、教学观摩、教学实践、专业学习、教育科研、研修总结等多个内容板块的学习活动。

乡村教师在“农村教师研修工作站”脱产学习培训解决了教师业余时间不能系统学习的问题,通过“零距离”的观察与体验,让乡村教师切实感受到优秀教师或名师的教学艺术与教学魅力,有效解决自身专业发展中的问题。教师置身于具体而鲜活的日常教育活动情境中,习得的不仅是知识、能力,更是教育理念、态度、智慧、艺术的获得与提升。

(四) 乡村教师工作坊研修

工作坊(workshop)一词最早出现在教育与心理学的研究领域之中。工作坊是一个以解决问题、达成共识为目标,让不同部门、不同岗位的员工能够有效共同参与,以世界咖啡、群策群力、未来探索、开放空间等组织形式开展的培训方式。见图4－1。教师工作坊中的成员按分工不同分为(促成者)(坊主)、专业者(辅导教师)、参与者(研修教师),这些角色组成了教师工作坊中的学习共同体,通过网络平台进行异步互动完成各项活动。教师工作坊中的坊主和辅导教师一般是由理论知识丰富、教学技能突出的骨干教师充当,肩负着确定研修主题、制订活动流程、为工作坊成员提供教学活动方案等任务。教师工作坊研修主题多种多样,但具有一定的逻辑关联性,主题研讨系列化,有助于学员在研讨中深入反思,促进教师自主发展能力的提升。

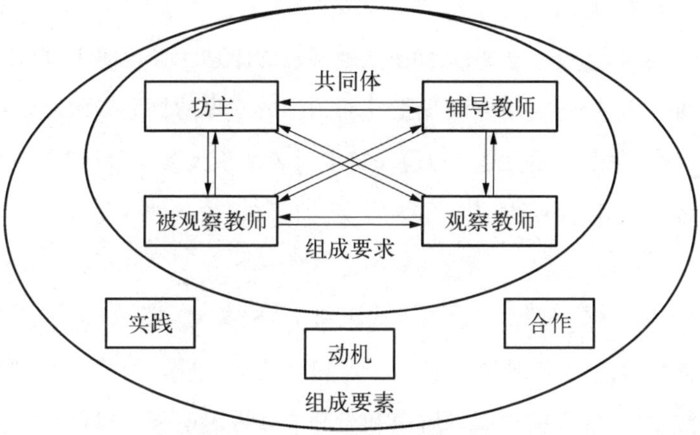

图4－1　“教师工作坊”研修模式

教师工作坊成员在主题活动开展过程中形成了复杂的互动网络,通过交流、共享和协作完成知识建构。教师在工作坊中的知识协作建构,以及在完成预定的分工任务中,共同体成员相互促进,实现共同发展。①

(五)“互联网+”培训

为实现乡村教师培训的“大规模、低成本、高效益”,适应开展乡村大规模教师培训时代的需要,乡村教师培训结合时代发展,加强信息技术与教师培训的有机融合,提升培训实效。融合式教师培训主要是以互联网背景下新颖的网络继续教育新模式为依托,以校本研修为基础、网络服务为支撑,将传统的教师面授和现代信息技术支持的

① 张思,刘清堂,朱姣姣.教师工作坊中的知识共享行为研究[J].现代远程教育,2015(05):49－56.

网络自主学习、网络交流互动,以及线下研修有机结合,集合了面对面集中培训与网络学习的优势,是将二者有效互补、融合而成的新的教师学习方式。“互联网+”混合式研修成为当下教师培训的新常态。①

1. “集中+校本”及“远程+校本”模式。该模式关注理论向实践的转化,通过集中培训、远程培训学习教育教学理论,研讨重点、焦点问题;通过校本培训运用相关理论,解决实践问题,提升教师教育教学实践能力。这两种组织模式的关键是有效的理论学习和富有针对性的问题指导。采用这两种组织模式需要解决好工学矛盾,提供远程学习需要的支持条件。

2. “远程+集中”模式。该模式侧重实践问题的探究,旨在远程培训中引导培训对象提交实践问题,“集中”时结合问题指导问题生成机理的探究和解决。这种组织模式的关键是有效地发现问题、提出问题和培训对象的积极参与、培训者较高的专业素质和指导能力。采用这种组织模式需要具备远程培训的条件和良好的远程培训管理机制。

3. “远程+集中+校本”模式。该模式聚焦于“校本”教学问题的解决和教师教学实践能力的提升,其策略是通过“远程”学习理论结合“校本”教学实际,发现问题、提出问题,通过“集中”探究完成问题解决和教师专业发展引领。这种组织模式实施的条件是培训对象具有强烈的问题意识、问题机理和问题解决探究能力,以及专业化的校本培训指导者,同时需要学校具备远程培训的条件和丰富的校本培训实践。

第二节　县域乡村教师培训模式

一　教师培训模式

教师培训模式突出的特点体现在培训的完整流程或环节上,它是培训活动抽象和概括出来的“模型”,具有相对稳定结构或者步骤,特点鲜明。培训模式是对教师培训

① 魏非,李树培. 混合式研修:内涵、现状与改进策略[J]. 教师教育研究,2017(05):26-30.

活动过程的概括和抽象。

（一）教师培训模式建构的概念与内涵

1. 概念界定

培训模式，就是在一定的培训理论指导下，为达到特定的培训目标，培训者、受训者、培训内容、培训方式诸要素之间形成的结构及其运作机制。培训模式的建构，就是培训机构和培训研究人员，为解决培训过程中某一具体问题，在进行一定的抽象、简化、假设的前提下，抽象出某一培训过程的模型，也是对培训过程特征的一种凝练。

任何客观问题的解决途径和策略，都是丰富多彩、多种多样的，培训研究人员的某种培训理念，都会在实际研究中促成某种途径或策略的形成，而培训实践就会将这一理念及相应的措施步骤固定化。由此可见，培训模式的建构过程，就是一个理论与实践相结合的过程。

同时，模式建构也是培训科研的一种重要研究方法，即剔除培训活动过程中次要的、非本质的因素、抽出培训活动过程中主要的、本质的因素，使培训活动过程中的主要因素和核心关系突出地表露出来，便于研究人员进行观察、调查、模拟和理论分析，提升对培训规律的认识。

2. 教师培训模式的构成要素

一个教师培训模式，主要由培训主体、培训对象、培训理念、培训目标、培训内容、培训手段、培训管理 7 个要素组成。

（1）培训主体

包括培训机构和培训师。根据教师培训的特点与一些发达国家教师培训发展趋势来看，教师培训机构有多种。目前，我国参与教师培训的机构大致有五大类：（1）高校或师资培养机构；（2）专门的教师培训机构；（3）教师专业研究团队（包括教研、科研所组织）；（4）教师任职学校；（5）远程教育网。培训师有专职与兼职两种，具体的培训工作以兼职培训师为主，专职培训师主要工作重心在培训项目的设计、组织与实施方面。

（2）培训对象

培训对象即受训者，也称为学习者，《中小学教师继续教育规定》规定：我国中小学教师培训对象，是指已经取得了教师资格证的在职中小学教师。

(3) 培训理念

培训主体对教师培训的性质、培训对象、培训过程、培训规律的概括性认识。

(4) 培训目标

某一项具体培训要达到的目的,是培训工作的出发点和落脚点。

(5) 培训内容

培训内容包括培训的主题和课程,是培训目标的具体呈现,不同时间、不同的学员群体培训内容不同。

(6) 培训手段

培训手段,即培训使用的工具、措施与方法。

(7) 培训管理

在培训活动中,需要进行的人事管理、质量监控、效果评估、学习过程考核等管理制度与方法。

在某种条件下,当以上要素中某一个要素或某几个要素特别活跃,活跃到能起决定作用,其余要素各归其位时,就会自然而然地形成一种教师培训模式,在这一模式框架下,如果某些要素不发生质的变化仅发生量的变化,就会出现这一模式的变式。比如,强调培训院校这一培训主体,形成的就是院校本位培训模式,强调教师任职学校这一培训主体,形成的就是校本位培训模式;如果同时强调教育教科研机构与教师培训机构的作用,形成的就是教师"研训结合"培训模式。再如,如果在强调培训院校主导作用的前提下,再强调发挥某些具体环节的作用,就会出现该培训模式下的一些变式,如专题培训、送教下乡等。

(二) 教师培训模式的设计依据

设计教师培训模式的目的,是为了达成特定的培训目标,设计的主要依据是:

1. 培训要达成的目标;
2. 相关的学习培训理论;
3. 培训对象的知识能力状况、培训需求;
4. 培训课程的内容与时间安排;
5. 培训所采取的主要方式方法。

二　县域乡村教师培训模式

县域乡村教师培训模式的建构一方面是要体现“以县为主”的管理方式，另一方面要适合乡村教师群体的特征；既要有效联通国培、省培等对相关教师的专题培训，又要因地制宜地创新县域乡村教师培训模式，形成县域乡村教师培训全覆盖、多形式、多层次、高质量、接地气、常态化的格局。举例说明如下：

（一）县域乡村教师网格化培训模式

1. 县域乡村教师网格化培训模式的涵义

模式是一种经过抽象和概括出来的操作程序，是理论的具体化和程序化。① 县域乡村教师有效培训模式是指县级人民政府及其所设的教师培训机构在一定的教育政策与思想指导下，对本行政区内县政府驻地之外的乡镇学校和村庄教学点的全体教师开展专业培训，使其改进教学行为、实现专业成长的理论模型及其实践操作方式。县域乡村教师有效培训模式其实质是县域乡村教师有效培训的工作体系，包括县域乡村教师有效培训的领导、策划、组织、实施和培训效果监测评价等多方面。该体系以县（含市、区、旗）级行政区划为地理空间，以县委县政府为决策主体，以县域乡村教师网络社区为依托，以当地乡村教师的内在需求为工作导向，以乡村教师的能力建设和专业发展为核心，由财政、人社、教育等相关职能部门整合，形成功能完备、具有地域特色的乡村教师有效培训的组织管理体制和操作运行机制。县域乡村教师有效培训模式的内涵是乡村教师专业发展，外延是县域内的全体乡村教师，功能是一体化，策略是分层递进。县域乡村教师有效培训模式是立足于全体乡村教师专业发展的开放式工作体系，融国家级、省级、县级、校级教师培训于一体，在县域范围内组织开展，但非局限于县级教师培训机构为单一培训主体。

2. 县域乡村教师网格化培训模式的基本理念

县域乡村教师有效培训模式秉承能力为重、实践取向、分层实施、有序推进的培训理念，依据国家制定的教师专业标准和教师培训课程标准等相关规定，结合本地区中

① 靳玉乐. 现代教育学[M]. 成都：四川教育出版社，2015：229 - 230.

小学教学改革实际和乡村教师专业发展需求，拟定实践取向的培训目标，分层分类分科设计富有针对性的培训课程，提升乡村教师培训工作的针对性和实效性。

一是能力为重。县域乡村教师有效培训模式旨在从乡村教师的教育教学工作任务与实践需求出发，通过系统、分层、有针对性的培训，加深乡村教师的专业理解，提升乡村教师的综合素养，丰富乡村教师的教学实践经验，提高乡村教师的教学实践能力和专业水平，切实解决乡村教师的教学实践问题。

二是实践取向。县域乡村教师有效培训模式的培训课程源于乡村教师所做的事情和所从事的工作，扎根于乡村教师的工作职场，与具体的教育情境和教学活动紧密相连。培训面向实践、走进实践、服务实践，以解决乡村教师在教学过程中遇到的问题为中心组织培训内容，以提升乡村教师的实践性知识与能力为重点开展培训活动，通过工作坊建立实践共同体，让乡村教师在岗位上锻炼，在实践中成长。

三是分层实施。县域乡村教师有效培训模式以乡村教师的专业发展水平为基础，以自我诊断为依据，通过网格化对乡村教师的专业水平划分层次，确定发展目标，根据年度和周期性发展目标，设计不同层次需求的培训课程，增强培训内容的针对性和系统性。

四是有序推进。县域乡村教师有效培训模式递进式设计培训课程，遵从乡村教师专业发展规律，凸显教师专业发展的整体性和顺序性，克服教师培训的零散性和盲目性，有序推进乡村教师专业发展。

3. 县域乡村教师网格化培训模式的主要特点

(1) 一体化

县域乡村教师有效培训模式能实现县域内乡村教师专业发展的统筹规划，协同推进。该模式能整合县域内的教师培训资源，将县委县政府的教育发展规划、教育经费投入、教育基础设施建设、教育体制机制改革与县教委（教育局）的教师专业发展规划、教师继续教育制度建设和学生学业考核、教师职称职务晋升、荣誉称号授予，以及县级教师培训机构的教师培训项目策划、项目开发、组织实施、实践指导、实效评价等有机结合，整体优化教师培训，协同推进乡村教师专业发展。

(2) 适宜性

县域乡村教师有效培训模式立足于本地区教师专业发展实际，坚持以乡村教师为本，满足乡村教师教育教学的实际需求，与本地区教师的专业发展状态相适应，具有明显的地域性特征。

(3) 发展性

县域乡村教师有效培训模式整体设计呈现渐进性特征,网格化研修的动态性,培训成效激励的现实性,能实现研修与指导相互促进,成长与激励正向关联,能有效激发乡村教师专业发展的内驱力。

(4) 行政力

县域乡村教师有效培训模式由县委县政府主导,乡村教师培训所需的人、财、物均有相应的体制机制强力支撑,通过行政推动、自主选择、智能检测、自动统计,量化乡村教师培训成果,鞭策教师主动发展。县域乡村教师有效培训的理论模型见表4-1。

表4-1　县域乡村教师网格化培训理论模型

组织管理 培训策划	县域乡村教师发展 工作领导小组	县域乡村教师网络社区		
		县级教师 培训机构	县级教育业务 部门	县级教育职能 部门
培训实施	制订政策　教师分级　为精准培训铺路	乡村教师网格化工作坊定位 分层分类分科培训主题菜单 线上线下培训指导 国培市培对象遴选 教研科研工作指导 教研科研成果评定 继续教育学分登记	教师教学质量检测 学生学习能力检测 学生学业考核 教师公开课竞赛 学生竞赛活动	激励机制建设 职称职级晋升 荣誉称号授予 教师岗位流动 教师定期注册
培训评价	大数据	培训需求调研,培训自我诊断,培训过程记录,培训效果检测,发展状态监测		

4. 县域乡村教师网格化培训的组织管理

县域乡村教师有效培训模式应建立"县域乡村教师专业发展工作领导小组—县教委(教育局)—县级教师培训机构—乡村学校"四级管理体制。由县政府主要领导负主责,通过成立"县域教师专业发展工作领导小组",整合财政、人社、教育等相关职能部门,统筹规划县域乡村教师专业发展工作。"县域教师专业发展工作领导小组"的主要职责是健全组织机构,完善管理体制和运行机制,优化顶层设计,提供资金保障,实施培训成效奖惩,开发县域乡村教师网络社区平台,为乡村教师提供"三网"融通,应用大数据进行乡村教师培训的科学管理。县教委(教育局)作为县级教育事业主管部门,负责整合进修校、电教馆、教研室、教科所、计财科、基教科、职教科、人事科等县级教师培训机构、县级教育业务部门和县级教育职能部门形成培训合力。县级教师培训机构(含市、区县级教师培训机构)是由县级人民政府领导、县级教育行政部门主管、以实施本地区中小学教师继续教育工作为主要任务,具有独立法人资格的办学实体①,负责乡村教师网格化工作坊定位、拟定分科分类分层培训主题菜单、线上线下培训指导、国培市培对象遴选、教研科研工作指导与成果评定、继续教育学分登记。根据《中小学教师继续教育规定》,将新任教师培训的120学时和教师岗位培训每五年累计的240学时分解到相应的主题菜单中;县级教育业务部门负责参训教师的教学质量检测、学生学习能力检测、学生学业成绩考核、教师公开课竞赛、学生竞赛活动;县级教育职能部门负责乡村教师培训的激励机制建设和乡村教师的职称职级晋升、荣誉称号授予、教师岗位流动、教师定期注册等制度建设。乡村学校为乡村教师参加培训提供支持,消除参训教师的工学矛盾。

县域乡村教师网络社区是一个开放式的一站式智能服务平台,具有培训需求调研、培训选学、自我诊断、过程监测、效果检测、学分审核认定、学分转换、学分统计、发展状态评估等功能,能实现培训学分申报、审核、认定、查询一站式服务。平台为每位乡村教师建立电子档案,为切实推进培训学分应用提供依据。②

5. 县域乡村教师网格化培训的实施

县域乡村教师有效培训模式的运行机制是网格化、工作坊、主题菜单、混合培训、分层实施、逐项考核、综合评价。

(1) 县域乡村教师专业发展的网格定位

教师专业发展是一个系统的螺旋式上升过程,具有自身的发展轨迹和规律,乡村教师有效培训必须遵循教师专业发展规律。2016年《教育部关于大力推行中小学教师培训学分管理的指导意见》提出"地方各级教育行政部门要依据教师培训学分标准,分层制订教师培训规划,明确培训核心课程,为培训机构针对不同层次的教师开发系列化、周期性的培训课程提供依据"。

层次性、周期性是教师专业发展的基本特征。若要有序推进教师专业发展,必先厘清教师专业发展的实然状态,然后才能依据教师专业发展的应然标准分层、分类、分科开展针对性培训。在这里,分层是指教师专业发展层级;分类是指学校类别(学前、

① 教育部关于加强县级教师培训机构建设的指导意见(教师[2002]3号)。
② 教育部关于大力推行中小学教师培训学分管理的指导意见(教师[2016]12号)。

小学、初中、高中）；分科是指学科。教师专业发展的实然状态划分标准可依据教师的职称、职级、荣誉称号或职业生涯来划分。依据职称可以分为初级、中级、副高级、正高级；依据职级可以分为4～12级；依据荣誉称号可以分为新任教师、优秀教师、骨干教师、卓越教师、教育家型教师；依据职业生涯可以分为准备期、适应期、发展期、创造期。由于《中小学幼儿园教师培训课程指导标准》将教师教学能力分为4个层次，所以乡村教师有效培训也应该将教师专业发展水平按职称分为4个等级，以便对应开展培训。这样就可以以学科为横坐标、职称为纵坐标，将教师专业发展的实然状态定格。同时将教师专业发展目标与中小学教师《专业标准》《中小学幼儿园教师培训课程指导标准》衔接，确定教师专业发展的目标、任务和课程，提高教师培训的针对性和实效性。在网格化的乡村教师有效培训中，初级教师定位于"适应性"培训，培训课程侧重常规和技能；中级教师定位于"发展性"培训，培训课程侧重策略和能力；高级教师定位于"研究性"培训，培训课程侧重思想观念变革和教育实践创新。

（2）网格化培训的课程建设

2016年《教育部关于大力推行中小学教师培训学分管理的指导意见》提出"分层、分类、分科建立教师培训课程体系，强化培训内容的针对性和系统性"。县域乡村教师有效培训采用主题菜单的方式，依据中小学教师《专业标准》《中小学幼儿园教师培训课程指导标准》的相关规定，结合本地区中小学教育教学实际需要和教师专业发展需求，建立教育教学能力指标体系，分层、分类、分科设置培训课程。培训内容围绕思想政治教育、师德修养、学科专业知识、现代教育理论、教育科研方法、教育教学技能、信息技术、教育技术、现代科技、人文社会科学知识等设置培训主题。每一主题又根据教师专业发展的网格层级与教师年度发展、周期性发展目标进行分层递进设计，形成主题菜单，供乡村教师自主选择。如《中小学幼儿园教师培训课程指导标准》对中小学语文教师培训设置了"语文课程与教学的认识、识字与写字教学、阅读教学、写作教学、口语交际教学、综合性学习的组织与指导"等6个培训领域，20个核心能力项，52个研修主题，464个专题。县域乡村教师有效培训模式将这些主题和专题对应县域乡村教师培训指标体系分解到4个网格层级中去，供教师选择学习。每个主题菜单由三个环节构成：一是教师自我诊断测验；二是培训课程学习空间；三是培训效果检测。教师选择主题菜单时，可以先进行自我诊断预测，预测合格表示已经达标，可以不学习，可将预测成绩作为学习结果；检测不合格则必须进入学习空间自主学习，学习后进行效果检测,如果检测不合格就需要重新学习。检测环节设置人脸跟踪识别作为监督手段。

(3) 网格化培训的方式

混合培训。由于乡村学校布局分散、工学矛盾突出、经费不足等原因,组织乡村教师集中培训面临诸多困难,培训机会缺失制约了乡村教师的专业发展。当前信息技术高速发展,乡村学校都具备网络学习的必备条件,开展网络培训是打破时空阻隔,使乡村教师共享优质教育资源,大幅度提高乡村教师整体素质的有效途径。2018 年中共中央国务院《关于全面深化新时代教师队伍建设改革的意见》提出"转变培训方式,推动信息技术与教师培训的有机融合,实行线上线下相结合的混合式研修"。县域乡村教师有效培训模式基于教师专业发展的周期性和乡村教师工学矛盾的现实性,积极探索线上线下相结合的混合培训。理论知识采用线上学习,实践操作通过工作坊研讨,教学的疑难问题与教育科研遇到的困惑,可以通过网络平台的专家互动窗口和专家巡回指导加以解决。网络平台开发微信、APP 功能,链接云平台,采用微课、慕课方式呈现,既能克服乡村学校设备老化的弊端,又能迎合年轻一代手机一族的学习方式,培训时间、地点灵活,能化解乡村教师的工学矛盾,同时还能启发乡村教师的教学模式改革。

工作坊研修。县域乡村教师有效培训模式遵循实践取向,秉承扎根课堂、在课例中促进教师行为改变的培训理念。工作坊按人人入坊、就近入坊、上学下导的原则组建,人数根据县域内正高级、副高级、中级、初级教师的比例而定。建坊时,初级教师只加入工作坊,正高级教师只建工作坊;中级教师和副高级教师既要加入上一个职称层级教师的工作坊,又要为下一个职称层级的教师创建工作坊。这样,教师参训的目的就不只是为了自己,同时还要为指导其他教师做准备。《礼记·学记》有云:"学然后知不足,教然后知困。知不足,然后能自反也;知困,然后能自强也。"有了明确的指导任务,学习就会更有动力。从培训模式的操作意义上讲,工作坊是教师专业发展的实践共同体,为教师提供了网格层级间的互动,让固化的网格流动起来。以往的乡村教师培训收效甚微,其原因就在于培训通常关注教师的认知,而忽视教师的行为,由于认知与行为之间存在情感、意志等影响因素,教师参训后,返回学校迟迟不见行动,培训效果无法检验。有了工作坊的指导任务,教师就要不断丰富自己,不断实践。教师工作坊不是固化的,而是动态的,随教师研修任务的完成而迁移。采用就近入坊主要是便于教师有效开展学习交流、课堂展示和跟岗学习。

网格化工作坊的意义在于学思教结合，因为在现实生活中往往有这种现象，人们参加同一实践活动，可是获得的结果却大不相同。问题多出在目的的差异上，因为参加活动者所持有的目的不同，内在需要不一样，实践的最终结果也就具有差异性。工作坊活动方式多样、目的多元，可有效提高教师参训的积极性。工作坊研修活动可采用报告分享、现场调研、同伴交流、跟岗学习等多种形式。其活动不限于线下，也可以在线上，在网络注册时按照网格层级分层授权即可，这样每一个坊主就能了解自己工作坊成员的学习情况，便于交流与指导。

6. 县域乡村教师网格化培训的实施策略

（1）健全组织机构，明确职能职责，做好顶层设计

县域乡村教师有效培训模式由县委县政府主管，通过建立以县委县政府主要领导为组长的县域乡村教师发展工作领导小组，将财政、人社、教育等相关职能部门列入领导小组成员，为乡村教师有效培训提供政策保障、经费保障、组织保障、制度保障、师资保障，全力提供支持服务体系。县教委（教育局）是县域乡村教师有效培训的责任单位，负责整合教育部门内部的教师培训资源，建立跨部门合作的教师专业发展机制，建设区域性教师学习与资源中心或示范性县级教师培训机构或县级教师发展中心实施县域乡村教师培训，做到有组织领导、有管理机构、有发展规划、有经费保障、有制度措施、有研修平台、有考核评价。

（2）整体规划，分步实施，分层递进

县域乡村教师有效培训模式的研究对象是区域性教师培训，涉及面广、时间长，是一个系统化工程，因其具有周期性特征，故而探寻程序化的实施路径，以一次性投入适应周期性发展，其间只需要根据教师发展的现实需求作适度微调。该模式从教师队伍建设的视角看待培训工作，立足教师职业生涯，遵循教师发展规律，从发展需求、学习资源、指导教师、交流平台、成果展现、实效评价、工作激励等方面整体设计培训方案，构建教师培训体系，有序推进教师成长。采用该模式开展县域乡村教师有效培训要整体规划，协同推进，分步实施，分层递进，逐项考核，逐级晋升。培训工作坚持“三细”原则：即系统、细化、细节。“系统”就是对县域内乡村教师培训统筹规划；“细化”是建立分层、分类、分科的网格化工作坊体系及其培训目标体系、培训课程体系；“细节”是做到培训过程的科学管理与精细化服务。

(3) 行政推动,自主选择,综合考核

县域乡村教师有效培训模式执行分层、分类、分科的培训方案,参训教师根据培训方案自主选择培训课程,自动检测达标情况,限期完成培训任务。对乡村教师培训效果的评价不限于培训活动本身,将培训、教学、工作业绩、工作坊建设等全部纳入培训效果评价,整体考核。

(4) 主题研修,混合培训,工作坊交流

县域乡村教师有效培训模式立足乡村教师教育教学实践问题的解决,着眼于乡村教师的未来发展,培训课程以主题菜单的方式呈现,其教学更宜采用"主题研修"①,将培训课程从"学、术、行、思"四个层级整体设计,使乡村教师不仅知其然,而且知其所以然,提高培训的实效性。同时,主题研修四个层级的培训内容能找到培训供给与参训需求的契合点,化解培训供给与参训需求的矛盾,提高培训的针对性,实现"按需施训"。县域乡村教师培训内容丰富,形式多样,其教学模式也因此呈现多样性。线上学习是县域乡村教师培训的主要形式,其流程设计为"选课—预测—网络学习—校本实践—工作坊交流—学习效果检测—工作业绩验证"。培训工作中,针对某一群体普遍关心和亟待解决的问题,可以通过短期集中培训来解决,其流程设计为"专题讲座—现场观摩—互动研讨—实践操作"。送教下乡是最受乡村教师欢迎的培训形式,其流程设计为"课堂观察—优课示范—研课磨课—总结提升"。名师走教是乡村教师现场感受名师风采的重要途径,其流程设计为"上示范课—谈教育教学感悟—面对面引领"。工作坊是乡村教师培训的辅助形式,其流程设计为"报告分享—互动研讨—教学实践—反思提升"。此外,乡村教师培训还可以通过全员上课,知识竞赛,教书育人风采大赛等活动进行。

县域乡村教师培训模式是立足地域特征,遵循教师成长规律来探索乡村教师有效培训的管理体制、运作机制及其培训活动的策划、组织、实施、评价体系,是宏观的教师培训模式,其实质是县域乡村教师有效培训工作体系的简略性结构框架。该模式以一个县级行政单元为基点,统筹国家级、省级、县级、校级教师培训资源,组织开展本行政区内的乡村教师有效培训。网格化、工作坊、主题菜单是县域乡村教师有效培训协同一体的三条主线,网格化定级,主题菜单定标,网络社区学习,工作坊辅导,彼此衔接,

① 王道福,蔡其勇."国培计划"教师培训"知识-能力-实践-体验"模式建构[J].课程·教材·教法,2013(07):116-121.

有序推进教师专业成长。同时,通过网络培训缓解工学矛盾;通过主题研修化解供需冲突;通过网格化解决教师专业发展的系统性与培训内容的零散性矛盾;通过工作坊化解知行矛盾,弥补理论与实践的割裂,从而提升培训实效,实现培训目标。

(二)乡村教师工作坊“MPO”研修模式①

1. 概念界定

“MPO”研修模式完整准确的表达是:“师徒相授”与“在线教育”融通的研修模式。M,指师徒相授,mentoring;P,相加融通,plus;O,在线教育,online education。

乡村教师研修工作坊是学员以乡村教师为主,以工作坊形式开展的线上+线下结合的一种混合研修方式。教师研修工作坊是针对当前骨干教师引领机制不健全,教师发展专家指导不够等问题,利用网络平台打造的信息技术环境下的教师学习共同体,推进骨干引领学员研修的一种常态化研修方式。工作坊主持人团队由三人组成,其中坊主1人,由本地区学科名师担任,主要负责确定研修主题、设计研修课程和研修活动,并在研修过程中进行全程引领与指导。坊主配备有两名助手,其中一名是教研员,主要工作职责是在研修过程中通过资源推送、答疑、点评等方式对学员进行专业引领。另一名是管理员,主要工作职责是对班级进行组织和管理。乡村教师工作坊突破了单一远程培训和集中面授培训的不足,汲取了两者的优势进行互补。尤其是在线教育让学习空间更加开放,知识传播更加便捷,现已经成为终身教育背景下教师研修的一种重要辅助方式。

2. “MPO”研修模式的理论基础

“MPO”研修模式,强调的是线上线下两种研修方式的“融通”,目的是让这两种学习方式相互补充,进行优势嫁接、组合。“MPO”研修模式的构建,有三个重要的理论依据。

(1)教师的知识体系具有层次结构性

人的知识体系是一个丰富、多层次的结构,既有显性知识也有隐性知识。“显性知识”是指人们可以通过口头语言、教科书、参考资料、期刊杂志、专利文献、视听媒体、软件和数据库等方式获取的知识,简而言之,就是可以“言传”的知识,其优点是可复制、

① 戴礼章,刘令军. 乡村教师工作坊“MPO”研修模式的构建与实践[J]. 中小学教师培训,2019(04):10-15.

可快速广泛传播,缺点是教授者不在“问题现场”,没有现场的“身教”。“隐性知识”是指那些非正式的、难以表达的技能、技巧、经验和诀窍,以及洞察力、直觉、感悟、价值观、心智模式、团队的默契和组织文化,等等。简而言之,就是只能通过“身教”传授的知识。其优点是能传授经验性、技能性的东西,给学习者一种潜移默化的影响,缺点是传播速度慢,范围窄,学习者和教授者都必须同时“浸泡”在问题现场。

在线教育的优势在于易于传授“显性知识”,短板是难以传授“隐性知识”。尽管在线教育可以为教师培训提供很多互动交流的环节,但是它不能有效帮助乡村教师逐步提高教育教学技能,它仍然是一种虚拟空间式的面授教育。在线教育的开放性与共享性、自主性与个性化、低成本与公平性的优势满足了人们不同的学习需求。然而,在线教育的发展仍然存在教育质量提升受限、教学缺少实时互动、受众缺乏普遍性等诸多问题。

“师徒相授”的优势在于易于传授“隐性知识”,短板是不能大量、快捷传授“显性知识”。教师的实践智慧与具体的教学情境联系在一起,在某种具体的教育教学情境下传授有针对性的技能,这种培训必须采用“师徒相授”的方法。

乡村教师工作坊的“MPO”研修模式将“师徒相授”与在线教育两种方式相加并融合,目的是通过“嫁接”实现优势重组。教师是专业技术人员,既要学习“言传”的知识,更需要学习“身教”的知识。那些“身教”的知识,才会有效激发一线教师的灵感,促进专业发展。

(2) 浸入式研究和浸入式学习

浸入式研究,是研究者“浸泡”到教育教学一线,在实践中发现问题,提出问题解决思路并应用于实践,提炼和总结出研究成果的一种研究方式。浸入式学习,是指学习者“浸泡”到一线教育教学现场,在现场发现问题,提出自己的质疑和理解,获得指导和帮助,在“问题现场”获得经验或者形成技能的学习方式。这两种方式强调两个要素,第一是“在现场”,就是研究者和学习者,一定要去亲身实践;第二是“生成”,在问题现场形成教育智慧。“教师培训不在于建立多少资源,而在于培训者如何基于教师的需求在培训现场生成培训资源。”①教师培训就是需要通过“实践现场”来启发教师。教师基于教学现场而开展的行动研究,便于教师在“间距”中重构身份、在“威权”

① 朱旭东,宋萑.论教师培训的核心要素[J].教师教育研究,2013,25(03):1-8.

中寻求专业自主、在“亲近”中建立和谐师生关系、在“旅途”中实现潜能生长，从而保证教师专业发展的达成。①

（3）递进台阶

人任何经验和技能的形成，都有一个过程：在前一项简单经验或者简单技能的基础上，经过学习或者训练，向高一级的经验或者技能迈进。如果将这些经验和技能具象化“台阶”的话，那么从低级经验到高级经验，从低级技能到高级技能，中间就必然会有一些“过渡步骤”，这些在人经验和技能迁移上升过程中起“桥梁”作用的“过渡步骤”，我们把它叫做“递进台阶”。“递进台阶”设置的目的，就是使学习者循序渐进地习得经验和技能，每一步的抬升都在跨越的能力范围之内，在学习的过程中积累成功体验、获得信心、不断进步。

3. “MPO”研修模式的模型构建

（1）学习共同体的结构模型

教师工作坊就是一个学习共同体。教师共同体存在的价值，就是以教育教学为基础性实践，通过合作对话与分享性活动促进教师专业成长。要成功组建为一个学习共同体，有一个核心要素和三个促成要素。核心要素是坊主。一个工作坊的组建，先有坊主，然后才有工作坊，而不是反方向行之。在乡村教师工作坊里，坊主是一个工作坊的领军人物，坊主必须具备这样几个条件：第一，有很强的专业指导能力，包括解决一线教师教育教学实践中各种疑难问题的能力，具体指导学员阅读、研究以及推进学习共同体建设的组织能力。第二，有突出的专业成果，包括自身所教学科的成绩优秀，以及领先的教育研究理论成果的呈现。第三，具有民主性格，包括乐于分享、善于沟通、勇于承担、敢于创新，等等。学员能不能在研修中学到实用的东西，在很大程度上取决于坊主是不是这个坊的灵魂人物，是不是得到了广大学员的认可和追随。有了灵魂人物，学习共同体还需要三个促成要素。

共同目标。教师学习共同体发展的核心动力是教师的共同愿景，共同愿景可以激发成员对组织的向心力，形成共同目标并为之努力。学习共同体有不同阶段的奋斗目标，并且这个目标，还需要得到大多数学员的认可。大家都认同这个目标，并且愿意为了实现这个目标去进行努力，团队就有了行动的动力和方向。

① 陈效飞，任春华，郝志军. 论行动研究促进教师专业发展的机制——基于哲学解释学的视角[J]. 教师教育研究，2018，30(04)：12－17.

团队学习。团队学习是工作坊的研修活动方式，是教师学习共同体的组织活动方式，团队学习是发展团体成员整体搭配与实现共同目标能力的过程，在团队学习中互相学习、互相交流、互相启发、知识分享、共同进步。团队学习形式可以多种多样，如：共同阅读，团队共读一本书，寻找共同的语言密码。专业写作，记录各自的教育生活，分享彼此的经验与教训。团队研讨，鼓励学员把自己在教育教学实践中遇到的问题以案例的形式写出来，由团队进行多角度的分析解释，以帮助学员解决具体问题，在此基础上形成团队的集体智慧。资源分享，每个学员都乐于分享自己的阅读体会、教育经验、教学资源。现场观摩，团队伙伴互相观摩研讨课，然后展开评议，用教育理论剖析观摩活动，把对课堂的感知上升到理性认识，彼此学习共同成长等等。

核心理念。学习共同体必须有相同的成长理念，才能凝聚人心。一个教师学习共同体，如果仅仅停留在交流学习方法、改变教学手段的层面，那是一种低层次的交流，只有有核心理念的团队，才具备自我成长的复制能力。比如，初中班主任工作坊的工作核心理念是：不重复别人，脚踏实地做到最好。所以大家都集中精力做原创开发，尽管历尽困难，但都乐此不疲，觉得越特别越有价值。乡村教师工作坊学习共同体的结构模型如图 4－2 所示：

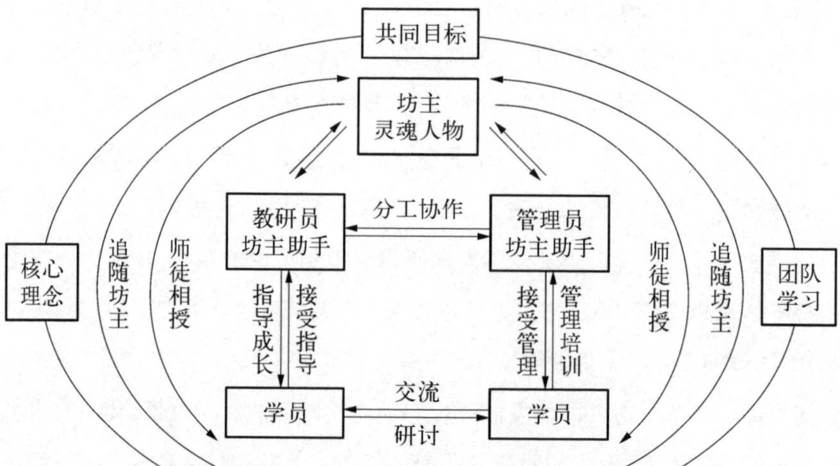

图 4－2　乡村教师工作坊学习共同体结构模型

（2）乡村教师工作坊“MPO”研修模式

这种模式强调三个要点：第一，工作坊的研修主题，来自坊主的优势领域，这样就能确保坊主站在一个较高的高度去引领学员成长。第二,强调搭建“递进台阶”。循序渐进地提升乡村教师教育教学能力,使乡村教师在研修过程中能不断地获得成功体验。第三,强调“身教”。“师傅”与学员都“浸泡”在问题现场,学员看“师傅”如何以身示范,从“师傅”的“现场示范”中感悟、反思,习得一些教育教学经验和技能,之后运用于教育实践。

乡村教师工作坊的研修框架包括四个要素:研修主题,研修方法,研修过程,团队文化。

研修主题:主题是统帅,统领整个工作坊的研修活动,工作坊选取的课程,包括坊主推课,以及研修活动的开展、研修沙龙呈现的问题都必须紧扣主题来进行。研修主题要针对乡村教师教育教学中的突出问题。预设研修主题,主要采取诊断示范、课例研修、专题研讨、微型讲座、课题研究指导和成果总结展示等方式,由工作坊主持人组织全坊教师进行主题鲜明的研修活动。

研修方法:坊内教师通过共同学习、交流研讨的方式,直面教育教学中的问题,其学习研讨的结果对解决教育教学问题有直接的指导价值,并可以以此进一步引导教师展开相关教育教学问题的课题研究。乡村教师工作坊的特点是线上+线下的混合研修,这两种培训方式既有“分工”也有“合作”。在线教育重在教授通识课程和专业课程,支持主题研修的常态化开展;现场面授重在教授应用课程,以“在现场”的方式,对问题进行诊断和分析,坊主和其他专家以“师傅”的身份进行隐性知识传授,解决学员教育教学中遇到的突出问题。

研修过程:乡村教师工作坊研修,重视的正是“实践情境的体验”,在“教学实践过程中”提升乡村教师的专业素养。整个研修活动中课程的推出、作业的设置、活动的设计都有清晰的流程和步骤:坊主先通过自己的示范引领,将核心骨干、小组长培养成第一批“师傅”,接着“师傅们”又培育下一批师傅,这样,等到整个研修活动结束,所有学员都可成为一线教学示范和样本的教学“师傅”。

团队文化:只有文化才可以凝聚人心,一个团队的力量,往往来自其内部成员的文化认同。比如,初中班主任工作坊的文化主题是:助人就是助己。强调“成就别人就是成就自己”的交往理念:在帮助别人成长的时候,不要担心别人会不会超过自己,也不要保守自己的创新,真诚地去帮助你的队友,你的友善会帮助你获得更多的成长机会。

研修框架的四个要素相互作用,形成了图 4-3 所示的乡村教师工作坊的模型。这是一个闭合的模型,“师傅”通过“MPO”研修模式,将学员培养成校本研修的“师傅”,校本研修“师傅”又再次运用这个模式培养本校学员。

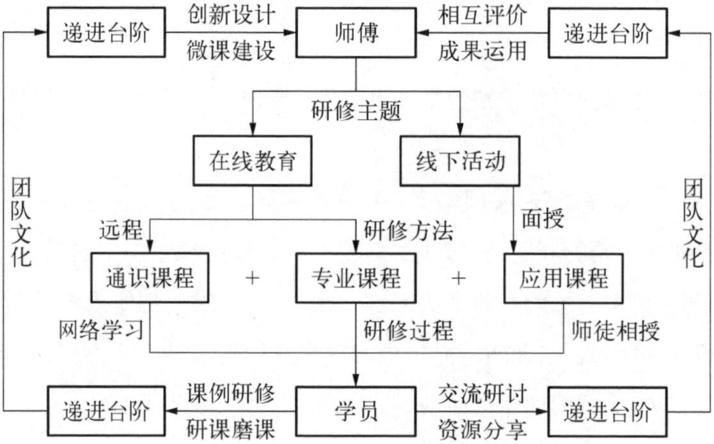

图 4-3　乡村教师工作坊研修框架

在这个研修模式中,“递进台阶”的搭建是学员成长是否顺利的关键。工作坊组建成功以后,工作坊主要研究学员的“起点台阶”在哪里,然后以“起点台阶”为第一级台阶,引领学员通过研修学习,进入“递进台阶”,一步一步实现专业成长。台阶的“跨度”一定要在学员的能力范围之内,不可操之过急,让学员产生畏难感。如图 4-4 所示:

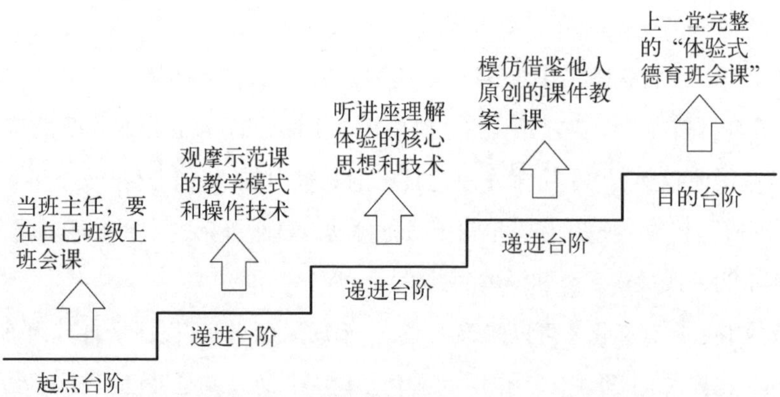

图 4-4　研修模式中的“递进台阶”

工作坊的主题设计既要框定在坊主的优势领域范围之内,同时又要直面教师们的现实需要。乡村教师工作坊要以行动研究为主,采用“先行后知”的研修思路,先学会“做事”,然后再“明理”。工作坊的坊主应该由一线名师担任,因为一线名师对一线的生活和工作场境无比熟悉,同时又能感同身受一线教育教学的困惑与问题。在学员的遴选上,建议坊主用“组阁”的方式遴选小组长,小组长再用“组阁”的方式遴选学员。乡村教师工作坊,要落地生根,将项目研修变成常态研修,理念和思想的植入会有一个比较长的过程,因此一个工作坊至少要存活三年的时间,以便于坊主系统规划,将这种研修活动变成乡村教师学习成长的常态方式。

(三) 县域乡村教师 BOPPPS 研修工作坊模式

为贯彻落实乡村教师支持计划提高乡村教师培训的有效性,2016 年教育部办公厅关于印发《乡村教师培训指南的通知》,将送教下乡、乡村教师网络研修与校本研修整合、乡村教师工作坊研修等列为促进乡村教师专业成长的有效培训方式。在制定的《乡村教师工作坊研修指南》中指出,推动各地组建乡村教师工作坊,开展工作坊研修,建立“用得好、辐射广、共成长”的骨干引领全员的常态化研修机制,使工作坊成为教师研修活动的载体、专业成长的平台,打造乡村教师常态化培训模式。

BOPPPS 模型是以建构主义和交际法为理论依据,由加拿大教师技能培训工作坊所创建,以有效教学(有效果、有效益、有效率)设计著称,主要用于教师的教学技能培训。BOPPPS 模型名字中的六个字母是六个英文词语的首字母,分别代表课堂教学过程的六个阶段(元素):导言(Bridge in),学习目标(Objective),前测(Pre-assessment),参与式学习(Participatory Learning),后测(Post-assessment),总结(Summary)。BOPPPS 教学模型是一个强调学员参与和反馈的闭环教学过程,它突出了学员的参与式学习和学习者在学习活动中的主体地位和主动角色。BOPPPS 教学模式将传统的讲授教学转变成“学习者”为中心的学习活动,学员学习参与性高,互动性强,学用结合,适宜在职教师研修解决实际教学问题、提升教育教学能力。“BOPPPS 教师研修工作坊”是依据 BOPPPS 模型建构的乡村教师研修的工作室,按照 BOPPPS 模型的工作原理开展主题和常规研修,着力提升乡村教师的课堂教学设计能力,通过教师课堂教学设计科学、规范、有效,使教师能够“上好每一节课”,让每节课都能够达到“有效果、有效益、有效率”。“BOPPPS 教师研修工作坊”是一种体验式、参与式、互动式的行动学习模式,使教师培训由“学院式”到“现场式”学习发展。① BOPPPS 教师研修工作坊的研修活动具有开放、实践、互动、反馈及时、结构完整等特点，理论与实践紧密结合，通过实战演练，知识技能内化于心，外化于行。一个工作坊就是一个教师发展共同体，工作坊成员结成学习共同体，在工作坊中相互交流、资源共享，达到相互借鉴、共同提高的目的，其强烈的现场参与性可促成教师多维度专业发展②，是有效提升乡村教师专业能力的研修方式，尤其是对新入职的教师效果更加显著。

1. 管理机制

工作坊是县域统筹建立的跨校教师学习共同体，基于学科教学疑难问题解决的项目制学习，实现骨干引领教师全员专业发展。县域乡村教师研修工作坊的组建由县级教育行政部门和县级教师培训机构负责，以学年为周期，遴选骨干教师作为坊主。各学科（领域）的工作坊“坊主”必须是参加省（市）级教师研修工作坊的“种子”教师，以确保“坊主”有能力胜任此工作坊的主持工作。基于乡村教师全员培训的要求，县级教育行政部门和县级教师培训机构建立“县域中小学教师发展平台”，设置工作坊模块，公布各学科（领域）的工作坊“坊主”，利用县域教师网络进修社区动员教师申请加入相应的工作坊，由“坊主”接受申请并遴选学员。教育行政部门和县级教师培训机构要为工作坊研修教师认定学时（学分）。工作坊“坊主”实行动态管理，适时调整，“坊主”的工作状况纳入绩效和晋级评优考核范畴。县域教师工作坊建设要在县域中结成网状结构，实现教师工作坊对接各学段教师工作坊研修的全覆盖和有组织的互联互通。同时，县域教师工作坊要与送教下乡、校本教研、各种教师培训深度融合，为工作坊开展提供丰富资源与研修议题。

2. 组织结构

工作坊一般由“坊主”和一定数量教师组成的，依托线上与线下双途径，是具有共学、导教、引研性质的学习共同体。“坊主”有权利向教学改革中心提出组织工作坊的申请并负责拟定工作坊的招募规则，参与者提交申请书并经“坊主”审核同意后方可加入。教师工作坊是一个有组织的学习共同体，由于这种研修工作坊的互动性高、问题研究深入，成员不宜太多，一般控制在二三十人左右（网络工作坊的人数可以多些），且为同一或相近学科教师，并且有一定数量的学科带头人（学科带头人可称为学

① 孙德芳，周亚东. 教师学习：从学院式到现场式［J］. 中国教育学刊，2016（06）：82－86.
② 李宝荣. 行动学习：教师现场式学习的有效路径［J］. 中国教育学刊，2017（07）：30－35.

科专家,必要时坊主可邀请优秀教师、教研人员担任学科专家)参加,以提升研修的质量。“坊主”应由具有丰富教学经验,教学效果好、组织沟通能力强的骨干教师担任,且参与省(市)级工作坊的研修,是组建工作坊的“种子”教师,选择一名县培训机构学科教研员作为“坊主”的助手负责工作坊的组织和管理工作,包括线上线下的召集与组织,协助坊主发起活动,收集和反馈研修信息,整理研修成果,为学员提供支持与服务。坊主主要负责研修主题、研修课程和研修活动,并进行全程的引领与指导、总结与提升;学科专家在研修过程中主要通过答疑、点评、资源推送等方式对学员进行专业引领,并协助坊主进行活动总结提升,整理并推介研修成果。在学习共同体中,学习共同体成员之间没有思想家与实践者之分,所有的实践者都是思想家,所有成员都是以“行动研究者”的角色、以解决问题的研究者身份来参与学习共同体活动。“坊主”以“教师教育者”的身份进入这个团体中,是“平等中首席”,组织推动工作坊的运行。工作坊一般是基于单一学科或领域进行研修,综合性的工作坊可以跨学科、跨领域。工作坊一般研修活动设计见表 4-2。

表 4-2　工作坊研修活动设计

阶段	培训形式	主　　题	任　　务	方　式
建坊诊断	线下集中培训	工作坊创建与操作技术掌握	1. 组建工作坊,建立学习共同体 2. 学习使用工作坊 3. 确立研修主题,明确研修任务 4. 个人与集体诊断寻找问题	专家讲座 对话交流 现场观摩 示范引领
主题研修	线上网络研修	明确学科主题 1 研修	1. 诊断学科教学问题 2. 制订诊断方案 3. 资源推送	坊主点拨 对话交流 问题研讨
专题研讨	线下集中培训	明确学科主题 2 研修	1. 专题研讨 2. 示范教学 3. 专家引领	现场观摩 示范引领 专家讲座 对话交流
反思提升	线上网络研修	学科问题及对策研讨	1. 问题解答 2. 能力提升 3. 课题研究与校本研修指导	坊主点拨 对话交流 困难研讨
总结展示	线下集中培训	分享与交流培训成果	1. 学员研修成果总结 2. 学员展示汇报课 3. 研讨培训策略与方法,生成智慧	专家点评 经验交流 成果分享

3. 运行机制

“BOPPPS 教师研修工作坊”分成六个步骤，在实践运用阶段可以分成预备、运行、总结三大阶段，分别包括问题导入、学习目标确定、学情分析的预备阶段，参与式学习运行阶段和学习结果考察、总结的总结阶段。时间分配为 1∶3∶1。

(1) 问题导入

好的开始是成功的一半。工作坊每次的研修首先要确定研究主题，保证研修主题的专项性。研修主题需要坊主进行先期调研，选择上级所要求而教师尚不具备或教师现实需求性较强的共性问题。主题导入是以新颖的话题、灵活多样的方式吸引成员的注意力，引发成员积极的思考，帮助成员专注或理解即将要研究的主要问题。

(2) 学习目标确定

学习目标是一个研修时段的出发点和归宿，一切研修活动都要围绕学习目标来进行和展开。目标能增强成员的学习动机，有了目标的驱使，成员才能更好地全身心投入整个课堂的学习。学习目标是 BOPPPS 模型中六个阶段的关键阶段之一。

学习目标设计要遵循 SMART 原则和布卢姆教学目标分类，即目标具有明确性(Specific)、可测量性(Measurable)、可实现性(Achievable)、相关性(Relevant)、时限性(Time-Based)。布卢姆教学目标分类是将学习目标分成认知(要素、理论、观念)、情感(态度、价值、信念)及技能(技巧和表现)三个领域。由于研修活动的开放性，活动的价值生成是多元的，因此要为生成性的资源和目标预留一定的空间。① 教师工作坊研修所确立的目标要细化成某领域的明确可实现、可观测(或测量)的目标，要包括“对象是谁、能学到什么，在什么情况下以及学得如何”等要素，使培训取得的实效有可观测性。如，“今天课程结束时，研习者要能够正确列出有效教学设计单元课的模组元素”。

(3) 学情前测

前测就是学情分析。通过前测，了解学员的兴趣与能力状况，了解学员的现实与潜在需求，聚焦活动达成的目的，帮助组织者调整活动内容的深度和进度。前测一定要与预设的学习目标相互对应，不能偏离教学习目标。前测方式有正式考试、作业、头脑风暴、开放性问题回答、集体讨论等。

---

① 魏善春. 基于过程哲学的课程建构：理念、价值与实施[J]. 南京师大学报(社会科学版)，2016(03)：96－104.

（4）参与式学习

参与式学习的重要作用在于提高成员参与度，增强成员之间的互动以及成员和成员之间的讨论，开展团体活动进行合作，适应多样化的学习目标。在实施 BOPPPS 模型研修的过程中，参与式学习是实现课堂有效学习的关键，因为成员获得的知识取决于其根据自身经验去建构有关知识的能力。

参与式学习不仅仅是身体的参与，更是身心整体的参与，真正把学习当成“自己的事”。BOPPPS 模型研修工作坊中，做到真正参与就是要体现出成员学习的主体性、过程的互动性、成员之间的平等性、方法的启发性、方式的多样性、学习成果的创新性。为此，参与式学习可采用学习共同体互动性较强的的活动形式，如分组讨论、辩论、情景模拟、角色扮演、拼图、鱼缸、案例分析、合作学习等方法，真正把学员的问题欲、求知欲、创新欲激发起来，集思广益，共同成长。

（5）学情后测

这个后测不应该与前测一样，需要有难度地提升。通过后测了解成员学了什么，是否达成了学习目标，或与目标达成了多大程度的一致，学员可以了解自己在学习中知识与能力的获得情况，以及需要努力的地方。针对不同的学习内容，有不同的测量方式。若是知识理解型，可以采用选择题、简答题、是非题、填空题等；若是应用分析型，可以通过撰写短文、分析情境、问题解决作业等；如果是评估技能型，可以使用检查表、评定量表、展示等；如果是评估态度价值型，便可通过态度量表、撰写心得短文、日志札记等。在设计后测时，要注意有效评估，也就是测量目标是否达成、达成多少，以便对研修活动给出反馈、做出及时调整，提高研修活动的有效性。

（6）学习总结

总结的作用是总结活动内容、帮助成员整合学习、引导成员反思内容、预告下一步研修工作坊的内容安排。总结要强调学习目标和要求，帮助成员对学习的内容进行系统化，重点发展学员的发散性思维与创新性能力，进一步引导成员对活动内容反思，告诉成员接下来我们学什么，从而安排学员的延伸学习。总结可采用的方式：内容复习，组织回馈活动（如采取意见卡片形式），总结成员的收获、不足、学习成果，以及成员对工作坊的评价等。

BOPPPS 模型是一个完整的任务完成活动过程，但研修的过程与方式是开放的。使用 BOPPPS 模型的关键不仅在于六个阶段是否齐全、顺序是否正确，更在于研修活动的开展方式。所有成员需要积极主动地参与到共同体集体研修之中,成为学习共同体中的一员,互动学习,思考借鉴,共同提高,这是 BOPPPS 研修工作坊取得成效的关键。在研修工作坊运行过程中,解决问题的过程也是问题暴露的过程,BOPPPS 模型的使用过程是问题逐步解决的过程,是问题研究逐步深入的过程,是教师研修模式持续不断的完善过程,更是教师专业发展螺旋式的成长进步过程。

4. 活动形式

BOPPPS 模型的教师研修工作坊分为线上和线下两种组织方式,乡村教师培训可依托信息技术结成网络研修工作坊,突破时空的限制组织乡村教师开展研修活动,形成信息技术环境下的教师学习共同体。工作坊研修主题研修与常规研修相结合,以主题研修为主,方式是网络研修、集中培训与现场实践相结合。主题研修针对乡村教师教育教学中的突出问题,预设研修主题,主要采取诊断示范、课例研修、专题研讨、微型讲座、课题研究指导和成果总结展示等方式,由工作坊主持人组织全坊教师进行主题鲜明的研修活动,BOPPPS 研修工作坊主题研修运行机制见图 4-5。

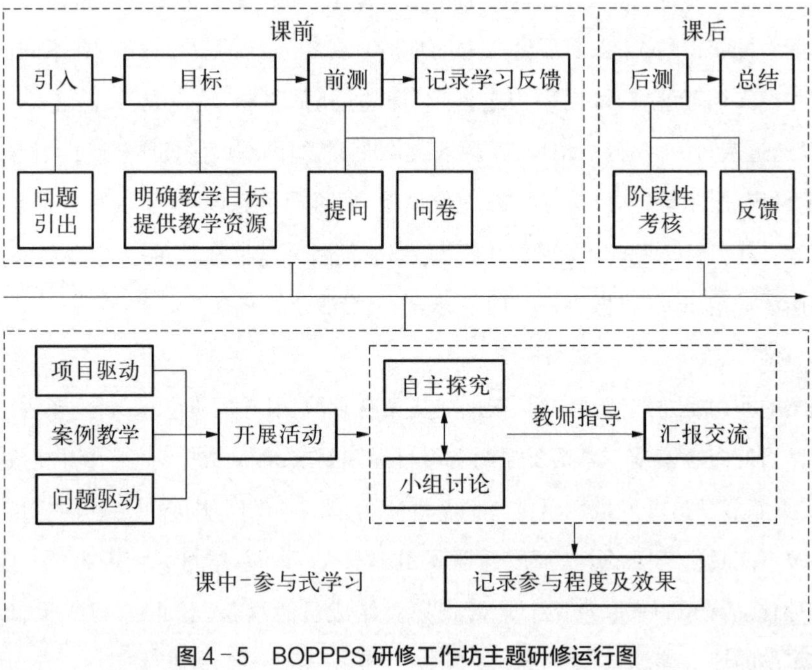

图 4-5　BOPPPS 研修工作坊主题研修运行图

工作坊既是解决问题又是生成问题之所,坊主在生成问题中要提取有价值的共性问题作为研修主题。网络研修重在支持主题研修的常态化开展;集中培训重在现场诊断示范、研修成果展示和经验分享等,营造研修氛围,巩固研修成效;现场实践重在推动乡村教师及时将网络研修与集中培训所学应用于实践,切实解决教育教学中的突出问题。常规研修结合乡村教师日常教育教学工作,采取网上诊断、课例点评、问题解答、资源推送等方式,由工作坊主持人对乡村教师进行个性化指导。常规研修主要采取网络研修与现场实践相结合的方式进行,促使教师即学即用。根据研修主题,工作坊设置递进式研修内容,渐进式地推动教师的发展。BOPPPS 研修工作坊内部运行机制见图 4-6。

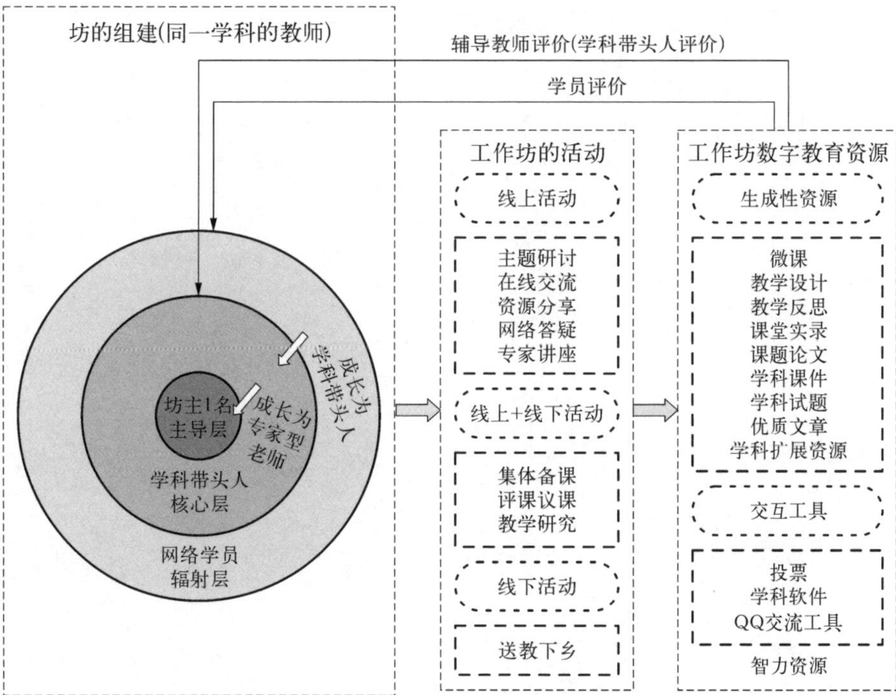

图 4-6　BOPPPS 研修工作坊内部运行机制

第五章

乡村教师培训保障机制与质量管理

第一节　乡村教师培训的保障机制

培训作为建设一支高水平中小学教师队伍的重要举措,近几年受到了政府及教育行政部门的高度重视。目前中小学教师队伍培训既要注重规模发展又要注重质量提升,但如何让培训变得更有质量和实效,需要一定的条件和措施来保障。影响中小学教师培训实效性的因素众多,本节就针对乡村中小学教师培训中的组织保障、制度保障、资源保障进行探讨。

一　组织保障

乡村教师有效培训重在全员参与,在以教龄、职称、学科等分层分级培训的基础上实现全覆盖、全辐射的全员培训,需要做好组织保障。做好组织保障的"顶层设计"是实施好系列培训项目的首要条件,也是乡村教师有效培训的前提,主要包括构建支持体系、完善协调机制、组织推动实施三大方面。

(一) 构建支持体系

乡村教师有效培训的实施是长期而又复杂的过程,要真正保障乡村教师培训落到实效,关键是要设立保障机制、构建支持体系。县级政府和教育行政部门要认真贯彻落实上级关于乡村教育振兴及乡村教师培训等相关政策,将乡村教师培训工作纳入教育事业发展整体规划和部署中,成立相关组织机构。在乡村教师培训组织工作中,建立以县级主管教育的县长为组长、县教育局局长为副组长的乡村教师培训领导小组,以及教育局、县级教师培训机构、培训合作学校、中小学校等相关部门各负其责、全程参与、全县配合的支持体系。乡村教师培训领导小组定期组织开展关于乡村教师培训的专题会议,不仅研究培训的顶层设计工作,更要针对县域内的国培、省培、县培、校培项目的实施制订具体规划与安排,保证乡村教师有效培训的顺利开展。

（二）完善协调机制

县政府加强与乡村教师培训相关部门的沟通与协调，并针对当前县域乡村教师培训存在的培训顶层设计有待完善，五级培训关系不清；培训机构建设有待完善，培训力量不足；培训目标针对性差，精准施培不够；培训过程管理不到位，培训质量评价欠科学；培训手段创新不够，新技术新方法运用不当等问题找出完善和解决的办法，这是县域乡村教师培训有效开展的重要前提保证。在乡村教师培训工作中，县政府主要衔接和协调的是：省、市、县教育行政管理部门、县级教师培训机构、基地校（联校、中心校）、乡村教师所在学校。如图 5－1 所示，县政府按照省教师发展中心的培训规划制订乡村教师培训计划，将乡村教师培训工作落到实处。教育部门开展教师培训指导工作，协调解决县级教师培训机构及学校在乡村教师培训中出现的各种供需矛盾及问题。

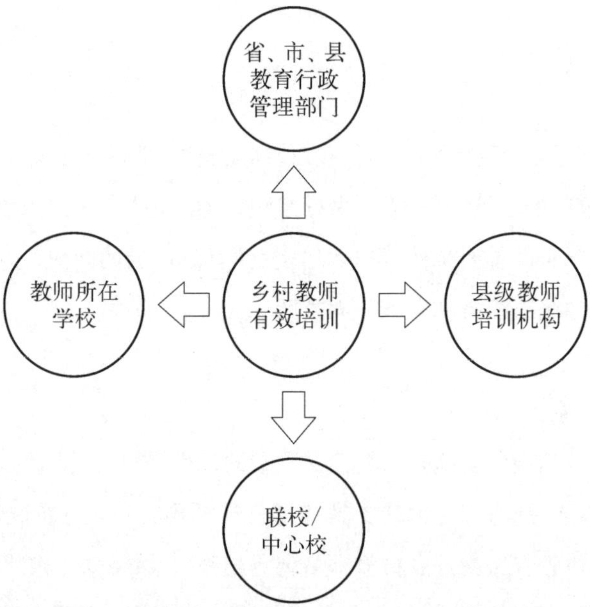

图 5－1　县域乡村教师有效培训各部门协调体系

（三）组织推动实施

县级教师培训机构承担着对县域内中小学教师继续教育工作的管理、规划、指导、培训、研究和服务功能，在县域乡村教师培训工作中发挥着主导作用，组织推动培训工作的实施。培训项目的开发、设计、实施、监管、评价都需要教师培训机构的精心布局、精细安排。因此,培训项目的实施需要教师培训机构组织培训者在深度分析培训需求、及时申报培训项目、精心开发实施方案、着力优化培训课程、尽早选定培训师资等方面做足培训准备,在培训实施中注重营造培训文化、激发参训动力、丰富学习资源、强化管理服务,在单个培训项目完成后做好设计评价、过程评价、结果评价。只有这样才能保障乡村教师培训的效能性和效益性①。

二　制度保障

乡村教师培训的制度化建设是促进教师培训工作常态化运行的重要保障。制度保障不能仅停留在国家层面的设计,还应根据各省市及县的乡村教育实际和乡村教师培训情况制订相应的培训制度,主要应从完善政策保障体系、强化制约和激励等三个方面做好制度设计,如图 5-2 所示。

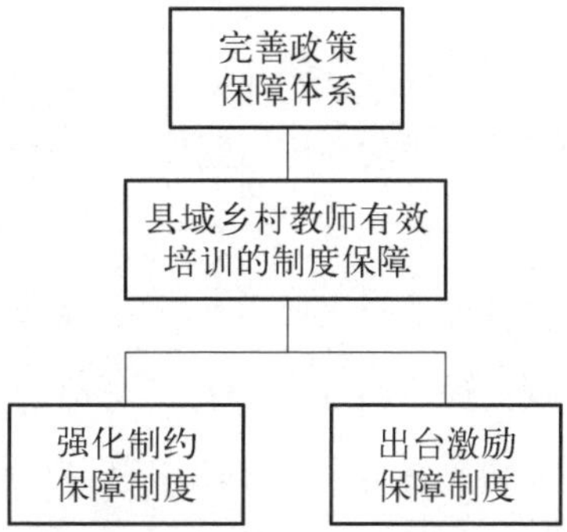

图 5-2　县域乡村教师有效培训的制度保障

(一) 政策保障

从中央关于乡村中小学教师培训的相关政策的制订到地方各县(市)的地方政策的出台,使乡村中小学教师培训有政策上的保障,但由于诸多因素的影响和制约,培训政策的制定、实施到完善都需要全方位、多角度考虑。其一是政策保障体系的构建需要充足的人力资源、物力资源和财力资源。诸多县域担心受经费短缺的影响,乡村教师培训的全员性受到局限,政策的实施和推进明显受阻。其二是培训政策需要综合考虑县域的经济发展、学校发展、教师专业发展等现实状况。既要遵循国家层面的政策及导向措施,也要权衡区域经济发展的不平衡对政策实施的影响,更要考虑地方培训政策是否能真正推动当地乡村教师的专业发展和学校的提质增效。

乡村教师的数量庞大,教师个体差异大,培训需求多元。乡村教师培训要体现培训的“乡村”特色,需要从教师集中培训实践的经验中创新思路,开展一系列的分层培

① 张平忠. 福建省县级教师进修学校发展组织保障浅析[J]. 福建教育学院学报,2013(06):49-52.

训,如乡村新手教师、资深教师、骨干教师的层级化培训,更能有效实现不同教师群体的专业化发展。同时,在深入了解乡村教师教学实际及学生身心发展规律的基础上对培训项目、课程、模式、保障机制、质量管理等进行研究和变革。分层培训的系列化实施都需要培训管理者制订完善的政策制度来保障实施,且需根据不同教师群体制定相应的培训政策和制度,因人而异、因时而变,确保"人人参与培训、人人都是培训的受益者"。

(二) 制约制度

乡村教师培训制度一方面是对"乡村教师应该做什么"的引导,另一方面也是对"乡村教师不应该做什么"的约束和制约。强化制约保障制度在于对参与培训项目的所有人的监督与约束。以湖南省宁乡市 29 个乡镇、6 000 余位乡村教师为例。宁乡市教师进修学校创新培训形式,采取培训者送培上门、送教到校的全员培训方式对乡村教师开展有效培训,制订对乡村教师培训时间、培训课堂、培训作业、培训纪律等多方面的培训制度与规则,制定对以教师进修学校为主的专职培训者和以名校名师、工作坊主为主的兼职培训者管理的规章制度,在"无规矩不成方圆"的制约下保障培训的有序、有效开展。见图 5-3。

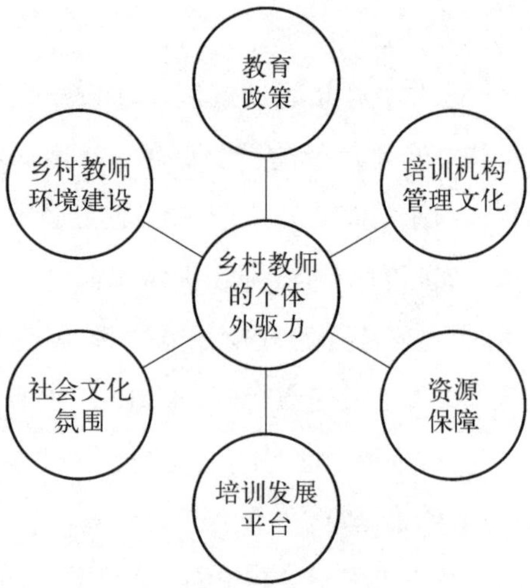

图 5-3 制约保障制度

第一是全员培训制度。乡村教师有效培训的主要着力点是保证县域内所有乡村教师都能有参与培训的机会,根据国培、省培、市培、县培对培训对象的不同要求遴选教师参加培训,保障每个乡村教师参培机会均等。尤其是县域乡村教师培训要坚持"整县进入,不缺一校,全员参与,不落一人"的原则,提供多样化的培训形式,满足教师多元化的培训需求。

第二是考核评价制度。这既是对参培对象的制约和监督,也是考察培训效果的重要举措。考核评价制度需要标准化,既要有定性指标,又要有定量指标。如对宁乡市培训基地学校的考评结论以 A、B、C 三类等级评定,连续三年评为 C 类的基地校将自动取消乡村教师培训基地校，财政拨款和资金支持一并取消。

第三是培训学分管理制度。中小学教师培训学分统一登记管理制度是加强中小学教师培训工作的重要环节，是促进教师参培、提高培训实效的有力措施。县级教师培训管理部门要构建教师培训学分要求、学分标准体系、学分认定项目、计算办法、取得途径、转换机制、登记程序、学分使用管理等举措，强化学分与教师专业发展、切身利益的密切关联，以发挥培训学分的应用价值，激发教师参加培训的动力。

（三）激励制度

制度激励是一种内生动力机制，是通过规则、制度、文化实现对组织成员的方向引导、动机激发与行为强化，持续调动人的主动性、积极性和创造性。从管理学的角度看，在原有培训制度的基础上增加激励制度，可以激发乡村教师个体的内驱力，可以使乡村教师将自身利益与集体利益有机统一起来。乡村教师个体参培的内驱力是指驱使乡村教师参加培训所产生的欲望和动力，内化为教师个体的认知、情感、信念、意志等多种因素集合的内在力量，即激励制度可以产生参培的积极性和动力。对乡村教师采用激励制度，不仅可以增强他们学习的主体性，更能让他们意识到培训的意义和重要性。教师培训激励要着眼长远、着眼于精神、着眼于激发教师自主发展的意识与动机，要将激励机制与教师个人的利益紧密关联，如教师职称的评定、晋级、绩效等，能够对教师发展有可持续性的驱动作用。

三　资源保障

培训资源是一系列提供培训、支持培训与改善培训的资源的总称，教师培训涉及人力、物力、财力、课程、培训基地，以及相关软硬件设施等资源。

（一）课程资源

乡村教师有效培训不仅在于提高他们的教学技能和水平，提高驾驭课堂、完成教学任务的能力，帮助他们顺利完成向成熟型、经验性教师的转变，还要能够具备一定的思想政治素质和科学文化素质，以及教师应具备的师德师风。因此，建立完善的培训课程体系是非常必要的。一般来说,教师培训的课程可分为以下几类。

第一,教育素养类课程。教育素养类课程包括教师职业道德规范、教师角色认识、教育法规通识、教师自我心理调适知识与技能等。此板块内容旨在提高教师的师德修养,加强教师的思想政治觉悟和师德师风教育,提高他们“德高为师、身正为范”的使命感和责任感。

第二,学科课程。学科课程主要是指不同学科的知识及相关知识、发展状况,以及不同学科知识在教学中如何传授等。学科课程在教师培训课程中占有很高的权重。

第三,教学管理类课程。教学管理是运用管理科学和教学论的原理与方法,充分发挥计划、组织、协调、控制等职能,对教学过程各要素加以统筹,使之有序运行,提高效能的过程。教学管理类课程侧重于教师对教学过程的管理,指导教师在教学中要充分利用现有资源,使教学活动开展的有序、高效,如课程资源的开发与利用,创造性地开展与教学内容相关的各类活动等,其中包含诸多的教育智慧。教学管理类课程与班级管理类课程有区别。

第四,班级管理类课程。班级管理工作对于乡村教师来说,既是锻炼自身、提高自我能力的机遇,又是遭遇学生问题、处理学生关系的一种挑战。开设班级管理类课程能从理论和技能上指导教师如何做好班级管理工作、如何协调集体与学生个体的关系、如何处理突发事件、如何开展集体活动,等等。班级管理类课程是班主任培训的必修课。

第五,学生发展类课程。教育的目的在于让学生德智体美劳全方位发展,作为乡村教师要明确自身服务对象——学生的身心特点和发展规律,了解不同年龄阶段、不同性别、不同心理状况,以及特殊群体(如残疾、留守)学生的教育与管理策略,做到因材施教。学生发展类课程涉及心理学、生理学方面的知识。

第六,教师发展类课程。教师发展类课程目的是为了让乡村教师规划好自己的职业发展,明确好自身发展定位,适应好自己的职业环境,正确认识和处理职业发展中遭遇的问题和瓶颈,树立终身学习理念,让自己不断成长和进步。

(二)人力资源

教师培训的人力资源保障主要体现在培训团队的培养。培训团队要深入乡村,必须在“研训”中学会做“培训师”,在“研训”中学会“培养管理”,努力实现从学科精英向优秀培训者转型。教师培训师是教师的教师,是“在教育机构中,接受过长期的专业教育和专门训练,掌握系统的教育科学知识和专业培训技能,能够运用现代培训理念和手段,从事教师培训的需求分析、方案设计、课程开发、教学组织、管理服务、领导咨询等培训与管理活动的专业人员”。① 教师培训师是影响培训效果的关键因素,但他不是普通教师、企业培训师或社会其他领域工作人员所能替代的,优秀的教师培训师一般都有长期的教育实践经历,它是在教育教学实践中成长起来的,这也是教师培训师大都有教师职业经历的主要原因。我国尚未建立教师培训师职业认证制度,从事培训的兼职教师居多。

湖南宁乡市不断加强专兼职培训者队伍建设,为乡村教师培训提供有力的人力支持。每年在全市遴选 200 多位骨干教师,县教育局发文认定为教师培训的兼职教师,组织送教下乡、送教到校。同时,以课题引领不断增强教师进修学校专职培训者的学习力、研究力、指导力。培训者必须清楚乡村教师培训的数量,弄清乡村教师的地理位置分布、性别、学历、教学段、教龄长短等基本情况,做到对培训对象的心中有底。近年来,编者所在的教师培训机构遵照“统筹规划、改革创新、按需培训、务求实效”的原则,充分考虑到乡村教师课务繁重、身心压力大的现状,积极组建专兼职相结合的培训者团队,采取专家、名师、骨干教师行走乡村学校,送培下乡,组织多场课程辅导报告、答疑或辩论会、示范课等形式的培训模式,以增强乡村教师学习的参与度和培训的有效性。

(三) 地理资源

教师培训的地理资源一方面是指培训所做的位置,另一方面是指地方特色自然资源对培训的支持。合理选定乡村教师培训的地理位置,可以降低乡村教师参加培训的成本,缓解工学矛盾,有效供给课程资源,增强培训的乡村教育的情境性,有助于提升乡村教师培训效果。如以地理学科为例,可借助乡镇的旅游文化资源、红色文化基地、自然资源等极具特色的乡镇作为培训场地,超越了传统培训的讲座及课堂,转换培训形式为实地考察,这也是对自然地理资源的有效利用。

① 余新. 教师培训师专业修炼[M]. 北京: 教育科学出版社,2012.

(四) 财力资源

乡村教师培训需要以财政和经费作为保障与支持,需要各级政府部门、教育行政管理部门、省教师资源发展中心等多单位统筹,保证充足的资金为乡村教师解决经费开支问题。近年来,各地加大了对教师队伍建设和乡村教育的财经投入,资金投入也进一步向乡村教师队伍建设倾斜。

第二节 教师培训项目质量管理

古代有一则"扁鹊的医术"的故事。魏文王问名医扁鹊说:"你们家兄弟三人,都精于医术,到底哪一位最好呢?"扁鹊答:"长兄最好,中兄次之,我最差。"文王再问:"那么为什么你最出名呢?"扁鹊答:"长兄治病,是治病于病情发作之前。由于一般人不知道他事先能铲除病因,所以他的名气无法传出去;中兄治病,是治病于病情初起时。一般人以为他只能治轻微的小病,所以他的名气只及本乡里。而我是治病于病情严重之时。一般人都看到我在经脉上穿针管放血、在皮肤上敷药等大手术,所以以为我的医术高明,名气因此响遍全国。"

人们在认识一件事情时,往往不注意事情发生的起因及其发展的过程,只关注发展的结果。当事情发展的结果达不到预期甚至无法控制的时候,才会积极地寻求解决办法。亡羊补牢,为时已晚。头疼医头,脚疼医脚,事后的补救往往要花费更大的成本,效果也不一定好。事后控制不如事中控制,事中控制不如事前控制,防重于治,做任何事情都要有防患于未然的洞察力,尽可能消除事情发展中的潜在风险。

教师培训工作的质量不是一步形成的,也不是最后一道过程突然形成的,而是经过一定的环节逐步形成的。好的产品是设计和生产出来的,而不是检验出来的,教师培训质量也是如此。教师培训的有效需要培训过程中对每一个环节的质量把关来保证,而不是靠培训结束后的检测与评价,即对培训过程有效才能保障培训结果有效。把影响教师培训效果的过程因素都纳入质量管理之中,由事后检查变为事前控制,主动把关,这样才能有效保证教师培训质量,培训有效性才有前提保障。从教师培训项目的流程来看,培训可分为立项、计划、实施和收尾几个阶段,每个阶段都应当进行科学的论证、组织,控制好每一环节的质量,才能确保培训最终有效果。在教师培训项目的制定与实施过程中,对教师的需求分析、课程设计、教学质量的监控都是影响培训效果的重要环节。

一　培训需求调查与内容分析

开展科学准确的培训需求分析是教师培训有针对性和实效性的基础工作,是培训工作的出发点。培训需求工作没有做好,后面的工作都会走偏,培训就会出现出力不讨好、资源浪费等问题。培训需求分析是一项十分专业的工作,需要相应的知识与技能。培训需求分析是在规划和设计培训项目或活动之前,培训者通过收集和分析各种信息,确定培训对象的工作现状与应达目标之间的差距,寻找产生差距的原因,并进一步从这些原因中找到那些可以通过培训来解决的学员知识、技能、态度、能力和行为等方面的问题,为开展培训提供依据。根据培训所面向的对象,有较大群体的普遍性需求分析、特定群体的需求分析、特定群体对特定项目的需求分析等。教师培训需求调查与分析的主体一般有教育管理者、培训管理者、学校管理者、培训者、教师、学科专家等,他们能从不同的视角开展调查与分析。

教师培训是事关国家教育质量提高的重要事项和教师个人专业发展,培训工作不仅要关注教师个人发展和教学工作的需求,也要关注学校、社会层面的需求,因此,教师培训需求分析一般是从社会、组织(学校)、工作、个人四个维度展开,它们之间的关系见图 5－4。

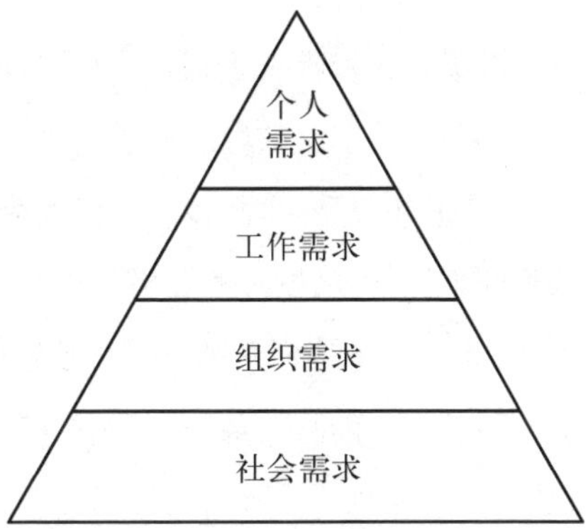

图 5－4　教师培训需求调查结构图

(一) 社会需求

社会需求分析要求将教师培训置于社会宏观战略层面,与时俱进,体现社会政治、经济、文化、科技、教育等的发展对教师队伍建设和教师培训提出的新目标、新要求、新方法,如《国家中长期教育改革和发展规划纲要(2010—2020)》强调的“加强师德建设”“提高教师业务水平”;《关于全面深化新时代教师队伍建设改革的意见》中提出要“着力提升思想政治素质,全面加强师德师风建设”“转变培训方式,推动信息技术与教师培训的有机融合,实行线上线下相结合的混合式研修”“推行培训自主选学,实行培训学分管理,建立培训学分银行,搭建教师培训与学历教育衔接的‘立交桥’”,等等,教师培训要以此作为内容与方式变革的依据。

(二) 学校需求

学校需求属于中观战略层面的分析,是以被培训教师的工作单位为分析对象,内容主要是确定学校的发展目标是否需要通过教师培训来实现,学校组织结构中问题能否通过培训来解决,以及如何通过教师培训影响学校的变革与发展。通过对学校发展目标、发展状况、发展资源的分析,准确找到学校发展中存在的问题及其产生的根源,确定通过培训可以有效解决的方面。学校都有自己的发展目标和定位,无论是校本培训或是校外培训,培训学习目标与学校发展的目标能保持一致,培训对学校发展的促进效果就愈加明显。

(三) 教师工作需求

教师工作需求属于微观执行层面的分析,分析对象是某学科、某年级教师岗位的工作任务与需求。教师工作需求需要确定教师在完成某项工作所需要的知识、能力、态度、技能的类型、水平、结构,以此为标准确定教师的实际状况与标准的差距。因此,教师的工作任务、教师的资格条件与教师工作实际状况的落差是培训需求分析关注的重点,但这些问题并不都是可以通过培训而解决,如由于学校原因导致教师的工作态度、职业认同等问题,某些知识、技能也不是需要通过培训能短期解决,如教师入职前就应该习得的学科知识、教育基本理论知识等。教师培训更多解决的是“知不知”“会不会”类的知识与能力提升问题。教师培训不是万能钥匙,应着重分析培训能够解决的问题和完成的任务,并以此为依据进行内容与方法的设计。

(四) 教师的个人需求

教师工作需求属于微观层面的分析,其对象是教师本人的兴趣、意愿,以及对培训的期待和要求。教师个人层面的需求是多元的,与社会需求、学校需求有不一致之处,有些需求是暂时的、盲目的、不理性的，培训分析者要确定哪些是需要满足的，哪些是需要考虑的，哪些是需要帮助学员自己寻找的。

教师的培训个人需求是指教师对培训的主观期待，是整个培训需求分析中最重要的一项。教师需求带有强烈的主观色彩，就共性而言，教师都重视专业知识的更新、知识结构的优化。教师必须具备扎实、先进的专业知识和宽广、优化的知识结构才能承担起培养人才的重任，因此，“更新专业知识、掌握学科前沿动向、优化知识结构”是他们参与培训学习的主要目的。就个体而言，新任教师通过培训，使其巩固专业思想，熟悉有关教育法规，初步掌握所教学科的教学常规，熟悉教学对象，尽快适应中小学教育教学工作。在职教师通过培训，逐步树立正确的教育观念，具有良好的职业道德，不断完善知识结构，不断提高履行岗位职责的能力，适应实施素质教育的需要。骨干教师通过培训，在思想政治与职业道德、专业知识与学术水平、教育教学能力与教育科研等方面有较大幅度的提高，提高他们实施素质教育的能力和水平，发挥他们在实施素质教育中的骨干带头和示范辐射作用，成长为教育教学专家、学科带头人或骨干力量等等。教师个体在培训需求上存在着一定的个体性和功利性，教师的需求因其主观性和个体局限性等原因导致其需求并不一定是恰当的，如何从“专业视角”分析“教师需求”，对于实现培训目标，落实培训计划具有重要意义。

教师培训的需求类型。教师培训从满足程度上来说，有实然需求与应然需求；从时间上来说，有当下需求和长远需求；从教师群体来说，有共性需求和个体需求；从表现形式来说，有显性需求与隐性需求。

实然需求与应然需求。实然需求主要来自教师个人或教师所在学校，即接受(委托)培训方对状态差距的判断。对于教师而言，实然需求是教师在实际工作中面临的困惑、困难、问题，以及多样化的学习愿望。应然需求主要来自培训设计者或专家，即实施培训方对状态差距的判断。应然需求是通过培训需要教师必须学习和掌握的内容与达到的目标，也就是培训在政策设计上提出的要求与目标。应然需求要通过培训引导并产生新的需求，实然需求要通过培训有效满足。

当下需求和长远需求。当下需求是教师在现实教育实践中面临的各种问题和困惑，有些问题和困惑可意识到，有的问题没有被教师意识到，甚至产生错误的归因，这在分析时需要特别注意。长远需求是通过培训使教师的专业发展有突破性、实质性的变化，并引领教师的专业发展。

共性需求和个体需求。共性需求是“出于组织整体的发展所发现的培训需求”，如新课程实施所要求的教育理念与技能，这种需求是教师共同面对的共性问题。个体需求是教师由于社会或工作压力意识到自己知识和能力不足以胜任本职工作，或工作达不到预期的目标而产生的进一步提高自己的动机。教师的个体需求千差万别，培训首先要满足教师群体的共性需求。

显性需求与隐性需求。显性需求与隐性需求又称被意识到和没有被意识到的需求。显性需求比较容易识别，隐性需求则比较难于识别。在很多情况下，隐性需求是显性需求的延续，满足了显性需求，其隐性需求就会提出；两者需求的目的是一致的，只是表现形式和具体内容不同而已。

实然与应然、当下和长远、共性和个体、显性与隐性是从不同角度的需求探讨。分析教师的培训需求，需要从不同角度和采用合适宜的调查方法。教师培训需求调查方法有问卷调查、访谈测试、实际观察等，不同方法优劣分析如表 5-1。

表 5-1　教师培训需求调查方法的优劣分析

方法	运　用	优　势	不　足
问卷调查	调查者将事先设计好的问卷（调查提纲或询问表）通过邮寄或依组织形式或者亲自交给被调查者，让其在规定的时间内回答完毕，然后通过邮件或由调查者收回，进行统计汇总，以取得所需的调查资料的调查方法	参与度高，覆盖面广，费用少，数据可量化，用匿名方式可得到诚实回答	耗时长，没有调查者参与，回答有敷衍应付之弊，易走形式
访谈	通过访问人和受访人面对面地交谈来了解受访人的需求的研究方法。在访谈过程中，尽管谈话者和听话者的角色经常在交换，但归根到底访问人是听话者，受访人是谈话者。访谈以一人对一人为主，但也可以在集体中进行	参与性强，有现场感，能发现真实问题，可挖掘深层次问题	费用高，需要有专业技巧，覆盖面不广，容易偏离主题
测试法	研究者通过测试（测验或考试）来了解被试的心理或专业知识技能状况的一种方法，如心理测试或知识、技能测试等	数据可靠，便于进行量化分析和专业分析	需要有专业技巧，需要部门配合，耗时长，覆盖面小
实际观察	研究者有目的、有计划地在自然条件下，通过观察或借助于一定的工具搜集被观察人行为的各种资料的方法	真实，便于发现问题	耗时长，覆盖面小，需要专业技巧，需要部门配合

培训需求确认是对教师培训需求分析的关键一步，一般的做法是召集不同利益相

关者参加讨论,参与者认真阅读分析报告,评判有关培训需求的描述与分析是否准确,分析报告是否严谨科学,对参训教师需求的分析与学员的实际需求是否一致,而后提出修订建议让分析者修改完善。

培训需求分析不会一次到位,需要形成性评估和不断优化。即使培训工作进入实施阶段,如果发现需求有变化,也要对培训课程适当调整,以实现培训效果最大化。

二　教师培训需求分析方法

“培训需求”不是通常意义上的期望、意愿或目标,抑或问题、矛盾,而是存在于“现实状态”与“希望状态”之间的差距,可以简化为公式表示:

培训需求=要求具备的-现在已有的。如图5-5所示:

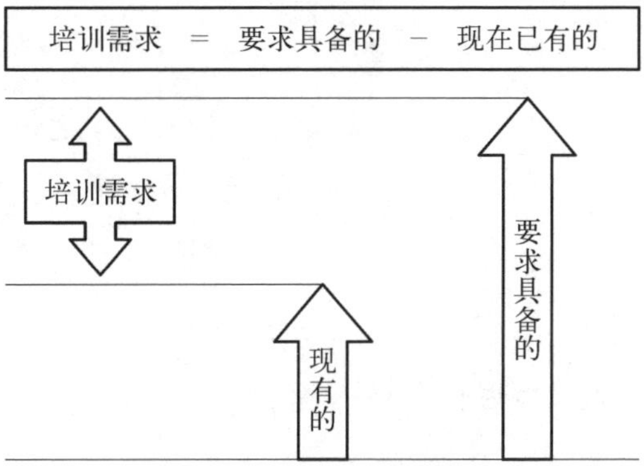

图5-5　教师培训需求具象图

(一) OTP分析法

OTP分析包括组织分析(organization analysis)、任务分析(task analysis,有时也称作operation analysis)、人员分析(person analysis)三项内容。从组织、任务和人员三个层次上综合分析,系统、客观、准确识别培训需求。其中组织分析要求分析者对社会、地方、学校多个维度对教师等多个方面要求分析识别教师专业发展中存在的问题以及面临的机遇与挑战,将组织需求与教师的个人需求结合起来,找到最佳契合点,以培训促进组织目标的实现;任务分析是分析教师工作岗位的性质,明确教师的工作职责及重难点,找出差距,以确定培训的目标与内容;人员分析是从学员的实际状况出发,考察其知识结构、技能、能力、态度以及工作绩效,以确定谁应该接受培训及接受何种培训。所有的需求都是与教师本人密切相关的,培训目标、内容、方式的设置都应依据学习者的具体特征,作为分岗、分科、分类、分层培训的基本参照点。其模型见图5-6。

与其他模式相比,OTP模式适用于由一定组织委托的培训,从组织、任务和特定群

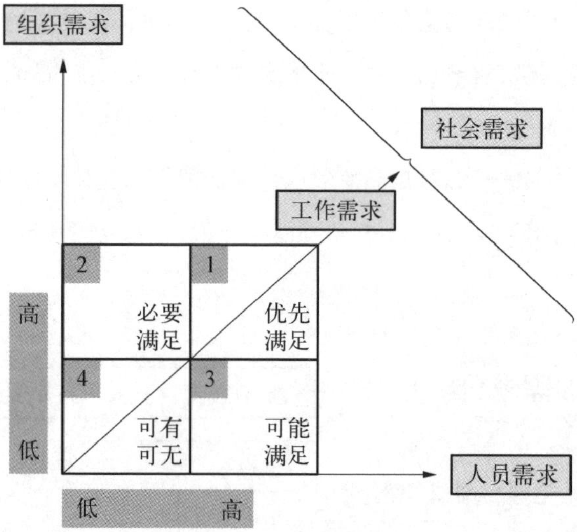

图 5-6　OTP 分析模型结构

体三个层面综合分析培训需求,既考虑了组织的发展目标和宏观战略,又考虑特定岗位的绩效标准和个人实际需求,既解决眼前的现实问题,又能立足长远,成为推动组织实现整体目标的有效手段。①

（二）绩效差距分析方法

理想状态与现实之间的差距称为“缺口”,状态绩效差距分析法也称问题分析法,主要集中于组织或组织成员存在的问题,即在分析组织及其成员现状与理想状况之间的“缺口”的基础上,确认和提出造成差距的症结与根源,明确培训是否是解决这些问题、提高组织绩效的有效途径。主要步骤是: 现状信息搜集—明确理想状态—明确差距—找出原因—明确表象。但有些差距不是教师个人原因而导致的,即使有些差距是个人导致,但并不是培训所能解决的,如由于工资待遇引起的教师的职业倦怠、工作的积极主动性不够,这种改变需要依靠学校内外的管理制度和文化环境进行干预。就教师培训来说绩效差距分析,只有当差距是由于思想认识不高、知识技能欠缺,而不是其他因素(如奖惩措施不当、生活待遇低,资源不足)对教师的工作行为构成的影响,才将其视为培训所要满足的需求。因此,确定教师理想的工作标准与当前教师工作状况

① 胡玉平. 基于 OTP 模型的幼儿教师培训需求分析——以教育部幼师国培示范项目为例[J]. 唐山师范学院学报,2018(01): 149-155.

是发现差距及识别需求的关键，在此基础上确定引起差距的认识、知识、技能因素。当真实的绩效状态没有达到期望的绩效状态时，可以改进真实的绩效状态；当真实的绩效状态达到或超越了期望的绩效状态时，需要提高或强化真实的绩效状态。绩效差距分析法的优点是：能及时找到解决问题的方法；简单明了，易于实施，制定出的措施也有针对性，近期容易出成绩，效果较佳。缺点：易失去方向性，对于整体中的轻重缓急不易把握，长期可能造成发展的偏差。见图5－7、5－8。

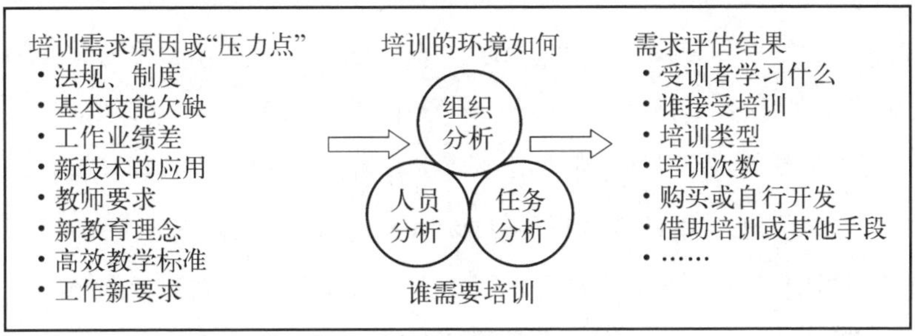

图5－7　培训绩效差距分析过程

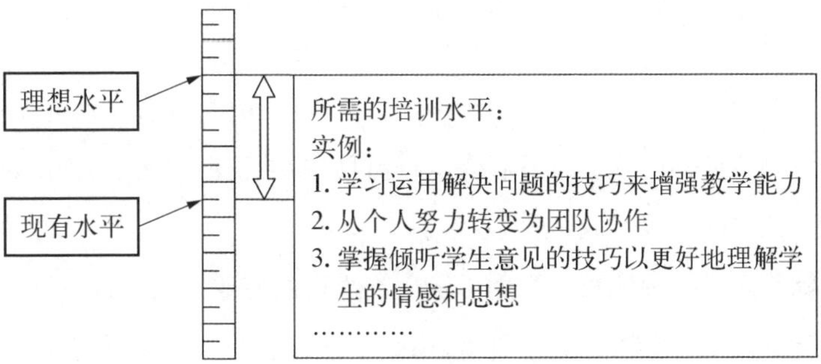

图5－8　培训需求差距分析模型

对培训需求分析结果根据重要性、需求程度进行排序，培训组织方对结果商议达成一致意见，同时密切关注新的培训需求，尤其是实施过程中的信息反馈，对出现的偏差及时纠正。

三　教师培训课程开发

课程作为教师培训的核心内容，不仅直接决定培训的质量和效益，关系着教师素质的提高,而且还潜移默化地影响着参培教师的教育教学思想的形成和教育实践活动,从而直接或间接地影响教育教学质量。另外,通过课程的开发与建设可以提高研训教师的知识素养和能力素养,因为课程开发与建设的过程是教研、科研和培训相结合的过程。这个过程是双向的,它使培训者和参培者的素质或能力教学相长、共同提高。

培训课程开发是根据培训需求与课程目标,对课程内容进行计划、分析、设计、编制、修订、评价的过程。课程开发一方面要综合考察社会、学校、学员的需求,关注学科知识发展状况。另一方面,要注重系统设计,根据成人学习规律和目标导向的课程设计理论,确定培训目标、选择培训内容、配置培训资源。课程开发流程如下:

确定培训课程目的。说明教师为什么要进行培训,通过培训达到什么目的。只有明确培训课程的目的,才能确定课程的目标、范围、对象和内容。

进行培训需求分析。培训需求分析是课程设计者开发培训课程的第一步。进行培训需求分析的目的是以满足组织和组织成员的需要为出发点,从组织环境、个人和岗位层面上进行调查和分析,从而判断组织和个人是否存在培训需求,以及存在哪些培训需求。

确定培训课程目标。培训课程必须有明确清晰的课程目标,这是培训者制订详实的课程开发与讲授计划的依据,培训课程目标可以帮助培训师和学员对培训过程做出客观评价,也可以帮助学员确认培训效果。

课程目标是经过某种课程学习后学员应当实现的专业提升,培训目标的确定有三个依据:第一是学员岗位胜任能力要求;第二是岗位工作标准要求;第三是现实中需要解决的问题。制定课程目标要考虑三个要素:课程的类型;课时长度;学员的理解与操作能力。

不同类型的教师培训课程目标各有其特殊性。通识类课程,侧重于从认知到理解,从案例到实践,最终实现创新应用;教育教学技能类课程,应重点关注技能的掌握,涉及理解、模仿、运用、实践几个阶段;教育理论类课程,侧重于让学员转变教育思想、态度,接受并认同培训者提出的教育观念,进而内化为自己的教育价值观,从而实现教育行为的转化。

培训目标是学员通过培训达到的具体标准,应具有可达、可测、可评的特点。

1. 不大不小:既概括又具体,不空泛,不琐细;

2. 不高不低：既跳起又够到，可达到，不过高；

3. 具体明确：有行为和程度，标准词汇，可测评；

4. 条理清楚：分条目写，条目不宜多。每条目集中某一方面写。按主次和逻辑顺序写；

5. 兼顾差异：对不同的对象区别对待；

6. 符合需求：契合培训主题，满足学员需求。

常见课程目标行为动词如表 5－2 所示。

表 5－2　常见课程目标行为动词

学习水平	行为动词	举　例
知识	1. 了解：说出、背诵、辨认、回忆、选出、举例、列举、复述、描述、识别、再认等 2. 理解：解释、说明、阐明、比较、分类、归纳、概述、概括、判断、区别、提供、猜测、预测、估计、推断、检索、收集、整理等 3. 应用：运用、使用、质疑、辩护、设计、解决、撰写、拟定、检验、计划、总结、推广、证明、评价等	会写、读准、认识、学习、学会、把握、了解、写下、熟记 理解、展示、扩展、使用、分析、区分、判断、获得、表现、扩大、拓展 评价、掌握、运用、懂得、联系上下文
技能	1. 技能：模拟、重复、再现、例证、临摹、扩展、缩写等 2. 独立操作：完成、表现、制订、解决、拟定、安装、绘制、测量、尝试、试验等	讲述、表达、阅读、复述、朗诵、写出、倾听、观察、朗读、推想、揣摩、想象、转述、讲述、选择、扩写、续写、改写、发现、借助、捕捉、提取、收集、修改
过程与方法	经历、感受、参加、参与、尝试、寻找、讨论、交流、合作、分享、参观、访问、考察、接触、体验等	感受、尝试、体会、参加、发表意见、提出问题、讨论、积累、体验、策划、分享、合作、探讨、沟通、组织
情感、态度与价值观	1. 反映：遵守、拒绝、认可、认同、承认、接受、同意、反对、愿意、欣赏、喜欢、讨厌、感兴趣、关心、关注、重视、采用、采纳、支持、尊重、爱护、珍惜、蔑视、怀疑、摒弃、抵制、克服、拥护、帮助等 2. 领悟：形成、养成、具有、热爱、树立、坚持、建立、保持、确立、追求等	喜欢、有……愿望、体会、乐于、敢于、抵制、有兴趣、欣赏、感受、愿意、体味、尊重、理解（某人）、辨别、品味、关心 养成、领悟

课程目标可分为总体目标和具体目标，具体目标由总目标分解、展开、细化成知识、技能、能力、态度、行为等多个方面。下面以初中骨干班主任主体研修课程为例说明：

总体目标：

通过主题式研修，帮助初中骨干班主任提高师德素养，树立先进的德育理念，深入理解针对初中生身心发展特点的班主任工作专业知识，熟练掌握初中班级管理和德育的各项技能，总结班主任工作经验，掌握班主任工作研究方法，培养研究意识，形成学习共同体，造就一批能够发挥引领示范作用的“种子型”初中班主任。

具体目标：

1. 理解新修订的《中小学教师职业道德规范》，以及中学教师《专业标准（试行）》中“师德”的内涵，提高师德修养，树立职业理想。

2. 更新班主任工作理念，能够有意识地把社会主义核心价值体系融入班主任工作。

3. 理解当代初中生的思想品德发展特点，掌握思想品德教育的有效方法。

4. 掌握班主任工作计划、班集体与班级文化建设、班级活动的设计与实施、家校沟通与合作、班级工作总结与评价等方法，提高班级管理的专业水平。

5. 学会合理利用学生、家长、社区、网络资源，为实施德育和促进学生发展服务。

6. 总结班主任工作经验，掌握班主任工作研究方法，能够提出有价值的研究问题，进行符合要求的研究设计。

课程整体设计：课程整体设计是针对某一专题或某一类人的培训需求所开发的课程架构。进行课程整体设计的任务包括确定总体课时、划分课程单元、安排课程进度以及选定培训场所等。

课程单元设计：课程单元设计是在进行课程整体设计的基础上具体确定每一单元的授课内容安排、授课方法和授课材料的过程。课程单元设计的优劣直接影响培训效果的好坏和学员对课程的评估。在培训开展过程中，作为相对独立的课程单元不应在时间上被分割开。

课程论证与修订：在课程的设计后，需要对需求分析、课程目标、整体设计和单元设计进行科学性论证和修订，以便为课程培训的实施奠定良好基础。

课程总体评价：培训课程评估是在课程实施完毕后对课程全过程进行的总结和判断，重点在于确定培训是否达到了预期的课程目标，以及参培教师对培训内容效果的满意程度，课程总体评价跟培训评估有一定的交叉的地方，但是培训课程评估不能简单的看培训效果评估，它主要侧重的是培训内容对培训目标的达成情况。教师培训课程开发具体流程见图 5－9。

加强农村学校中小学教师继续教育是提升农村薄弱学校中小学教师专业素质、专业水平的重要途径和方式。从一定意义上讲,什么样的培训内容体系造就什么样的教师队伍。培训内容体系是为实现教育目标而选择的教育内容的总和,合理的培训课程内容的设计能够有效提高农村学校中小学教师继续教育的质量。

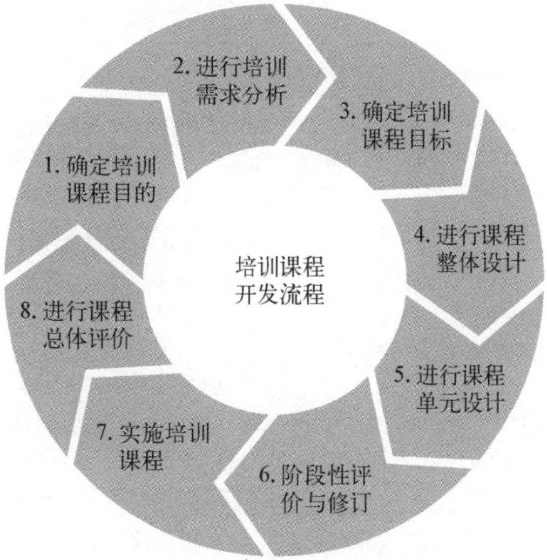

图 5－9　教师培训课程开发流程

培训课程开发原则：需求导向,教师培训课程开发要体现满足教师专业发展的多样化需求,保障教师持续有效的专业学习;引领发展,课程要反映相关领域研究的新进展、新成果,体现前瞻性、探索性、创新性,引导教师加深专业理解,引领区域课程教学改革;实践取向,关注现实问题,解决实际问题,提升教师实践水平;行为改善,“教、学、做”一体化,促进教师教学行为改善;效能优先,使参培教师成为课程实施主体、受益主体,围绕培训目标开展活动,满足参培教师的需求。例如中小学教师培训课程开发框架见表 5－3、表 5－4,还可以结合学科和乡村教师需求设计培训课程。

表 5－3　乡村中小学教师培训课程开发框架

课程类型	学习领域	模块/主题
师德与修养	乡村教育情怀	乡村教育情怀;乡村教育价值;乡村教师使命与担当
	师德修养	职业理解与认识;职业道德规范;中小学教育政策法规;教师人格修养;师德教育实践等
	综合素养	教育哲学;艺术欣赏与人文修养;科学技术与科学素养;教师礼仪与人际沟通;中小学教师心理健康与维护;国际理解与交往;信息技术应用等
知识与技能	学科知识	学科主干知识梳理;学科知识更新与发展前沿;学科思想与方法等
	学科教学知识	课标解读与教材研究;学生认知特点与规律;学生学习与发展指导;学科课程资源开发;学科教学方法与策略;拓展性/研究性课程设计;教育学心理学知识;课程与教学论等
	学生与教育知识	学生认知与学习;学生学习分析与指导;学生发展心理;学生问题诊断与矫正;乡村中小学生特点;乡村留守儿童教育方法;特殊教育技能;学生综合素质评价;德育原理和方法;班级管理策略和方法;教育测量与评价等

续 表

课程类型	学习领域	模块/主题
知识与技能	教育研究	课例研究及其方法;课题研究及其方法;学生学习评价研究;特殊儿童发展问题研究;“新课堂实验”研究;微课开发研究;教育科研方法指导等
实践体验	教育实践体验	学科教育设计与实施;课堂观察与诊断;学科教学技能;学科教学问题与对策;作业设计研究;试卷命制与分析反馈;学业质量综合评价;研究性学习设计与实施;教育技术与学科深度融合;校本课程开发等
	班级管理与育德实践体验	班级常规管理;班级文化建设;学科德育;个别化教育;主题班会组织开展;育德活动设计和实施;社会实践活动组织开展;学生个案分析;学生评语撰写;班主任工作技巧和方法;家校沟通交流技巧;乡村学生问题诊断与矫正;校园突发事件处置等
	教科研实践体验	学科教学专题研究;教学案例分析与研究;个别化指导研究;课程研究;课例研究;作业设计研究;试题研究与复习指导;教师论文/学术文章写作指导;研究课题申请等
	专业发展实践体验	教师专业发展及职业生涯规划;研修活动策划组织;校本研修的实践与思考;教师专业发展专题研究等

表5-4 《乡村教师专题培训》课程体系

课程名称	课程目标	主要内容	学时
乡村教育情怀培育	1. 认识乡村教育的重要性 2. 乡村教育与城市教育区别 3. 乡村情怀培育 4. 乡村教育质量提高的社会价值	1. 乡村教育内涵 2. 乡村教育的特点 3. 乡村教育情怀内涵 4. 乡村教师的使命与担当	6
乡村留守儿童教育	1. 认识留守儿童 2. 留守儿童教育与管理方法 3. 留守儿童家校共育策略	1. 乡村留守儿童特征 2. 留守儿童心理特征 3. 留守儿童心理教育与关怀方法 4. 留守儿童校外活动管理方法 5. 与监护人沟通与共育策略	4
乡村教师信息化技能培训	1. 明白中小学教师信息技术能力标准 2. 信息化教学环境的价值 3. 技术课堂设计水平提升	1. 多媒体技术的使用 2. 资源检索与索取 3. 多媒体素材的处理 4. 多媒体课件设计与制作 5. 微课设计与制作	5
BOPPPS 教学设计	1. 认识有效教学 2. 有效教学设计 3. 不同学科 BOPPPS 有效教学设计特点	1. BOPPPS 有效教学设计流程 2. 问题导入方式 3. 参与式学习气氛营造与设计 4. 学生学习状况测定与比较	4

续　表

课程名称	课 程 目 标	主 要 内 容	学时
乡村教师工作坊研修	1. 教师专业发展的价值 2. 工作坊研修的价值 3. 工作坊研修的方法	1. 不同工作坊的进站流程 2. 工作坊中的角色与任务 3. 个人与团队的关系与协作 4. 个人教学难题的呈现与解决	4
乡村教师职业倦怠消解	1. 正确认识教师职业倦怠 2. 乡村教师职业倦怠消解意义与方法	1. 乡村教师角色认同 2. 乡村教育理想与信念教育 3. 乡村教师职业发展规划与目标设定 4. 教师专业发展的多条路径	3

四　培训教学过程质量监控

教学过程质量监控，是指在教学运行过程中，通过对教学质量系统化的评价和持续监督，在收集有关教学工作质量、教学成果质量资料的基础上发现教学在课程内容安排、教学方式等方面存在的质量问题，及时修正以提高教学质量的活动，实际上是对教学工作进行全方位、全过程质量管理的一套操作系统。① 教师培训是短时间内实施的教学活动，其教学时段的质量保障是取得成效的关键，其中听课、教学检查、学员评教等制度是保障措施的主要环节。

（一）教案审议

教案审议是在教学活动开始前对培训讲课教师的教案或讲义 PPT 进行观看，发现问题、提出修订建议。对教案的评价可参考表 5－5。

表 5－5　教案的评价表

评价指标	评 价 要 点	得 分				
		5	4	3	2	1
导入设计	内容简洁，短小精悍，时间控制在 3 至 5 分钟					
	符合培训对象实际，考虑到了培训对象的知识能力水平，又考虑到了学习特点					
	有利于课程内容的学习与理解					

① 许晨.成人高等教育教学质量监控体系研究［D］.西安：陕西师范大学，2007.

续 表

评价指标	评价要点	得分				
		5	4	3	2	1
主体内容	内容与教学目标和学员的接受能力相契合					
	内容安排具有逻辑性,内容之间过渡、衔接自然					
	培训方法的选择契合培训对象与内容,能够将案例、故事、问题、讨论等教学要素嵌入到相应的知识内容之中					
	授课时间安排合理、高效					
结尾	总结、巩固学员课堂所学					
	鼓励学员采取积极的行动去达成课程目标					
	内容富有启发性且能够对实际工作提供指导与帮助					

(二) 听课

听课,亦称课堂观察,是指由培训管理方或外部督导人员组成课堂观察小组,为了评估培训教学实施质量,以提前通知或随机的方式对培训讲师进行听课、评课等活动。课堂观察一般有听课记录工具和教学评价标准,通过对听课记录进行整理、汇总和分析,把结果及时反馈给相关部门或人员,从而改进教学与管理工作。

表5-6 教师培训听课观察要点

评价指标	评价要点		得分				
			5	4	3	2	1
授课教师表现	教学态度	较强的责任心;备课充分,教学认真,严格要求学员;融洽的师生关系;师生之间语言或情绪的交流自然流畅					
		善于反思;能够把学员在课堂上的表现作为课后反思的依据					
	课堂上表现的学识水平	思维深刻性与敏捷性;概念表达准确,条理清晰,有逻辑性;思维深刻,对学员有启发;善于捕捉学员自身蕴含的资源,生成教学内容					
		深厚的知识储备;对所讲内容非常熟悉,深入浅出,举例说服力较强					
	教学能力表现	正确而明确的教学目标;培训目标兼顾岗位要求与培训对象需求,课堂目标表述清楚,使学员清楚地了解学习目标与任务					

续　表

评价指标	评价要点		得分 5	4	3	2	1
授课教师表现	教学能力表现	丰富的教学内容,课堂教学信息量足,教学内容符合学习者接受能力和需要;理论联系实际;给学员提供相应的辅助性材料或拓展性材料					
		适当的教学方法;教学方法有利于使所讲内容与学员原有的知识经验建立联系,积极与学员互动,调动学员思维,善于利用评价,评价对各层学员都有指导作用					
	课下指导	有求必应,对学员课下所提出的需求能够积极给予指导或回应;指导到位,给予学员的指导或回应能够满足学员的需求					
活动内容	活动内容科学合理	活动内容符合培训项目目标要求,活动主题鲜明,内容有吸引力,活动内容丰富完整					
活动形式	活动内容有效	活动形式有利于发挥学员主体作用,绝大多数在活动中有具体任务;活动形式灵活,有创新					
活动组织	组织到位	活动各环节有明确分工,专人负责;活动组织管理有序,细节考虑周全					
	应变能力	组织者对活动中可能生成的问题有预案;能够及时、灵活地应对参训教师提出的教学要求					
	时间安排	培训活动时间安排合理					
学员表现	学习状态	兴趣与学习积极性:对学习内容表现出的兴趣与需要,学习积极性高					
		专心程度:专心听讲,合作学习时与同伴有问题的交流、质疑、心得					
	学习体验与收获	知识获得:学员能够具体说出哪方面知识得到了补充与更新 方法获得:学员能领悟教师在教学中渗透的教学方法,并准备在教学应用,学员能够具体说出所学内容对自己工作的启发与指导					

(三)培训教学课堂观察记录

培训教学课堂观察记录可以从学员学习、教师教学、内容实施、活动文化4个维度记录,见表5－7、5－8、5－9、5－10。

表 5-7 维度一：学员学习

视角	观察点举例
准备	课前准备了什么？有多少学员作了准备？ 怎样准备的(指导/独立/合作)？不同知识基础学员的准备习惯怎样？ 任务完成得怎样(数量/深度/正确率)？
倾听	有多少学员倾听教师的讲课？倾听多少时间？ 有多少学员倾听其他学员的发言？ 倾听时,学员有哪些辅助行为(记笔记/查阅/回应)？有多少学员发生这些行为？
互动	有哪些互动/合作行为？有哪些行为直接针对目标的达成？ 参与提问/回答的人数、时间、对象、过程、结果怎样？ 参与小组讨论的人数、时间、对象、过程、结果怎样？ 参与课堂活动(小组/全班)的人数、时间、对象、过程、结果怎样？ 互动/合作习惯怎样？出现了怎样的情感、行为？
自主	学员自主学习的时间有多少？有多少人参与？基础差的学员参与情况怎样？ 学员自主学习形式(探究/记笔记/阅读/思考/练习)有哪些？各有多少人？ 学员自主学习有序吗？不同知识基础的学员情况怎样？
达成	学员清楚这节课的学习目标吗？多少人清楚？ 课中哪些证据(观点/作业/表情/板演/演示)证明目标的达成？ 课后抽测有多少人达成目标？发现了哪些问题？

表 5-8 维度二：教学活动

视角	观察点举例
环节	教学环节怎样构成的(依据、逻辑关系、时间分配)？ 教学环节是怎样围绕目标展开的？怎样促进学员学习的？ 有哪些证据(活动/衔接/步骤/创意)证明该教学设计是有特色的？
呈现	讲解效度(清晰、结构、契合主题/简洁/语速/音量/节奏)怎样？有哪些辅助行为？ 板书或媒体呈现了什么？呈现了什么？怎样呈现的？是否适当？ 动作(实验/制作/示范动作)呈现什么了？怎样呈现的？体现了哪些规范？
对话	提问的时机、对象、次数和问题的类型、结构、认知难度怎样？ 候答时间多少？理答方式、内容怎样？有哪些辅助方式？ 有哪些话题？话题与学习目标的关系怎样？
指导	怎样指导学员自主学习(读图/读文/作业/活动)？结果怎样？ 怎样指导学员合作学习(分工/讨论/活动/作业)？结果怎样？ 怎样指导学员探究学习(实验/课题研究/作业)？结果怎样？
机智	教学设计有哪些调整？结果怎样？ 如何处理来自情境的突发事件？ 呈现哪些非言语行为(表情/移动/体态语/沉默)？结果怎样？

表 5-9 维度三 课程性质

视角	观察点举例
目标	预设的教学目标是怎样呈现的？目标陈述体现了哪些规范？ 目标的根据是什么(课程标准/学生/教材)？是否适合该班学员水平？ 课堂有无生成新的学习目标？怎样处理新生成的目标？
内容	怎样处理教材内容？采用了哪些策略(增/删/换/合/立)？ 怎样凸显本学科的特点、思想、核心技能以及逻辑关系？ 如何满足不同学员的需求？ 课堂中生成了哪些内容？怎样处理的？
实施	预设哪些方法(讲授/讨论/活动/探究/活动)？方法与学习目标适合度？ 怎样体现本学科特点？有没有关注学习方法的指导？ 创设什么样的情境？结果怎样？
评价	检测学习目标所采用的主要评价方式有哪些？ 如何获取教/学过程中的评价信息(回答/作业/表情)？ 如何利用所获得的评价信息(解释/反馈/改进建议)？
资源	预设哪些资源(文本/实物与模型/实验/多媒体)？ 生成哪些资源(错误/回答/作业/作品)？怎样利用？ 向学员推荐哪些课外资源？可得到难度如何？

表 5-10 维度四：活动文化

视角	观察点举例
思考	学习目标怎样体现高级认知技能(解释/解决/迁移/综合/评价)？ 怎样以问题驱动教学？怎样指导学员独立思考？怎样对待学员思考中的错误？ 学员思考的习惯(时间/回答/提问/作业/笔记/人数)怎样？ 培训活动规则中有哪些条目体现或支持学员的思考行为？
民主	课活动话语(数量/时间/对象/措辞/插话)是怎样的？怎样处理不同意见？ 学员课堂参与情况(人数/时间/结构/程度/感受)怎样的？ 活动规则中有哪些条目体现或支持学员的民主行为？
创新	教学设计、情景创设与资源利用怎样体现创新的？ 课堂有哪些奇思妙想？学员如何表达和对待？教师如何激发和保护？ 课堂环境布置(空间安排/座位安排/板报/功能区)怎样体现创新的？ 课堂/班级规则中有哪些条目体现或支持学生的创新行为？
关爱	学习目标怎样面向全体学员？怎样关注不同学员的需求？ 怎样关照特殊(学习困难)学员的学习需求？ 课堂话语(数量/时间/对象/措辞/插话)、行为(叫答机会/座位安排)怎样？
特质	在哪些方面(环节安排/教材处理/导入/教学策略/学习指导/对话)体现特色？ 教师体现了哪些优势(语言/学识/技能/思维/敏感性/幽默/机智/情感/表演)？ 培训活动(对话/话语/行为/结构)体现了哪些特征(平等/和谐/民主)？

教师培训教学评价要结合教学观察记录所提供的比较详实的数据，从中了解培训教学的主要内容、方法、课堂教学氛围与学员表现，用来考察培训教学在学员中受欢迎的程度，并作为改进培训教学质量的一个参考指标。

（四）学员评教

学员评教是由学员直接对培训（教）师教学的态度、方法、手段、理念、效果等的教学状况与质量的评价，学员评教是培训效果评价中的重要一环。数据收集的方法主有问卷调查、访谈法等。为了更好地发挥学员评教对培训工作的及时反馈和调整的功能，学员评教一般在培训中进行。学员评价表见表 5－11。

表 5－11　学员评价表

<table>
<tr><th rowspan="2">评价指标</th><th rowspan="2" colspan="2">评 价 要 点</th><th colspan="5">得　分</th></tr>
<tr><th>5</th><th>4
4</th><th>3
3</th><th>2
2</th><th>1
1</th></tr>
<tr><td rowspan="7">授课教师表现</td><td>教学态度</td><td>备课充分，教学认真</td><td></td><td></td><td></td><td></td><td></td></tr>
<tr><td rowspan="2">教师课堂知识水平表现</td><td>所讲内容熟悉，深入浅出，举例说服力较强</td><td></td><td></td><td></td><td></td><td></td></tr>
<tr><td>概念表达准确，条例清楚，思维深刻，对学员启发性强</td><td></td><td></td><td></td><td></td><td></td></tr>
<tr><td rowspan="2">教学能力表现</td><td>教学目标表述清楚，课堂信息量足，理论联系实际，提供足够的辅助性与拓展性材料</td><td></td><td></td><td></td><td></td><td></td></tr>
<tr><td>活动方法有助于课程内容与学员原有知识的联系；教学互动性强，学员学习积极性调动有效</td><td></td><td></td><td></td><td></td><td></td></tr>
<tr><td>课下指导</td><td>课下对学员提出的需求能够积极指导和回应</td><td></td><td></td><td></td><td></td><td></td></tr>
<tr><td colspan="7"></td></tr>
<tr><td rowspan="3">活动内容</td><td>内容的趣味性</td><td>活动主题鲜明，内容对学员有很好的吸引力</td><td></td><td></td><td></td><td></td><td></td></tr>
<tr><td>内容的实用性</td><td>内容富有启发，且对实际工作提供有效指导与帮助</td><td></td><td></td><td></td><td></td><td></td></tr>
<tr><td>内容的新颖性</td><td>活动内容丰富完整，处理新颖且结合实际</td><td></td><td></td><td></td><td></td><td></td></tr>
<tr><td rowspan="2">活动形式</td><td rowspan="2">活动形式的有效性</td><td>活动形式有利于发挥学员主体作用，绝大多数学员在活动中有具体任务</td><td rowspan="2"></td><td rowspan="2"></td><td rowspan="2"></td><td rowspan="2"></td><td rowspan="2"></td></tr>
<tr><td>活动形式灵活多样，有助于学员对内容的理解与掌握</td></tr>
</table>

续　表

评价指标	评 价 要 点		得 分				
			5	4 4	3 3	2 2	1 1
活动组织	组织到位	培训课程材料和通知下发及时					
		活动组织管理有序，细节考虑周到					
	时间安排	培训时间安排合理，学员学习没有疲惫感					
	应变有力	组织者能够及时、灵活地完成参训教师提出的合理要求					
	实施设备齐全	设施设备齐全，符合培训需求					
	食宿安排	食宿安排周到、贴心，照顾到不同民族教师的食俗					
培训收获	学员开阔了视野，获得的所需知识						
	学员更新了教育教学理念						
	学员的教育教学思路得到了启发						
	学员获得了足够在教学实践中应用的知识与技能						
	学员缓解了职业倦怠，增强了有效教学的信心						
	学员增加了职业认同感，积极性提升						
	学员结识了同行，有向他人学习的意愿与行动						

（五）阶段性访谈

访谈是指有关人员与学员面对面进行交谈，来了解学员对培训工作的评价。根据访谈是否有完整、详细的计划，访谈可分为结构性访谈、非结构性访谈与半结构性访谈。无论是任何形式的访谈，访谈者大都是与培训活动不直接相关的人员，以保证访谈问题及反馈的客观、真实、公正。访谈对象可以是全部学员，也可以是部分学员，但通常应该是一个随机的学员样本。访谈中提出的问题，要给学员提供自由、充分表达的机会和思考的时间，以充分了解学员的真实、全面的反应。访谈最好以匿名形式，对访谈的结果要保密，使学员打消顾虑，畅所欲言。阶段性访谈纲目及内容见表 5－12。

表 5－12　阶段性访谈纲目及内容

访谈纲目	内　　容
培训内容	本次培训内容是否符合您的实际需要？ 本次培训中，您觉得有用的内容是什么？为什么？ 本次培训中，您觉得不需要的内容是什么？为什么？ 本次培训中，您觉得需要但实际却没有安排的内容是什么？ 本次培训中，你具体的收获有哪些？

续 表

访谈纲目	内　　容
培训形式	您认为,本次培训时间长短的安排如何? 您认为,本次培训各种形式之间的结构安排如何? 您认为,本次培训形式上有哪些闪光点? 你认为,本次培训形式上有哪些不足?应如何改进?
培训教学	本次培训中,你喜欢的培训讲师有哪些?为什么? 本次培训中,您不喜欢的培训讲师有哪些?为什么? 您心目中理想的培训讲师是什么样的?
培训内后行动	您认为,本次培训中能够运用到实际工作中去的知识有哪些? 请尽可能多地写下,通过本次培训您回到工作岗位后希望尝试的行动设想。
培训组织	本次培训的管理者是否向您了解过您的培训需求? 本次培训在研制方案时,是否咨询过您的意见? 本次培训在开展之前,您是否收到过有关本次培训安排的详细信息? 您对本次培训后勤工作(就餐,住宿,交通)的感觉如何? 您对本次培训场地、设施的感觉如何? 您认为,本次培训的组织工作,值得赞扬的地方有哪些? 你认为,本次培训的组织工作,有哪些地方需要调整?如何调整?
培训整体感觉	您认为本次培训投入的时间和费用相对于培训收获来说值得吗?为什么?

在教师培训中,方案实施最为重要。在方案实施过程中,除了按照事先的计划落实相应的活动外,还应根据参训教师、培训人员等提出的各种合理的要求及时、有效地调整培训安排,包括培训教师、课程内容、培训方式等,即培训方案实施的过程不是被动地执行方案的过程,也是根据相关人事的建议及时生成计划的过程。同时,培训教师在实际教学中要准备充分,能够根据参训教师的反馈及时对教学的内容与方式做到适时有效的调整至关重要。

完整的培训阶段不仅是包括学员参加学习的阶段,还包括学员回到本职岗位应用培训的所学阶段,教师的培训活动不应随着参训活动结束而结束,培训管理、承办机构和学校应持续对培训效果进行强化、跟踪与支持,营造好参训教师将培训所学运用到实际工作中的氛围,在组织环境中为提高培训的实际效果提供支持。

五　教师培训效果跟踪

(一) 教师培训效果跟踪的意义

教师培训工作具有一定的系统性,既包括培训期间的学习管理,也包括培训结束的“售后服务”。教师培训后的跟踪服务,不仅是促进培训成果物化的重要环节,更是提高教师专业发展质量的重要举措。后续效果跟踪是指导教师对学员返岗实践开展的深入、反馈、指导和调整相结合的阶段,教师回到任职学校后按照“后续研修任务”的内容和要求完成各项任务,将学到的新知识、技能、理念、方法应用到教学中,发挥种子教师的带头、辐射作用,发挥教师培训的影响力和效果衍生效应,其意义体现在以下几方面:

第一,有利于教师的后续发展。教师培训的目的不是简单教给教师知识,也不是简单教给教师解决具体问题的方法,要重要的是要激发教师强烈的专业发展欲望与信心。培训效果的后续跟踪可以让教师培训后结合工作实际出发,促使其思想从深处发生彻底变化,深刻认识到培训的意义与价值,激发学习、变革、进步的强烈愿望,实现从“被动接受培训”到“主动发展”的转变。只有教师在工作的精神态度层面发生了转变,才能有效促使教师在教学实践中不断反思自己的教学行为,在反思中发现问题,在反思中认识到不足,在反思中完善自我。

第二,有利于巩固培训效果。培训具有一定的保鲜期,即培训过后参训者有一段时间是仍然处于培训的兴奋期和消化期,但过完这段时期后可能又回归原样,所以必须要在保鲜期内加强巩固与强化。教师培训效果跟踪,一方面可以让教师定期总结,回顾培训中的精彩片断、知识点,培训课件,重温当时学习的气氛和场景,与同事一起交流,相互探究,共同成长。另一方面,教师参加集中培训结束后,他们要在教学实践中实施培训所学的知识和技能,在具体的操作过程中会遇到一定困难,因缺乏有效的指导方式和后续配套的跟踪指导,有可能很快陷入了迷茫之中。如果缺乏必要后续跟踪指导,教师培训后的效果会很快下降,甚至会出现培训前后思想的冲突,不但培训不能发挥效果,进而可能对培训的实际效应产生质疑。通过后续的跟踪指导可以有效帮助教师解决实践中出现的问题,提升教师在实际工作中对理论知识应用的能力,提升教师对培训的价值认知。

第三,有利于培训的辐射带动作用。短暂的培训后,如无后续跟踪指导,回到原岗位培训就结束了,教师由于职业的惯性很可能仍然沿用传统的自己比较得心应手的教育方式。没有外在要求的压力,没有得到及时运用的培训内容很快就会被遗弃。有效的后续效果跟踪制度,作为一种外在的力量,可以增强参训教师的工作责任心,调动参训教师在工作中对新的教育理念、方法、技术使用的积极主动性,展现参训的良好效果,示范其他教师,使培训起到良好的辐射作用。

第四,有利于培训工作的改进。教师培训效果跟踪的一个重要目的就是为了更好地完善培训工作。教师教学质量的提升是检验教师培训成效的重要标志,服务于教师的教学实践是教师培训工作的目的。教师培训效果跟踪能够有效地发现培训工作存在的问题,以及当前教师专业发展的共性和个性化的需求,为帮助培训在内容、方法等方面的完善与变革提供最为真实的依据。

教师培训后续跟踪模式,主要有专家巡回考察模式、网络跟踪模式、专业机构调查模式,其中由教师培训机构或教师培训机构委托的专业调查机构是比较常用的。

(二) 教师培训效果跟踪调查

通常来讲,培训与教师培训之后的教学行为没有必然的正相关,有些培训没有效果甚至产生负效果。如有的培训由于内容或者方式的不合适使学员收获较少,学员投入的时间、精力没有得到回报,产生不良情绪。有的培训虽然使学员获得了新的知识与技能,但由于在教学中没有机会实践,久而久之就会衰竭和荒废。但绝大多数培训都是有效果的,但有的效果明显,有的效果平平;有的对教师个人素质提高效果明显,有的对学生和组织发展的效果显著;有的体现在教师工作的思想情感态度动机上,有的体现在教学内容、方法与技能的使用与变革上。泰勒认为,培训效果评估的过程就是将学员培训后的行为表现与培训所要求的行为规范进行比较,以判断参训学员行为改变的程度与培训目标实现的程度。因此,正确判断教师在教育教学中的行为改变与所参加培训习得之间的关系是评估培训效果的关键。教师培训效果评估的考察重点是:

培训在多大程度上满足了学员的需求?

培训对既定目标的实现程度?

培训结束后教师的教学行为有哪些方面改变?

教师教育行为的改变与培训之间的关系?

教师培训所学到的在教育教学活动中的运用情况?

教师培训所学到的对其工作的影响有哪些?

教师培训所学到的对教师个人的影响,具体有哪些方面?

教师培训所学到的对教育活动、学生、学校产生的影响或作用有哪些?

教师培训不单纯是教师在培训过程中习得知识与某种能力,更重要的是让教师在迁移情境中运用习得知识与能力解决问题,从而产生实际的效用。美国管理学家纽斯托姆(Newstorm)对培训效果迁移进行了定义,即“接受培训者将在培训的环境中学习到的知识、技能、态度等有效地应用到工作中去的程度”,它更多关注习得的知识和行为如何更好地应用到实际工作中,以及经过一段时间后行为是否仍能保持。① 对教师来说,教师培训迁移效果的考察是教师在培训中学到的知识技能等运用到实际教学工作中的程度,以及由此引起的教学行为变化和学生学习结果的改进程度。

确定教师对培训获得的知识与技能运用的难点在于确定精准、适当、足够的关键指标。这些指标必须界定在较少或者学校层面上哪些行为或活动是明显的。换句话说,就是“如果有效,我们希望看到什么?”“如何确定教师是否真正找到了新知识与新技能在实践中的应用方法?”“哪些具体的行为能把有效的应用和无效或者不当的运用区别开来?”这些指标可能需要分解成多个小指标,但最好控制在 5 到 6 个。

关键指标确定后,就是对指标的正确应用,需要列出指标的例子。这些例子要包括明显的、能被观察到的策略。如在记录特定行为频率时,要用“总是”“通常”“偶尔”“从不”等来表达,而不是用“是”“不是”等模糊性的词语。在观察教师行为时,如果做质性分析,则要用“适当的”“不适当的”“理想的”“可接受的”“不可接受的”来评价。

由于教育活动的复杂性,判定教师行为是否成功实施需要确定所需的时间。通常来说,变化越复杂繁琐,成功应用的所需时间就越长,对于教师来说,早期的实施通常是一系列试误,教师需要根据具体情境调整他们的新知识与技能的应用。② 如果早期收集信息过于频繁,就会干扰教师这些早期的努力。因此,调查者必须在信息需求与实施要求之间寻求平衡。一方面,用于改进或提高实施努力的形成性评价信息要在实施过程中收集,而且要从最早期阶段开始;另一方面,总结性评价在稍后收集,应在教师有足够时间改进实施努力后收集。当然,我们所关心的变化不一定都会在课堂上呈现,一些变化无法可以有效观察到,需要我们变换方法来搜集教师对培训习得知识与技能的应用信息。

---

① 谭伟. 培训迁移及其影响因素研究述评[J]. 经济研究导刊,2012(11):285-286.

② Thomas R. Guskey. Evaluating Professional Development[M]. 方乐,张英,译. 北京:中国轻工业出版社,2005:142.

1. 直接观察

直接观察指评价者长期深入学员工作现场,按照事先确定好的培训所学应用程度测评量表有针对性地观察学员、学员同事或学生的表现,收集相应资料以进行证据确凿的评价。毕竟,学是一回事,用是另外一回事,如,某参训教师在学习某门课程极其认真,考试成绩也很好,培训结束后自我感觉很有收获,但在回到工作岗位后,其教学行为仍然与以往一样。这说明培训没有产生真正的效果,也说明直接观察在考察实际工作行为与能力改进方面是一种较为有效的方法。有效的观察需要以新知识或新技能应用的关键指标为基础,详细记录每个关键指标量(应用的频率与规律)和质量(应用的恰当性与充分性)两个维度的情况。这需要征得学员、学员单位,以及其他有关人员的同意,需要一定的观察技术、充裕的时间和人力作为保障。这一方法费时费力,在实践中会遇到诸多困难,难以可持续性操作。一个有效的方法是:评价者根据事先确定好的培训所学应用程度测评量表制作培训所学应用观察量表,邮寄给学员的领导,有他人组织人员进行观察记录;另一个就是利用现代教育技术对所观察教师的教学进行录像,之后由专业人员对录像观察研究。这种方法最大的好处就是可以重复呈现教师的教学情境,克服"一次性"观察的不足。需要注意的是,"主观故意"可影响直接观察对象教学行为呈现的真实性。如果教师知道别人在观察自己,就会主动"故意"地呈现某些教学行为,这种行为也许不是该教师自然而为或者习惯行为,因此,需要多次、多角度、多方式考察来弥补这一缺漏。

2. 问卷追踪

问卷追踪的目的在于调查学员在工作中实际运用特定新知识或新技能的行为策略,评价者可以在整个专业发展活动期间多次进行问卷调查,比如在培训前,培训结束后3个月、培训结束后6个月时分别进行内容相似的调查,从而确定学员培训所学的应用情况。

在大多数的情况下,教师培训活动的组织者或实施者都清楚培训所要达成的目标,但对评价新知识、新技能应用情况关键指标则不够关注,不愿花太多的时间或精力来界定关键指标。对评价新知识、新技能应用情况可以围绕着"就特定的知识或技能而言,你在工作中是如何做的,由此对组织和学生学习产生的明显影响"来设置不同类型的题目,通过比较培训前后学员的行为差异和学生学习的差异等来判断学员应用新知识、新技能的程度。问卷调查设计如表5-13。

表 5－13　追踪调查问卷

1. 请描述您参加培训后的收获。(在括号中打"√")。

收　获　项	帮助很大	帮助较大	一般	没有帮助
1. 新的教育思想、理念的获得				
2. 新课程改革的前沿信息的获得				
3. 新的理念与方法对教学效果的帮助				
4. 教学行为的反思				
5. 教学行为的改进				
6. 其他地区和学校老师教学经验的获取				
7. 学生对教学效果的反应				
8. 同事、学校对自己教学效果的评价				
9. 自己教学理念的树立				
10. 自我专业发展的规划				

2. 您回校后在以下方面作了哪些努力与尝试(可以附页)：

(1) 教学手法是否有合理的调整：是(　　)否(　　)。请细化。

(2) 教学管理改革方面(包括学校、班级等)是否有尝试：是(　　)否(　　)。请细化。

(3) 既定的《个人专业发展计划》是否实施：是(　　)否(　　)；是否有调整：是(　　)否(　　)。请详细告知。

(4) 教学科研或拓展型课程是否有尝试：是(　　)否(　　)。请告知。

(5) 教育信息技术是否在工作中有应用：是(　　)否(　　)。效果如何，请告知。

3. 成绩与建议。

(1) 培训后你本人的工作有什么新的发展？取得了什么成绩(各方面的表彰、奖励、荣誉、证书)？

(2) 培训后你所获得的知识和理念对你的学校发展有什么影响？

(3) 如果你能有机会在教师培训班学习，你最想获得的是哪些信息、知识和技能？你最希望采用的是哪几种培训模式或方法？(请细化您的建议)。

3. 深度访谈

深度访谈可以作为任何一种评估方法的辅助手段，也可以作为一种独立的评估方法来使用。作为一种评估培训所学应用程度的方法，理想的深度访谈指根据事先确定好的培训所学应用的程度测评量表设计出结构严密的访谈提纲，按照该访谈提纲对有关人员进行访谈。深度访谈的核心在于了解学员在多大程度上把特定的新知识、新技能应用到实际工作中，是怎样应用的，这一应用行为对组织和学生学习产生的影响，访谈的对象可以是学员本人、学员同事、学生以及有关领导等。学员应用新知识与新技能的前提是学员还记得新知识与新技能的内容。作为访谈的前奏，培训者可顺便了解学员对培训知识与技能的掌握情况,如询问学员培训中的哪些内容给他/她留下了深刻的印象,不过,访谈者始终要记得,访谈的重点是学员做了什么和没有做什么,而不是学员打算如何做的想法,是对组织和学生学习产生的实际影响,而不是期望产生的影响。

4. 教师个人计划调查

很多教师专业发展活动都缺乏清晰的对参训教师应用培训所学的行为预期或结果预期,也没有形成具体的测评培训所学应用程度的量表。但在许多教师专业发展活动中,都有让参训教师设计相应知识或技能应用方案的作业或任务。对于此类培训,可以采用实践计划实施情况分析这一评估方法。这里的实践计划指培训结束时培训者要求学员制订的一份关于其如何将培训所学应用到实际工作中的具体计划。实践计划详细说明了学员回到了自己的工作岗位后应用新学到的知识与技能的措施,一份制订得比较好的实践计划应当包括打算采用怎么样的行动、怎样采取行动、分别在什么时间采取这些行动。实践行动有很多重要的作用,如促进学员深入思考新知识与新技能的含义、促使学校为新知识与新技能运用做好策略上的准备,其中一个非常重要的作用,就是帮助培训者评估学员能够在相当程度上会将所学应用到实际工作中,在学员制订并提交了自己的实践计划后,培训者一般会与学员约定,在培训者结束学员回到自己的工作岗位后 3 至 4 个月后,对其实践计划的实践情况进行跟踪调查。

5. 焦点小组

焦点小组已成为收集评价信息越来越受欢迎的方式。焦点小组把许多小组的学员召集起来共同探讨与实施有关的问题,让他们交流观点,从而使他人得到启发。组织者通过提出一系列与应用关键指标有关的问题来引导讨论。小组成员在回答这些问题时,可以提出新问题或是他们认为重要的话题,然后记录、分析每组的讨论内容。为了获得学员对关注和应用层次的不同看法,要给每个成员回答每个问题的机会。相应地,这需要组织者对组织过程有很高的控制技能。

从形成性评价的观点看,焦点小组的一个主要优点是,学员所描述的实施困难能通过小组讨论立刻得以重视和解决,同时也许能提供解决实施过程中一些顽固问题的好方法。从总结性评价的视角来看,焦点小组对学员应用或未应用新知识和新技能的原因进行深入和个别性的分析,尤其适合回答那些非常重要的“为什么”问题,而这些回答是其他收集资料方法难以达成的。

6. 教师实施日志和反思日记

让学员以书面形式描述他们如何有效地应用新知识和新技能，不仅能记录下学员的行为和新策略，而且能鼓励个人进行反思、自我诊断、自我提高。汇集这些描述信息的最好方法是要求学员保留实施日志和反思日记。实施日志是一种记录教师自己工作中如何应用特定知识与技能的行为记录，不仅可以记录教师的教学行为和策略，而且蕴含着教师自我反思与行为变革的心路历程，以及教师个人努力与成长的历程，这对教师的个人成长是极其有益的。反思日记往往能够帮助教师不断进行自我批判，养成一种批判性反思的习惯，从而为专业发展提供持续的支持。① 实施日志所包含的大量信息可以对教师专业发展的质性评价提供重要参考，而这些数据是难以用量化的方法获取的。

对收集关注、应用层次和策略差异的信息而言，实施日志和反思日记是有效的。例如，在考察关注对象时，可能要问学员这样的问题"你认为怎么样？""你主要关注什么？"。这样的问题为学员提供了在任何时候都可以用自己语言描述关注内容的机会。通过鼓励学员坦诚的回答，评价者能得到学员最关注内容的一个清晰图谱。

利用实施日志和反思日记，学员也能记录应用层次和策略差异的变化。可以仅仅要求学员连续记录下他们所做的事情，尽管他们的行为和策略没有什么明显变化。每人记录的篇幅不同，描述的详细程度不同。例如，大家都写一页半的详细记录，每个人只写一两句话，因此可供分析的信息量变化很大。避免此难题的一个方法是统一实施日志格式，由考察者设定相关的结构框架，但内容的回答又是开放性的。这种格式为学员提供了组织实施记录的框架，同时对学员回答信息的分析也相对快捷、有效。

必须在学员开始记录前告诉他们实施日志和反思日记的目的，还应该告诉他们如何使用他们的日志和日记信息，以及谁能够得到这些信息，否则由于有所顾虑使反馈信息不能真实地反映实际，即使学员知道他们的信息会被使用，以及被谁使用也会影响其信息反馈的真实性，但这种反馈信息比完全不知道相对真实有价值得多，因为信息分析者已将此因素考虑在内。同访谈和问卷一样，日志和日记是反映学员应用新知识和新技能的间接方法。而且因为只有学员才记录日志和记录，里面蕴含着关于培训

① 朱光明. 从反思日记到反思性实践者——谈教师反思日记的写作[J]. 小学语文，2007(11)：57－58.

学习的丰富信息，这些分析结果可能无法利用同对照组进行比较，然而，这些缺陷与他们提供的丰富信息和个人反思的潜质相比就不算什么了。

7. 学员档案袋

另一个收集学员应用新知识和新技能信息的方法是学员档案袋。档案袋里完整记录了学员在一定时期内取得的成果资料，它可能包括新课计划、规则和已开展的活动计划、有关新应用策略的录像带，以及一些学生作业。档案袋可以作为反思的工具，为学员提供评价自己工作和效果的机会。除了收集证据和对组织的支持外，档案袋还可用来收集实施具体行为和策略的详细信息。

档案袋有其他收集信息方法所没有的几大优点。档案袋评价能鼓励学员在观察、记录和回顾自己的专业实践中，承担起重要的新角色——这些角色有利于改进活动。而且，档案袋评价能不断强化学员的专业发展责任感，激活潜能，使教师在满足责任要求的同时，达到更高层次的满意度，进行更富有创见和反思的教育教学实践。①

学员档案袋也有明显缺点。学员档案袋通常无组织，费时，保存起来也很费劲，同实施日志和反思日记一样，它们也很难分析。如果把握不准，很容易得出错误信息，而且，有时为了追求呈现质量往往脱离内容。不过，档案袋仍是丰富、有效的评价信息来源。

8. 对学生与管理者的访谈

学生是教师教学效果产生的最直接关系人和受益人，他们最能直接受到教师教学变化和革新的影响，从学生身上可以获取反应教师教学行为方式改变的直接、真实的信息。同其他访谈一样，告诉学生访谈的目的，让学生知道他们并不是评价教师，而是评价教师的课堂行为，让他们放下心理负担，这一点非常重要。我们所抽查的学生必须是随机的且具有代表性。

与管理者访谈是收集应用层次和策略差异信息的有效与有影响力的方法，如果管理者能在某种相关行为可能出现的环境中定期观察教师，那么管理者的看法与洞察力就能够提供大量有效的信息。对管理者的访谈应由开放式的问题开始，然后是与明确的关键指标有关的问题。如果要确定管理者信息的精确度，则需要询问管理者对教师观察、与教师交流的频率，以及观察教师的环境与方式，尤其是要注意收集在教师自然

① 许叶青. 以教师档案袋为载体，促进教师专业发展的研究[D]. 上海：华东师范大学，2011.

教学状态下的行为信息。

（三）教师培训所学在实际工作中应用对学生学习影响的追踪

教育活动中，教师发展与学生发展互为条件，教师发展的真正价值与意义就在于促进学生的发展，学生在教师的发展中成长，教师在学生成长中发展，这就是我们所理想的教育。① 20世纪80年代以前，人们对教师专业发展效果的考察主要是集中在教师身上，90年代末期，考察的重点开始多元化，甚至从“终端开始反向运作”，这意味着把考察的重点放在希望达成的目标上。教师培训促进教师专业发展的最终目标是促进学生的成长，因此，在对参训教师应用所学情况进行考察时，一个重要的指标就是教师知识与行为的改变对学生学习所产生的具体影响，即，教师专业发展活动是否以某种方式让学生受益，是否改变了学生的行为，是否提高了学生的成绩，是否促进了学生态度、观念的转变，等等。

影响学生学习的因素是复杂多样的，就学校的因素来说，有教师的影响、同伴的影响，但就教师的行为特征与学生学习关系的考察上的确是比较难的一方面，一般简便方法就是通过对学生成绩的考察来确定教师教学质量的提升，但却难以提供有效的证据来证明是因为教师参加了培训的原因，国外对此开展的多项研究得出的结论也十分不一，主要原因是教师专业发展作为活动变量的精准性难以把握和作为控制变量的难以控制。

客观评价特定的教师专业发展活动对学生学习的影响并非易事，因为二者之间存在着许多复杂多变的关系，收集可以证明二者有因果关系的确凿证据具有相关的挑战性。研究表明，当教师专业发展活动的内容与学生学习的内容比较相关时，其对学生的影响最为显著。如果培训者在做培训规划时将学生学习的期望（知识的、技能的、情感态度价值观与行为的）作为培训目标的重要参考时，那么收集资料就相对容易得多，二者的因果关系就能确定。对此，以下几点非常重要。

1. 时机的选择

评价时机对学生学习结果的评价有着重要的影响。有些教师专业发展活动对学生学习的影响在几个星期内便会明显表现出来，而有些教师专业发展活动对学生学习

---

① 黄甫全. 新课程中的教师角色与教师培训[M]. 北京：人民教育出版社，2003：108.

影响在一年甚至几年之后才会表现出来。在实施新策略前,往往要试验一段时间,有的试验很成功,而有的试验却很失败。调整实施策略的过程又往往是非线性的、复杂的。评价教师专业发展对学生学习影响的评价者必须认识到教育的复杂性,不要期望很快从新策略的实施中获得什么。一般来说,建立在不同学生学习成果基础上定期和连续收集证据的过程中是最可取的。早期收集的关于学生学习成果的证据可以用来指导专业发展计划的修订,后期收集的关于学生学习成果的证据可以用来说明专业发展活动的影响。

2. 利用前测和后测评价学生学习成果

在多个时间点收集学生学习成果信息,并对其建立对比分析,从而评估特定的教师专业发展活动对学生学习的影响。一般来说,在实施专业发展计划前、在专业发展计划实施足够长的时间后、在实施效果初步显现时,我们会通过各种方法收集学生认知、情感、技能学习成果信息。通过比较实施专业发展计划前后的信息,我们可以推断出教师专业发展活动对学生学习的影响,鉴于大多数学校都有持续不断的学生评价活动,所以没有必要重新安排评价活动。综合考虑评价形式、标准,以及评分等级的差异,将学生本学年末的分数与上一年末的分数进行比较,就可以得出结论。同时,如果我们把计划实施前几年的结果与计划实施后一定时间序列里收集的信息进行比较,就能得到一个非常清楚的进步路线。

3. 利用对照组评价学生学习成果

判断学生知识、技能、态度或行为的变化是否由教师专业发展活动引起并非易事。即使利用前测和后测,也不能确定学生学习成果的变化是由于教师专业发展活动引起,还是由于同期发生的其他偶然事件或因素引起。为了减少其他因素对学生学习成果的干扰,可以利用对照组来提供重要的评价信息。我们可以把实施专业发展策略班的学生作为实验组,把与实验组学生特质相似的班级的学生作为对照组,他们应该有相似的背景、经历与起始水平等。为了便于操作,在实际评价工作中,我们至少要确保参加特定的专业发展活动的教育工作者班里的学生学习成果与没参加该计划的教育工作者班里的学生学习成果匹配。如果一所学校里的某类工作者或全部工作者都参加了特定的专业发展活动,那么对照组可能就是另外一个有着相似规模和学生数量的学校。在确定了对照组后,就可以同时对这两组学生进行特定专业发展计划实施之前的测试和实施之后的测试,这两组的学生培训前的测定的结果应该是相似的。先将测试结果进行交叉比较以评估培训的效果,再在同一时间内对实验组和对照组分别进行评估,评估结果的差距就是学生学习结果的变化。此外,为了把干扰学生学习成果的其他因素的影响降到最低限度,在具体操作时,可以把参加特定的专业发展活动的教育工作者班里的学生随机分成四组,两组为实验组,两组为对照组。如果实验组比对照组好,则证明特定的专业发展活动对学生的学习成果有影响。

第六章

乡村教师培训项目有效性评价

第一节 乡村教师培训有效性评价内涵及存在的问题

一 乡村教师培训有效性评价内涵

“评价”和“评估”常密切联系在一起，从词条解释来看，“评价”泛指衡量人物、事物的作用或价值，“评估”指评价、估量、测算。前者更侧重结果，后者更侧重过程和方法。有研究者认为“评价”和“评估”是同义词，只是使用的语境不同。美国教育家布鲁姆认为：“评价就是对一定的想法（ideas）、方法（methods）和材料（material）等做出的价值判断的过程。它是一个运用标准（criteria）对事物的准确性、实效性、经济性以及满意度等方面进行评价的过程。”①其中“一定的想法（ideas）、方法（methods）和材料（material）”是被评价的对象，且突出了对“物”的评价，“运用标准（criteria）对事物的准确性、实效性、经济性以及满意度等方面进行评价”这是评价的过程，“做出的价值判断”这是评价的结果，布鲁姆这段话清楚地解释了评价，也一样可以解释评估，这是二者的共性。

教育评价学者格兰郎德（N. E. Gronlund）认为：评价=测量+非测量+价值判断（测量是给予定量描述，非测量是给予定性描述）。② 格兰郎德的等式形象直观地解释了教育评价的工作范畴：测量、非测量、价值判断。通过测量给出定量评价结果，通过非测量给出定性评价结果，二者综合分析给出价值判断。格兰郎德的等式没有规定被评价的对象，这也是评价与评估的共性公式。然而大部分研究者认为二者有共性也有区别。

一是被评价的对象有区别。被评价的对象，它可能是个人、人群、机构或者硬件软件形式和精神文明产品等。评估对象，它侧重机构、硬件、软件或活动，就像布鲁姆的

---

① 中国系统工程学会决策科学专业委员会. 决策科学与评价［M］. 北京：知识出版社，2009：15.

② 袁军. 国际教育百科全书（第3卷D－E）［M］. 贵阳：贵州教育出版社，1990：495.

解释，一般排除人或人群。

二是其结果衡量的侧重点不同。评价，既有评判价值过程也产生评判的结论，评价结果既包含数据测量也包含价值判断。评估，是一种活动，它更侧重用数量来衡量其效果和价值。

对于县域乡村教师培训有效性的衡量，它既需要对机构、硬件、软件或活动等进行定量描述，也需要对参加县域乡村教师培训的人或人群进行定量描述和定性描述；评判结果既需要用数值衡量，更需要用描述性语言进行价值判断。因此课题组没有使用“评估”而是使用“评价”对县域乡村教师培训有效性进行研究。

教师培训评价是培训评价、项目评价和绩效评价相结合的一种评价实践活动。英国的管理服务委员会（MSC）对于培训评价给出了审定和评价两种定义。审定用来确定培训是否满足了组织最初需求，是否达成既定的行为目标所开展的一系列测试和评价；评价被解说为对于一个培训全过程，以及其财务状况的总价值所展开的活动。

瓦尔·伯德（Warr、Bird）和拉克海姆（Rackham）认为，评价在实际工作中的含义比MSC的解说的内涵要广得多，培训评价有两层基本意义：投入评价和产出评价。投入评价主要考虑“什么样的培训方案最有效地促使学员变化”这类问题，即考虑培训实施之前的一系列问题；产出评价定义符合MSC对审定和评价的定义，主要是判断由培训带来的变化结果。海姆波林（Hamblin）认为，MSC的定义在对审定和评价的差别上的辨析并无意义，他把培训评价解释为：得到培训效果的反馈并对反馈信息展开评价。①

培训评价是对培训项目从准备、实施到项目效果的相关数据信息的收集和价值判断，并对项目后续阶段或项目的整体改进提供指导方案的过程，它应当贯穿于一个项目实施周期的全过程，包括培训项目准备评价、实施过程评价、训后效果等总结性评价内容。县域乡村教师培训有效性评价是基于一般培训评价基础上，结合县域乡村教师这一特殊工作环境下的教师群体而设计实施的关于培训项目是否有效、有效性程度如何的一个衡量和判定。

因此，县域乡村教师培训有效性评价是对于县域乡村教师这一特定人群、工作环境和工作绩效而言组织的培训项目，从培训准备、实施到效果的相关资料的搜集和对

① 雷蒙德·A·诺伊. 雇员培训与开发[M]. 徐芳，译. 北京：中国人民大学出版社，2001：245.

其有效性的判断，并对项目后续阶段实施及项目整体的改良提供指导方案的过程。因此培训有效性判断的重点是：培训目标与乡村教师需求的适应度；培训目标与培训效果的实现程度；培训实施过程与培训目标达成的吻合度，如组织安排、课程设置、培训方式等；培训资源和培训师对培训效果的保障度；教师和乡村学校对培训效果的满意度，等等。

县域乡村教师培训有效性评价的主体是教育行政部门、培训项目管理单位委托专家团队或施训者自己。若评价主体是教育行政部门，评价的主要目的在于促进乡村教师培训的有效推进，评价主体成员构成以培训项目管理者为主、评价专家为辅，评价的主要机制有招标评审、达标验收等，如中小学教师国家级培训计划（“国培计划”）；若评价主体是项目管理单位委托专家团队，则评价主体以专家团队为主、项目负责人为辅，评价的主要目的在于分析培训项目的投入产出、检验培训效果；如果评价主体是施训者自己，评价主要为过程性绩效评价，目的在于验证培训干预措施的有效性、参培乡村教师学习的有效性。

二　我国教师培训评价存在的主要问题

评价是为了培训工作的改进，其最终目的是为了促进教师专业发展，为培训组织者和培训师对自己的培训活动进行反思及改进提供更科学的依据，促进培训管理机构对本区域教师培训的管理和决策能力的提高。综合我国教师培训评价现状，培训评价并未有效达成上述作用，主要问题表现在以下方面。

（一）评价指标重“培训”形式轻学员“学习”效果

教师培训评价是通过运用合理的评价方法，科学制订评价标准，收集培训信息，对培训准备、实施和结果进行评价的一种活动。教师培训评价是科学性和系统性非常强的工作，要求相关评价指标科学完备而且结构逻辑严密。但是在培训评价实践中，很多培训机构只列出评价的一级指标，而且不标注权重，评价主体从操作方便、及时便捷的角度出发，简化了评价指标体系，因而其评价结果缺乏客观性、科学性和有效性。

现行的培训评价存在重“培训”轻“学习”的问题，这与现有培训评价只重视测评培训"满意度"密切相关。一般教师培训结束后,施培方会让参培教师填写培训满意情况,其中测评指标主要针对培训组织管理、培训课程、培训模式等满意度,针对参培教师学习情况的评价重"数量"轻"质量",只要出勤率达标,作业数量到位,远程培训各项指标数量到位,都可以拿到预期学分,培训是否真实有效并不关注。

如陈霞的《教师培训有效性的评价指标体系构建研究》①一文中,评价指标总分100分,只有30分是评价学员参培反应和效果的,其余70分都是评价培训组织管理和培训实施的,培训教师、培训课程、培训方式、培训管理都是针对培训机构和实施者的,学员学习效果指标占比偏低。

这样的评价导向使培训实施者关注更多的是自己的表现,重视专题的分析讲解,甚至为讨好学员重视后勤服务等非主要因素,忽略学员的学习过程、学习状态和学习效果。学员在课堂上的主体地位被淡化,重"培训"形式轻学员"学习"效果现象严重。

(二) 评价指向重"甄别"轻"研讨"

有效的教师培训评价模式应该通过定性评价与定量评价的结合而展开。我国教师培训评价开展时间较短,理论发展还不够成熟,方法上不够丰富,普遍存在着定量评价与定性评价相脱节,重定量、轻定性、定性数据不能够量化等问题。②

传统教师培训评价包括两种形式:一种是评价主体单方面依照评价标准对培训实施情况打分,确定培训实施的层次和级别。培训实施者和参培学员无法知晓评价过程,即使接收到评价信息也是被动的,几乎没有交流碰撞的机会;另一种形式是面对面评价,评价主体一个接一个地指出本培训的优点和缺点,或对不足之处提出改进建议,由于缺乏理论深度,或者缺乏开放的研讨氛围,评价时对"优点"不能从理论上作出阐释,对"缺点"难以从方法上给予突破,培训机构、培训实施者和参培教师的专业素养不能通过评价得到提升。

(三) 评价主体重"他评"轻"自评"

当前对于培训实施评价主要以学员的评价为主。虽然学员是培训对象,在培训中

---

① 陈霞. 教师培训有效性的评价指标体系构建研究[J]. 中小学教师培训,2008(10):9-11.

② 周志平. 干部教育培训教学质量评估研究[J]. 中国浦东干部学院学报,2009(01):12-16.

处于主体地位,参与了整个培训过程,对培训质量最有发言权。教师培训需求是由社会需求、学校需求、岗位需求和个人需求四部分构成。只征求学员需求是否满足是不完整的,而且学员往往会从个人的喜好和个体利益的角度来评价培训师的培训方式及培训内容,评价难免存在主观性;每位学员的个人经历大不相同,有时对于培训需求很难把握准确,因此,学员的评价在一定程度上存在着有失偏颇的现象。且在大多数培训里,学员一般只接受培训组织者的评价,没有自主评价、自我反思评价,没有学员之间的相互评价、培训实施者之间的相互评价。这种单向外在的学员评价培训实施者、实施者评价学员的评价方式,抑制了施培者和参培者内在的监督与反思的积极性,弱化了主体内在的自主意识和责任感。尤其是参培教师对培训收获的自我评价,更能从教师需求、培训目标达成、内容匹配、培训过程组织与管理等方面深层次揭示培训存在的问题与不足,有利于培训工作的改进。培训实施者和参培学员应参与评议全过程,在深度对话、平等交流中切磋研讨,各方展开自我评价和相互评价,达到自我反思改进的目的,评价效果会更好。

(四) 评价结果重“评比”轻“改进”

PDCA 质量管理循环圈理论揭示了评价对于项目培训质量管理的重要意义。培训评价对于诊断培训有效性和改进培训质量有着非常重要的指导作用。但在目前的教师培训实际中,很多培训评价结果既没有反馈给培训者,也没有反馈给培训组织者和参培教师,有的只是单纯地用作对培训师教学水平进行评价的量化数据,而没有用到“改进培训工作、提升培训质量”这些更有价值的流程中去。

这种评价结果重“评比”轻“改进”现象主要是因为培训机构组织开展培训有效性评价更多的是从培训管理的角度出发,在教学评比、教师职称晋升、考核等方面考虑的因素多,因而也就忽略了评价结果所蕴含的其他重要功能。因为,培训管理部门和培训管理者对于开展评价的目的和培训有效性评价的认知决定了他们对于评价结果的重视程度,进而影响到他们对结果的使用方式。评价不是为了证明,而是为了改进;不是为了甄别,而是为了发展。以评促改、以评促进,将评价作为发现问题、改进培训的手段。

第二节　国内外教师培训项目评价的主要模式

一　国外教师培训项目评价的主要模式

为了鉴定美国"从课程内容方面进行八年的新实验"研究成果，组织推举泰勒(R－W－Tyler)等组成评价委员会，并于1942年提交了一份《史密斯-泰勒报告》，这份"划时代的教育评价宣言"向全世界宣告：只有用教育评价的思想和方法，才能达成新课程的目标，才能实现全面发展人的才能的目标。史密斯-泰勒报告的思想后来发展为"评价运动"，教育评价思想和方法影响全世界，由此形成的教育评价模式也广泛应用于教师培训评价之中。①

评价专家们开发出了多种评价模式，使艰难的评价任务容易了很多。每一个模式都有各自不同的理论观点和概念框架，也都有着独特的优势和明显的局限性。最为重要的是，每一个模式都提供了既有效率又有效果的评价规划和实施安排，带来了秩序感，并增强了对评价过程各个环节的理解。

(一) 国外教师培训项目主要评价模式比较分析

国外教育评价内容模式很多，现主要从培训项目模式的主要观点、评价步骤或结构、模式的优点和不足四个方面介绍以下7种评价模式，见表6－1。

表6－1　国外教师培训项目评价内容主要模式比较

序号	模　式	主要观点	步骤或结构	优　　点	不　　足
1	泰勒(Tyler)目标评价模式	以学习目标的达成作为评价的出发点和依据	确定目标、选择经验、组织经验、评价结果	逻辑严密，简单、明了，科学化易于操作	机械，对目标的合理性缺乏评价；只关注预期效果，缺乏对因过程丰富性而产生的非预期效果的关注

① 赵祥麟. 外国现代教育史[M]. 上海：华东师范大学出版社，1987：245.

续　表

序号	模　式	主要观点	步骤或结构	优　点	不　足
2	斯塔克(R. E. staked)应答评价模式	不主张以预定目标为出发点，而以教育活动的决策者和实施者所提出的问题作为评价的先导，通过评价主体与评价对象各方面人员之间的不断“对话”，了解他们的愿望，对教育方案进行修改	评价即是对各种事件的客观描述与判断，而描述与判断这两种过程应发生在教育计划的三个阶段中，即前提、实施和结果	评价目标反映了与评价对象的需要，具有一定的民主性；评价方法强调自然条件下的观察、访谈和定性描述等，但也不否定测验，促进了定性与定量结合，能有效地作出价值判断，并能及时得到反馈	评价设计和实施太复杂，耗费大量的人力、物力和财力；注重评价主体和评价对象的主观意见，忽视客观存在对评价结果的制约，夸大了人的主观能动性
3	哈蒙德(Hammond)评价模式	Hammond 提出了一个三维模式来找出影响目标实现的各种因素，各种因素的相互作用会产生各种因素的组合	三方面构成：教学方面、机构方面、行为方面。教学方面的主要因素有：组织、内容、方法、条件、费用；行为方面有：认知领域，情感领域和心理活动领域；机构方面有：学生、教师、管理人员、教育专家、家庭和社会	立体结构有利于不同的评价主体从交织的几个方面找出评价结果	三维模式使得评价变得太复杂，而且特定空间的相关性会随着培训项目的变化而变化，因而模式的稳定性不够
4	斯塔弗尔比姆(Stufflebeam)CIPP 评价模式	评价最重要的目的不在证明，而在改进。将背景、输入、过程和结果四类评价结合起来。将评价从范围与内容上加以拓宽，具有动态评价的特征，能较全面、系统地反映评价对象的全貌，重点在于判断教育活动达到目标的程度	评价指标为背景(context)评价，如培训设计、培训目标等；输入评价(input)，如培训教师、培训条件等；过程评价(process)，如培训形式、培训管理等；成果评价(product)，如培训影响力等	情景评价有利于目标的选择，使评价更全面、更科学、体系更完整；输入评价有利于目标的确定，使评价活动更具有方向性和可行性；过程评价可以得到及时反馈，为方案的改进提供依据	评价步骤繁多；评价主体主要是决策者，扩大了决策者的权力；只为决策者服务，缺乏完全意义上的价值判断

续 表

序号	模　式	主要观点	步骤或结构	优　点	不　足
5	柯克帕特里克（Kirkpatrick）四级评价模式	培训不仅要观察学员的反应、学习效果，还要考察培训前后组织业绩的变化	评价层次为：反应、学习、行为和结果	实现了培训效果评价内容的细化和规范化，形成了效果评价简单易行的框架	仅仅培训实施环节，评价范围太窄；可执行性差，由于评价对象与评价目的难以统一，评价工具的发展也不全面，所以评价数据难以处理
6	目标游离评价模式	评价应当注重的是课程的实际效果而不仅仅是预期效果，主张把评价的重点从“课程计划预期的结果”转向“课程计划实际的结果”上来	这是不受预定目的影响的自由评价模式，它认为实际的教育活动除了收到预期的效应外，还会产生各种“非预期效应”，或者叫“负效应”	突破了目标的限制，评价的依据、准绳不是方案制订者的预定目标，而是活动参与者的实际成效，评价结果更具有客观真实性	排除了既定目标致使评价者主观因素过度影响评价结果。评价主体中的各评价者具有不同的价值标准，给评价操作带来很大的困难
7	托马斯·贾斯基（Thomas R. Guskey）的教师专业发展评价模式	教师专业发展的一个动态的、可持续发展的过程，为了更好地理解专业发展的具体效果和有效性条件，需要对专业发展项目和活动的质量进行评价	五个评价层次：1. 学员反应；2. 学员学习；3. 组织的支持和变化；4. 学员对学到的新知识和新技能的应用；5. 学员学习结果	根据教育和教师的工作特点，提出了适宜的评价方法并深入到了价值分析，模式具体、清晰、易于操作，对教师专业发展具有很好的指导作用	评价增加了“组织因素”影响的考量，造成评价结果与影响因素的混淆

泰勒评价模式相对简单，容易理解和遵循，它为评价过程指明了方向和目标，对后继评价理论人员的研究有着重大的影响；斯塔克的应答评价模式在评价内容方面扩展了泰勒评价模式；哈蒙德评价模式进一步扩展了泰勒评价模式，它提出了更细致的评价结构，扩充到 90 个评价空间，却使得评价变得极端复杂，但该模式为探索先前评价模式所没有解决的问题提供了有用的工具；目标游离评价模式为非意向结果评价提供了评价工具；斯塔弗尔比姆的 GIPP 评价模式是由泰勒的目标导向引生出来的评价模式，它不关注项目目标，而是关注作决定的过程，有助于教育者辨别决策过程中证据的价值，扩展了评价视野，并明确了持续的评价程序；柯克帕特里克评价模式简单实用，多应用于商业培训项目的评价，它不同于教育的研究传统，但和教育者有一定的相关

性;前面的7种模式广泛地应用于教育评价和各种培训评价,而美国肯塔基大学托马斯·贾斯基教授提出的教师专业发展评价模式,不仅针对教师的专业发展评价,还包含教师培训评价。① 对以上7种常用于评价培训项目模式的主要观点、评价步骤或结构、模式的优点和不足进行评述的基础上,按照评价层次、评价内容、评价类型、评价时期、评价对象等五个方面对各模式进行对比分析,结果如表6-2。

表6-2　几种模式对比分析

序号	模　式	评价层次	评价内容	评价类型	评价时期	评价对象
1	泰勒(Tyler)目标评价模式	效果层次	判断项目目标是否实现	判断性评价	训后	施训方、参训方
2	斯塔克(R. E. staked)应答评价模式	项目层次	培训前提、实施和结果	判断性评价 决策性评价	训前、训中、训后	施训方、参训方
3	哈蒙德(Hammond)评价模式	效果层次	判断项目目标是否实现	判断性评价	训前、训中、训后	施训方、参训方和其他参与成员
4	斯塔弗尔比姆CIPP评价模式	项目层次	培训设计的科学性、实施的效果等	决策性评价	训前、训中、训后	施训方、参训方
5	柯克帕特里克(Kirkpatrick)四级评价模式	效果层次	培训实施效果	判断性评价 发展性评价	训中、训后	施训方、参训方
6	目标游离评价模式	效果层次	培训参与者的实际成效	判断性评价 决策性评价	训中、训后	施训方、参训方
7	Thomas R. Guskey的教师专业发展评价模式	效果层次	培训实施效果	判断性评价 发展性评价	训中、训后	施训方、参训方和组织

(二)教师培训项目评价过程主要模式

培训评价过程是指培训评价的整个流程和规范,并对评价过程的每一个环节进行说明,最显著的特点是系统化和条理化。良好的培训评价流程和规范是进行有效培训评价活动的基础,制订培训评价流程能有效减少评价主体的主观性和随意性,提高培训评价的科学性和准确性。

---

① Thomas R. Guskey. 教师专业发展评价[M]. 方乐,张英,等,译. 北京:中国轻工业出版社,2005:16-21.

1. 泰勒模式

泰勒过程评价原理包括七步,其流程是:

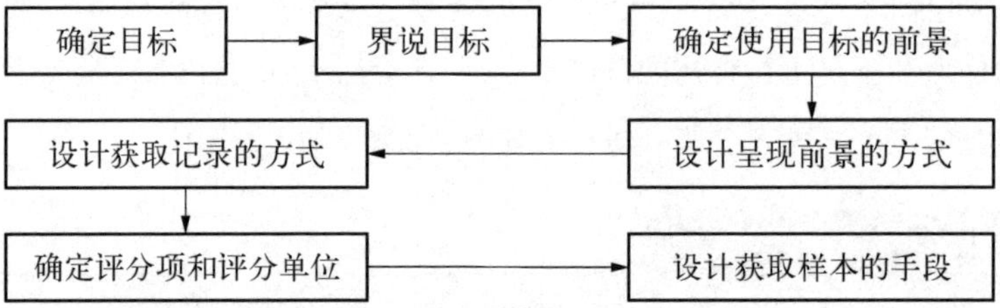

2. 莱斯利·瑞评价流程

英国学者莱斯利·瑞(LeslieRae)依据实践经验,在总结分析理想化评价流程的基础上,设计了经过实践检验的评价流程。该流程按时间分成若干阶段,使评价者在培训发展过程中能够发现可以有效利用的信息。

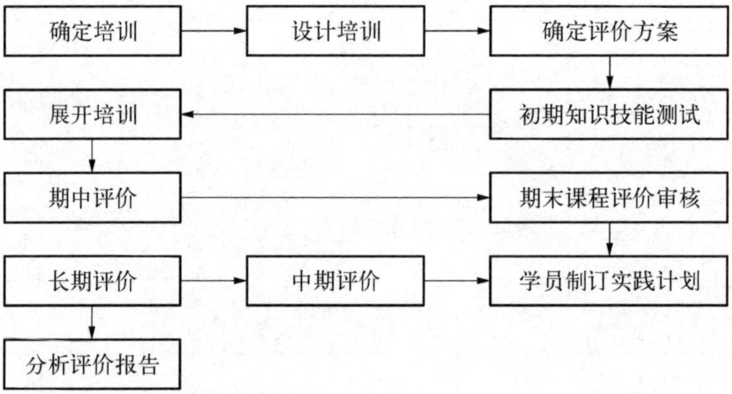

3. 斯旺森的评价流程

美国学者理查德·A·斯旺森(Richard A. Swanson)设计了5个步骤的培训评价流程:

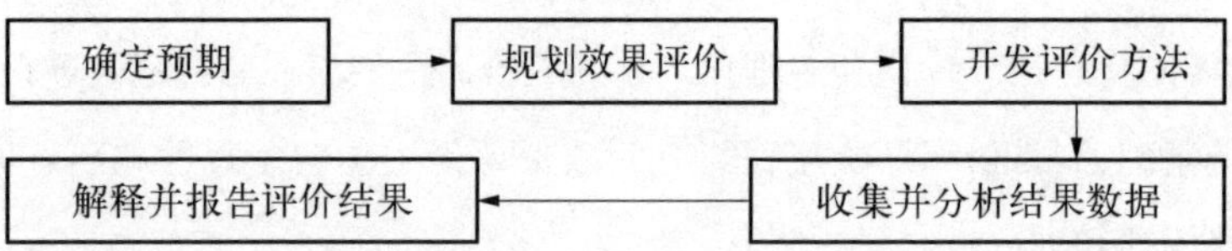

4. “八步骤”评价流程

有研究者对培训进行了“八步骤”评价流程的总结:

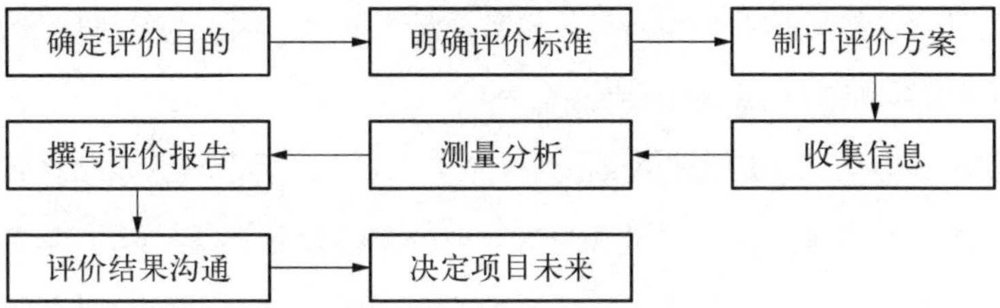

美国加利福尼亚大学洛杉矶分校评价研究中心提出了 CSE 评价模式，该模式包括需求评价、教师自我发展方案选择、形成性评价、总结性评价 4 个环节。与其他评估模式相比，它的优势主要体现在阶段性、综合性与全程评估相结合上。因其将整个培训的发生、发展过程分为阶段进行评估，从而有效地获取培训过程中的各阶段、各环节的可靠信息，不断控制、调整和改进培训工作。

泰勒模式是以目标为导向，培训项目的预期目标是该模式评价的主要依据；莱斯利·瑞培训项目评价是一个可操作的、线性的评价流程，但没有设计进行有效反馈的环节；斯旺森的培训评价流程强调要获得较为准确的评价效果，需要有前端分析，评价过程要有行动导向；“八步骤”评价比较全面地设计了整个评价流程，遍及评价目标、过程和结果的使用全过程；CSE 评价模式主要体现在时间上，它将方案发展过程分为几个阶段，看似简单，但能使评价主体在整个过程中能有效地利用可靠的消息进行决策，使评价主体在思考和讨论评价问题时有一个清晰的、不含糊的、共同的框架。①

二　国内教师培训有效性评价指标体系建构

我国对乡村教师培训有效性的专门研究并不多，因为乡村教师虽然是一个特别的群体，但在培训方面与城市教师培训一样，也不能因地域身份而降低培训质量标准，尤其在城乡教育发展一体化的当下，教师专业发展也对乡村教师有特别的要求，因此对乡村教师培训的评价也大都包括在中小学教师培训评价中。但鉴于乡村教育的特殊性，培训评价在内容考察方面必定会体现一些“乡村教育”的特质，如学者秦磊指出，

① 刘峰. 教师培训项目评价的理论与实践[M]. 北京：电子工业出版社，2014：48－51.

乡村教师培训评价指标体系中不能排斥教育质量中的生活因素与乡土因素，内容要更多的依据乡村教师的感受开展定性评估。①

梳理我国教师培训评价实践的研究，按照主要研究内容及切入视角将其分为学理派和经验派两类。学理派主要以学理分析与理论探讨为主，知名学者有华东师范大学公共管理学院董有志对印度教育评价机制的研究、北京师范大学教育学院汪琼对美国教师教育评价机制的研究、东北师范大学教育科学学院张生对中小学教师教育技术能力培训效果评价的研究、中央电化教育馆培训中心刘峰对教师培训项目评价的理论与实践进行了探索；经验派主要是在大量的评价实践经验的基础上，总结提升形成理论成果，代表性学者主要有华东师范大学基础教育改革与发展研究所朱益明、重庆师范大学苏姗姗、河南大学教育行动研究中心李桂荣、广东海洋大学郭遂红、华东师范大学李宝敏、北京科技大学许放、上海教师培训中心陈霞等。②

学者李桂荣、韩肖艳根据美国学者柯克帕特里克提出的四级培训评价模式、模糊综合评价模式和CIPP课程评价模式，将"国培计划"的乡村教师培训有效性评价分为多个层次，在反应层通过"满意度"进行评价，在学习层通过"达成度"进行评价，在行为层和效果层通过"影响力"进行评价，认为"国培计划"乡村教师培训有效性评价内容主要是：培训设计是否有效、实施过程是否有效、培训结果是否有效。通过培训方案及实施是否符合按需施训的原则来衡量培训设计是否有效；通过受训教师对培训过程的满意度来衡量实施过程是否有效；通过"国培"结束后产生的影响力来衡量培训结果是否有效。③

苏姗姗、董小平指出，在一定的评价情境中，由评价主体的评价信念系统、评价思维方式及其评价行动策略构成的有机体系，再结合影响"国培计划""项目质量"的三个因素：项目观、质量观和国培计划的特性，形成"国培计划"项目质量评价指标体系，对培训考察的主要内容有：培训者与参训教师的教学关系，培训课程与参训教师的匹配度，培训者对培训课程的研究深度，课程与培训目标的一致性，参训教师达成培训目

① 秦磊. 农村教师培训实效性评价体系研究[M]. 长春：吉林出版集团有限责任公司，2013.

② 杨彦军，郭绍青. 国内教师培训评价研究现状综述[J]. 中国人民大学教育学刊，2012(06)：170－179.

③ 李桂荣，韩肖艳. "国培计划"绩效评价指标体系与抽样研究[J]. 教育发展研究，2014(12)：1－6.

标的程度,培训方法对教师、课程、目标的适切度,培训管理对培训活动的促进作用。①

陈霞在参照了美国肯塔基大学教育政策与评价系教授 Thomas R. Guskey 提出的教师专业发展评价模式的基础上,提出教师培训有效性的评价指标体系②,见表 6－3:培训实施 70 分,培训结果 30 分。为进一步考察教师参培引起的专业素养变化,陈霞从知识、技能、情感三个维度分解多项指标考察教师在专业素养方面的收获。③

表 6－3　教师培训有效性的评价指标体系

指标		评价要点	得分
实施(70 分)	培训讲师(15)	1. 半数以上的讲师来自于与参训者一致的专业或工作领域(5) 2. 培训讲师对所讲专题既有理论研究又有丰富的实践经验(5) 3. 培训讲师具有娴熟的讲课和课堂组织技巧(5)	
	培训内容(25)	1. 内容与参训者所从事的专业或具体工作密切相关(9) 2. 既有统一内容又有根据具体需求分类进行的培训内容(7) 3. 至少 1/2 的内容关涉实践应用指导(包括举例、讨论、模拟、观摩、示范等)(9)	
	培训形式(15)	1. 报告与讲座的比例在整个培训安排中不超过 50%(5) 2. 实践性的培训形式(即贴近教师真实的教育活动的培训形式)不低于 50%(5) 3. 有专家提供引领或指导(5)	
	培训管理(15)	1. 专人负责、分工明确、培训有序(3) 2. 提供便捷的学员与培训讲师或培训组织者进行沟通,以及意见反馈的渠道(4) 3. 有适当的培训效果评价方案(4) 4. 外部培训机构或教师所在单位具有培训结束后促进学员应用培训所学的具体措施(4)	
结果(30 分)	学员反应(3)	1. 80%以上的学员培训学习积极性高(1) 2. 80%以上的学员对培训感到满意(2)	
	学习结果(10)	1. 思想受到启发而产生了许多新想法(2) 2. 固有观念发生了转变(2) 3. 深化了对政策、理论、知识的理解(2) 4. 习得了新知识、一些实用性的技能、技巧或策略(2) 5. 其他素质得到了提高(2)	
	应用行为(10)	1. 对所学进行初步的尝试应用(3) 2. 对所学进行举一反三、灵活运用(4) 3. 专业行为得到改进(3)	

① 苏姗姗,董小平."国培计划"项目质量评价模式构建[J].中国教育学刊,2012(03):71－74.
② 陈霞.教师培训有效性的评价指标体系构建研究[J].中小学教师培训,2008(12):9－11.
③ 陈霞.教师培训学习结果的多维度解析[J].教育科学,2011(08):35－28.

续 表

指 标		评价要点	得分
结果（30分）	组织影响（3）	1. 与同事分享个人的新尝试(1) 2. 促进了同事专业行为的改进(1) 3. 促进了学校相关政策的改进(1)	
	学生学习（4）	1. 学生的学习成绩有所进步(2) 2. 学生的其他表现有所改进(2)	

秦磊在参考有关培训指标体系的基础上，结合乡村教师的实地调研，拟定了乡村教师培训评价指标体系。该体系包括3个一级指标、8个二级指标、21个三级指标，涉及培训的准备、实施过程、结果三个方面。实施工作占据很大的比重。体系没有赋予指标的权重，需要根据培训具体项目，根据专家会议、经验赋权、互相比较法并结合乡村学校、教师和培训专家的意见进行确定，以保障赋值的科学性。① 见表6-4。

表6-4 乡村教师培训评价指标体系

指标领域	指标名称	要 点
基础评价	培训需求	培训内容需求
		培训方式需求
	培训目标及方案	目标与教师需求吻合度
		方案与目标的达成度
过程评价	培训师资	培训师资配置
		培训教师专业水平
		培训教师教学能力
		培训教师研究能力
		培训教师管理能力
	组织保障	设施保障
		生活保障
	培训管理	管理队伍结构
		管理制度
	培训内容	内容针对性
		内容实用性
		内容有效性

① 秦磊. 农村教师培训实效性评价体系研究[M]. 长春：吉林出版集团有限责任公司，2013.

续　表

指标领域	指 标 名 称	要　　点
过程评价	方式方法	方法多样性
		方法灵活性
结果评价	培训影响	教师学习结果
		教师应用行为
		组织影响

总体来说，对乡村中小学教师培训评价是综合性评价，既评价过程也评价结果，但主要部分是针对培训工作本身的评价，包括培训需求分析、培训资源准备、培训师资专业水平、组织管理、课程设计、方式方法等。另一部分是对参培教师素养提升及教学效果的评价，主要是参培教师在思想、知识、技能、情感等方面的学习收获，以及在教育实践中教师的行为改变和结果，如教育理念的更新、教学方式的改变、学生学习状况的改变及成绩的提升等。在评价指标设置中都赋予了培训实施过多的权重，这一方面是考虑到培训效果呈现的滞后性，另一方面考虑到培训过程本身是考察的重点，因为只有培训过程质量得到保证，其结果的有效性才会顺理成章，这与注重培训过程质量管理的理念是一致的。教师培训评价归属于教育评价的范畴，本身就具有复杂性，教师培训评价有大致的框架但没有固化的模板，需要根据具体培训项目设计精细化的考察内容。

第三节　县域乡村教师培训项目有效评价模式建构

一　县域乡村教师培训有效性评价的前提界说

当前国内教育评价理论和评价模式都是相对广义的教育评价，专门针对教师培训评价研究的理论和模式较少，特别是针对县域乡村教师培训有效性评价研究更显不足。课题组在现有培训评价研究理论和模式的基础上，结合县域乡村教师培训的特点，针对性地对县域乡村教师培训有效评价展开研究。下面从五个方面对县域乡村教师培训有效性评价进行前提界说。

（一）有效性的考察维度

教师培训是涉及多方利益主体的活动，培训的有效性考察也要体现不同主体的利益要求。一般来说，教师培训的有效性要从效果、效率、效益三个维度进行考察。有效果是从参培教师方面考察教师在思想、知识、能力、态度等专业素养方面所改变的程度，也是对培训活动结果与预期目标达成程度的评价，主要通过对教师学习结果的考察来判定，这是教师培训有效性考察的主要维度，是培训效果的直接呈现，这方面的“无效”意味着整个培训活动是“失效”。有效率是从对培训工作本身的考察，是对培训活动效率的判定，可用公式：培训效率＝培训（效益）产出/培训投入或培训效率＝学员产出/学员投入参照计算。良好的组织工作是培训质量的保障，各参与方在培训工作中的组织质量、投入质量是影响培训效率的主要因素，最少的成本投入教师得到“最快改变”，那么效率就高。有效益是培训活动对教育活动效果的最终预期目标的达成，即“培训价值的实现”。① 这种最终预期目标的达成是多方面的，涉及不同主体的利益诉求，但通过培训提升教师专业素养进而提升教学质量是最终目的，因此，培训效益不是都可以直接呈现或产生作用的。培训效率是前提、效果是关键、效益是灵魂。效果、效率、效益是一个问题的不同侧面，一同反映着培训活动的有效程度。三者不是并列关系，而是层层递进、相互关联的，具有内在的统一性，在培训有效性考察中也都是组合进行，在不同角度的有效性考察中会侧重于某一方面，对于一个培训项目的考察来说都应有所体现。有效性的考察维度内容见图 6－1。

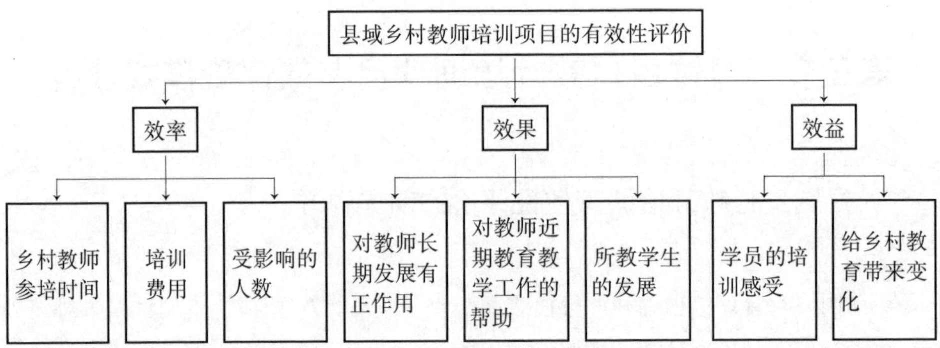

图 6－1　县域乡村教师培训项目的有效性评价内容

① 王彬. 教师培训有效性评价的几个基本问题[J]. 上海教育科研，2015(02)：63－66.

(二) 评价的类型

评价即对县域乡村教师培训有效性作出结论的过程,根据评价方法和评价指标设置的不同,可以分为定性评价和定量评价。定性评价主要依据评价者的直觉、经验、分析得出结论。定量评价是用数学模型计算出的事物各项指标及其数值来评价分析的方法。

根据评价目标的不同,可以分为判断性评价、发展性评价和决策性评价。判断性评价结果是为了判断培训项目的优劣程度,发展性评价其评价结果是为了进一步改进培训项目,决策性评价是为了得出实际效果和预期目标的符合程度而进行分析与判断。按照培训时段的不同可以分为形成性评价和总结性评价。县域乡村教师培训有效性评价综合定性评价和定量评价的优势,既关注形成性评价,也重视总结性评价,同时得出判断性、发展性和决策性的评价结论。

(三) 评价的主体

评价即多元主体协商审议的过程,评价必须回答由谁组织和执行评价的问题,即评价主体构成。从学理上讲,由"谁"评价主要取决于评价委托方的意图、评价工作开展的便利和评价结果科学、客观、公平的实现,以及能否关照评价委托方、评价承接方、评价实施者和相关利益主体的共同利益。县域乡村教师培训有效性评价利益主体主要是教育行政部门、培训基地、参培教师、乡村学校、学生和家长等,这种由多元主体构成的评价共同体需要通过集体审议的形式来共同开展工作。虽然这些主体能够在评价过程中从各自的立场出发关注感兴趣的问题,并提出相关意见和看法,但多元主体则须在民主平等、尊重包容的基础上,通过对话、协商等形式,整合不同利益相关人的观点,并形成具有内在一致性的评价报告。

(四) 评价的内容

评价即系统呈现县域乡村教师培训项目结构的过程。评价需要决定评价什么,即评价内容的范畴问题。评价的内容同评价所需要达成目标相关。培训工作有训前、训中、训后的过程,每一时期对培训项目的有效性都有重要影响。

在纵向上,县域乡村教师培训项目有效性评价需要关注培训实施的背景(如乡村教师培训需求、培训困难、培训优势等）、设计的培训实施方案、执行实施方案的培训过程（如师资素质、课程设计、教学过程、组织管理等）、实施培训产生的培训效果（如目标达成度、参培教师变化、其他利益相关人满意度等），即县域乡村教师培训项目有效性评价内容覆盖训前准备、训中实施与参与、训后指导与实践进行全过程。

在横向上，县域乡村教师培训有效性评价要关注培训实施者与参培教师之间的关系、培训课程与培训目标的匹配度、培训内容与参培乡村教师的接受度、培训者对培训内容的把握度、培训活动方式与内容的契合度、培训结果与培训目标的达成度、培训组织对培训活动开展的保障度，等等。评价主体不仅能在评价中对项目实施的优点和缺点作出准确判断，而且能发现影响项目实施效果的症结，并提出优化项目实施过程的策略。

（五）评价的对象

乡村教师培训有效性评价不仅要研究评价内容，而且要研究评价谁的问题。就县域乡村教师有效培训的影响因素来说，影响培训有效性的核心因素是参培乡村教师自身，对培训效果产生直接影响的因素有教育行政管理部门、培训实施机构和送培单位，送培单位即乡村教师培训管理部门或乡村学校。县域乡村教师培训有效性评价对象可以从对培训有效性产生核心和直接影响因素来分析，因此参培教师、培训机构、教育行政管理部门、送培的乡村教师培训管理部门或乡村学校都应纳入评价对象的范围。从长期来看，由于教师培训效果的呈现主要体现在学生的成长与进步上，那么学生也理应成为考察的对象。

对不同类型培训评价对象的考察其侧重点亦有所不同。乡村教师“国培”项目，施训方是教育部和承接“国培计划”大专院校或国培项目省、市、县培训机构，送培方是地方乡村教师培训管理部门和乡村学校；乡村教师省市培训项目，施培方是省市教育管理部门和培训项目承接单位，送培方是县级教育管理部门和乡村学校；乡村教师县级培训项目，施培方是县教育局、教师进修学校或项目承接机构，送培方是乡村学校；校本培训项目，施培方、送培方和参培方基本是一体。因此，乡村教师培训有效性评价其评价对象总体是施培方、送培方和参培方，但“三方”在培训过程中全程参与的程度不同，且在不同的培训时期、不同的培训项目上对培训产生不同程度的影响，对培训有效性产生的影响程度要通过培训评价体现出来。

二　县域乡村教师培训项目有效性评价模式构建

基于对国内外培训评价模式和评价指标体系的分析，结合县域乡村教师培训的特点和目标，课题组认为，县域乡村教师培训项目有效性评价，不仅要注重培训效果层的评价，还要关注培训过程的评价；不仅要有训中评价，还要有训前的准备评价，训后的跟踪指导评价；不仅要注重结论性评价，还要有发展性评价；不仅要有系统性的总结性评价，还要有阶段形成性评价；不仅要对培训内容进行评价，还要对施培方、送培方和参培方分别进行评价，分别构建评价模式。

（一）县域乡村教师培训项目有效性评价对象模式构建

县域乡村教师培训有效性评价对象是施培方、送培方、参培方，构建“三方”在训前、训中、训后的工作绩效评价模式是本节研究的主要内容。

1. 评价施培方

县域乡村教师培训对施培方评价分为训前准备、训中实施、训后工作 3 个环节。其中每个环节有若干项目，每个项目又有若干项指标。流程图和各项目评价流程、指标见图 6－2、表 6－5。

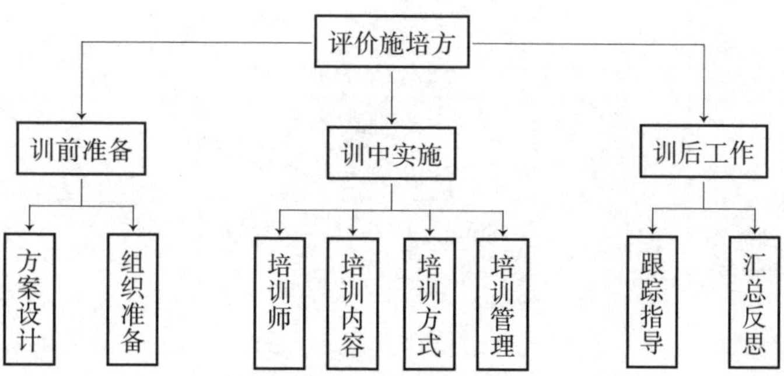

图 6－2　施培方评价流程图

表6-5 施培方评价指标

<table>
<tr><th>培训时期</th><th>评价项目</th><th>一级指标</th><th>二级指标</th></tr>
<tr><td rowspan="23">培训准备</td><td rowspan="5">组织准备</td><td rowspan="3">需求调研</td><td>参培学员基础水平考察符合实情</td></tr>
<tr><td>全面精准需求调查</td></tr>
<tr><td>国家及地方教育政策要求、学校发展要求分析、乡村教师专业发展需求</td></tr>
<tr><td rowspan="2">软硬件准备</td><td>通知送培要求和参培须知</td></tr>
<tr><td>培训师资与培训设施准备到位</td></tr>
<tr><td rowspan="16">方案设计（乡村教师培训特色契合度）</td><td rowspan="4">培训目标</td><td>开阔教育视野，更新教育理念，加深乡村教育情怀</td></tr>
<tr><td>结交同行朋友，向同行请教</td></tr>
<tr><td>改进教育教学方法</td></tr>
<tr><td>提升乡村教师专业素养</td></tr>
<tr><td rowspan="4">预选培训师</td><td>有专业化的培训者和教学名师</td></tr>
<tr><td>有示范引领的中小学一线培训讲师</td></tr>
<tr><td>进行经验分享的往期参训乡村教师</td></tr>
<tr><td>进行交流的当期受训乡村教师</td></tr>
<tr><td rowspan="4">预设培训内容</td><td>思想类内容：先进的教育理念、崇高的乡村教育情怀等</td></tr>
<tr><td>学科类内容：培训学科的基础理论与前沿知识等</td></tr>
<tr><td>教育类内容：培训学科的课程标准、教学方法设计、教育心理学等</td></tr>
<tr><td>技术类内容：计算机等现代化教育手段的学习与应用</td></tr>
<tr><td rowspan="4">预设培训形式</td><td>理论专家或教学名师的专题报告</td></tr>
<tr><td>专业知识的系统教学</td></tr>
<tr><td>到中小学教学一线的实践学习</td></tr>
<tr><td>过往或当期参训乡村教师间的交流互动</td></tr>
<tr><td rowspan="8">培训准备</td><td rowspan="8">方案设计（乡村教师培训特色契合度</td><td rowspan="4">培训管理计划</td><td>有健全的组织机构</td></tr>
<tr><td>有严格的管理制度</td></tr>
<tr><td>有丰富的班级活动</td></tr>
<tr><td>有紧凑的教学安排</td></tr>
<tr><td rowspan="4">培训条件安排</td><td>有安心学习，快乐研修的食宿条件</td></tr>
<tr><td>优质的中小学培训条件作为观摩实践基地</td></tr>
<tr><td>有为培训项目独立设置的网络服务平台</td></tr>
<tr><td>有公共邮箱、QQ 群等专门化的公共交流和考核平台</td></tr>
</table>

续　表

培训时期	评价项目	一级指标	二级指标
培训准备	方案设计（乡村教师培训特色契合度	预设考核方式	根据培训课程完成相应作业
			提交论文或撰写培训心得
			提交教学案例或现场说课
			建立基于培训课堂表现的纪实档案
		预设追踪方式	定期返回培训学校汇报、交流，获得指导
			培训专家到学员所在乡村学校听取汇报课并诊断指导
			通过QQ、微信、微博等开展网络交流
			成立课题组，以课题研究为依托在研修中进行指导
培训实施	培训课程	学员对培训方课程设置的满意度	课程设置符合乡村学员真实需求
			理念、理论、实践等课程模块的比例合适
			注重学员教育教学能力提升和实际问题解决
	培训师	学员对主讲教师的满意度	主讲教师注重理论联系实际，聚焦乡村教育实际问题的解决，满足了学员现实需求
			主讲教师提供了适应乡村教育的新理念、新思路、新方法
			授课方式注重互动和深度研讨，生动有趣，适合乡村教师的学习特点
			主讲教师提供了实用的课程学习资源，且学员参加的活动经过细致规划和周密组织
			主讲教师采用的培训方式与培训内容相适应
			对培训讲师的各种来源和组成比例满意，且对培训讲师的态度、水平、能力及影响力满意
	组织管理	学员对培训组织管理的满意度	培训日程安排合理
			创设融洽的培训氛围和学习环境
			提供了适合的学习资源，组织了满意的班级活动
			培训考核方式公平合理
	培训条件	学员对培训条件的满意	有适合的培训设施、条件和学习环境
			食宿条件基本适合，服务质量高
训后工作	跟踪指导	跟踪指导落实与产生的效果	到学员所在乡村学校进行实地指导，实地指导效果明显，送培方和参培方满意
			通过QQ、微信、电话、远程平台等进行训后指导，效果好

续 表

培训时期	评价项目	一级指标	二级指标
训后工作	学员考核	考核方式合理有效	严格按照计划考核学员
			民主评选优秀学员
			给予每个学员定性或定量评价
	培训提升	培训总结	培训生成资源收集整理完整有序,为下一次培训做了准备
			培训有特色,给其他项目培训提供了经验借鉴
			培训总结反思深刻全面,能正视问题并提出改进措施
			充实乡村教师培训理论

县域乡村教师教师培训施培方评价指标由施培方在培训前、中、后的工作任务组成,这样逐项评价科学、客观、有效,评价结果的信度和效度也有保证。

2. 评价送培方

在县域乡村教师有效培训评价中,要求施训方提供优质高效培训的同时,也应认真审视送培方对培训有效性影响。评价促使送培方调整送培对策,与施培方密切配合,有利于共同促进培训质量的提高和培训效益的发挥。送培方在培训的三个时期同样发挥较大作用,其评价指标也按照送培方的工作任务完成情况来制订。① 评价流程和指标见图 6-3、表 6-6。

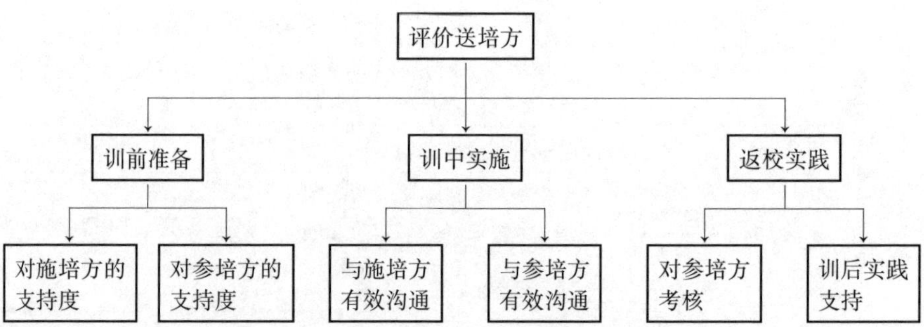

图 6-3 送培方评价流程图

① 曾语录,赵明琼. 送培单位和参训教师影响培训质量的因素及改善对策——基于对农村中小学教师参加培训的现状调查[J]. 继续教育研究,2012(10):87-88.

表6-6　送培方评价指标

时期	一级指标	二 级 指 标
培训准备	对施培方的支持度	按照施培方的要求遴选参培教师
		配合施培方做好训前调研工作
		督促参培教师做好参培准备工作
	对参培方的支持	积极支持教师参培,并为他们参培解决后顾之忧
		建立送培考核奖罚制度。(如:外出培训返校来的教师要填写参培汇报材料并及时做好本校教师二级培训等)
培训实施	与施培方有效沟通	反映本单位教师参培情况,及时反馈教师新需求
		传达施培方对参培教师的学习要求,做好信息沟通与关系协调
	与参培方有效沟通	了解本单位教师参培心理动态与需求
		督导本单位教师认真参培
		及时收集教师参培信息
返校实践	考核与支持	对教师训后实践和教学行为改进积极支持
		积极配合培训方做训后跟踪指导与管理
		按照送培考核制度逐项落实
		结合培训方的评价给出考核结论,并记入教师档案

3. 评价参培方

充分认识到对参培方的追踪评价是提升县域乡村教师培训质量、满足乡村教师培训需求、切实促进乡村教师专业能力提升的重要方法。因此,在分析我国教师参培评价不足之处、借鉴国外教师参培先进评价经验,以及总结自身在县域乡村教师培训实践的基础上,构建县域乡村教师参培评价模式。① 评价流程见图6-4、表6-7。

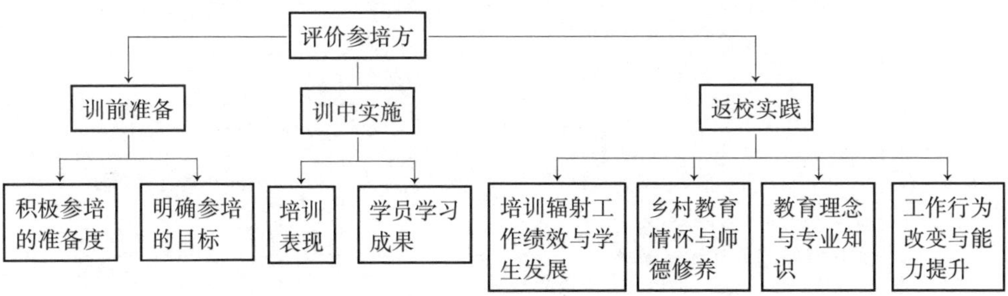

图6-4　参培方评价流程图

① 杨文静,张学良.美国教师培训评价经验及启示[J].黑龙江生态工程职业学院学报,2015(05):63-64.

表6-7 参培方评价指标

时期	一级指标	二级指标
培训准备	参培的准备度	认真阅读施培方训前资料，按要求完成施培方布置的任务
		处理好工作、家庭与参培的关系，确保自己安心参培
		找到自己在教育教学中的困惑和问题
		准备比较典型的教育教学案例
		提炼自己在教学中的成功经验
	参培的目标	配合培训方做好需求调研，把自己参培的真实需求准确传达给培训方
		结合培训方的培训目标制定个人参培目标
参加培训	培训表现	出满勤
		积极发言、积极参与实操或研讨
		分享自己在教学中的成功经验
		学习兴趣浓、有激情
		深度学习与反思效果显著
	学习成果	出色完成总结性作业
		出色完成行动学习或实践操作任务
		有效完成经验交流和分享
		获得可应用的学习成果
		在理念、情感、知识、能力方面收获大
		对照参培目标收获多
返校实践	乡村教育情怀	训后更加热爱乡村教育
		训后更加理解乡村学生
	教育理念与专业知识	更新了教育理念，深化了对乡村教育的认知
		不断创新适合所在乡村学校与乡村学生发展的教育方式方法
		实践中教育理论知识、专业知识与教学能力得到较好的补充拓展
	师德修养	提升了个人道德修养
		训后更具有敬业精神
	培训辐射	汇报自己的培训所获，与同事组建了学习共同体，分享培训资源，同事受到启发、得到进步
		对校本研修、学校教育改革等提出合理的建议并积极指导

续　表

时期	一级指标	二 级 指 标
返校实践	工作行为改变	学到的技能与方法直接运用到教育教学中
		学到的技能与方法经过改造运用到教育教学中
		学到的技能与方法创造条件运用到教育教学中
返校实践	能力提升与发展	乡村教育管理/乡村学生的心理教育/教材解读/乡土课程开发/教学设计/课堂调控/课堂生成智慧/教学评价/教育教学研究/教学反思/等能力中一项或几项增强
		个人发展规划更加清晰,行动上有明显改变
		终身学习愿望与能力增强,学习与科研积极性高
	工作绩效	教学成绩/教学竞赛/转化后进生/培优工作/教研绩效/成绩中一项或几项提升
		学生对教师教育教学方式认可度高,教学方式受学生喜爱
	学生发展	所教班级学生有更加积极的学习态度、学习兴趣高
		所教班级学生的学习态度有较大改善
		所教班级学生的学习水平有提升
		所教学生学业成绩提升
		学生整体素质提升显著

以上是对“三方”评价的内容和指标,评价指标权重没有列入。我们认为不同的培训项目其评价指标权重不同,建议在专家提议的基础上采用问卷调查而定。评价结果的呈现可以是各评价对象的总分,在条件允许的情况下,最好把每个参培学员的评价结果和每个送培单位的评价结果结合起来分析,让评价更加精准,对学员和送培单位后续工作的改进更有靶向性。

(二) 县域乡村教师培训项目有效性评价内容模式构建

综合乡村教师培训国家政策要求和培训评价的理论依据,考虑评价的全面性、便利性和可操作性,课题组将乡村教师有效性评价内容模式确立为培训准备是否有效、培训过程是否有效和培训结果是否有效三个评价序列。如图 6－5 所示。

培训准备主要包括培训项目开发(政策分析、需求调研、现状评价、项目确认)、培训方案设计(培训目标与培训需求、培训内容与培训目标、培训内容与培训方式、培训内容、方式与乡村教师、培训管理与培训活动等方面的吻合度)、培训资源准备(经费、环境、人员、“三方”沟通)。培训准备是否有效的评价旨在分析培训项目的必要性、培训设计的科学性,培训资源准备的充足性。培训准备评价主要通过培训项目开发与培训方案设计是否符合按需开发、按需设计，是否具备乡村教师培训特色，是否为培训做好了人财物，以及“三方”沟通的充分准备工作，是否与国家政策、乡村教育、乡村学校、乡村教师需求的吻合度来衡量。

培训过程是否有效的评价旨在分析培训过程通过参培教师对培训实施中的培训课程、培训模式、培训师水平、培训管理与服务、考核方式，以及训后对于乡村教师返回乡村学校工作时的跟踪指导的满意度，以及参培过程中乡村教师生成性培训需求是否达成的满意度来衡量。

培训结果是否有效的评价主要通过培训结束后参培乡村教师对自己的教学工作，对乡村学校、教师、学生产生的影响力来衡量；通过培训方对生成性资源的收集整理、进一步改善培训实施方案、完善乡村教师培训理论等对施训方的培训影响力来衡量。① 见图 6-5。

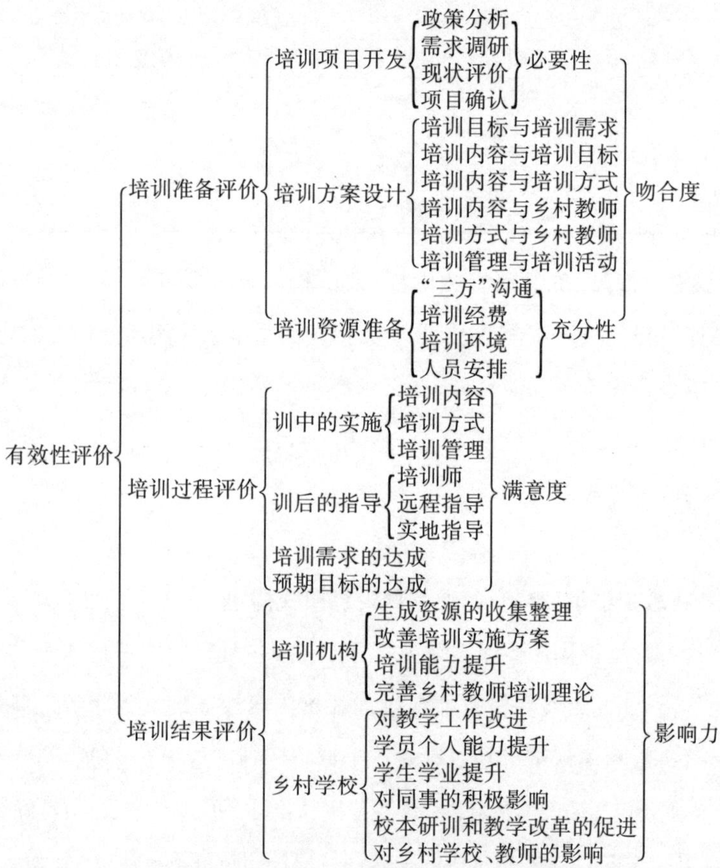

图 6-5　县域乡村教师培训有效性评价内容模式图

① 李桂荣，韩肖艳. “国培计划”绩效评价指标体系与抽样研究[J]. 教育发展研究，2014(12)：1-6.

（三）县域乡村教师培训项目有效性评价流程模式构建

县域乡村教师培训有效性评价流程分为：准备、实施、结果分析和结论反馈 4 个环节，评价流程见图 6 - 6。

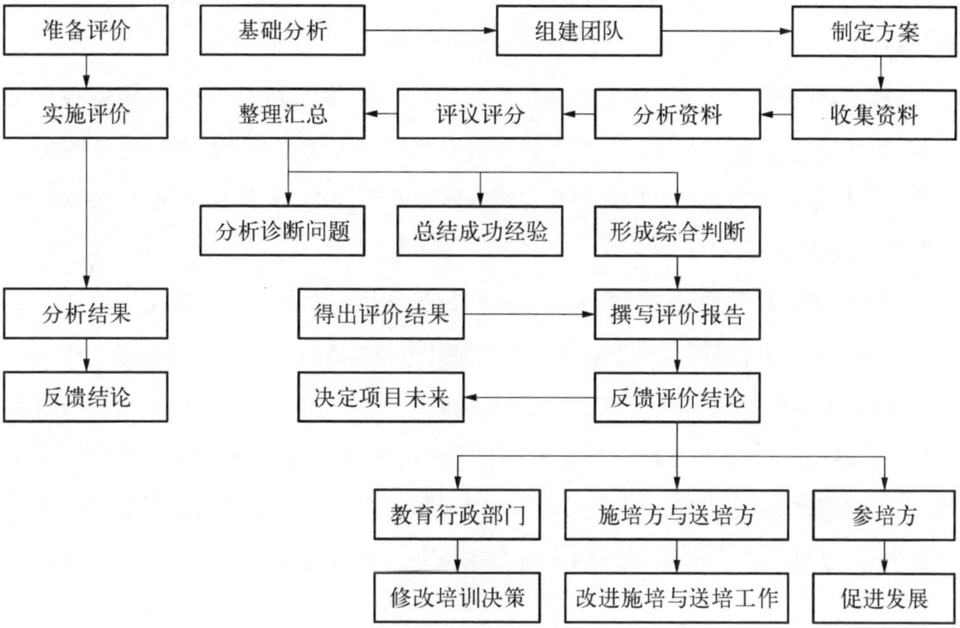

图 6 - 6　评价流程图

县域乡村教师培训评价过程是从评价准备开始的，评价准备是评价的基础，包括明确评价目标、确定评价标准、制订评价方案和成立评价团队；实施评价是评价过程最关键的环节，包括收集信息、分析资料、评议评分和整理汇总；分析评价结果是实施评价阶段的延续，是对施训方、送培方和参培方的成功经验进行归纳总结，对他们的问题进行分析诊断，最后形成综合性的结论，写成评价报告。反馈评价结果，就是向有关方面反馈评价的信息。向教育行政部门反馈评价结果，为未来的培训工作决策提供依据；向施培方反馈评价结果，为有针对性地改进培训项目提供依据；向送培方反馈评价结果，为优化送培、做好培训协助和参培方后盾提供依据；向参培方反馈评价结果，为乡村教师日后参培和个人发展提供参考。

1. 评价准备

评价准备对于科学评价县域乡村教师培训来说是必不可少的环节。准备的质量决定着评价的质量。准备评价包括明确分析培训背景、制订评价方案和成立评价团队三个方面。

(1) 背景分析

分析培训背景的主要任务是确定评价要解决的问题,作用是加强评价的针对性,内容是分析县域乡村教师培训项目的社会背景、分析乡村教师培训发展阶段的重要任务、分析评价委托人需求,分析评价对象预期心理等。

分析培训背景重点在于确定在现阶段社会对县域乡村教师培训提出了哪些重大要求,如在某一特定阶段,国家和地方教育行政部门制定了哪些乡村教师培训的相关政策。分析培训背景还包括培训所在地区的环境分析,如经济条件、文化环境、乡村教师整体状况等。

分析地方乡村教师培训的重要任务。乡村教师培训在其发展的特定阶段会产生一些带有特定的共性任务,一个地方教师培训机构在发展过程中也会产生自己特有任务。例如,本课题研究承担单位就是一个县级教师培训机构。县级教师培训机构的共性任务就是——做好乡村教师"国培计划"项目;县级教师培训机构自己的特有任务——乡村校长思想治校、乡村班主任文化治班、乡村教师专业治教。为了避免评价发生偏差,评价承担方必须通过调查研究把握住这些重要任务,评价活动才能有效展开。

分析评价委托人需求。如果评价工作是评价结果需求者自身组织实施,那么这个分析可以略去;如果委托专门机构承担评价工作,那么这一分析就十分重要。并不是所有的评价委托方对评价要解决的问题都十分明确,在这种情况下,评价承担方就必须通过调研访谈观察,明确评价人的评价需求,为评价目标制定做好基础分析。

分析评价对象心理对评价活动开展的期限以及选择评价方法具有重要影响。评价对象对评价活动是否已有心理准备,他们对评价有些什么心理期待?等等问题是影响评价策略选取的基础因素。

(2) 方案准备

评价方案是预先拟定的评价具体内容和步骤,是评价工作纲领性文件。乡村教师培训评价方案具有以下特点:

以评价标准为核心。县域乡村教师培训评价标准依据具体培训项目而稍作调整,并在评价专家提议、民意调查和实验修正为基础上赋予每个指标权重,最大限度地提高评价标准的质量。

评价方案具有导向功能。评价方案制订完成后，要告知评价对象，而评价对象为了得到好的评价结果，也一定会按照方案的要求去努力。评价方案像一根“指挥棒”对培训起导向作用，对乡村教师培训实施起促进作用。因此，评价流程所采用的方法一定要科学严谨；评价程序要规范，不得随意改变；评价内容要具有可操作性，以便能得出明确的结论。

评价方案具有指导功能。评价方案指导评价全过程，无特殊情况，评价自始至终都要按照评价方案的要求去做，不能随意无依据地人为变更。

评价方案具有保障功能。高质量完成评价工作，需要评价方案做保障。评价方案规范了评价程序化，有利于评价实施。如果没有评价方案，评价实施中会随着评价实施者的主观随意性而改变，评价可能产生不可信或无效结果。因此，制订科学、规范和可操作评价方案是为了保证评价工作高质高效完成。评价方案一般包括评价目标、评价对象、评价标准（指标体系和评定标准）、评价步骤、评价方法、评价时限、评价者的基本素质要求、纪律要求、资金预算、评价报告要求等。评价方法包括相关资料的搜集、分析和整理方法等；评价的期限性，是指评价标准只在一定时间内有效，评价信息的搜集也只在一定时间段才有效，为了能及时反馈、保存、检验评价结论，评价报告的完成也是有时间限制的，因此县域乡村教师培训评价有较强的时效性。

（3）评价团队组建

组建评价团队包括成立专门的评价领导小组（或评价委员会）和评价专家组。评价专家组直接实施评价活动，实地开展调查，直到最后得出评价结论。组建评价团队慎重选择评价专家，专家团队水平和思想境界影响着评价的质量。聘请专家除了要注意他们评价的专业理论、知识和技术水平外，还要关注他们公平公正的人格品质、严谨科学的态度、责任感，以及他们是否熟悉乡村教师培训工作。

2. 评价实施

（1）评价实施的一般步骤

实施评价一般包括宣传动员、自我评价、外部评价三个步骤。宣传动员主要向评价委托方、评价对象等讲清楚评价目标、意义以及评价标准等，让大家积极配合以顺利开展评价工作，最大限度地提高评价工作效率。

自我评价是活动中的一个不可忽视的环节。评价对象对自己的培训情况最了解，能为外部评价提供充分信息；自我评价是评价对象自我诊断、自我整改的过程，这也符合评价即促进的原则。

外部评价即专家组的评价,是对自我评价的再检查,是评价结论的主要环节。外部评价有助于提高评价结论的可靠性、科学性;有助于排除自我评价中的夸大成绩、掩盖不足的偏差;有助于提高评价结论的客观性和权威性。专家组成员的专业性决定了评价的高质量;专家组成员多向来源,便于他们横向比较和发现培训方、送培方和参培方自身容易忽视的问题与经验。

(2) 实施评价的主要任务

乡村教师培训评价实施首要工作是收集资料,资料收集一要全面,不能以偏概全;二要可靠,尽可能避免较大误差;三要关注资料时效性,比如:学员实践成果资料,一般在训后6个月到1年之间收集较好。资料收集越全面,越完整,其可靠性也较高,资料收集越及时,其可靠性也越高。资料全面性、时效性与可靠性成正比。

乡村教师培训评价流程第二项任务是分析资料。分析资料是对调查、观察、访谈、考核等过程所搜集到的资料进行检验、归类和编码,再用这些资料分析、分类提取有用信息,对其中的数据进行统计分析或借助计算机程序加以分析。

实施乡村教师培训评价第三项任务是评议评分。评议评分是评价关键性工作,关系到每一项评判是否符合评价对象的实际、给出的评分是否合理,这对评价对象的工作开展、对评价结论的得出有很大影响。评议评分是对归类和编码的资料和统计分析的数据,对照评价指标给出判断性语言、明确的等级和分数。

评价整理汇总是把前面三个环节的工作成果加工梳理,使之条理化、系统化。评价整理直接影响专家团队对评价结果的分析与处理。

(3) 结论分析

分析评价结论包括得出评价结果和撰写评价报告两个环节。其中评价结果包含诊断问题、总结经验,以及综合判断三个内容。评价结论是在对整理汇总的资料进行细致分析,对评价对象的优缺点进行系统的评论,然后从总体上对评价对象作出关于定性或定量的综合意见,同时对培训工作作出优良中差等级区分或作出是否达到应有标准的结论或建议,帮助培训相关主体认清存在的问题和问题产生的原因,帮助他们发现培训中自身觉察不到的经验、优势和不足,在今后的培训中能扬长避短,不断提升培训的效果。

撰写评价报告一般需要撰写封面和正文两部分。封面应提供下列信息:县村教师培训评价方案的名称、评价目的、评价团队(包括评价领导小组、评价专家的姓名)、评价报告接受单位或个人的名称或姓名、评价方案实施和完成的时间、呈送报告的日期、作出决策或改进工作计划的期限建议,等等。

正文主要包括评价方案实施过程的简述、评价结果的分析与处理、评价结论与建议。首先,简述评价流程,即搜集资料和处理信息的过程。其次,写明实施评价方案过程中存在的问题。然后,介绍评价专家搜集到的相关资料;最后,给出评价结论与建议,主要是撰写通过分析、评议、评分、整理、汇总所得到的结果进行推断而得出的结论和相关建议。

(4) 结论反馈

评价即满足县域乡村教师培训多方参与者信息需求的过程,这个过程就是反馈评价结论,也是评价的最后一个环节。反馈结论一般有三种形式。

一是反馈给教育行政部门。一般情况下,教育行政部门是项目出资方和评价委托方,希望通过评价结果这个重要信息来改善培训决策,因而评价反馈更应关注项目实施的绩效、优点与缺点等。

二是反馈给评价对象。施训方希望通过了解参培方对培训实施的反应,以及训后表现来完善培训方案,因而反馈时更应关注参培方对培训课程、培训方式、培训服务等的满意度、送培方及其学生对参培教师变化的肯定度、参培教师教学行为的改进度等;参培方希望通过了解各方评价来促进自身的专业发展。因而评价反馈时更应关注培训方、送培方及参培方的认可程度,使他们能有针对性地改进工作。

第三是反馈给评价机构。作为评价执行者,旨在通过元评价向报告阅读者说明评价报告的局限性与优点,因而报告更应反思评价方案及其执行的科学性、评价方法的适当性、评价结论与建议的合理性。

第四是在一定范围内公布评价结果。一方面可以让同行互相借鉴;另一方面通过造成公正舆论促使被评价对象改进工作。①

县域乡村教师培训项目有效性评价案例

以县域乡村教师两个培训项目“两种模式小学数学骨干教师培训”评价活动为

① 贺安溪,胡惠明.农村中小学教师培训评价研究[J].当代教育理论与实践,2012(01):6－16.

例，展示县域乡村教师培训项目有效性评价的开展。

为认识习明纳培训模式与传统培训模式有效性的区别，2018 年对两种模式的小学数学骨干教师培训项目有效性做对比评价。评价在施培单位、受培学员、送培单位内开展。

评价团队由宁乡市教育局和宁乡市教师进修学校两个单位的教师培训管理者和专家共 5 人组成。

一、方案制订

1. 评价目的：对比评价宁乡市教师进修学校组织的县域乡村骨干教师教育科研能力培训"习明纳"培训模式与传统培训模式的有效性，用真实可靠的数据和结论为改进项目的培训模式提供参考。

2. 评价对象：县域乡村骨干教师教育科研能力培训"习明纳"培训模式与传统培训模式两个培训班。

3. 任务分工：(略)

4. 评价指标与权重见下表①

县域乡村小学数学骨干教师培训项目的有效性评价指标及权重

<table>
<tr><th>一级指标</th><th>二级指标</th><th>三级指标</th><th colspan="2">权重</th></tr>
<tr><td rowspan="4">效率</td><td>参训时间</td><td>培训集中时间</td><td>0.05</td><td rowspan="4">0.20</td></tr>
<tr><td>培训费用</td><td>集中培训费食宿和培训师指导费</td><td>0.05</td></tr>
<tr><td rowspan="2">受影响的人数</td><td>直接影响</td><td>0.05</td></tr>
<tr><td>间接影响</td><td>0.05</td></tr>
<tr><td rowspan="6">效果</td><td rowspan="2">对参培教师发展的正向作用</td><td>参培教师主题掌握程度(自测)</td><td>0.05</td><td rowspan="6">0.40</td></tr>
<tr><td>参培教师教研能力(自测)</td><td>0.05</td></tr>
<tr><td rowspan="3">对参培教师近期教育教学有帮助</td><td>送培学校对参培教师训后改进满意度</td><td>0.05</td></tr>
<tr><td>培训师对参培教师的平均满意度</td><td>0.05</td></tr>
<tr><td>学生对参培教师训后教学改进满意度</td><td>0.1</td></tr>
<tr><td>所教学生有发展</td><td>训后所教学生成绩平均提升幅度</td><td>0.1</td></tr>
</table>

① 丁常春. 骨干教师"习明纳"培训模式新解新用[J]. 中小学教师培训，2018(09)：20－24.

续　表

<table>
<tr><th>一级指标</th><th>二级指标</th><th>三 级 指 标</th><th colspan="2">权　重</th></tr>
<tr><td rowspan="6">效益</td><td rowspan="4">学员的培训满意度</td><td>参培教师对培训师的平均满意度</td><td>0.05</td><td rowspan="6">0.40</td></tr>
<tr><td>参培教师对培训内容的满意度</td><td>0.05</td></tr>
<tr><td>参培教师对培训方式的满意度</td><td>0.05</td></tr>
<tr><td>参培教师自评培训目标的达成度</td><td>0.05</td></tr>
<tr><td rowspan="2">给乡村学校/教育带来变化</td><td>参培教师训后发表或获奖论文篇数</td><td>0.1</td></tr>
<tr><td>返校实践组织校本研训场次</td><td>0.1</td></tr>
</table>

二、开展评价

第一场培训采用“习明纳”培训模式，第二场培训采用讲座式为主参与式为辅的模式，参培学员100人。“习明纳”培训模式是在首席培训师的全面统筹指导下，助理培训师与参培学员组成多个学习共同体，围绕一个培训主题的各个子课题分组展开研究，再把研究成果分组展示，相互评议，反思改进，总结提升，然后带着初步的研究成果返岗进行实践检验，并用参培模式组织校本研训，助理培训师跟踪指导，最后形成系列成果公开测评的培训过程。

本次培训主题是在对100位学员做培训需求分析后确定的，主题是“小学数学问题解决策略研究”。为了分班公平，先随机分班，每班50人。参培教师总结自己的培训经验并形成文章发到QQ群，培训师阅读并给出分数，然后调整班级人员，在人数相同的情况下使得每班平均分相同，培训师给出的平均分68分。

训前发放一份需求调研问卷，参培乡村教师根据对研修主题的掌握程度和自己教学研究水平用满分100分作自测，100个参培教师自测主题掌握程度平均分是64分，教研水平平均分是52分；训中都到同一所学校听同一位名师的示范课且都有与名师互动环节；训后都进行了培训效果测评。其培训区别如下。

1. 培训组织人员不同：第一场培训由1名首席培训师和10名助理培训师组成培训团队；第二场培训有1名培训组织者和聘请的10名省、市、县知名专家、优秀一线教师组成。

2. 培训目标的确定不同：第一场培训是培训师与参培教师共同确定培训目标。

第二场培训目标是培训组织者根据调查问卷而定。

3. 培训方式与内容不同：第一场培训按照“习明纳”培训模式，在首席培训师主题宣讲之后，在QQ群发布了主题拓展资源、小课题研究和论文写作方法等资料，并根据《义务教育数学课程标准(2011年版)》第一、二学段问题解决的目标要求，把主题分为10个子课题，每个参培教师自愿报名选择参与几号子课题组研讨，稍作协调后，基本是4—6人一组开展合作探究再公开展示；第二场培训除了示范学习半天之外，剩下的都是各专家或名师根据主题预设的专题讲座，以及讲座之后的半小时提问研讨等。

4. 培训所用时间不同：第一场培训主题宣讲、分组分题、示范引领1天，合作研究2天，展示评议1天，合计4天，返岗实践时间2个月。第二场培训示范引领半天，10个专题讲座各半天，合计5天半。

5. 训后实践与指导不同：第一场培训结束后在培训师的跟踪指导下，参培教师有系列的实践任务和成果要求，并返校组织本主题的校本研修，而第二场培训也安排了返岗实践，但没有具体任务，没有具体安排哪位培训师跟踪指导。

6. 培训评价不同：第一场培训采用过程评价、相互评价、延时评价，训中有小组的展示评价，训后2个月根据QQ群成果展示有师生、生生公开互动评价；第二场培训结束根据参培教师的出勤与培训感言进行评价。

7. 培训效果不同

第一场培训，参培教师对培训师的平均满意度测评时，助理培训师的得分有较大差距，有个小组对他们的助理培训师不太满意，这位助理培训师的得分明显低于其他组的培训助理师。每个组的子课题都形成了一篇论文发表或获奖了，参培教师返校组织了校本研训，其中4位与单位同事合作发表了论文。

第二场培训，只有一位老师返校组织了校本培训，有培训师反映个别参培学员培训时不认真，互动探疑没有积极思考并参与；对于培训内容测评，有参培教师反映两位专家的讲座有交叉重复现象；对于参培教师训后理念、教学改进度等方面的测评，有部分送培学校领导、老师、学生反映看不出改进程度。

返岗实践结束后，对培训进行了测评，除培训效率以实际数量反映外，其余测评结果以每项满分100分计，然后算出平均分如下表。

县域乡村小学数学骨干教师培训项目的有效性评价数据收集表

一级指标	二级指标	三 级 指 标	第一场	第二场
效率	参训时间	培训集中时间	4 天	5.5 天
	培训费用	只计算集中培训费食宿和培训师指导费	8 万	8 万
	受影响的人数	直接影响	50 人	50 人
		间接影响	226 人	89 人
效果	对教师长期发展有正作用	参培教师主题掌握程度自测	99%	90%
		参培教师教研能力自测	88%	62%
	对教师近期教育教学有帮助	送培学校对参培教师训后改进满意度	98%	71%
		培训师对参培教师的平均满意度	99%	80%
		学生对参培教师训后教学改进满意度	98%	75%
	所教学生有发展	训后所教学生问题解决的成绩平均提升分	9 分	8 分
效益	学员的培训满意度	参培教师对培训师的平均满意度	96%	98%
		参培教师对培训内容的满意度	99%	90%
		参培教师对培训方式的满意度	100%	88%
		参培教师自评培训目标的达成度	97%	82%
	给乡村学校/教育带来变化	参培教师训后发表或获奖论文篇数	14 篇	1 篇
		返校实践组织校本研训场次	81 次	3 次

三、评价分析与结论

按照总分 100 分计算。在实施评价收集的数据中，通过打分给出数据，可以直接折合比率计算，而调研获得其他数据，需要评价领导小组再次通过调研分析制定分值，最终计算方法如下：县域最合适集中参培时间是 3—5 天，乡村学校编制紧，培训时间太长影响正常教学，培训时间太短也达不到应有效果。参培时间总分 5 分，3—5 天为满分，每超过或者少于半天减少 0.5 分计算；培训费用是按照各地标准来计算，没有超过标准为满分；直接影响的人数按照标准 50 人为标准，间接影响人数按照每位参培教师通过校本研修影响 5 人计算，按照权重比例计算出每一项应得分值（如：5/250 = x/226，x = 4.52）；成绩平均提升分按照 10 分为满分，校本研修场次为每位老师返校组织两场为满分；发表论文为 10 篇为满分（参培学员平均每组一篇）。

县域乡村小学数学骨干教师培训项目的有效性评价结果表

一级指标	二级指标	三级指标	第一场（分数）	第二场（分数）	权重		分值	
效率	参训时间	培训集中时间	5	4.5	0.05	0.20	5	20
	培训费用	集中培训费食宿和培训师指导费	5	5	0.05		5	
	受影响的人数	直接影响	5	5	0.05		5	
		间接影响	4.52	1.78	0.05		5	
效果	对教师长期发展有正作用	参培教师主题掌握程度自测	4.95	4.5	0.05	0.40	5	40
		参培教师教研能力自测	4.4	3.1	0.05		5	
	对教师近期教育教学有帮助	送培学校对参培教师训后改进满意度	4.9	3.55	0.05		5	
		培训师对参培教师的平均满意度	4.95	4	0.05		5	
		学生对参培教师训后教学改进满意度	9.8	7.5	0.1		10	
	所教学生有发展	训后所教学生问题解决的成绩平均提升分	9	8	0.1		10	
效益	学员的培训满意度	参培教师对培训师的平均满意度	4.8	4.9	0.05	0.40	5	40
		参培教师对培训内容的满意度	4.95	4.5	0.05		5	
		参培教师对培训方式的满意度	5	4.4	0.05		5	
		参培教师自评培训目标的达成度	4.85	4.1	0.05		5	
	给乡村学校/教育带来变化	参培教师训后发表或获奖论文篇数	10	1	0.1		10	
		返校实践组织校本研训场次	8.1	0.3	0.1		10	
合计			95.22	66.13	1	1	100	100

宁乡市教师进修学校组织的两个县域乡村数学骨干教师教育科研能力培训班，运用培训有效性评价方法进行综合评价，其结论如下（按照满分100分计算）：

“习明纳”模式班培训有效性得分：95.22分。讲座式为主参与式为辅的传统模式班培训有效性得分：66.13 分。因为只有两个数据，不用做均值分析和差异显著性检验（ANOVA）。

从以上两场培训有效性评价比较可以看出，用“习明纳”模式的培训骨干教师，培训师对参培教师的平均满意度、参培教师对培训内容的满意度、参培教师对培训方式的满意度、参培教师自评培训目标的达成度、送培学校对参培教师训后改进满意度、学生对参培教师训后教学改进满意度、培训目标达成度和培训效果，以及参培教师训后发表或获奖论文篇数，都明显优于用传统培训模式的培训。“习明纳”模式班培训有效性得分：95.22 分，讲座式为主参与式为辅的传统模式班培训有效性得分：66.13 分，从分数明显看出两种模式培训有效性有显著差异，前者明显优于后者，评价团队分析其主要原因，是因为“习明纳”培训模式克服了传统模式的不足，更适合骨干教师的发展需求。①

① 丁常春. 骨干教师“习明纳”培训模式新解新用[J]. 中小学教师培训，2018(09)：20－24.

第七章

县域乡村教师有效培训的实践探索

在课题研究期间,课题组到全国各地进行了大量调查研究。本着学习的目的到各地收集整理提升“乡村教师有效培训”的成功经验,查找“乡村教师培训”的问题与症结。本课题主持单位对研究成果进行修订和实践完善,探索乡村教师培训行之有效的方式方法。现对各地探索出的经验以及课题主持单位的实践经验进行整理。

第一节　县域乡村教师有效培训管理案例

案例Ⅰ:培训中心发挥中心作用,引领乡村校长有效培训——华东师范大学教育学部教师发展学院着力提升农村校长领导力,促进乡村学校可持续发展纪实

设在华东师范大学的教育部中学校长培训中心成立于 1989 年 10 月 27 日,1990 年 4 月 1 日正式开班。中心是为提高我国教育干部队伍专业化水平,促进我国基础教育改革和发展,根据我国教育干部培训事业发展的总体规划设立的以中学校长培训为主的教育干部培训国家级基地,是目前我国唯一的国家级中学校长培训机构,同时也是为港澳中学校长提供专业发展服务的国家基地。

教育部中学校长培训中心((以下简称“校长中心”))充分发挥“中心作用”,努力引领乡村校长专业发展,促进乡村学校可持续发展。下面以“2017 年农村校长助力工程义务教育学校校长培训班”为例,介绍教育部中学校长培训中心在开展乡村学校校长培训的具体做法。

一 培训项目背景

“农村校长助力工程”是教育部为提高我国中西部地区、集中连片特殊困难地区农村义务教育学校校长队伍的整体素质和办学治校能力，着力推动义务教育均衡发展的重要举措。

根据教育部教师工作司《关于实施农村校长助力工程的通知》（教师司［2013］91号）的要求，“农村校长助力工程”校长培训，将根据义务教育学校校长专业标准，围绕实施素质教育和义务教育改革发展的重点难点问题，针对农村学校校长的实际需求，设计安排有针对性的培训内容，其中实践性课程不少于50%，帮助农村学校校长开阔教育视野，更新办学理念，提升专业素质和解决实际问题的能力，将义务教育学校校长专业标准、师德建设长效机制和信息技术作为培训必修内容。在培训模式上，采取“集中培训+返岗实践”的方式进行。

“农村校长助力工程”纳入教育部“校长国培计划”，承担培训任务的机构由教育部教师工作司委托其下设的“中小学校长和幼儿园园长国家级培训项目管理办公室”通过招标的方式遴选，参加培训的学员由相关省（自治区、直辖市）教育行政部门按照教育部确定的条件选派，学员可自主选择培训机构，培训经费由教育部按照参加培训的学员人数拨付培训机构。每年的培训项目结束后，由“中小学校长和幼儿园园长国家级培训项目管理办公室”根据其制定的评估指标，组织学员、项目承担机构和项目专家从多方面进行评价，并在一定范围内公布评估结果。

自2013年开始，“校长中心”连续7年承办“农村校长助力工程义务教育学校校长培训班”，培训班学员均为义务教育阶段初中学校或九年一贯制学校校长。校长中心在不断总结经验的基础上，持续优化培训模式，努力提高培训质量，取得良好的效果。

二 培训方案设计

与通常上级下达的校长培训任务或地方委托的校长培训项目不同，教育部教师工作司对“农村校长助力工程”项目的培训目标任务、内容方式、师资队伍、经费使用和项目效果评估等，都做了比较具体的规定。“校长中心”在认真领会教育部教师工作司相关政策精神的基础上，认真研究农村义务教育的发展形势和校长专业发展现状，了解参训学员的基本情况，结合自身多年从事中学校长培训的丰富经验，精心设计培训课程方案，将“校长领导力提升”作为“2017 年农村义务教育学校校长培训班”的主题。在培养目标上，着力提升校长的办学使命感、宏观思维能力和学校领导与管理能力；在培训内容上，注重理论引领和解决学校实际问题能力的提升；在培训形式上，以“集中培训+返岗实践”为基本模式，坚持多种培训形式并举，努力丰富学员的学习经验，增强培训效果。培训方案设计初步完成后，交校长中心培训部和研究室论证优化，经校长中心领导审查批准执行。培训课程方案如下：

教育部中学校长培训中心

2017 年边远贫困地区农村校长助力工程义务教育学校校长培训班课程计划

“2017 年边远贫困地区农村校长助力工程义务教育学校校长培训班”是根据教育部《关于做好“校长国培计划”——2017 年示范性培训项目实施工作的通知》（教师司函〔2017〕3 号）及教育部中小学校长和幼儿园园长国家级培训项目管理办公室《关于实施“校长国培计划”—2017 年边远贫困地区农村校长助力工程的通知》（校国培办〔2017〕17 号）的统一部署，为切实提高边远贫困地区农村学校校长队伍的整体素质和办学治校能力，着力推动义务教育均衡发展举办的国家级培训项目。该班以提升义务教育学校校长贯彻党的教育方针、组织实施素质教育的能力为目标，以增强校长解决办学重点难点问题的能力为核心，为各地培养一批实施素质教育、推进农村教育改革发展的带头人。

一、研修目标

研修班以党的十八大精神为指导，深入贯彻《国家中长期教育改革和发展规划纲要（2010—2020 年）》精神，根据《国家教育事业发展“十三五”规划》的部署，围绕当前学校教育改革与发展的热点、难点问题，结合我国中西部农村教育的特点，通过专题理论学习、专题研讨、经验交流、教育考察、影子培训和返岗实践等形式，帮助学员开阔教育视野，更新办学理念，拓宽办学思路，提升专业素质和解决学校教育教学实际问题的能力，促进学校的改革和发展。

通过研修，参加学习的校长要达到以下目标：

1. 提升办学使命感。能深入理解党和国家的教育方针政策,具有实施素质教育的自觉性、主动性和使命感;具备科学的人才观、教育观与质量观,坚持“教育为人民服务”的宗旨,努力办好人民满意的教育。

2. 提升宏观思维能力。能认识我国基础教育改革和发展趋势,准确把握我国基础教育改革与发展的方向,将理论学习与实践反思、问题研究与学校改进有机结合,系统深化对教育教学和学校管理重点难点问题的认识。

3. 提高领导与管理能力。能在理解、掌握教育科学和学校管理核心知识的基础上,提高解决学校教育教学和管理实际问题的能力,形成通过改革促进学校发展的思路和行动方案。

二、研修时间

2017 年 10 月 12 日至 2017 年 12 月 30 日。其中:

2017 年 10 月 12 日至 11 月 5 日为学员在教育部中学校长培训中心集中研修的时间。学员 2017 年 10 月 11 日报到,正式安排的集中研修时间总计 144 学时。

2017 年 11 月 6 日至 2017 年 12 月 25 日为学员返岗实践时间,共 50 天。

三、研修方式

1. 专题讲座(32 学时)。聘请有关专家学者和教育行政管理者就研修目标涉及的内容做专题讲座。

2. 案例教学(16 学时)。聘请资深校长就学校教育教学和管理中的实际问题开设讲座,组织学员就学校改革和发展中的典型问题进行分析讨论。

3. 经验分享(8 学时)。学员之间分享管理中成功的经验,反思失败的教训,探讨解决问题的思路和措施。在小组经验交流分享的基础上,选择典型经验在全班交流分享,并由专家点评。

4. 研讨交流(8 学时)。学员围绕特定主题进行深入研讨交流。本期研讨专题为“教师队伍建设”和“学校德育工作的反思与改进”。

5. 教育考察与影子培训(72 学时)。深入上海教育改革富有成效的义务教育学校进行教育考察和跟岗学习,通过听取办学经验介绍、座谈交流、课堂观察等形式,系统了解和研究借鉴上海优质学校的改革和发展经验。

6. 学校改进计划撰写与交流(8 学时)。从理论高度总结办学经验,撰写学校改进计划,交流研修成果。

7. 返岗实践(50天)。学员在专家的指导下,制订学校中长期发展规划,实施学校改进行动计划,持续提高管理水平,引领学校改革和发展。

四、理论学习的主要专题

（一）专题讲座

1. 基于标准的校长专业发展　4学时

2. 农村学校发展规划的编制与实施　4学时

3. 农村学校教师队伍建设　4学时

4. 农村义务教育学校课程建设与课堂教学改革　4学时

5. 校园安全管理与学校意外伤害事故防范　4学时

6. 信息技术在农村学校教育教学中的应用　4学时

7. 运用日常教育智慧改进学校　4学时

8. 学校管理中的有效沟通　4学时

（二）案例教学与专题交流

1. 农村义务教育学校推进素质教育的实践探索　4学时

2. 提高农村孩子的学习兴趣——东庐中学讲学稿的开发与使用　4学时

3. 班级建设与学校德育改进　4学时

4. 用智慧启迪智慧,用心灵感动心灵　4学时

五、考核和结业

学员完成规定的研修任务,经考核合格,由我中心颁发结业证书。

2017年9月

三　培训课程实施

培训课程实施分为“集中培训”和“返岗实践”两个阶段。

1. 集中培训阶段课程实施

集中培训于2017年10月12日至11月5日在“校长中心”所在地上海实施。在为期25天的集中培训阶段,学员通过专题讲座、案例教学、经验分享、研讨交流、教育考察与影子培训、学校改进计划撰写与交流等方式开展研修。其中,专题讲座和案例

教学聘请校长培训经验丰富的专家和一线优秀校长主讲;经验分享和研讨交流以校长为主分享经验、探讨问题,校长中心安排专家参加,并对活动进行点评指导;学校改进计划撰写与交流作为集中培训的最后一个环节,学员在校长中心教师指导下,编制学校改进行动计划,并在小组和全班交流分享,校长中心教师全程参加并进行点评指导。

在培训课程设计和实施中,“跟岗培训”(即课程计划中的“教育考察与影子培训”)是集中培训阶段的重要环节,也是课程实施的一个重点。为确保跟岗培训的效果,校长中心制订了“跟岗培训方案”,明确跟岗培训的目标、内容、形式、学习要求、时间安排、学习管理、交通食宿等安排,并提供跟岗培训学习的工具,人手一份提前发给学员。跟岗培训方案如下。

教育部中学校长培训中心

2017 年边远贫困地区农村校长助力工程义务教育学校校长培训班跟岗培训方案

根据教育部中学校长培训中心《2017 年边远贫困地区农村校长助力工程义务教育学校校长培训班课程方案》的安排,特制订本方案。

一、培训目标

通过跟岗培训,学员应达到如下目标:

1. 系统了解跟岗学校的办学目标、政策、实践和成就,系统、深入理解上海优质中小学的发展经验;

2. 有重点地了解跟岗学校校长的管理理念、管理方法、领导艺术和治校风格;

3. 结合本校实际,借鉴上海优质学校办学经验,形成改进学校的思路。

二、培训内容

跟岗培训期间,重点了解以下内容:

1. 跟岗学校和校长的办学理念和学校发展思路;

2. 跟岗学校课程体系与课程建设经验;

3. 跟岗学校课堂教学模式和课堂教学改革经验;

4. 跟岗学校的教育教学管理规章制度、管理方法与技巧、领导方法与艺术、公共关系管理等;

5. 跟岗学校教师队伍建设经验;

6. 跟岗学校教研、科研运作模式;

7. 跟岗学校的办学特色与品牌建设情况；

8. 跟岗学校德育与校园文化建设经验；

9. 跟岗学校校园内外教育资源开发经验；

10. 跟岗学校校园安全管理、后勤管理服务情况。

三、培训形式

1. 听取经验介绍、专题报告

2. 学校日常活动观察

3. 参加学校活动，如升旗仪式、教务会议、教研活动等

4. 课堂观察

5. 座谈交流

6. 校长领导管理行为观察

7. 学校资源共享

8. 学校典型经验研讨分享

9. 学校改进思路研讨交流

10. 跟岗培训成果总结交流

四、培训时间与日程安排

跟岗培训时间：2017 年 10 月 17 日至 26 日。

跟岗组织：全班学员分为 8 组，每组 6—7 人，分别到 2 所学校跟岗学习，每所学校 4—5 天。

五、培训学习要求

1. 跟岗培训方案公布后，学员应尽快了解基地学校情况，并结合本人情况制订个人学习计划。

2. 在同一所学校跟岗学习的学员组成一个学习小组，班工作小组指定一位学员担任组长，负责跟岗培训活动日常管理、协调工作。

3. 学员要及时转变角色，调整心态，积极投身学习，全程参与所有培训活动，主动参与每一教学环节。

4. 学员要服从组织安排，遵守跟岗学校管理规章制度，尊重基地学校的领导和老师，不评论、不干预基地学校的管理及教育教学活动。

5. 学员小组要由组长负责定期开展交流研讨；跟岗培训结束时，以小组为单位，

以电子档和文本两种形式向班工作小组提交汇报材料，要求图文并茂。

6. 跟岗培训期间，学员每天须撰写培训日志，记录收获和体会；重要活动由学习小组组长负责记录活动情况。

7. 跟岗培训结束时，学员将《跟岗培训学员考勤表》《跟岗培训学员研修日志》和《跟岗培训小组活动记录》提交给班工作小组。

8. 跟岗培训期间，由组长负责对学员进行考勤。

9. 跟岗培训期间，学员原则上不得请假。如有特殊原因确需请假，须提供书面假条并经班主任批准。未经批准不参加培训者，视为旷课。旷课累计超过1天者，不予颁发培训结业证书。

10. 跟岗培训期间，学员要高度重视个人人身安全和饮食安全。

六、学员食宿交通安排

除特殊情况外，跟岗培训期间学员在学校原宿舍住宿，交通问题统一安排，学员早、晚餐在学校就餐，中午在跟岗学校就餐。

七、培训活动管理

跟岗培训工作由班工作小组负责协调管理。

附件：

1. 跟岗培训学员研修日志

2. 跟岗培训小组活动记录

3. 跟岗培训学员考勤表

为有效落实跟岗培训任务，“校长中心”遴选7位培训经验丰富的校长所在的上海市优质初中学校作为跟岗培训基地学校。跟岗学习实际安排60学时，连续进行，学员每5—6人为一组前往基地学校跟岗学习3天半，接着相邻基地学校学员交换基地学校继续学习，最后组织全体学员交流分享跟岗学习收获和体会，校长中心教师参加并点评指导。2017年10月18日至27日，学员进入上海学校进行跟岗学习。

集中培训阶段，适逢党的十九大胜利召开，“校长中心”及时组织学员认真学习习总书记十九大报告，座谈交流十九大报告学习体会，指导、帮助学员及时认真学习领会党的大政方针，坚定理想信念，增强办好学校的使命感、责任感，明确工作努力的方向。

在集中培训阶段的研修学习中，学员事业心强，学习积极性高，组织纪律性强，班级氛围好，表现出良好的专业素质。集中培训阶段的学习结束后，班主任对该阶段的培训活动进行了系统的总结，对后续阶段的培训工作做了部署。学员代表在总结发言中，对培训效果和校长中心的工作给予高度评价。

2. 返岗实践阶段课程实施

“返岗实践”是“农村校长助力工程”培训模式的重要内容，共50天时间。在“返岗实践”阶段，学员回到学校工作岗位，在校长中心专家的指导下，优化并实施学校改进行动计划，在办学治校实践中持续提高管理水平。为解决学员返岗实践过程中遇到的问题，保证返岗实践的效果，校长中心在返岗实践结束后，及时组织在学员人数较多的地区集中研修2天，安排教师交流、检查返岗实践的效果，指导、帮助学员解决返岗实践过程中遇到的问题。为保证返岗实践顺利进行，校长中心在学员结束集中培训返回学校工作岗位之前，对返岗实践阶段的研修工作作了部署，要求学员回到学校后，及时总结交流传播培训成果，向上级汇报学习情况，给老师、同行做一场专题报告；优化并实施学校改进行动计划；开展读书和专业交流活动；做好返岗实践阶段的研修总结交流等，并向学员发放了“返岗实践要求”。其主要内容如下：

2017年边远贫困地区农村校长助力工程义务教育学校校长培训班返岗实践要求

根据教育部《关于协助做好农村校长助力工程“返岗实践”培训工作的通知》的要求，“返岗实践”是整个培训重要的环节，是在集中培训的基础上“学以致用”的重要体现。为切实有效提高返岗实践培训的有效性，要求各学员主要通过三条途径在“返岗实践”中提升自身的能力。

一、深入反思，认真学习

各学员结合在中心及跟岗学校的所学、所思、所写，围绕学校自身在改革与发展中的问题，立足自身，继续深入思考。在思考的过程中，做到学思结合，认真学习教育教学前沿理论。

二、完善方案，努力践行

在中心研修期间所完成的学校改进行动计划，回学校后应与班子成员继续讨论，进一步完善方案。通过广泛征询学校师生的意见，统一思想，使行动方案真正成为推进学校改革与发展的指南。在完善方案阶段，请本班各学员间、各小组间、各地区间加强联系，以同伴互助促进相互提高。

三、专业引领,有效推进

方案的推进,是一个专业引领的过程,各学校在推进改进方案过程中,要注重研究,积极思考,同时要与中心各专家保持联系。中心将在返岗实践结束后,及时组织学员在合适的地点集中研修,就大家共同关心的问题进行专题研讨和指导。

教育部中学校长培训中心

2017 年 11 月 1 日

按照返岗实践培训工作计划,“校长中心”组织学员于 2018 年 1 月 8、9 日,前往本期学员较多的西南地区中心城市之一的昆明市集中,先后考察了昆明外国语学校和昆明市盘龙区金辰中学,并组织学员座谈交流返岗实践阶段的研修进展和遇到的问题。座谈中,学员交流分享了返岗实践的具体做法、成效、体会和未来改进学校的工作思路。学员反映的主要问题集中在学校办学经费短缺,办学硬件条件差,教师待遇低,师资结构性缺编,家庭教育薄弱等方面。对于学员提出的学校发展中面临的问题和困难,“校长中心”教师现场进行解答指导,肯定学员的工作积极性和工作成效,鼓励学员充分认识办好农村义务教育的重要意义,结合十九大文件精神的学习,抓住中央决定实施乡村振兴战略为农村教育带来的发展机遇,充分发挥主观能动性,立足现有条件,努力把学校办好。

在昆明的集中指导结束后,“校长中心”负责指导的 2 位教师,于 2018 年 1 月 11—13 日先后前往本期学员所在的云南省文山州广南县莲城初级中学校、广南县杨柳井乡初级中学和往期学员所在的云南省文山州砚山民族中学、砚山县江那中学,对学校工作进行调研、指导。从现场调研了解的情况来看,农村学校的办学条件正在逐步改善,但学校之间仍存在较大差异;农村学校发展既面临共同的挑战,不同学校也有各自需要解决的特殊问题。

3. 计划之外的培训活动

在集中培训阶段,“校长中心”组织学员于 2017 年 11 月 3、4 日参加了由其在江苏省江阴县华西村举办的“全国初中校长论坛”,考察了我国农村发展的典范华西村和华西实验学校;在返岗实践阶段,组织部分学员于 2017 年 11 月 24、25 日在重庆涪陵市参加长江师范学院举办的“乡村学校发展高峰论坛”,并在论坛结束后,组织部分学员座谈乡村学校发展问题,鼓励学员看清国家发展大势,坚定信心,为振兴乡村教育砥砺前行。尽管参加这两次论坛导致了课程计划的临时调整,减少了计划内培训活动,但从实际效果来看,利用学员参加培训的机会,组织他们参加全国性教育专业交流活动,对于开阔学员的教育视野,更新办学治校理念,增强办好学校的使命感、责任感,具有相当重要的意义,对于培训目标的实现起到了良好的促进作用。

四　项目管理与培训服务

与“校长中心”其他校长培训项目的管理一样,“2017 年农村校长助力工程义务教育学校校长培训班”采用“班工作小组制”管理模式。“校长中心”专门设立“2017 年农村校长助力工程义务教育学校校长培训班班工作小组”(以下简称“班工作小组”),该小组根据经批准实施的课程方案,全面负责培训项目实施涉及的学员接待、教学资源开发、课程实施、研修指导、班级管理、教学行政和后勤服务等工作。“班工作小组”一般由班主任、教务员和总务员共 3 位成员组成。该班班主任由“校长中心”分管培训工作的副主任担任,教务员由专职教学行政人员担任,总务员由专职工勤人员担任,为加强本班的力量,另安排一位专职教师担任副班主任。“班工作小组”实行班主任领导下的分工合作负责制,成员的具体分工是:班主任主要负责培训项目的学术事务、班级管理和班务协调,副班主任协助班主任做好学术方面的工作;教务员负责课程安排、学籍管理并协助班主任管理班级事务性工作;总务员主要负责后勤服务工作。校长中心业务主管部门培训部对“班工作小组”的日常工作进行监督和质量评估,必要时提供相关支持,但不干预其日常工作。

培训项目结束后,“班工作小组”即自行解散,但与本项目有关的后续工作,如缺勤学员补课、培训档案整理归档、补发结业证书或为学员提供学习证明等事务,仍由该班“班工作小组”负责。“班工作小组制”是由专门成立的工作团队对特定培训项目的学术事务、班级活动、课程安排和后勤服务实施一体化管理的模式。其优点是职责明确,权利充分,人力资源充足,工作效率高,培训机构工作人员与学员的关系密切,能够确保培训项目高质量实施。

为确保培训项目顺利实施,班工作小组为学员配备了学习用品和一套 10 本研修参考书,编制了《学员手册》,其内容包括“校长中心”培训简介、学员研修指南、班级工作指南、学员生活指南、学员守则、分组学员名单、班工作小组成员名单、班委会成员、学习小组组长名单、课程计划、跟岗培训方案、学校改进行动计划撰写说明等“校长中心”相关规章制度、项目文件和跟岗培训学员日志、小组活动记录等学习工具。下面是学校改进行动计划撰写说明。

教育部中学校长培训中心

2017 年边远贫困地区农村校长助力工程义务教育学校校长培训班学校改进计划撰写说明

建议各位校长从以下几个方面考虑学校改进计划的撰写：

1. 学校的发展基础如何？优势和劣势有哪些？制约现阶段学校发展的主要因素是什么？其根源在哪里？学校改进计划预备解决什么问题？需要解决的问题是否清楚明白？是否是当前制约学校发展的关键问题？是不是当前需要优先考虑解决的？解决这些问题对学校发展有何重要意义？能否带动学校发展？

2. 学校改进计划要达到的具体目标是什么？这些目标能否实现？如何评价学校改进计划的目标是否实现？如何评估学校改进计划对学校发展的实际影响？（学校改进计划的目标应表述为经过一段时期努力学校希望获得的工作效果。）

3. 改进学校的基本思路是什么？学校改进计划包含哪些方面的内容？预备采取什么措施改进学校？各措施之间存在什么联系？需要完成的具体工作任务是什么？是否需要分阶段、分步骤、分领域实施？

4. 学校改进计划的有效性如何？计划采取的措施能否发挥作用？能否解决当前学校发展面临的问题并产生预期的结果？

5. 实施学校改进计划是否有必要的时间、人力、物力和财力支持？能否得到有关当事人（教育局、学校领导、教师、学生、家长及社会）的赞同和支持？是否具有可行性？

6. 执行学校改进计划的最佳人选是谁？执行者将如何开展工作？怎样将执行者组织起来形成高效的工作团队？谁负责监督学校改进计划的执行情况？

7. 实施学校改进计划可能会遇到哪些问题和困难？如何解决可能遇到的问题和困难？谁负责解决可能遇到的问题和困难？

五　培训效果评估

本项目培训效果评估，分为内部评估和外部评估两个部分。其中内部评估包括“校长中心”培训部负责的项目培训活动日常巡察、学员座谈调查和班工作小组工作总结评估，主要属于常规性的定性评估。外部评估由教育部“中小学校长和幼儿园园长国家级培训项目管理办公室”根据其制定的“农村校长助力工程项目质量评估指标体系”，组织学员对培训项目进行满意度调查、“校长中心”自我评估和项目专家评价，最终形成综合性评估结论，并在一定范围内公布。

总体来看，“校长中心”承担的“2017 年农村校长助力工程义务教育学校校长培训班”按计划完成了培训任务，较好地实现了培训目标，参训学员对“校长中心”的工作达到了较高的满意度。据了解，在 2017 年农村校长助力工程校长培训项目外部评估中，“校长中心”承担的培训项目成效显著，评估综合排名名列前茅。

六　反思与改进

农村义务教育是我国基础教育的重要组成部分，农村义务教育学校校长的专业素质和领导力水平直接影响学校的办学质量。从“校长中心”“2017 年农村校长助力工程义务教育学校校长培训班”培训实施情况来看，农村教育的发展仍然处于比较困难的时期，通过包括加强农村义务教育学校校长培训在内的各种措施的实施，切实改变农村教育的薄弱面貌，不仅非常重要，而且非常迫切。

当前我国农村义务教育学校发展的严峻局面，是城镇化背景下农村教育演化的必然结果，也是我国教育发展不充分不平衡的具体体现。就教育自身而言，农村教育发展困难的直接原因是经费投入不足；而就社会发展来看，农村教育的发展受更多、更复杂因素的影响。为了改变农村地区尤其是中西部边远贫困农村地区的教育面貌，近年来国家密集出台了一系列重要措施，农村义务教育学校的办学状况正在逐步好转。随着新型城镇化和乡村振兴战略的实施，优先发展农村教育事业的政策定位及相关政策措施的不断落实，为农村教育发展带来了新的契机。农村教育发展形势的变化，依赖于国家教育政策的取向；而农村学校办学水平的提高，则取决于校长的专业素质和领导力水平。在新的发展形势下，通过培训提高农村义务教育学校校长专业素质和领导力水平，进而促进农村义务教育学校的健康发展，需要结合当前国家发展形势和教育政策走向，认真研究农村教育发展形势和农村校长专业发展现状，在农村义务教育学校校长培训项目设计和实施中，从以下几个方面作出努力：

1. 加强国情教育和教育政策教育，指导、帮助农村校长明确农村教育的发展前景和目标，增强农村校长立足农村办好学校的决心和信心。

2. 指导农村校长不断强化学校管理的规范性，持续提高学校管理的科学性，努力提高学校管理和教育教学实践的有效性。

3. 指导农村校长通过加强教师队伍建设，切实提高农村学校教师队伍的职业道德水平，有效提升农村学校教师队伍的专业素养和教育教学能力。

4. 强化农村校长的课程意识，引导农村校长通过加强学校课程建设，丰富学生学习体验，提高学生校园生活质量。

5. 在国家加快普及高中阶段教育的政策背景下，引导农村校长把握课堂教学改革的正确方向，把不断提高农村义务教育阶段学生学业成就水平作为重要任务。

6. 加速普及教育信息化知识，加快推进农村学校教育信息化进程，指导农村校长充分发掘信息技术的优势，尽快填平农村学校与城镇学校之间的信息鸿沟。

7. 加强农村校长的教育理论知识培训，指导、帮助农村校长更新教育观念，树立正确的办学观、育人观、质量观、发展观。

8. 为农村校长提供充足的高质量发展学校案例，提高农村校长领导力的效能。

9. 强化对农村义务教育学校的现场调研与针对性指导。

10. 在更大的范围内为农村校长提供更多、更高水平的专业交流机会。

就农村校长助力工程培训项目自身的改进而言，要重点处理好集中培训要求高与培训时间紧的关系、理论知识学习与解决实际问题能力培养的关系、校长培训需求广泛与校长工作繁重之间的关系，解决好农村学校和校长专业发展需求的个体差异和返岗实践阶段的专家指导问题。

从上述要求来看，农村义务教育学校校长培训质量的提高，是一项需要作出长期努力的艰巨任务。通过脱产集中培训和在岗研修的方式提高农村校长的专业素质和领导力水平的措施需要逐步制度化，并保持其连续性、稳定性，提高其针对性，增强其有效性。

（本案例由华东师范大学教育部中学校长培训中心沈玉顺教授团队执笔完成）

案例Ⅱ：好风凭借力　送我上青云——国贫县江西修水是如何开展乡村教师有效培训的

修水县乡村义务教育阶段教师队伍总数不足、师资不均衡、素质比较低、教师来源杂，教师的培训、学习、专业发展、能力提升等问题已引起各级党政高度重视，为加大教师培训力度，县教师进修学校根据课改的进程和不同时期教师的实际需求，采用合理的模式进行有针对性的培训，同时凭借外部资金支持，努力做到“训以致用、研训结合”，达到了“好风凭借力，送我上青云”的良好效果。

一　问题导向，培训工作有的放矢

（一）教师队伍存在的问题

由于地理和历史原因，修水县教师队伍建设中存在以下问题：

1. 结构不合理。一是教师总数仍然不足。修水县省定中小学教师编制为 6 215 人，县定中小学（含幼儿园）教师编制为 5 572 人，目前在岗教师 5373 人，按省定编缺编 842 人，按县定编缺编 199 人，每年到龄退休 160 人左右，加上外调、考研、辞职、死亡等自然减员 40 人左右，学校只好长期请代课教师来弥补，据不完全统计，目前全县共有代课教师 457 人。因此，教师课业负担沉重，小学教师每周课节大多在 20 节以上，绝大部分村小是“一个萝卜一个坑”，每个班仅有一个教师，满负荷工作。二是学科结构不尽合理。音乐、美术、体育、信息技术等专业教师严重不足，这些课程只好请其他专业教师兼任。三是教师队伍不够稳定，外地教师想走出修水，边远地区教师想往中心乡镇走，乡下教师想往城区走，县城教师想往行政部门走，一有机会就“跳槽”，造成优秀教师严重外流。如县城学校近两年就有 20 多名省、市学科带头人、骨干教师改行。

2. 整体素质低。从年龄结构看,农村教师年龄严重老化。这些年龄偏大且大专以下学历的教师,一部分来自民师转编,一部分没有受过正规师范专业培训,有的后来通过学历教育和在职培训虽然获得了学历和教师资格,但实际教学水平提高不大,相当一部分教师知识结构陈旧,教育观念落后,难以适应新课改的需求和现代教学的需要。新聘教师虽然学历上达到要求,但有很大一部分不是师范类大学毕业,教师职业理想不稳定,教育教学能力有待提高。

3. 性别比例偏。由于农村教师力量不强,近几年我市灵活运用引人机制,虽然分批次分时段分专业,从大学毕业生和师范院校生中相继为农村学校招入了一些教师,但由于大学毕业生中很少有男性愿意从事农村教师工作,而师范毕业生中女性较多,因此每次补充的教师90%以上为女性,且多为婚育年龄,进入岗位不久,学校面临女教师生育困扰,特别是全面二孩政策实施后,女教师扎堆生育二孩,导致学校教师力量季节性短缺严重。据调研,修水县34周岁以下育龄女教师占女教师总数的60%以上,女教师比例偏高增加了农村初级中学班主任和村级小学校长的聘任难度。

4. 教师来源杂。近几年新招教师很多,但有不少教师并不是师范教育专业毕业,而是在外就业不理想,考取了教师资格证后就参加了教师招聘考试,根本没做好当教师的准备,也没有比较扎实的专业知识,甚至没有参加教师教育实习。新招教师进入农村中小学后,把当老师当作暂时的跳板,一边准备教师进城考试,争取五年后进城当老师,另一边准备参加公务员等各种高一层次的考试。农村中小学成了城市教师的培训基地和人生阶梯的缓冲基地。

(二)坚持问题导向,把有限的培训资金利用好,通过学分认定促进有效培训

除了教师队伍本身存在的问题,对于修水县来讲还存在培训管理体制弱化的问题。从省级层面来说,原承担教师培训职责的江西教育学院近几年已改为南昌师范学院,已由专门的成人高校改为普通高校,以招收普通高中毕业生为主,只是在学校增挂江西省中小学远程教育培训中心牌子,由继续教育学院承担教师培训工作,教师培训功能已弱化。从市级层面来说,原承担教师培训职能的九江教育学院早已并入九江学院,不再承担教师培训职能,与现在的南昌师范学院已没有任何教师培训的业务往来。九江电大作为一所专门的成人教育高校,已增挂九江市中小学教师培训中心的牌子,承担着市级教师培训的职能,对上只与江西电大有业务联系,与南昌师范学院也没有

业务上的往来。从县级层面来说，作为应当承担教师培训职能的县教师进修学校，同时挂了中央电大修水工作站的牌子，在教师培训方面缺乏省、市级连贯而强有力的垂直监管机构，只与九江电大有成人学历教育方面的上下级关系，这也弱化了它作为教师培训的应有职能，如果县教育行政部门不重视，则教师培训难以正常开展。

针对乡村义务教育阶段教师队伍存在的上述情况，以及修水县教师培训体制机制及经费保障上存在的问题，特别是教师的培训、学习、专业发展、能力提升等方面的迫切需要，修水县已把教师培训工作摆到各级党政重要的议事日程上来，加大教师培训力度，每年安排 100 多万元培训经费开展教师培训，县教师进修学校充分利用好这笔培训资金，根据《江西省中小学教师培训学分管理办法》，动员组织教师参加培训，兑现各种培训政策，通过培训学分精准认定，努力实现从“我请你培训”变为“我要来培训”的效应。

培训学分认定。根据《教育部关于大力推行中小学教师培训学分管理的指导意见》（教师［2016］12 号）精神及《江西省中小学教师培训学分管理办法》，全县中小学教师职后培训每 5 年为一个培训周期，教师需至少累计获得 36 学分且每年至少获得 2 学分。退休前最后一个培训周期，对培训学分不作要求。为充分调动广大教师的参训热情，满足培训的层次化和多元化要求，在一个培训周期内，教师需分级分类按比例获得相应学分。培训又分为两种：

（1）统筹培训，计 26 分。在一个培训周期内，全员培训、国培计划或省培计划网络研修培训，以及信息技术应用能力提升工程等合并固定计 15 分。中小学教师应在一个培训周期内至少分别参加一次省级及以上、设区市和县（区、市）级这两个层级的统筹培训，并累计获得不少于 11 个学分。

（2）自主培训，计 10 分。在一个培训周期内，中小学教师应参加由学校（幼儿园）自主组织并实施的培训，并获得不少于 10 个学分。中小学教师在一个培训周期内所获培训学分具体构成见表 7－1。

表 7－1　江西省中小学教师单位周期内培训学分构成表

培训类型	承训级别	类型学分	层级学分	具体描述
统筹培训	省级及以上培训机构（11 分）	26	5	国培计划（示范性项目、中西部项目）、省培计划等
			6	设区市和县（区、市）组织、实施的培训项目

续 表

<table>
<tr><th>培训类型</th><th>承 训 级 别</th><th>类型学分</th><th>层级学分</th><th>具 体 描 述</th></tr>
<tr><td>统筹培训</td><td>设区市和县(区、市)培训机构(15分)</td><td>26</td><td>15</td><td>全员培训、国培计划或省培计划网络研修培训以及信息技术应用能力提升工程等</td></tr>
<tr><td rowspan="3">自主培训</td><td rowspan="3">中小学(幼儿园)</td><td rowspan="3">10</td><td colspan="2">学校自主组织的各类培训项目(校本培训)</td></tr>
<tr><td colspan="2">学校自主组织的各类教研活动(校本教研)</td></tr>
<tr><td colspan="2">教师工作坊、名师工作室组织的各类研修活动</td></tr>
</table>

二 借助外力,提升有效培训向更高层次发展

通过学分认定,解决了教师培训的基本诉求问题,随着基础教育改革的深化和时代发展变化,原来的基础性培训是远远不够的,还需要对教师开展更高层次、更深入系统的培训。而这样的培训需要资金支持,对贫困县、革命老区来说,资金是大问题(资金匮乏是不争的事实),资金又不是问题(因为有各种优惠政策)。面对这样的现实矛盾,修水县选择了“担当和作为”,充分利用外部资金和各种对贫困县的优惠政策,发挥县教师进修学校在教师培训中的应有作用,达到了“好风凭借力,送我上青云”的良好效果。

(一) 利用香港企业资金,开展班主任和心理健康教师培训

中小学班主任培训是修水县教师进修学校每年都要开展的一项常规培训,每年分上、下学期一般各举办一次,旨在提高班主任的班级管理水平。修水县还利用外资开展班主任培训,2011 年依托江西师范大学丰富的教师教育资源,运用香港嘉里集团郭氏基金会教育科目专项资金举办的省级教师培训班。参加本期培训班的 100 名小学班主任,年龄都在 45 岁以下,具有 3 年以上班主任工作经历,未接受过国家级班主任专题培训的骨干小学教师。小学班主任培训以“远程网络教育”“专家集中授课”“学员集中研讨”“教师在岗实践”“培训成果开发”等形式,针对中小学班主任教师在日常工作中所面临的主要问题,围绕“班主任的每一天”“班主任的每一学年”“班主任与每次活动”“班主任与每个班级”“班主任与每个学生”“班主任的基本技能”六个模块 48 个专题进行深入学习、交流、研讨。培训班聘请全国优秀班主任作一线班主任工作报

告。培训从2011年8月开始,2012年7月结束,历时一年,是修水县教师培训史上培训手法最新、内容最充实、资源最丰富的一次教师培训。其中集中培训3次,共22天,网络培训平台学习120天,学员在岗实践150天。在这期培训班中,学员根据培训班的要求,在自己所在学校学以致用地召开主题班会教育课500多堂,举办以学校或年级组为单位的班主任工作教研活动232次。撰写"班主任工作案例"159篇,约20万字、"培训工作小结"128篇、"班主任教学反思"427份。本次培训的班主任工作案例已通过江西师大专家评审,精选102份优秀案例,由江西师范大学教师教育处署名,汇编成修水县2011年小学班主任培训班《班主任工作案例汇编》一书。

心理健康教师培训是修水县近几年才开展的一项教师培训。为深入贯彻落实教育部下发的《中小学心理健康教育指导纲要》,提高教师的心理素质和心理健康教育能力,以适应素质教育和新一轮基础教育课程改革的需要,根据中小学生生理、心理发展特点和修水县中小学生中留守儿童多、心理因素复杂的实际情况,2012年,修水县教师进修学校运用香港嘉里集团郭氏基金会教育项目部的扶助资金,聘请江西师范大学心理学院的12位专家教授,举办了修水县第一期中学心理健康教育教师培训班,受训教师都是从修水县高中和初中学校遴选出的骨干班主任、思政教师,年龄在45岁以下,师范类专科以上学历,具有一定的自我心理调节能力,关心学生身心的健康成长,热衷于对学生进行心理方面的教育指导的骨干教师。全县共培训60人,其中初中教师53人,高中教师7人。培训从2012年8月开始,到2013年7月结束,培训时间一年,培训班分集中授课、远程辅导、在岗研修、后续跟踪等四个阶段进行。通过培训,教师们学习和掌握了心理健康教育的专业知识、专业技能和心理咨询的基本原理与技术;学会正确判断学生心理问题并恰当处理;学会正确使用心理测量工具。能够较科学地组织学校心理健康教育各项活动和各类课程的计划与实施以及课题研究;能够对有心理问题的学生进行个别和团体辅导;能够进行自我心理调节,具有自助能力;能够胜任本职岗位的工作要求。从2011年开始到2013年为止,修水县教师进修学校共用香港嘉里集团郭氏基金会教育项目部的扶助资金约50万元,共举办心理健康教育教师培训班4期,培训心理专职(或兼职)教师401人,为修水县中小学校培养了一支专业化的心理健康教育师资队伍。

(二)利用中国希望工程资金,开展骨干教师培训

骨干教师是教师队伍的中坚力量,在教师队伍建设中起着承上启下的作用。对有

培养前途的中青年教师按教育教学骨干要求进行培训，是中小学教师培训的总目标之一。2017 年 10 月 28 日到 11 月 2 日，第 437 期希望工程全国教师培训班暨第 16 期克丽缇娜班在修水县汇源小学开展教师培训活动。本次希望工程全国教师培训班是中国青少年发展基金会携手克丽缇娜集团共同发起，针对国家贫困、偏远地区实施的一项农村中小学教师培训项目。该项目旨在通过对农村中小学教师的培训，帮助他们互相交流经验，开拓视野，更新观念，从而提高农村中小学的教学质量和管理水平，推动农村地区基础教育事业的发展。这次培训活动是由共青团县委和修水县教师进修学校共同引进，县教育局大力支持下而办起来的，除培训教师外，克丽缇娜集团还到杭口镇坪下小学开展送爱心活动。本次培训活动，内容涉及义务教育阶段阅读、音乐、美术、体育、综合实践五门学科，讲学团由上海市音乐家协会会员、合唱协会理事刘庆江等 6 位学科专家组成，修水县义务教育阶段教师 600 余人参训，分五个班举行，这是修水县第一次利用中国希望工程基金会开展的教师培训，也是引进名师人数最多、规格最高的一次培训，更是首次针对副科开展的大规模教师培训。此次培训对于提升修水县义务教育阶段教师的教育综合素养与教育教学水平，为全县中小学的素质教育带来新的希望，也为全县义务教育均衡发展打下坚实的基础。本次大规模的骨干教师培训所花资金全部由克丽缇娜集团提供，培训结束后，还向修水县教师提供了价值近 200 万元的保健药品。

（三）利用爱心资金，开展新聘教师培训

新教师培训是对新分配到中小学任教的大中院校毕业生进行岗前有目的、有计划的培训，使新教师进一步巩固专业知识，熟悉有关教育法规和教育环节，初步掌握所教学科教学大纲、教材和教学常规，尽快适应中小学教育教学工作。修水县教师进修学校采取的“三段式”新教师培训模式，即“小班化—分专题讲座”集中培训、“师徒结对”培训、“名师示范—汇报演练”跟踪成长培训，对新教师培训更有针对性和实效性，更加注重了教育理论水平和实践能力的提升，培养新教师树立终身从教、终身学习的思想，引导他们遵守教师职业道德，练就过硬的本领。每次新教师培训，修水县教师进修学校都编印《服务指南》，内容包括人员安排、培训通知、培训方案、课程安排、开班典礼议程安排、授课专家介绍，培训管理条例、学习生活指南、住宿地址情况介绍等方面，力求新教师迅速熟悉培训情况，尽快进入角色。比如：2018 年 8 月的新教师培训共聘

请省培训专家1位、县优秀教师6位，本校3位教师讲课，既有省专家的理论指导，也有当地一线教师的现身说法，修水县教师进修学校在2018年这期新聘教师培训中就开始了新入职教师宣誓，比省教育厅规定还早。2019年新聘教师培训，通过江西省爱心公益协会，请来江西卫视（金牌调解）特聘心理专家沈珊讲授《中小学教师职业生涯中的心理调适》，在修水县产生了很大的影响。修水县从1996年起开始由县教师进修学校实施这项培训，至2018年止，修水县教师进修学校共举办新教师培训班21期，累计培训新教师3581名。开展新教师上岗培训，对修水县实施九年义务教育、深化中小学教育教学改革，提高义务教育水平，促进修水县教育的均衡发展，产生了积极影响。2013年毕业的新教师慎魁元参加了修水县的新教师培训以后迅速成长起来，并且成长为修水县教师进修学校新聘教师培训的主讲教师，他在参加工作六年的时间内先后被评为全国优秀特岗教师、全国最美教师、全国向上向善好青年，同时还是江西省师德标兵、感动江西教育年度人物和九江市道德模范、岗位学雷锋标兵，2015年作为优秀乡村教师代表受到国务院李克强总理的接见，2019年作为特岗教师代表到全国演讲并受到习近平总书记的亲切接见，目前在何市镇中心小学任副校长，成为修水县一位率先升起的青年教师明星。

（四）利用中国移动公司资金，开展学校校长培训

“教育部—中国移动中小学校长培训项目”于2006年启动后，2009年再启动到中部省份，2018年我省有5个县参加，修水县知道这个项目后，经过县教师进修学校申请，国家和省市教育行政部门审核批准，修水县确定为2019年“教育部—中国移动中西部中小学校长培训项目”县，是全省5个项目县之一，6月份修水县教师进修学校校长到国家教育行政学院参加为期一周的“教育部—中国移动中西部中小学校长培训项目”2019年度培训者培训班，这个项目主要以基地实践学校为依托，基地学校校长为导师，参训校长为主体，采取“影子培训+网络研修+送教下乡”的培训模式，旨在提高中西部地区中小学校长办学治校能力和管理水平，推动中西部农村义务教育学校校长队伍建设。9月18日至27日，修水县有20名校长免费参加为期12天的影子培训，其中小学校长15名、初中校长5名，培训采取“集中面授+跟岗培训”相结合的方式进行，另外有200名校长或后备干部参加网络研修，其中小学段150名，初中段50名，采取“种子校长网络工作坊+送教下乡”相结合的方式开展，并从修水县选择4所农村义教薄弱学校进行“送培进校”诊断式培训,“送培进校”诊断式培训按照《乡村校园长“送培进校”诊断式培训指南》有关要求,依托本地培训团队,整合区域内外高校、教科研机构和中小学专家资源组成送培团队,通过现场诊断、对话反馈、行动改进三大步骤,帮助参训校长制订、实施学校改进方案,并定期跟踪指导。集中培训学员的培训费、住宿费、伙食费从项目经费列支,学员所在单位报销学员往返交通费。“种子校长网络工作坊”坊主及辅导教师劳务费、送教下乡培训和“送培进校”诊断式培训中的专家授课费及专家交通食宿费从项目经费列支,所有费用由中国移动慈善基金会提供,这对提高修水县中小学校长的管理水平将起到很大的促进作用。

(五)利用“国培计划”资金,开展教师全员培训

修水县是全省首批“国培计划”实施县,精准实施的“国培”给修水县提供了一个良好的示范。国家实施“国培计划”以来,各地争相挤入“项目县”,全县更多教师有机会接受“国培计划”的培训,享受到国家这块免费培训的“蛋糕”。修水县自2015年开始实施“国培计划”项目,项目主要内容包括集中培训(置换脱产,送教下乡,教师网络研修,教师访名校,校(园)长培训和网上学习,共计参训教师1731人。2016年修水县又是“国培计划”项目递进县,共有439位教师参加培训(小学数学送教118人、初中语文送教48人、幼儿园言语273人),信息技术能力增强项目1 617人(中小学1 368人、幼儿园249人)。2017年10月修水县教师进修学校组织部分教师参加江西省国培计划(2017)教师远程培训项目“信息技术能力提升”培训,中小学培训者9人,骨干教师48人,学科教师1165人,合计131人,幼儿园骨干教师13人,幼儿教师89人,合计102人,总共1 324人参训,参训率和合格率都达到100%,2018年和2019年主要是培训的扫尾项目。“国培”项目在修水县全面实施,为修水县节约教师培训经费200多万元,不仅为修水县培养了一批骨干校园长和骨干教师,极大地提升了修水县教师队伍的整体素质和专业水平,而且为我们培养了一批工作坊主持人和一支优良的教师培训团队,在培训形式和内容上都给了我们许多有益的借鉴,对促进修水县建立“长效”“常态”的中小学教师培训机制奠定了良好的基础。

修水县就是通过自身努力加大教师培训力度外,还充分利用了国家扶贫政策开展培训,不仅涌现了像慎魁元这样一大批优秀教师,而且教育教学质量在全市领先,不仅

近 10 年来每年都保持有学生录取到清华、北大等名校的纪录，而且录取人数和层次每年都有提升，2018 年我县是全市高中教学质量管理优胜单位，成为九江市乃至江西省的教育名县。

（本案例由江西省修水县教师进修学校教师共同研究完成）

第二节　县域乡村教师有效培训模式案例

案例Ⅰ：目标聚焦　队伍全员　设计全程　服务落地　跟踪有效——东北师范大学校长培训中心提升农村小学校长教学和教师专业发展领导力的"一体化四段式"培训模式构建与实践

农村学校发展与质量提升是当前义务教育发展的重心，而农村学校的发展校长是关键。为提高农村学校校长参加国家级培训的机会，提升其综合素质和治校能力，教育部启动实施了农村校长助力工程。多年来，东北师范大学教师发展学院充分发挥东北师范大学中国农村教育发展研究院的研究优势和教师发展学院的培训资源优势，遵循"针对性、内驱性、主体性、实效性、精准性"的基本原则，采用问题驱动的内生式培训模式，立足于西部农村小学校长及学校发展的现实需求和问题解决，通过"一体化四段式"培训活动，实现"始于困—变于知—化于思—达于行"逻辑递进式培训目标。现以"提升农村小学校长教学和教师专业发展领导力"为主题的农村校长助力工程项目为例，凝练项目设计与课程资源开发情况，以期为同行提供借鉴。

一　研修项目设计的背景与问题

为了提高西部农村小学校长培训的实效性，提高农村校长的领导力、专业水平和辐射影响，促进农村学校的内涵发展，本项目在设计伊始，组成项目研究团队精心分析学员需求与问题，通过系统分析，最终确定“提升农村小学校长教学和教师专业发展领导力”这一研修主题。

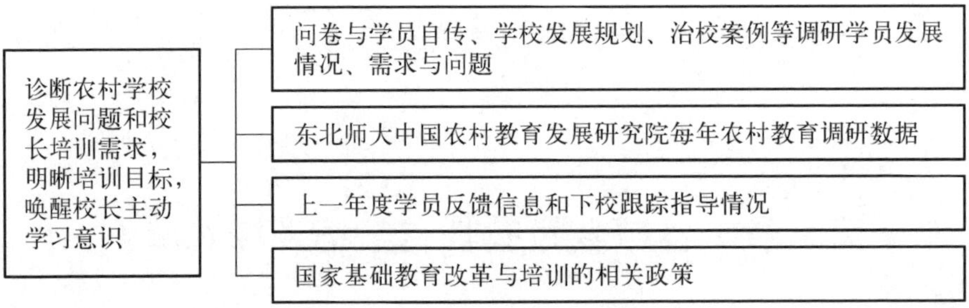

图7-1　分析学员需求与问题

二　目标定位与课程设计理念

(一) 目标定位：提升农村小学校长教学和教师专业发展领导力

围绕目标定位，课程结构、内容设置、研修方式、效果评价等都聚焦于研修主题。希望通过专题学习、影子培训、返岗实践、现场汇报与指导这样“一体化四段式”的培训，更新农村小学校长办学理念和教学与管理的方式，丰富校长引领教学改革与教师成长的专业知识、方法与路径，提升校长的领导力和行动力，促进农村小学内涵发展。

聚焦研修主题，依据总体目标和研修阶段，培训设定了“始于知—变于知—化于思—达于行”逻辑递进式培训目标。

(二) 立足需求，确立课程设置理念与核心任务

立足于学员的培训需求和困惑，课程设计基本理念是坚持以德为先、突出能力为重、促进专业发展、强化问题解决。

为实现预期目标，共设计了三个任务：一是在导师指导下结合所学知识、经验与本校问题，完成并践行学校发展规划；二是选择本校发展中的一个关键问题，设计并实施小课题研究；三是结合所学所感所悟，对本校办学行为进行反思和总结，撰写研修与

返岗实践成果并进行现场汇报。

（三）项目实施一体化系统设计

培训促进校长能力提升和行为跟进需要一体化的系统设计。校长培训一体化是将校长培训工作的各个环节紧密地衔接起来，避免培训碎片化，突出培训工作的整体性和层次性。一体化设计思路见图7－2。

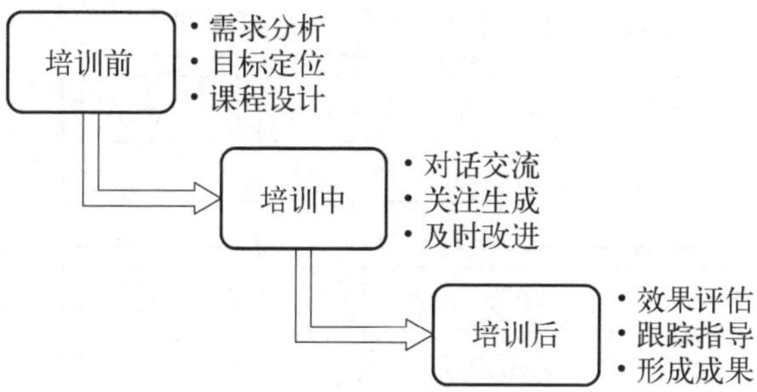

图7－2　一体化设计思路

三　立体化课程设置与研修整体设计

依据培训目标，培训课程设置实行专业化课程内容与实践化培训模式并重，突出实践性。课程包括发展提高类、素养拓展类和研究提升类，主要聚焦于校长专业认知与情怀、引领教学改革与教师专业发展的理解、引领教学与教师专业发展的知识和方法、引领教学与教师专业发展的体验和思考、引领教学与教师专业发展的行动与指导五个领域。

培训全程运用行动研修模式，将参与式讲座、体验式学习、双导师指导、影子培训、校长论坛、课前微课程、学校考察、优秀学员对话、农村教育漫谈、现场指导等一体化交叉嵌入式进行，学思结合，实现了理论学习、实践体验、经验分享、自我反思、规划撰写、行动落实等任务的有机整合，使校长在轻松愉快中完成研修任务。整体设计见图7－3。

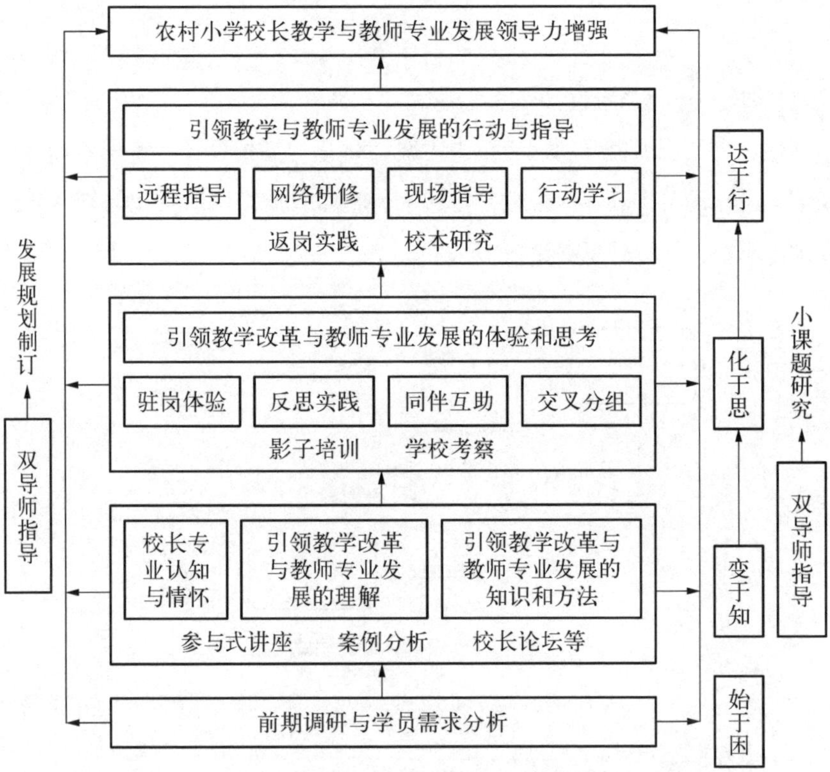

图7-3 立体化课程设置与研修整体设计

四 研修课程资源的有效开发与实施

(一) 培训团队立体式人文化的培训理念是一门隐性课程

培训团队尊重学员需求，运用现实和虚拟班级实现了培训期间与培训结束后学员之间，以及学员与指导专家、服务团队之间的及时沟通和交流。集中培训阶段和现场指导阶段，学部领导、导师全程参与，参加学员各种活动，听取学员意见和建议。培训团队认真、专注、敬业、乐业的精神鼓舞着校长们，培训团队的言谈举止都成为一种培训资源影响着学员。

(二) 理论与实践并重的双导师指导是培训课程的优势

为提高培训的针对性和有效性，项目实行理论和实践双导师指导。项目充分发挥东北师范大学优势资源,组建理论与实践导师团队。一是理论专家具有丰富的农村教育研究经历和指导中小学校改进的成功经验,理论与实践有机结合,凸显农村教育特色。二是实践导师是长春市非常优秀、有独特教育思想、责任心很强、愿意牵手农村校长的小学校长。影子学校的校长是学员的实践导师,都有较高的教育情怀、教育追求和独特的教育思想。这样的双导师团队使指导有理论、有高度、有实践、能解惑、接地气。

(三) 学员自身的生成性资源是培训的重要课程资源

来自全国不同地区的学员自身的成功经验是学员彼此学习的最宝贵、最鲜活的培训资源,充分挖掘和利用这样的资源形成生成性课程。学员生成性课程主要有课前微课程、办学案例、校长论坛、世界咖啡、优秀学员对话、读书交流、现场汇报。如校长论坛时,学员根据论坛主题现身说法,将本校探索的成功经验和案例与大家分享;返岗实践汇报时,每位学员分享自己将培训中所学所知所悟应用于实践的具体做法和成效以及遇到的新问题。生成性培训资源让学员聆听身边的成功办学经验,不仅会悟道、反思,更能根据学校发展需要将学习和借鉴持续性地跟进,提升了参与的深度和温度。

(四) 下校现场诊断与指导是培训持续跟进和地方辐射引领的好方式

返岗实践 50 天后学员汇报和专家现场指导是培训活动非常重要的一环。项目组根据学员分布情况及其需求状况,举办校长研修跟踪指导和办学情况诊断现场会。专家指导团队对各位学员在办学实践过程中所取得的成效和遇到的问题进行了现场点评、问题分析和诊断,并从理论与实践相结合的角度为每一位汇报的校长提供了有针对性的专业指导。同时,以所选小学为个案,专家与学员共同深入讨论,提出相应的改进建议。协办学员所在地组织本县小学校长参加现场指导和交流,使返岗实践指导形成了“国培计划”项目后续跟踪指导与地方校长集中培训相结合的校长发展模式,呈现出选点多、参与范围广、形式新颖,实效性强等特点,得到项目学员与地方校长的热烈欢迎。

另外,充分依托东北师范大学中国农村教育研究院特色资源,将一些学员所在学校或乡镇列入研究院每年调研和指导计划之中,了解学员发展情况和当地教

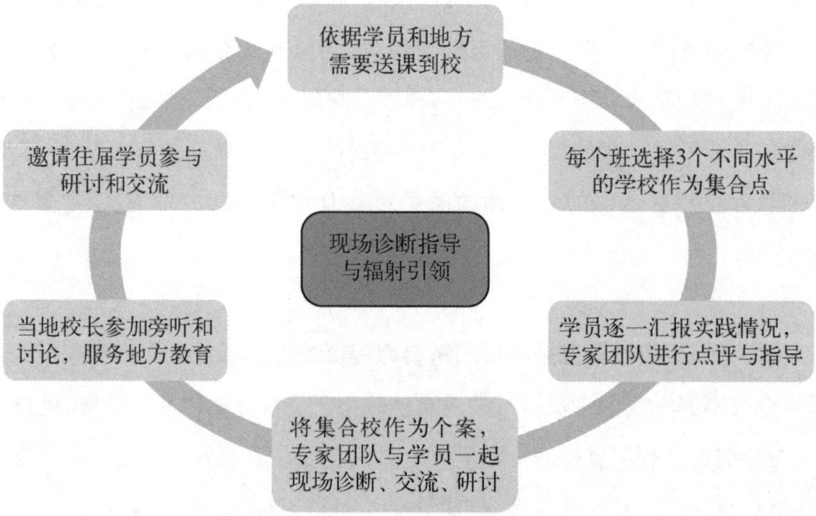

图7－4 现场诊断指导辐射

育现实及其需求，为学员提供跟踪指导。如中国农村教育研究院副院长李伯玲、青年长江学者秦玉友教授所带领的调研组到四川邓旭校长所在的正直镇进行调研等。

（五）学校实地考察与影子交叉分组丰富实践课程资源

影子培训交叉分组，走进优质学校实地考察，在体验中增强改革信心和行动力。走进优质小学实地查看，近距离感受和体验优质学校的教育理念、学校文化、特色发展，以及课堂教学等会让学员受益匪浅。走进教育理念先进、特色鲜明的农村小学，更能让学员明确自己所在学校的发展目标，并增强其改革的信心。

（六）走进大学课堂成为学员的增值课程

东北师范大学的教师培养强调职前职后一体化。参加培训的校长是师范生了解和研究教育实践的重要资源，使学员反哺师范教育。学员走进大学课堂与师范生进行交流、研讨，这促使参培学员既要梳理、总结、提炼自己的办学经验和思想，反思治校实践，又要加强理论学习，同时也能增加其职业的幸福感和成就感。

总之，这样一体化四段式的培训课程设计与实施，体现出以下鲜明特点：整合和充分利用东北师范大学的优势资源和优质专家队伍，凸显资源的特色性；注重学员与专家对话的生成性培训课程，凸显学员主体性；影子培训依据学校办学水平交叉分组，凸显实践的多元丰富性；邀请农村优秀校长和优秀学员交流分享，凸显活动的可操作性；返岗实践指导与地方校长集中培训相结合，凸显跟进的精准性；项目实施与课题研究相结合，凸显助力的持续性。几年的实践探索，不但获得学员与同行的一致好评，同时也在努力建构国培项目东北师大培训品牌。校长培训，我们一直在路上。

（本案例由东北师范大学教育学部教师发展学院梁红梅研修团队执笔完成）

案例Ⅱ：分片包干，结对帮扶，以“陇原名师”助力教师有效培训——甘肃省连片特困地区青年教师专业发展培训模式

2014 年，甘肃省在组织评选“陇原名师”的同时，为了贯彻落实党的十八大和十八届三中全会精神和国务院、甘肃省政府关于加强教师队伍建设的意见精神，充分发挥甘肃省“陇原名师”的示范引领和辐射带动作用，优化甘肃省教师队伍结构，结合甘肃省 58 个特困县区教师专业能力整体水平较低，特别是高水平学科教师数量偏少、县域内优质教师资源城乡分布不均等现状，决定利用三年时间建立 58 个“陇原名师”双向工作室（“双向工作室”指陇原名师在其所在学校建立一级名师工作室，选择某个连片特殊困难县区建立二级名师工作室，两个工作室成员结成教师研修共同体，通过线上线下双向互动，共同开展研修活动，共同实现专业发展），实现城乡优质教师资源共享，以帮助甘肃省连片特困地区打造一支青年优秀教师骨干队伍，提升特困地区教育教学质量，促进义务教育均衡发展，提高贫困县乡村教师培训的有效性。

一　基本模式

根据《甘肃省“陇原名师”工作室建设与管理办法》的有关规定，“双向工作室”以

"陇原名师"工作室一级工作室为依托,按照"属地就近"的原则,采用"分片包干,结对帮扶"的方式,遴选教师培训改革积极性高、有相应工作基础的连片特困县区建立二级工作室,一级、二级工作室协同运行,由点到面,逐步扩散并开展。其中,二级工作室组建 5 人导师团队(即首席导师+学术导师(高校)+外援导师+2 名本土导师),具体任务包括:陇原名师为首席导师,具体进行辐射引领和指导县域教师专业发展和教育教学教研改革,学术导师由对基层教育教学长期关注或有研究成果的省内外师范类大学(华东师范大学、西北师范大学等)资深教授担任,为工作室提供学术理论支撑和研究课题协助;外援专家由上海、山东等发达地区一线教师担任,为工作室先进教育理念指导和前沿教育教学教研改革突破提供协助;本土导师由本县区省级学科带头人或省级骨干教师担任,负责二级工作室活动的组织协调等工作。二级工作室"按照师德高尚、有进取心、在区域教育系统内具有较好专业声望""坚守教育教学一线,年龄在 40 岁以下""紧跟教改课改步伐,教研意识强,近 5 年在市省级及以上刊物上发表过论文或有专著""县级、市级、省级教学新秀、教学能手、骨干教师、学科带头人等优先""具有发展潜力,教学业绩突出,教龄在 3 年以上的免费师范生、特岗教师优先"等原则遴选学员,每期培训学员约 20 人。

在具体运行过程中,工作室实行"一二三四"运行模式,即由一名陇原名师统领、两个导师小组协同工作、三个工作载体(一级、二级、网络研修坊)依次运行,四个研修通道(名师引领、跟岗研修、网络研修、协同研究)共同保障:

1. 名师引领。名师团队走进二级工作室与学员进行交流,了解基本需求,赴学员所在学校观摩听课,针对学员存在的问题开展问诊把脉,从备课、说课、上示范课、教学反思和专题研讨等多个环节入手,从教学方法,教学效果、课外延伸、课程标准、教学理念、学科教研等多方面进行"全方位、宽口径"立体式指导帮助。

2. 跟岗研修。学员走进一级工作室,在陇原名师所在学校每年进行至少为期一周的观摩学习和教学访问,全面观摩学校常规管理和感受校园文化氛围,在首席导师的带领和指导下,有针对性地选听学科课堂教学,至少与一级工作室学员做一次同课异构教研活动,至少写一篇有质量的见习心得等。

3. 网络互动。各工作室独立建立网络交流平台——教师研修工作坊。贴近学员教育教学实践,开展跟踪培训和延续指导。不断完善内容和方式,创新教师网络研修模式,创设学员空间、研修社区、答疑解惑等模块,多维互动、导师点拨、同伴交流、资源共享,更好地服务每一位学员。

4. 协同研究。工作室要注重积累、整理第一手资料,深入挖掘学科教研素材,围绕立德树人、教改课改实践、教师培训模式创新等各类教育教学的新问题,积极开展课题研究,申报省级或国家级立项课题。

二　取得的实绩

甘肃省教育厅自 2011 年起实施“陇原名师工程”,造就了一支师德高尚、素质优良、教育教学能力与教育科研能力突出的学者型、专家型中小学教学名师团队,形成以名师为龙头的骨干教师队伍,带动全省中小学教师队伍教育教学水平的整体提高,推进基础教育事业又好又快发展,提高了乡村教师培训的有效性。截至目前,甘肃省共在全省中小学(幼儿园)中组织五届“陇原名师”评选活动,共评选出 190 位“陇原名师”。

“甘肃省陇原名师助力贫困县优秀青年教师成长计划”是自 2014 年开始,以“先行试点,分步实施,逐步推广”为原则,依托“陇原名师工作室”,以三年为一个周期具体实施。2014 年共批准 29 个“陇原名师工作室”,在陇南文县等 11 个连片特困县区建立首批二级工作室,2015 年建立 20 个双向工作室,2016 年建立 27 个双向工作室,实现了全省 58 个连片特困县区全覆盖,较好地实现了陇原名师、教研员、贫困县学员共同发力、共同协作、共同受益的良好局面,也为甘肃省连片特困地区打造青年优秀教师骨干队伍、实现城乡优质教师资源共享、提升教育教学质量、促进义务教育均衡发展等提供了有力的支撑,共培养连片特困地区 1 200 位青年骨干教师,收到了良好的效果。例如,“陇原名师”窦继红工作室。窦继红,现为西北师范大学第二附属中学校长、正高级教师,2015 年被评为甘肃省“陇原名师”,2016 年批准成立“陇原名师窦继红名师工作室”,并根据《甘肃省陇原名师助力贫困县优秀青年教师成长计划》文件要求,在甘肃省礼县成立“双向工作室”。自工作室成立以来,先后赴礼县开展工作室活动近 10 场。工作室活动采用“需求调研+现场诊断+名师引领+访问观摩+网络研修”的模式开展。先后聘请西北师范大学、甘肃省教育科学研究院、甘肃省陇原名师、兰州市优秀骨干教师等省内专家赴工作室学员所在学校进行观摩听课、同课异构、专题讲座、学校观摩,对学员从备课、说课、教学反思、教研活动、教学方法、课程理念、课题研究等方面进行现场指导,累计培训学员 200 余人,为贫困县区一线优秀青年教师专业成长提供了有力支撑,提高了所负责县域教师培训的有效性、针对性。

(本案例系西北师范大学教育学院王飞博士研究成果)

案例Ⅲ:充分运用信息技术和人工智能技术构建乡村教师的“三维五步”有效培训模式

吉林省松原市素有“粮仓、林海、肉库、鱼乡”之美誉,拥有 280 万人口,辖前郭、扶余、长岭、乾安四县和宁江区。吉林省拟定的 1 025 个“百村引领、千村示范”示范村、14 个吉林省乡村振兴战略试验区县(市),松原市就有 141 个村子、2 个县(市)入围,可以说发展乡村是松原的重要工作,发展乡村必须发展好乡村教育,乡村教育振兴必须全方位提高乡村全员教师素质。全市共有中小学校 983 所,农村学校 777 所,中小学专任教师 25 281 人,农村教师 18 000 人,乡村教师培训任务异常艰巨。

一 乡村教师“三维五步”有效培训模式的提出

以吉林省教学名师王丽杰教授为代表的教师研培团队(团队成员:王丽杰、潘威、邹春艳、张孝红、孙晓红、李梦茹、国立民、王平、娄丽红),紧跟时代发展,充分运用信息技术和人工智能技术,坚持问题导向,创造性地提出了乡村教师的“三维五步”有效培训模式。

(一)传统的集中研培暴露出“不可解”的缺陷

1. 工学矛盾突出

研培组织形式多为集中培训,基层学校的一线教师集中到学院或教师进修学校参加活动,不仅占用了中小学教师较多的教育教学时间,影响了基层学校正常教育教学活动的开展,而且还增加了学校和教师的经济负担,致使"工学矛盾"突出,研培部门不满意(出勤率低、教师学习积极性差),基层学校的校长不满意,(教学工作不好协调,总有代课情况),教师不满意(落下的工作还得挤时间补,质量不好保证),学生也不满意(作业没规律,教学衔接差)。

2. 研培活动缺乏针对性

集中研培活动主要是针对大范围的共性问题,而许多学校和大多数教师在教育教学过程中产生的具体问题,不能通过这些活动直接解决,所以参与教师一致反映课讲得很好,但不解渴,中听不中用。被动接受,降低了学习者的积极性,影响了研培效果。

3. 灵活性、机动性不够

在规定的时间和地点接受培训,许多教师和学校把培训看作是培训机构的事情,是一种额外负担,缺乏成长与发展的内在动力和要求。教师个人专业发展的积极性、自主性和持续性不强,基层学校在推进教师专业发展中的责任意识不强。

4. 学习成本高,学校和教师无力承担

乡村教师参加集中培训,势必发生交通、住宿等费用,导致教师的学习成本高,教师自费有困难,学校又承担不了。

(二) 互联网和人工智能催生的"思维创新"

人工智能时代的到来,有效地改变了乡村教师的学习方式,教师逐步意识到应用现代教育教学技术的紧迫感,体验到它的高效。足不出户就可以了解各地教改信息,访问名师,学习他们的经验。

这样的现实提醒了王丽杰团队:如何在网络环境下构建新的研修模式,提高研培的实效性。他们认为,教育步入人工智能时代,教研与培训工作在网络环境下走向自主与开放,应用教师应当学会交互、协同、合作与共享。

他们坚持这样的培训理念:研培成果最大化,研培途径最简化,研培方法最优化。围绕培训设计者、培训组织和实施者、培训学员三个维度,每个维度提出了"五步"方案,构成了"三维五步"培训教师模式。

"三维五步"研修可以集中各地的专家与一线教师的教育思想,可以相互借鉴教研的方法与经验,一个人的所想、所言、所为都受个体的基本素质和思维习惯所制约,但十个人、一百个人、一千个人的群体智慧、团队力量,就会在比较中找到最佳的教与研的方法,而网络教研恰恰提供了这样一个范围广、人员多的平台。使我们能够借脑思考、借力发挥,低投入、高产出,哪怕我们还不曾想到,也一样可以做到,这就是人工智能时代下的研培:在联动、协作、交流中,让我们获取更好的研究问题和解决问题的策略。

二　乡村教师"三维五步"有效培训模式的构成

(一) 培训设计者维——五个"一体化"提升培训实效性

自2003年以来,培训顶层设计者(主要是工作室主持人)不断探索人工智能时代教师培训的新理念新方式,形成了乡村教师培训新理论,从培训设计上提出了五个"一体化"。

1. 理论实践一体化

教育理论重要,但是不一定就能够促进教师专业发展。教师具有的理论需要被发觉和提升转化成实践行动,才是教师专业发展的动力。教师要理解学术理论的含义,认同其精神并在行动中落实,才能在接受外来理论时找到结合点,与不同理论形成对话,与学者形成一个相互支持、相互补充、平等对话的"实践共同体",其专业发展才会有丰富、充沛、多样的"源头活水"。以往培训的思维方式是:只要把科学的理论传授给教师就能被认同、能被运用,这就导致了培训内容和教学实践脱离。真正指导教师认识和行为的还是自己内在的认识理论——"内隐理论",即隐藏在教师内心的、嵌入教师日常思维的那些理论。这提示我们在组织培训和教研时,应该从一线教师的需求出发,考虑教师已有的教育背景,帮助他们澄清、辨析已有的教育观念,才能使他们自觉地理解和接受科学的教学理念,并在实践中将新理念落实到自己的教学行为中去。

2. 培训过程的前中后一体化

培训前期做好充分准备,培训中以准备的案例展开对比式研讨,培训后期长期跟进。这种研修方式也可称为前移后续研修。研修过程包含四个环节:确定主题—前移研究—正式研讨—后续拓展。

确定主题：研修主题一般来源于日常研究中比较聚集的问题。前移研究：围绕主题，在教研员及业务校长引领下，根据不同教师需求、基础进行查阅资料、解读教材和学生状态、尝试教学设计工作等。

正式研讨：在固定时间、规定地点进行参与，以研讨课、专题论谈、专题报告、头脑风暴等方式进行。

后续拓展：根据前移研究和正式研讨形成的资源，组员各自开展教学重建、随笔撰写、网上论谈，成果梳理工作等。

3. 虚拟与现实一体化

以往的教研或培训所产生的影响，只局限于一所学校或一个区县，而网络教研则不受任何限制，专家的一场讲座，可以让全国的教师同时受益；组织一次教研活动，可以征求不同学校的意见；总结一个经验，可以与各地教师分享。网络优势为教师的学习和培训部门研培工作的开展提供了优良、便捷的工具和自由民主的交流环境，使校本研修培训者的培训与教学实践中的问题解决成为全面参与、跟踪推进与循序提高的过程，因此，网络研修成为新时期乡村教师培训的主要模式。我们充分利用网络的优势弥补常规教研中的不足，初步构建以网络平台为载体、以教师团队为主体、以学科问题为主题的“立体式网络研修模式”。兼顾即时性、交互性与公用性，选择了 QQ 群组、UC 视频房间（现在是 cctalk）、教师博客空间及教育教学论坛为研修的基本工具，四种工具中有的适合视频课例评议或视频讲座，有的适合即时问题交流，有的适合资源存储。我们充分利用各种工具的优势，构建研修的交互平台，通过多人交流、视频转播、博文撰写及论坛跟帖，对工作室成员开展经常性培训与指导。

我们充分利用“天网”对乡村教师进行先进的教育理论和教育理念的远程培训，并与教育实践相结合，指导教育实践活动；利用“地网”实行网络联盟，组织乡村教师、县区教研员、培训者、业务领导利用中小学继续教育网进行在线学习，教师和培训者、教师与业务领导之间利用网络在线学习、在线评价。利用“人网”，进行菜单点击式培训。我们充分利用信息中心主页、博客、UC 课堂、双向视频系统等形式开展网上教研，促进了教师之间的学习、交流与沟通。通过这种三网合一的培训模式，使培训研修经常化，研修效果最大化。

4. 市、县、乡一体化

以“校本研修”为突破口，把教研部门的单向授予、支援变为合作与引领，从而激发校本教研的内驱力，形成市、县（区）、乡一体化培训格局。

组建主体团队：首先以学科为单位采取自下而上的推荐办法，由基层学校根据《新课程研究网络成员推荐办法》，推荐师德修养优秀、专业知识扎实、教学功底厚实，能带头参与研修的学科拔尖教师作为网络成员人选，以市级学科教研员为中心，组建市、县、乡三级联动的学科研修团队。根据团队成员的个性特点，一是量体裁衣制定发展目标，明确网络成员“六种能力”的长效培养目标。即通过网络研修，使网络成员提高以下六种能力：课堂教学设计能力、听评课指导能力、教研科研能力、组织教研活动的能力、实施学科教师培训能力、联系沟通与交流能力。二是明确任务分工。市级学科网络成员负责确定学科研究课题，撰写研究方案，向网络中其他成员下发研究方案，并遵照方案开展研究，建立学科新课程研究博客，对该学科新课程的实施进行研究和指导，随时监控学科网络运行情况并作出评价；县（区）级学科网络成员负责对本县（区）本学科研究网络进行管理，了解一线教师的需要、反馈研修效果及学科协作研究；乡中心学校的网络成员主要工作是完成“五个一”的研修任务，即：每周一次网上相约研讨、每周一个论坛问题帖、每周一篇教学反思日志、每周一个案例分析、每周一次校内交流。实现“培养一人、激活一科、带动一片”的目的，为乡村教师培训提供人力支撑与专业支持。

确定主题内容：网络成员结合“五个一”的研修任务，对本县区或本校教师定期做调查问卷，了解同伴的教学困惑，引领同伴走进网络研修，并将收集到的学科教学问题、学生教育问题进行分类整理，提炼研修主题，使问题专题化。在专题研究的驱动下，引领校本研修培训者培养对象开展自我学习与深入思考，再通过定期网上集中交流，获得解决问题的策略。如，小学数学教学研究，各县区的网络成员在调研中发现教师在“统计图表”和“可能性”的数学教学中存在的问题与困惑比较多，因此确定了“统计与概率怎样教”的专题，收集了大量的相关资料，而后对统计与概率方面的本体知识、教学理念、课堂实践及练习设计等进行了详尽的研究，解决了近百条小问题，为教学实践提供了课例录像、案例分析及教学建议等丰富的资源。

实施过程研究：理论与实践双行线，研修问题来自一线教师，研修所形成的解决策略就应回归于课堂。为此，市本级教研部门拟定具体操作的模式框架（图 7－5）。

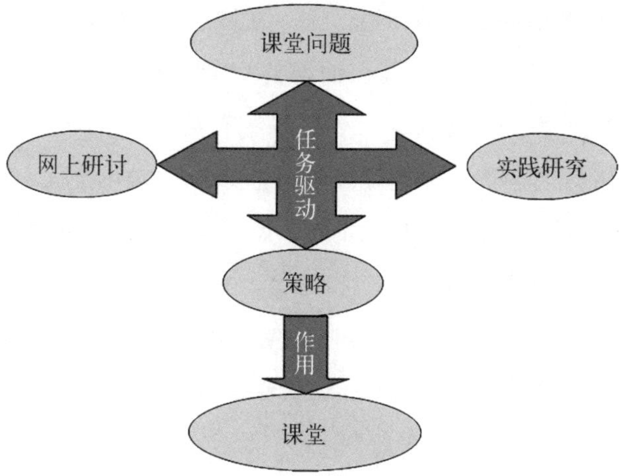

图 7-5　操作模式框架

各县区及学校根据研修内容对主体模式进行细化、修改，如：相关学科教材问题的模式可为：调查了解—提出问题—教材分析—实践应用—评价反思—创新运用；而相关科研课题研究的模式则为：提出问题—分析调查—提出假设—实验论证—总结经验；相关教学教法的共性问题研究可为：确定专题—细化问题—制订方案—收集资料—交流研讨—总结策略等，在具体的研修过程中，提升网络成员的综合能力，积累教学实践的有效资源。

5. 培训者、授课教师、学员一体化

培训者、授课教师、学员一体化的模式，即多边互动的培训模式。多边是指培训者、授课教师、学员；互动就是学员和培训者、学员和授课教师、学员和学员之间的互动。互动起源于问题，之所以产生了互动，是因为学员有了问题。

（二）培训组织和实施者维—突出培训过程的科学化、精准化

在主持人五个一体化思想的指导下，培训的组织和实施者，坚持过程的精准、系统，从培训目标开始到培训后跟踪，都有明确的“专业引领”意识，可以概括为五步：

1. 唤醒自觉，确立目标

（1）唤醒教师的专业自觉是确立目标的前提

当教育改革进入了全面施工内部装修的新阶段，每一个教师都身负重任，尤其是广大农村教师身上的担子更重。那么农村教师培训自然也成为新时期培训工作的重

中之重。对于培训,我们的认识是,不能指望一次培训就能解决所有的教学教研问题。一次的培训,只是思路的引领、教研激情的点燃,培训的结束只是研修的开始,唤醒自觉才是培训的应有之意、应尽之责。

教师的职业倦怠,是教师中出现最多的问题,教师在教书生涯中面对的常常是同样年龄的孩子,做着带有一定重复性的工作。如何克服自己的倦怠,保持对学生的热情和爱心,对每一位教师都是一种考验和挑战。如果教师缺乏自我成长的意识和方法,那些外在研修活动的效果就会打折扣。只有教师们从内心深处认同研修对自身发展的巨大作用,感到研修能迅速提升自己的教育教学能力,能较快地带给自己成就感,能使自己从纷繁复杂的教学事务中解脱一些,能充分地感受到研修带来的幸福和快乐,他们才会满怀激情地投入其中。

(2) 依据需求,确定成长目标

需求评估是教师培养的起始环节,用问卷调查、座谈征求意见、书面材料分析等方法了解每个教师的个别需求,分析每个人存在的主要问题。然后对发现的主要问题进行梳理,明确一段时间的重点培训内容。每一个教师根据自己的不同情况,确定自己的侧重点,形成适合自己特点的内容系列。

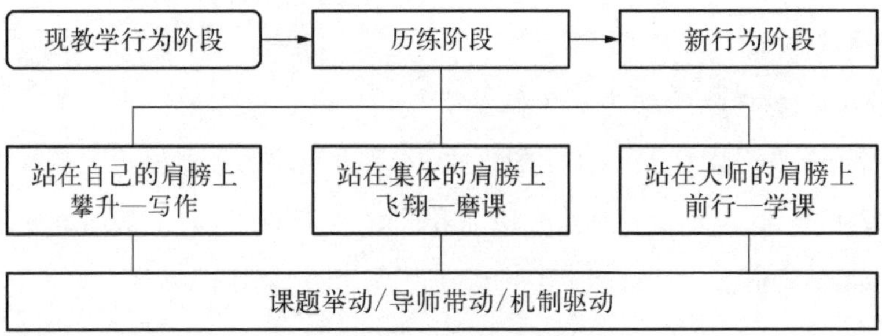

图 7-6 依据需求确定成长目标

(3) 地平线报告,确定长期目标

地平线报告能帮助教师规划最佳发展路径。美国职业心理学家认为,个体经过长期的职业实践后,对自己的需要、动机、能力、价值观等方面有了真正的认识,从而形成个体终身所认定的职业生涯系留点。正如贾平凹在其散文《地平线》中所说,命运和理想是地和天的平行,但又总有交叉的时候,那个高度融合统一的很亮的灰白色的线,总是在前面吸引着你。永远去追求地平线,去解这个谜,人生就充满了新鲜、乐趣和奋斗的无穷无尽的精力。地平线孕育着人们的希望，它不仅有广度深度，还有无穷的高度。让每个教师心中都有一条"地平线"，教育才能创造感动、传递温暖、推动成长。

2. 创设情境，明晰培训和教师发展路径

教师专业成长是指内在专业结构不断更新、演进与丰富的过程，主要指专业知识与技能的丰富与娴熟，专业信念与理想的坚持与追求，专业情感与态度的积极与深厚，教学风格和品质的独特与卓越。通过研究和实践，我们总结出"读书、实践、研究、反思"促进教师的专业成长路径。

3. 课题牵动，专家引领

培训不能有短期行为，必须坚持"打持久战"，王丽杰教授团队，坚持一日师生终身交流。具有研究专长的人员通过他们的先进理念、思想方法和先进经验引导和带动一线教师成长、进步。实施专业引领，是提高教师专业发展的重要方式。

王丽杰工作室始终坚持以教研带动科研，以科研促进教研，整个工作都要围绕一个大课题展开，在工作室的启动会上就公布了三年内研究的课题——"长效课堂"。以此牵动每一年每一学期的研究专题，每个成员课堂体现的理念，每篇博文、每个话题都以此为核心。

然后再通过名师导引，把研究成果落实到课堂上。课堂实践是教师成长的平台，在课堂上教师如何把课题融入到自己的教学之中，并与教学内容及过程交融在一起；如何边教学边研究、边反思、边总结；如何将阶段研究成果呈现、归纳、提炼并上升到理论层面；如何推进问题研究在纵向、横向深入持久地向前推进；如何解决在问题研究中的困惑和疑难……诸如此类的问题，解决的关键是有效指导。而有效指导靠的是学科研修团队，这个团队需要有深厚教育教学理论修养的导师。导师既能上有引领性的示范课，又能从激励教师成长的角度评课；他们既是课堂教学的高超实践者，又是指导课堂教学的理论者。这种有效指导能够促进教师自我反思、自我教育、自我成长，能够从课堂效能观的角度反观课堂、审视课堂，以追求课堂效益的最大化。

王丽杰教授认为，作为工作室的主持人就是导师，是"理念的行动者"，是"思想的激发者"，要以自己的行动感染教师，而不是站在一边指手画脚；要以自己的思考激发教师的思考，鼓励教师勤思、帮助教师深思、引导教师近思、促进教师反思。促进教师意识和行为的改变，让教师在主持人的带动下成长，创造新的自己。

4. 构建平台，专业支持

名师工作室主持人就是教育理论和教育实践之间的转换器——把教育理论变成适合一线教师操作的教学技术。工作室要建立支持系统，以保障研修过程的有效实施。

组织机构保证研修工作的规范性。主要由主持人直接牵头，建立网络研修活动管理团队，整体规划研修工作的发展方向、教师培养的发展目标及研修形式等。

在这个机构里，必须提供专业的支持。如，2011 年发现教师们课堂上如何体现数学文化感到困惑，工作室成员上了几节课都不能很好地体现这个理念，这时主持人和成员共同上一节“观察物体”，给教师们一个看得见摸得着的教学理念。2014 年 5 月召开第一轮名师工作室总结会，主持人针对平时大家对“如何让数学思想像呼吸一样自然落地”不知从何入手，上了“异分母分数加减法”的示范课。给全体成员及全市 200 多名数学教师一个示范引领。

专业支持还体现在技术手段。由信息技术提供研修过程中的技术方面的支持，如根据研修的需要，进行网站管理、课件开发、光盘制作等。由信息技术教师协助主持人组成资源管理团队，参与研修活动的策划、宣传、实施、总结等过程，并将研修过程的资源进行保存、整理、共享，一方面方便不能在线参与研修的教师查找、阅读，另一方面使问题交流得到进一步的拓展与延伸。

5. 机制驱动，共同发展

建立评价机制，是促进教师专业提升、共同发展的命脉。评价如同指挥棒，无论是教育教学，还是教研培训，如果没有相应的评价机制，就不会有很强的生命力。我们在实践中逐渐摸索出驱动教师专业发展的“四动模式”：一是任务驱动。我们把成员素质提高定为工作室的核心内容，造成大势所趋的氛围。每位工作室成员都要做课题、写博文、上研讨课、做专题讲座、开发课程资源、承担送教任务，等等。二是校长带动。培训工作室成员所在学校的校长，让校长认识到教师素质提高的重要性、必要性、可行性，增强校长的自觉性。三是舆论促动。充分利用网络、书刊、活动、检查等形式和机会进行研讨、宣传，使更多的教师理解、认同。四是事实触动。在指导时从教师实际出发，抓住薄弱点，小步子、大研究，逐渐推进，激发教师自我再提高的欲望。比如，为了教师们积极主动参加活动，我们制定了名师工作室成员考评细则。每两个月按细则考评一次，实行末位淘汰制。2011 年淘汰了 4 位成员，补充了 4 位有突出成就的教师，年末又评出6名优秀成员，并给予奖励。

（三）培训学员维——要求学、用、思并重，做到“知行合一”

“三维五步”培训模式通过线上线下结合的方式，打通教师的成长路径。重点和核心是参加培训的教师学做了什么？怎么学做的？学做后有什么效果或者变化？因此，用“五课”来规范学员的学习行为：学课、研课、试课、磨课和悟课。

学课：培训前期培训团队打磨示范课，也就是让学员学习的课。培训者按培训主题指导优秀教师或者骨干教师上示范课，学员在培训期间集中学习；

研课：是在学课的基础上，培训者和全体学员一起研究示范课背后的教学理念；

试课：学员在学课和研课的基础上进入课堂实践，尝试上课；

磨课：学员实践课例和示范课进行对比，研究找不足和差距，进行反复磨炼的过程；

悟课：是学员在经历“学、研、试、磨”四课后的感悟。经过反思、总结、提炼后将所学、所思、所悟内化成自身的积淀。

参培学员完成规定的“五课”后，还要依托网络，把学习成果进行交流交换。每次活动前，培训者要建立QQ群组，发布教研主题；培训中，工作室主持人组织、指导老师在QQ群围绕主题展开讨论；培训结束后，培训组织者（主持人和各分科教研员）整理、归纳问题解决的有效方法，发帖到论坛或教研网上，供教师们后续研究、讨论和实践。一个循环的结束就意味着下一个循环的开始，如此循环往复。

三　乡村教师“三维五步”有效培训模式的实践与效果

王丽杰教授从事教师职后培养近40年，以深厚的教育情怀和责任担当，努力改变“教师在培训班上围着教研员转，学校在教研上绕着上级教研转”“常常是学习培训热热闹闹，课堂教学却是涛声依旧”“学起来感动，回来没用”的培训被动局面。

2010年吉林省启动了中小学名师工作室工作，2011年根据《吉林省中小学名师工作室工作管理办法（试行）》（吉教字［2010］8号）和《关于做好吉林省首批中小学名师工作室成员招聘工作的通知》（吉教师字［2010］64号）精神，吉林省选拔了首批“吉林省中小学名师工作室”成员，王丽杰教授团队被授予吉林省王丽杰小学数学名师工作室，王丽杰教授为主持人。该工作室成员在主持人的领导下积极开展教育教学研究，推广教育教学成果，定期去农村送教，开发、整合教育教学优质资源，为吉林省乃至全国的基础教育贡献了力量。

王丽杰教授不但提出了理论构想，而且进行了广泛的实践，取得了良好的社会效果和广泛的社会影响。

（一）“三好”数学之“思想花开之数学备课”培训

按照三维五步模式，在前郭县开展了“三好”数学之“思想花开之数学备课”网络培训活动，本次培训突出一个“研”字，从筹备到实施，全县联动，共备共研。

1. 前期有向，静待花开——确定主题　前移研究

前期有向，这里的“向”指的是方向。培训者的方向：在筹划过程中制定好研培目标、研讨主题、研讨形式等一系列相关准备。然后沿着既定的方向做好前期相关工作。参培者的方向：在培训前期留出充足的学习时间，了解培训的主题，明确培训目标和任务，也就是参培者的前置性学习一定到位。在培训前一周全县统一下发通知，用任务驱动的方式让参培者主动思考，前置性学习有效落地。

本次培训的开展是工作室成员在提前半年利用假期开始着手在课例中提炼数学思想方法，团队成员经过研磨确定由教学片断、方法提炼及体验题设计形成备课案例，开学初以年级为单位确立研磨课题，全县联动，34 所学校共备共研，以校为单位确立中心发言人，选取一个年级派代表在培训会议上参与交流。在筹备过程中派专人在研修群内进行备课指导，有效答疑，会前会以零散、碎片化方式进行，随时随地，按需供给。

2. 中期有想，落地有声——培训中学员必须参与研讨

在网络平台中通过多种形式开展研讨，培训会中有“想”：培训的过程中参培者因为有前期的学习准备，带着“想要”走向“要想”，从“向”到“想”的过程是目标落地的过程，也是将会前会的困惑、期待走向深入。本次培训的核心问题是“如何看待数学思想，如何在具体课例中体现数学思想?”通过前期学习与思考形成自己的实践案例，全县各校主备人按照年级顺序进行网络分享，工作室成员形成案例作为样板案例呈现，通过对比研讨，相互影响。主持人在每个年级分享之后根据实际生成进行有针对的点评指导，做到针对学情，针对需要，给出最有效的解决策略。解决参培者真

正需要解决的问题。参培者带着会前“想要”解决的问题，进入会中，在培训过程汲取、吸收、内化，从而转化为“要想”践行新理念，“要想”解决新问题，“要想”尝试新方法。

3. 后期有详，学以致用——学习成果的有效转换，有效进行培训后期的跟进

根据前期研究和中期研讨形成的资源，培训后期跟进制订详尽的跟进计划。让参培者清楚地知道自己培训后努力的方向和具体有效的方式方法。同时，利用网络平台进行定期反馈，做好评价，努力做好学以致用环节。这一环节是从“要想”到“想要”的转变。从会前的“想要”到会中的“要想”走到会后的“想要”，就像轮回一样，一件事情的结束就是另一件事情的开始，培训也一样，会前是一个高度的起点，会中从起点出发向前迈一小步。会后在新高度的起点出发。

根据市县乡一体化的原则，前郭县进修学校小教部从三个方面落实：参与交流的教师进行反思分析，完成一份随笔撰写，通过近期的前置性学习及正式研讨撰写一份学习心得；各校及时召开会后会，通过教研组研讨方式，各个年级以落实数学思想方法为核心重新修改自己会前案例，最终形成一份教学设计；各年级以同类课进行教学实践落实数学思想方法渗透。这样的培训方式做到会前思，会中研，会后行：会前思考，会中提升，会后践行，参培者会前有任务，会中有做法，会后有践行。从而有效落实学以致用。

（二）新疆吉木乃县送培，参培学员“五课”出光彩

2019 年 6 月 3 日王丽杰团队赴新疆吉木乃县送培，取得了非常好的培训效果，得到了县委书记李军霞的高度赞誉。

具体做法是：通过网络与吉木乃县的教师进行隔空对话，了解他们的教学现状、学生学习状态及他们当前最困惑的问题。经过调查了解、对比分析，明确送培主题——基于学习心理的新授课和复习课怎么上。这种模式能够做到“理论落地，实践开花”，其本质特点是通过教师的教学行为来理解教学理念，再帮助教师把教学理念化为课堂教学实践。力求通过一个理论的学习，引领教师关注学生的学习心理，尊重学生的认知规律，再通过“实践—理论—实践—反思”的研修路径，让有意义的学习真正发生。让教师们在做中研、研中行、行中思，经历知行合一的研修过程。

第一步：学课。培训模式确定之后，为了实现精准帮扶，我们根据数学课程的四

个领域及同化顺应的学习过程，确定了四节示范课：图形与几何领域的复习课“长方体和正方体”、容易找到同化点的数与代数领域的“乘法初步认识”、统计与概率领域的“条形统计图”、很难找到同化点的“分数的初步认识”，覆盖了小学数学的一至六年级。并从备课、上课、理论提升、反思等多方面精雕细琢，反复推敲，确保示范课不仅要高质量、更要接地气。让吉木乃县的教师不仅成为本次培训中的学习者，更要成为一个研究者，学一个就能做一个！

工作室成员用一上午时间分别上了四节体现主题的示范课让全县教师们学课。（有3节是新授课，1节是复习课。覆盖了数学三个领域：数与代数、图形与几何、统计与概率）。这是取得培训效果的关键点。

第二步：研课。培训者下午和全体教师研究四节课体现的新理念。下面是新授课“乘法的初步认识”的教学设计：

<table>
<tr><td>教学内容</td><td colspan="2">义务教育人教版教科书二年级上册“乘法的初步认识”</td><td>课　型</td><td>新授课</td><td>执教者</td><td>乌兰其其格</td></tr>
<tr><td>已有知识</td><td colspan="6">1. 连加　2. 群数</td></tr>
<tr><td>已有经验</td><td colspan="6">游乐场游玩的生活经验</td></tr>
<tr><td>教学目标</td><td colspan="6">1. 知道什么时候用乘法运算
2. 能将同数相加的加法算式改写成乘法算式，初步建立乘法模型
3. 感受乘法运算的简洁性</td></tr>
<tr><td>教学重难点</td><td colspan="6">运用多种表征的互相转换，理解乘法运算的意义</td></tr>
<tr><td>教学环节</td><td colspan="3">教学活动</td><td colspan="3">学习活动</td></tr>
<tr><td>一、激活经验，提出问题</td><td colspan="3">提问：你去过游乐场吗？
指导：由远及近观察图片，游乐场里有什么？
引导：你能提出数学问题吗？</td><td colspan="3">说说在游乐场的生活经验
说说图中都有什么
试着提出数学问题</td></tr>
<tr><td>二、新旧关联，产生需要</td><td colspan="3">1. 问题：要解决小飞机里有多少人的问题，首先从图中找到哪些数学信息？
2. 示范：数一数，圈一圈，一架飞机里3个人；抽象图示，一共有5个3；写一写 3+3+3+3+3=15
3. 引导：这个算式与之前学过的加法比较，有什么特别的地方吗？
4. 要求：你能像这样数一数、圈一圈、写一写、边做边说，解决其他问题吗？
5. 巡视：发现问题、个别指导
6. 假设：如果将小火车加长、再加长、再加长……算式怎样写？</td><td colspan="3">1. 发现数学信息，跟随教师共同解决问题
2. 发现同数相加的特点
3. 独立解决两个问题
4. 汇报
5. 体会加法算式的不便，产生新的运算方法的需求</td></tr>
</table>

续　表

教学环节	教学活动	学习活动
三、明确目标,获取新知	1. 揭题：有一种新的运算方法可以将这种很多个相同数相加的情况,一下子就表示出来——板书乘法 2. 追问：关于乘法你想学些什么? 3. 亮标：本节课我们就先来学习什么时候可以用乘法表示? 乘法算式怎么读、怎么写,各部分都叫什么名字? 除此以外,认真听讲,积极思考的同学还会有更多的收获 4. 改写：7 个 2 相加,可以写成 2×7 或 7×2,连接算式的符号叫乘号,这个 2 就是算式中的相同加数,也是每节车厢中的 2 个人。这个 7 是哪里来的呢? 7 节车厢,7 个 2;这样的算式读作 2 乘 7 5. 引导：比较一下两个算式,你有什么感受? 你能照样子说说前面两个算式怎么改吗? 6. 板书：3×5、6×4 等,再一次对比加法算式与乘法算式,体会乘法的简洁性,同时明确什么时候可以用乘法表示 7. 提升：刚刚我们不好写的 20 个 2 相加? 如果 100 个 2 呢? 还可以更多吗? 能不能用一句话说说 8. 介绍：乘号的由来	1. 说说对于乘法想学的内容 2. 观察乘法算式,知道算式中的数是从哪里来的,并体会乘法的简洁性 3. 照样子改写 5 个 3 相加和 4 个 6 相加的乘法算式 4. 观察两组算式,说说什么时候可以用乘法表示 5. 用乘法解决很多 2 相加的难题,总结出(　　)个(　　)相加,就可以写成(　　)×(　　)
四、达标测试,反馈补救	1. 编题：准备一套与做一做对应的练习题卡 2. 要求：多读几遍,读懂题意;独立完成,做对了获得奖励;做错了,找找原因,可以向教师求助;补救题做对了仍然可以获得奖励;多做题的可以多得奖励 3. 巡视,批阅,讲解,补救	1. 读题 2. 做题 3. 做新题或补救题
五、总结评价,提高元认知	1. 出示自我反思单 我知道什么时候用乘法表示吗? 我能将同数相加的加法算式改写成乘法算式吗? 我还有哪些感受? 2. 总结与提升 今天同学们又学到了一种新的运算,长了新本领,以后在生活中遇到问题,不仅可以用加法、减法运算来解决,特殊的加法还可以用更简洁的乘法来解决,真好! 3. 作业：今天我们在游乐场里发现了乘法,在身边还有没有这样的情况呢? 回家找一找	1. 自我反思 2. 找出生活里的乘法

和培训学员一起研究揭示出新课体现的几点新理念：

1. 在教案设计中多一项“已有知识”,这是目前教案中少见的一项内容。教师们忽略了这个对学生来说非常重要的内容,才是数学学习效率低的主要原因。在备课时,如果把精力用在找学生接受新知识的生长点,那么这节课就成功了一半。上面教案设计中,抓住了乘法与学生已有的“几个几”之间的关系,找到新知可以“固定”的旧知识,并使其清晰化。帮助学生主动去建构,促使新旧知识的结合,使新知获得意义。

2. 采取去情境化抽象教学策略,有利于培养学生抽象思维能力,并且抽象概括化的知识有利于学生对新知识进行同化,形成良好的认知结构。

3. 达标测试环节,体现了因材施教的原则。全体学生做达标题,没达标的学生教师给他第二次补救的机会,已达标的学生做升标题,真正做到不同的学生得到了不同的发展。

4. 最后的总结评价环节不同往常,有一项“自我反思”——给学生独白时间。这是学生对自己学习结果进行元认知的自我反思与检测。主要目的是让学生主动积极地衡量最终是否达到了自己预定的学习目标,培养学生不断对自己学习进行元认知反思与监控的习惯。心理学研究表明:元认知与学生学习成绩随着年龄的增长是高相关的。

课题	认识几分之一	执教者	张孝红	指导者:王丽杰
磨课环节	自主备课	第一次磨课	第二次磨课	第三次磨课
去情境化教学	演示 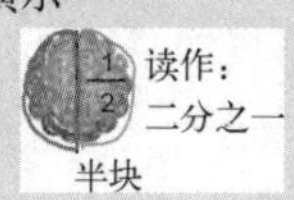	演示 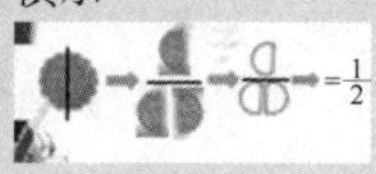	演示量的含义 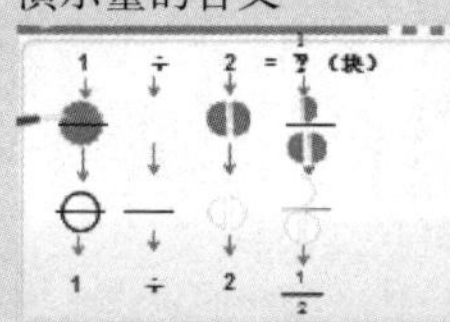	演示量的含义 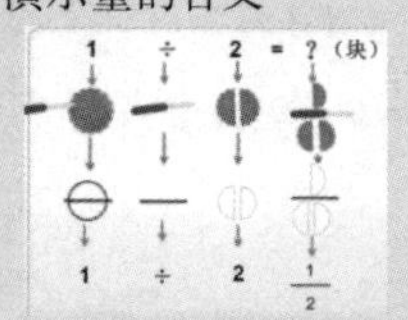
感悟	自己独立备课时只考虑到实物表征,而忽略了学生认知规律,实物表征——图形表征——符号表征,直接由实物演示抽象出符号表征,跳跃性太大,不符合抽象过程	通过第一次磨课,我深刻认识到符号的抽象过程要经历三种表征过程,所以,在第二次试讲时尝试着由实物表征(分月饼的过程)到图形表征(半圆表示分的结果)再到符号表征。但是数与形结合得不好	在第三次试讲时我做了如上尝试,学生看着直观演示过程,由实物再对应到图形,最后抽象出数学符号表示水到渠成,但是也发现了其中的不足之处,就是在实物表征中掺杂了形的表征	此次磨课,让我真正认识到一点:学习数学知识一定要关注学生已有认知经验,教学过程要符合学生认知规律,这样,才能让冰冷的数学知识富有温度、充满生活性。借助不同表征方式的一一对应,使分数难学、难理解变得好学、好玩,充满神奇的力量

第三步：试课。经历了学课和研课，教师们就要按着新理念自己尝试着上课。给教师们一天的备课时间，第二天上午分组上课，下午分组回放录像课反思。

第四步：磨课。下面是参培学员的磨课过程。

磨课是核心，磨的是教师对自身专业成长的求索与历练，犹如蛹变成蝶，只有经历在丝茧中不懈的奋争，完成质的嬗变，才可能有振翅飞翔的一天。磨课既是对教师个体的打磨，也是对教师团队的锤炼；既是集体智慧的交融，也是团队素养的并进。经历几次个体和集体磨炼，最后一天每个小组选一个认为比较成功的课进行观摩。

第五步：悟课。教师们不仅学会了新授课和复习课怎么上，而且感悟到了一类事怎么做的智慧。从如何备课，如何上好新授课，如何上好复习课，到如何观课研课等多角度思考问题的思维方式。

（三）“以身作则”唤醒专业发展自觉

如何唤醒参培教师的专业成长，使广大参培教师从职业倦怠走向专业自觉。采取的基本策略是：

1. 以人格魅力唤醒发展自觉

管理学上的“鲶鱼效应”，主要是指通过个体的“中途介入”，对群体起到竞争作用。我们把主持人比喻成“鲶鱼”，因为有主持人的不断激励、鼓舞，才有成员的思维活跃、灵感闪现。以下是工作室成员写的感言，字里行间，洋溢着对主持人的依赖、敬佩；透过文字，更让我们感受到主持人身上闪耀的人格魅力。

工作室成员王立成老师在暑期研学心得中这样提道：我们又一次在您的召唤下来到教育学院参加第二次编写会。在会上她对我们前期的编写情况进行了总结，高屋建瓴地指出了编写过程中存在的优点与不足，为我们假期的编写工作指明了方向。听完王教授的讲座我茅塞顿开，神清气爽，领完编写任务时也是激情澎湃，但是，回到家里翻开教材的那一瞬间又开始发蒙了，看到教学设计不知如何提炼思想，更不知运用哪种思想方法对路，又一次陷入迷茫之中，参考书翻了一遍又一遍，编写意图读了一回又一回，就是找不到需要的答案。向百度求助，答案更是五花八门，无法作出正确的选择和准确的判断。有时坐在电脑前发呆，真有一种山穷水尽的感觉，甚至有想放弃的念头。每次这个想法都瞬间被一种信念打消，这就是王教授传递给我们的对教育事业的信仰、情怀和追求。如果放弃那就是对自我能力的否定，也将失去一次绝佳的学习机会,更是辜负了王教授对我们的谆谆教诲和殷切希望。所以我更加坚定信心,一定要把这件事做下去,而且要做好。经过反思,我发现了问题所在,那就是自身理论知识的严重欠缺,我也深知这是自己的短板,因为平时就不怎么读书,专业理论知识挖掘不深,积累太少,总是浅尝辄止,无法实现理论与实践的融会贯通。于是,我就反复研读教参,认真领会教参中的编写意图和教学建议,深挖思想方法。同时我还认真阅读王教授编写的《小学数学思想与方法》这本书,从中汲取营养,弥补自己的不足。稿件上交之后,王教授逐一审阅,逐个点评、指导。指出了我们每个人的优点和不足,这种以身示范的做法不仅让我们为之感动,更让我们这个团队备受鼓舞!我们总以"忙"为借口为自己开脱,但我相信她一定比我们更忙,比我们付出的更多。每次她都会为我们的成长和进步而感到喜悦和感动。她每一次的激动和感动都深深地感染着我们,激励着我们!记得她曾在群里问我最近在忙些什么?当时让我感到非常惊讶和忐忑,为能受到她的关注而感到惊喜,为自己堂而皇之的"理由"而感到汗颜。其实,我每天都在关注她和群里几位精英的交流,只是很少发言或表态,至于原因我想应该和多数人一样,怕说错或说不明白吧?

有人用圆规画圆作比喻:心不变,脚在动。以主持人的人格魅力,唤醒教师的专业自觉,如春风化雨,润物无声;既坚定信念,又点燃激情;既明确方向,又传递梦想,为名师成长指点迷津、引路导航,激励着一群教育人不忘初心,砥砺前行,这正是我们的教育理想和人生追求。

2. *以学习型组织唤醒发展自觉*

学习型组织是促进教师专业发展的基础,我们创建学习型组织的基本做法:一是激活共同愿景。通过帮助教师解决亟待解决的问题,满足教师的发展需求,激活教师个体的愿景和教师研修团队的共同愿景。二是改变思维方式。针对教师在日常工作中经常是以自己为中心的思维方式,以"同课异构、异课同构、一课多议、异组同研"等活动为突破口,使教师明确个体与团队的关系,逐渐改变思维方式,保障团队活动有效开展。三是创建学习系统。探索完善了基层学校在组织研修活动过程中的基本程序,即"需求分析—问题提取—互动研究—达成共识—应用实践—反思提升"。建立了"找到一种需求、提出一个主题、开展一项研究、总结一套策略、发展一个团队"的"五个一"学习系统。四是研究培训形式。在实践中,我们感觉到:教师喜欢的是小、巧、精、实、新的培训,我们就多采取小情境、小专题、小策略、小案例的办法,使他们易学懂,能应用。基本模式是:学习—对照—反思—应用—总结,内化成能力。

3. 以文化关怀唤醒发展自觉

教师能否主动地参与研修不是靠制度所能解决的,刚性的管理规章能推动人的行动,但很难使人心动。真正的研修需要规章制度的管理,其深层发展必须体现研修的文化关怀。所谓文化关怀,就是要多从成长、幸福感、安全感、成就感等角度去构建研修文化体系。要关注每位教师的专业成长,多关注那些默默无闻参与研修的教师,从而激发教师内在的潜能,激发其获得成果的欲望,达到携手共进、共同发展的目标。从人的发展过程中不同需要层次的角度去考虑研修的内涵、目标、愿景及实施策略,挖掘研修的思想和精神内涵,构建以人为本的研修。

(四) 实践成果引起了社会的反响

1. 带动了一批人

工作室 2011 年成立时,只有松原、长春、通化、长白山四个市州的 15 位成员,分布在 15 所学校,每个成员都带动自己学科的全体老师,到 2014 年在吉林省教育社区网站上,王丽杰小学数学名师工作室由原来的 15 位成员扩大到 164 位成员,他们每次活动后都把自己所思所悟所感和所在学校全体数学老师交流、分享,实现了教学资源的最大化。2015—2019 年松原地区 7 名工作室成员中有 1 人成为吉林省名师,5 人成为松原市名师,每人带 15 人的团队,这 15 人涉及最多的学校有 6 所(每所学校至少有 30 多位数学老师),辐射面近千人。实现了“培养一人,带动一科,激活一片”的研修效果。

2. 积累了一批成果

王丽杰教授团队,近年来致力于教育教学研究,出版专著 4 部,撰写省级以上论文 40 篇,出版著作 18 部,仅在数学学科就解决了教育教学中的超百个问题,真正地实现从理论到实践的转化。

3. 开展了一系列培训

多年来,以成就更多的“地道”教师为目标,通过冥想找到精彩的话题,并和老师共同进行研究。在“好学、好玩、好美”的“三好”数学主张下,承担过国培、省培、市培以及县(区)和基层学校的各级各类培训工作,线下讲座 100 多次,讲座专题 20 多个,撰写讲稿 60 多万字,参与研培教师近万人。每周开展网络研修活动,与一线教师交流、研讨、备课。除此之外,主持人还带领工作室成员到长春、通化、吉林、四平、白城5个地区和松原市的各县(区)以及新疆送教,开展教研活动,受到广泛赞誉。

4. 激活了一批教师

参与研修的教师有2 239人建立教师博客,发表日志28 141篇,相互评论36 084条。

5. 提供了一些有效的校本研修资源

为全市777所农村学校培养了校本研修的培训者;围绕近百个教学问题提供音像资源100盘,产生了一批全国首届优秀课例奖。团队成员发表论文30多篇,博客群的主题研究文章200多篇。实现了我市教学质量的整体推进。

(本案例由吉林省松原市教育学院王丽杰教授、杨颖老师,以及吉林省王丽杰小学数学名师工作室潘威、邹春艳、张孝红、孙晓红、李梦茹、国立民、王平、娄丽红共同讨论完成)

第三节　县域乡村教师有效培训内容案例

以培训课程体系建设为抓手,农助工程助乡村教师专业发展——边远贫困地区乡村中小学校长促进教师专业发展"吉林模式"培训课程体系的构建与实践

2013年教育部以教师〔2013〕11号文件形式下发《关于进一步加强中小学校长培训工作的意见》,启动中小学校长大规模培训工作,同年又以教师司〔2013〕91号文件形式下发《关于实施农村校长助力工程的通知》,启动了旨在"切实提高中西部地区、集中连片特殊困难地区乡村义务教育学校校长队伍的整体素质和办学治校能力,着力推动义务教育均衡发展"的农村校长培训工程(简称"农助工程"),这也是首个国家级示范性中小学校长专业发展项目。教育部明确了边远贫困地区农村校长助力工程培训机构推荐标准、培训内容(根据义务教育学校校长专业标准,围绕实施素质教育和义务教育改革发展的重点难点问题,针对农村学校校长的实际需求,设计安排有针对性

的培训内容,其中实践性课程不少于50%,帮助农村学校校长开阔教育视野、更新办学理念、提升专业素质和解决实际问题的能力。将义务教育学校校长专业标准、师德建设长效机制和信息技术作为培训必修内容。鼓励培训机构邀请全国教书育人楷模等优秀典型作先进事迹报告,提高职业道德教育实效)、培训方式(采取"集中培训+返岗实践"培训方式。集中培训阶段共25天,通过专题讲座、案例教学、影子培训等环节,帮助农村学校校长学习借鉴优秀中小学的办学经验,掌握诊断学校发展问题、制定学校发展规划的基本方法。返岗实践阶段共50天,农村学校校长在培训专家的指导下,制订学校中长期发展规划,实施学校改进行动计划,提高管理水平)等。教育部为加强对"农助工程"项目的管理,对实施培训的机构进行了综合评估,评估采用问卷调查、资料和成果分析等方法,从培训条件、经费使用、方案设计、组织实施、效果反响等方面,按照学员满意度调查占60%、第三方评估占30%、机构自评占10%的权重形成评价结果。自2013—2017年,教育部对该项目的系统考核,吉林省连续五年获得综合考核结果第一名,取得"五连冠"佳绩,2018年又取得学员满意度100%的好成绩,形成了"农助工程"的"吉林模式"。《光明日报》《中国教育报》等主流媒体对此进行了宣传报道。

我们承接的"农助工程"项目取得评估佳绩,其中最重要的原因是聚焦乡村校长与教师共同专业发展而进行的乡村校长培训课程建设,得到参培校长学员、培训同行的积极认可与普遍好评。由此立足实证研究生成的"边远贫困地区农村中小学校长专业发展'吉林模式'课程构建与实践"荣获国家级基础教育成果奖二等奖、吉林省基础教育教学成果奖特等奖。

一　问题的提出

中小学教师是我国数量最大,对新一代最具有广泛影响的职业群体。中小学校长作为"师者之师",不仅是重要的社会人力资源,更是重要的潜在人力资源开发者。乡村校长在我国中小学校长中占有较大比例。相比城市校长,乡村校长往往具备着更为质朴的教育情怀、更为执着的教育坚守、更为现实的教育追求。但受限于"相对贫困"的教育资源、"相对落后"的教育观念、"相对艰难"的教育环境等客观条件制约,虽然乡村校长具有一定的专业精神、专业知识与专业能力，但是如何带动乡村教师专业发展的意识和能力还相对薄弱。教师专业发展存在着更为显著的实践导向理解困惑与实效取向行动困境。

聚焦“重心下移，精准扶弱”的国家政策导向与行动诉求，当前国家已然进一步加强了对校长专业发展特别是乡村校长专业发展的重视程度与支持力度。相继颁布了《义务教育学校校长专业标准》（教育部，2013. 2）、《关于进一步加强中小学校长培训工作的意见》（教育部，2013. 8）、《义务教育学校管理标准（试行）》（教育部，2014. 12）、《中学校长培训课程标准（试行）》、《小学校长培训课程标准（试行）》（教育部，2016. 03）、《关于加强中小学校党的建设工作的意见》（中组部、教育部，2016. 6）、《中小学校领人员管理暂行办法》（中组部、教育部，2017. 1）、《农村校（园）长培训工作指南》（教育部，2017. 7）等多个上位引领性教育文件。2018 年 1 月 20 日，中共中央国务院颁布《关于全面深化新时代教师队伍建设改革的意见》，充分体现了国家对教师队伍建设的重视程度与支持力度，特别提到“要建设一支政治过硬、品德高尚、业务精湛、治校有方的校长队伍”。

如何在中央文件精神指导下，更加结合乡村教育实际，创造性地搞好乡村校长培训成为吉林省教育学院思考和研究的大问题，经过调查研究、文献梳理，提出了以校长和教师共同专业发展课程（简称“专业发展课程”）体系建设为抓手的，助推教师专业发展的培训思路。

“专业发展课程”作为提升乡村校长和教师自身专业素质、促进乡村学校改进发展的核心动力与关键载体，有效、切实加强课程构建与实践，已经成为当前“新形势”下“新常态”的外在诉求。如何立足“应然”的价值诉求、“本然”的内涵取向、“实然”的要素诠释、“能然”的进取策略，聚焦专业发展课程的质效改进，深化明晰专业取向、优化生成科学理念、内化建构实践模型、强化提出策略建议，则成为专业发展课程构建与实践“新常态”下的“新期待”内生动力。

二 “吉林模式”解决的问题与思路

“吉林模式”基于实况、立足实践、注重实效、强调实证，秉承“度势：创立问题 —

聚道：分析问题 — 务器：探究问题 — 实证：升华问题”的问题解决思路。深化明晰了专业发展课程构建与实践的专业化质效追求；优化促生了“专业发展课程”构建与实践的科学化质效理念；内化建构了“专业发展课程”的实践化质效模型；强化提出了“专业发展课程”构建与实践策略化质效建议。

（一）主要解决的问题

1. 专业发展课程内容不够适用的问题。以往的课程内容对中小学教师专业发展的实际需求了解不够深入全面，课程内容设置随意化、功利化，目标模糊，课程内容听了不解渴，不适用，不实用，用不上。

2. 专业发展课程形式相对单一。传统的课程形式，以课堂讲授和专家报告为主，多数讲“大道理”，学以致用效果差，导致中小学校长感觉课程枯燥，学习积极性不高。

3. 专业发展课程比例设置失调。以理论学习为主，听报告、作笔记、看材料，答卷子，写论文。实践教学与课程整合比例失调。校长专业发展的舞台和学习最终的检验空间是学校和教师。纯理论学习使校长的专业发展仅仅是纸面和书本业务的发展，而无实际用武之地。

4. 专业发展课程作用时间短。集中学习时人人努力，学习结束后恢复原样。集中学习的有效效果无法产生持续、强劲的自主专业发展动力，无法保证集中教学效果的延长与辐射。

（二）解决问题的思路

1. 增强了专业发展课程内容设计的适用性与实用性。突出校长职责和“能为”本位，从培训机构的我会什么教什么，我有什么做什么，转向学习者立场，按需设课：国家提倡什么我们讲什么，学习者需求什么我们就设计什么的课程意识，增加了教师专业发展的课程，增强了教师专业发展的校长责任和方法的课程设计与实施。

2. 丰富“专业发展课程”形式，激发中小学校长的学习动机与兴趣。设计微课导入、案例教学、跟岗学习、世界咖啡等多样学习形式，采用任务驱动、问题沙龙、策略研讨、下校指导、课程研究等教学模式开展课程实施。

3. 增设了“专业发展课程”实践环节，加快理论向实践的转化。将实践环节与理论学习中的问题同校长各自所遇到的实际问题相对接，采取“乡村校长自主研修与专家指导网状交互”相对接的方式，使校长们带着理论去实践，带着指导去行动。

4. 延长了“专业发展课程”影响力链条。设计课程的指导环节，强化乡村校长对教师专业发展的跟踪式服务、体验式指导，开展“专家指导万里行”活动。让课程长期服务校长与教师共同专业成长，学习一次，长期受用，终身改进。

三 “吉林模式”的主要内容

“吉林模式”系统创生了“一标、二实、三有、四化”的“专业发展课程”构建与实践体系。聚焦“专业发展课程”质效改进，明晰了专业质效追求、生成了科学质效理念、建构了实践质效模型、提出了策略质效建议，形成相对成熟的“专业发展课程”构建与实践质效改进问题解决方案。

（一）立足“一标”，辨识“应然”价值诉求——深化明晰乡村校长专业发展与促进教师专业发展的课程构建与实践的“专业质效取向”

立足“一标”（专业化、内生性、质效强）的“吉林模式”“专业发展课程”目标导向。积极辨识“专业发展课程”的“应然”价值诉求。“势、实结合”明晰了乡村校长专业发展与教师专业发展双目标的课程构建与实践的理性价值、人本价值、实践价值“三位一体”的专业质效取向。

1. “以实为是”：强调专业发展课程与教学的“理性价值”

“专业发展课程”构建与实践，应遵循“以实为是”的理性价值诉求，进一步突出实践导向的专业品质底气。针对乡村校长和教师专业发展的实际问题，基于理想追求和现实状况之间差距考量，以实践性课程为核心，求实设计课程目标，丰实建构课程内容与方式，真实开展课程评价与考量。促使乡村校长和教师“专业发展课程”目标达成现实与理想的最佳趋近状态。

2. “以人为本”：强调乡村校长“专业发展课程”与教学的“人本价值”

适需的关键是立足人本需求，尽可能开发最大程度满足需要的课程内容与形式。对于乡村校长“专业发展课程”构建与实践而言，激发乡村校长的自觉发展是驱动其自身专业发展、引领学校改进发展的核心动力与关键载体。乡村校长专业发展课程需立足“以人为本”的人本价值诉求，进一步彰显激发自觉的专业品质底蕴。切实尊重乡村校长为主体地位，充分助推乡村校长的问题自省、认知自信、研究自主、改进自觉。

3. “以终为始”：强调“专业发展课程”构建的“实践价值”

任何的外在助力，只有转化为内生动力才是真正有效的。能否将短期助力转化为持续动力是反映课程质效的重要标识。“专业发展课程”构建与实践，应立足“以终为始”的实践价值诉求，进一步加重专业品质底色。以欣赏的目光和留白的艺术，秉承驱动自觉的课程设计、实施、评价原则，切实助力乡村校长在维持当下，颠覆过去、开创未来中实现不忘本来、吸收外来，面向未来的动态持续发展。

（二）立足“二实”，审视“本然”内涵品质——优化生成了乡村校长与教师专业发展课程构建与实践的“科学质效理念”

立足“二实”（实践导向、实效取向）的“吉林模式”专业发展课程构建与实践内容定位。实践审视乡村校长和教师“专业发展课程”的“本然”内涵品质。“知、智结合”探索生成、深化论证了乡村校长和教师“专业发展课程”“适需、求实、助行、促变、倾情”相融合的“五性共生”培训课程构建与实践科学质效理念。

1. “适需性”：“应然”与“实然”结合的课程设计理念

需求，既是课程的“起点”也是“终点”。本质上说诠释的是“课程主体是谁”的核心问题。精准把握、有效设计路径，是影响乡村校长和教师“专业发展课程”构建与实践质效的关键问题。“吉林模式”立足乡村校长和教师专业发展“应然”诉求和学员及所在学校的“实然”需求，积极生成了“根植专业发展立场、应需逻辑递进”的“适需性”取向的“专业发展课程”设计理念。

2. “求实性”：“显性”与“隐性”结合的课程构建理念

按照“显性”知识和“隐性”知识维度，校长学习主要包括四种类型，即由显性知识到显性知识的“习得型学习”、由显性知识到隐性知识的“应用型学习”、由隐性知识到显性知识的“反思型学习”、由隐性知识到隐性知识的“交流型学习”。“吉林模式”的“专业发展课程”构建与实践，立足乡村校长“习得学习”“反思学习”的专业引领，“交流学习”“应用学习”实践导向，积极生成“立足实践导向、注重问题本位”的“求实性”取向的乡村校长促进教师“专业发展课程”构建理念。

3. “助行性”:“驱动”与“主动”结合的课程理念

对有用、能用、好用东西感兴趣,是乡村校长显著的学习意愿特征。“吉林模式”“专业发展课程”构建与实践,立足“先体验、后理念、再实践”的行动学习整体驱动与强调参与、注重变换的主动激发的有机结合,积极生成了“聚焦行动学习、实效多元拓展”的“助行性”取向的乡村校长自身先专业发展,后带动教师专业发展的课程方式理念。

4. “促变性”:“外显”与“内生”结合的课程效能理念

兼顾“短期”的实效驱动与“长足”的自觉激发,是“专业发展课程”质效的辨别标识。“吉林模式”“专业发展课程”构建与实践,立足短时实效促变与持续自觉生变相结合的课程效能追求,积极生成了“激发思行自觉、强调内生改进”的“促变性”取向乡村校长培训课程效能理念,即以校长促进教师专业发展效能为考核目标的理念。

5. “倾情性”:“契约”与“规约”结合的课程管理

“专业发展课程”需要立足“倾情”的课程服务立场,综合提升课程管理的科学性与艺术性。“吉林模式”的“专业发展课程”构建与实践,立足科学化规约意识与人本化契约精神并重的专业发展课程管理探索,生成“聚缘、惜缘、续缘,共学、共道、共行”的“倾情性”取向的专业发展课程管理理念。

(三) 立足“三有”,诠释“实然”思行要素——内化建构乡村校长促进教师“专业发展课程”,构建“实践质效模型”

立足“三有”(有温度、有高度、有亮度)的“吉林模式”“专业发展课程”表达方式。实效诠释乡村校长“专业发展课程”的“实然”思行要素。“精径结合”建构主题、目标、内容、方式、任务、评价“六维统整”的“专业发展课程”实践质效模型。重点立足“教育部边远贫困地区乡村校长助力工程”实践探索经验升华,针对乡村校长集中学习、跟岗学习、返岗实践的一体化课程建设,具体内生优效建构了“一期三段五模块链条嵌入式”乡村校长“专业发展课程”模型。

1. 主题选定——“适应诉求、聚焦需求”

“吉林模式”的“专业发展课程”构建与实践,提出了“适应诉求、聚焦需求”的课程主题选定原则,有效立足乡村校长专业发展“应然”诉求与教师专业发展“实然”需求,重点依据《义务教育学校校长专业标准》《义务教育学校管理标准》,展现专业针对性。

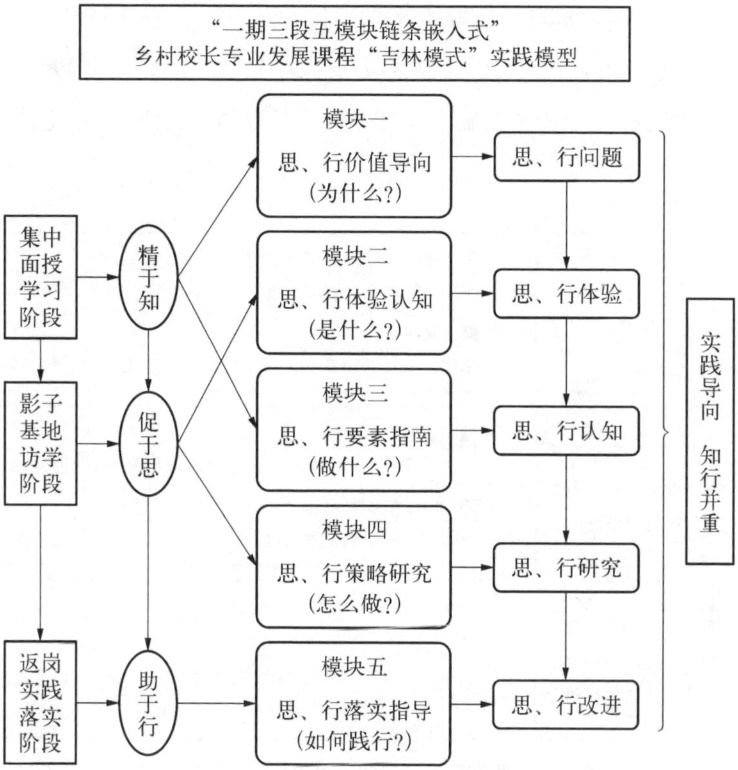

图7-7　一期三段五模块链条嵌入式

以“教育部边远贫困地区乡村校长助力工程”为例，培训不但聚焦学校内部管理改进、文化建设等，而且强化了教师队伍建设，特别是教师专业发展等乡村校长专业履职维度的思、行能力提升，有效选定了课程与教学的主题。

项目主题——“立足主旨，适需助推”

提升乡村初中校长“学校内部管理改进”的思、行能力

- ◆ 充分适应——项目应然、学员实然的培训需求
- ◆ 切实立足——实践导向的知行并重思行问题
- ◆ 积极搭建——行动学习的情智共生研修平台
- ◆ 有效助推——主题思、行的问题自省、体验自为、研究自主、认知自信、改进自觉

图7-8　有效选定课程与教学的主题

2. 目标设计——“逻辑递进、遵规求实”

“吉林模式”的“专业发展课程”构建与实践，提出了“逻辑递进、遵规求实”的课程

目标设计原则。立足推进阶段,展现逻辑递进性。

以"农助工程"为例,成果聚焦课程主题,探索生成了"集中学习阶段"精于知"—影子培训阶段"促于思"—返岗实践阶段"助于行"的逻辑递进式"专业发展课程"目标达成路径。

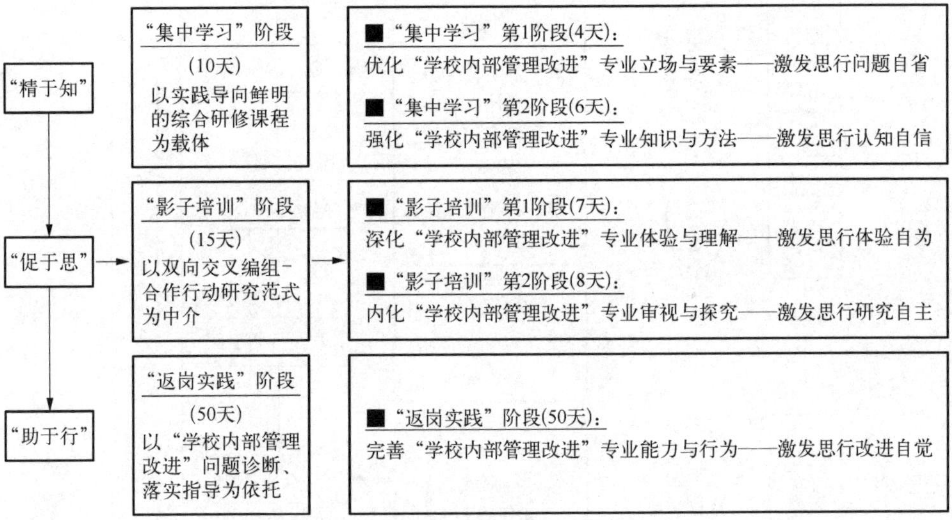

图7-9 逻辑递进式专业发展课程目标达成路径

3. 内容建构——"实践导向、知行并重"

"吉林模式"的"专业发展课程"构建与实践,提出了"实践导向、知行并重"的课程内容建构原则。立足本质性问题思考,展现实践导向性。

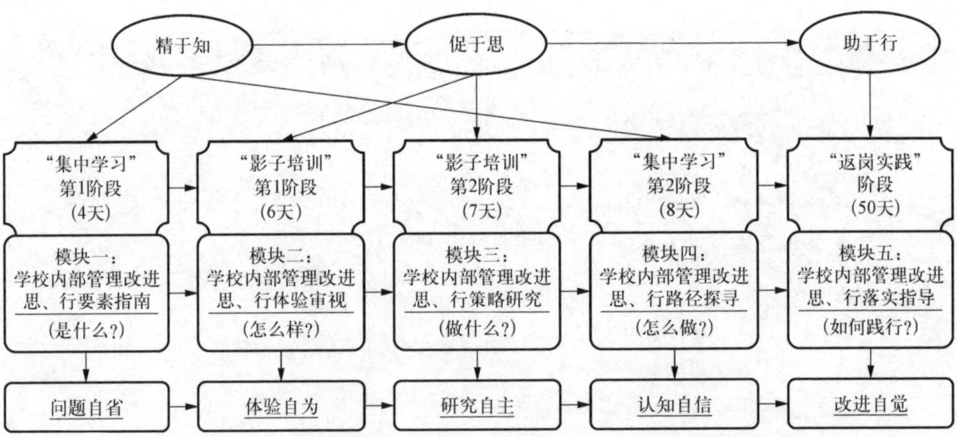

图7-10 模块推进式"专业发展课程"构建与实践内容体系

以“农助工程”为例，对应“精于知—促于思—助于行”的逻辑递进式课程目标，有效建构了“价值诉求（为什么）激发问题自省—体验认知（是什么）激发体验自为——要素指南（做什么）激发认知自信——策略探究（怎么做）激发研究自主——落实指导（如何践行）”激发改进自觉的模块推进式“专业发展课程”构建与实践内容体系。

4. 方式运用—“行动学习，情智共生”

“吉林模式”的“专业发展课程”构建与实践，提出“行动学习、情智共生”的课程方式运用原则。倡导强调参与、注重变换的行动学习，展现实效取向性。

以“农助工程”为例，成果基于课程内容诉求，聚焦乡村校长促进教师专业发展“行动学习”学习范式，系统开发了“小组合作式团队学习”“全程跟进式导师指导”“阶段递进式任务驱动”“需求本位式问题沙龙”“同行互助式学员微课”“实践导向式专题授课”“场境体验式案例教学”“世界咖啡式群体汇谈”“网状交叉式影子培训”“同题异析式策略研讨”“异题同析式案例研究”“智慧共享式学员论坛”“多元持续式返岗跟踪”等13种乡村校长“专业发展课程”。

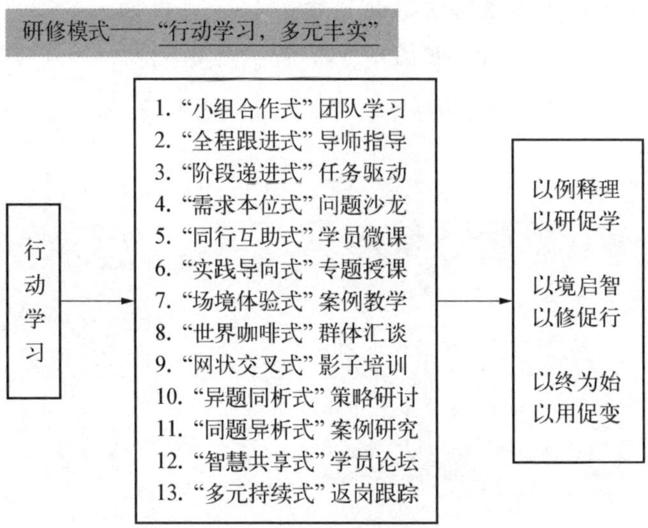

图7-11　乡村校长专业发展课程方式

5. 任务设定—“阶段设置，作业驱动”

“吉林模式”的“专业发展课程”构建与实践，提出“阶段设置、作业驱动”的课程任务设定原则。立足阶段目标，具体设定任务，展现递进驱动。

以“农助工程”为例，立足集中学习、跟岗学习、返岗实践三个主要阶段，分别设定

项目任务——“阶段设置，作业驱动”

◆ “集中学习”阶段：
每位学员，完成1份——“学校内部管理改进主题研修感悟”(500字以上)

◆ “影子培训”阶段：
4个“策略研究组”，分别完成1份——
“学校内部管理改进重点策略-‘同题异析’综合研究报告”(1500字以上)
5个“驻校跟岗组”，分别完成1份——
“影子基地校学校管理内部管理经验-‘异题同析’案例研究报告”(1500字以上)

◆ “返岗实践”阶段：
每位校长学员，完成1份——“学校内部管理改进行动计划”

图7－12 三个一的培训任务

“集中学习研修思悟、影子校案例研究报告、返岗学校改进行动计划”三个培训任务。

6. 评价实施—“过程质性，结果量化”

“吉林模式”的“专业发展课程”构建与实践提出“过程质性、结果量化”的评价实施原则。重在激发自觉，动态持续，展现质效生成性。

以“农助工程”为例，成果为保障学员研修质效，系统设定“乡村校长促进自身和教师专业发展课程与教学评价指标体系”，质性、量化相结合，积极提升校长的参与度、改进度、自觉度。

项目评价——“过程质性，结果量化”

重点关注“3个度”

“出勤度”——学习态度——20%
“参与度”——学习状态——30%
“改进度”——学习效能——50%

研修考评成绩，将作为是否颁发——项目结业证书、评选项目优秀学员的必要依据、重要参考指标

图7－13 过程量化

（四）立足“四化”，探寻“能然”进取路径——强化提出了乡村校长促进教师“专业发展课程”构建与实践的“策略质效建议”

“吉林模式”立足“四化”（设计适需化、结构逻辑化、形态多元化、评价导向化）的

“专业发展课程”构建与实践进取策略。实证探寻乡村校长促进教师专业发展课程的“能然”的进取路径。“稳、问结合”提出了乡村校长促进教师专业发展的培训课程构建与实践的自省、自信、自主、自觉“四自改进”策略质效建议。具体而言:

1. “学员立场”自省——有效设立课程与教学目标

“专业发展课程”构建与实践,目标的设立应根植“学员立场”的深化自省,有效将向上追求与向下追问深度融合。打破“三本位”(教师中心、教材中心、课堂中心)的传统学习习惯,确立校长和教师的课程主体地位,充分调动、发挥校长和教师自主性、主动性,充分实现自学、自研效能,充分拓展反思、总结,帮助乡村校长实现办学治校的理论提升与实践突破。

2. “实践导向”自信——丰实建构课程与教学内容

乡村校长“专业发展课程”构建与实践,内容的建构要打破以行政指令为主、授课为主的惯势,重点强化“实践导向”自信。乡村校长“专业发展课程”内容的开发、建设与优化要遵循校长专业发展规律和特征,秉承“因适性”原则,求实建构模块化课程内容。

3. “行动学习”自主——多元探索课程与教学方式

多样化的课程方式有助于增强校长的学习兴趣,进而将学习的需要充分地转化为学习动机,优化学习的行为。行动学习是乡村校长“专业发展课程”构建与实践的有益方式路径选择。乡村校长“专业发展课程”应加强对“行动学习”课程与教学方式的自主探索,切忌“形式主义”照搬照抄;需着力传承、创新,循规探索,积极内生;基于现实状况和实际问题进行不断反思和调整。

4. “内生驱动”自觉——动态优化课程与教学评价

课程评价是对课程价值判定和改进策略的思考。乡村校长促进教师“专业发展课程”评价的基本出发点,应该是判定课程在促进乡村教师专业发展、引领乡村学校改进发展中所蕴含的价值。乡村校长促进教师“专业发展课程”评价应基于条件、过程、结果等主要维度,确立有效、可行的评价标准,重点提高课程与教学评价的信度和效度。同时既要注意“规约”的制度化、规范化,更要强调“契约”的人本性、自觉性。两者融合并重,更有利于产生乡村校长和教师共同专业发展的课程高质效机能。

6年的实践证明,“吉林模式”不仅培训了乡村校长,而且促进了乡村教师专业发展,是乡村教师有效培训的新措施、新方式、新方法,有借鉴价值和推广意义。

（本案例由吉林省教育学院张岩、陈禹撰写）

第四节　县域乡村教师有效培训评价案例

乡村教师有效培训的KPI评价考核体系设计
——华中师范大学国培学员能力目标考核方法的创新

乡村教师培训有效性与对学员的考核评价密切相关,考核什么? 怎么考核? 对培训学员来讲,是具有“指挥棒”的作用,你怎么考核他就怎么学,你考核什么,他在学习过程中就注意什么。

一　导言

华中师范大学是教育部直属重点综合性师范大学,是首批承办“国培计划”项目的高校之一,国家“211工程”重点建设大学,国家教师教育“985”优势学科创新平台建设高校,双一流学科建设高校,是国家培养中、高等学校师资和其他高级专门人才的重要基地。我校积极投入到“国培计划”项目的实施工作中,将办好教师教育、为基础教育服务视为责无旁贷的使命。

自2010年起,华中师范大学整合优化在职教师培训、教师职业发展、普通话测训、师范生专业能力训测等职能,成立了教师教育学院。自教师教育学院成立以来,已经代表学校承接“国培计划”示范性项目、中西部项目,地方教师、校长、教育管理干部等各类培训项目400余项,培训各类高校教师、中小学教师、校园长、教育行政干部3万余人,覆盖全国31个省市区,形成功能完备、资源丰富、影响广泛、社会公认度高的教师(校长)培训示范基地,积累了丰富的教师培训经验,受到多方认可。

在项目实施中,依据教育部关于做好"国培计划"项目精神的要求,我校针对研修对象实际的教育教学需要,紧密围绕培训研修的特点内容、方法形式、组织管理、实施教育教学科研等方面内容,通过精心组织实施,创新教师培训模式,促进教师专业发展和终身学习理念的树立,在努力探索构建精品国培常态化培训机制方面取得了良好的培训成效,不仅探索建立了完整的 3 年项目运行的工作思路和实施方案,形成了操作性强的工作制度、优秀的专家团队和管理团队、有效的服务保障体系,而且创新了学员考核评价方法,即设计了 KPI 考核评价体系,收到良好的效果。

二　基于"KPI"的学员能力目标考核设计与实施。

KPI(Key Performance Indicators)即关键绩效指标,是一种科学的考核方法,强调定性与定量相结合。

学员是培训的主体,如何在培训过程中充分调动学员的积极性和主动性,使学员的专业能力切实得到提升,是我们在设置培训方案时首先考虑的要素。任务驱动能为学员提供实践体验和感悟问题的情境,同时,有效客观、可量化的能力目标考核,能引导学员围绕任务展开研修,促进学员主动去探究、实践、反思、运用、解决问题。

我们为每个培训项目,根据培训目标,都设计了基于 KPI 的学员能力目标考核方法。

下面以"精英班"为例,介绍 KPI 考核评价设计情况。

(一) 能力目标设计

精英班是三年连续性培养项目,我们为学员分年度制订了能力目标,分别是:

第一年培训目标:一是帮助学员总结教育经验,提升学员课堂教学实施和指导能力;二是进行网络研修指导,提升学员网络自主研修和合作学习的能力。培训内容主要包括以下模块:师德修养、教学理念、学科知识、教学实施与教学指导、协作学习、网络工作坊、培训反思、网络研修——课堂教学研磨。

第二年培训目标为:帮助学员凝练教育思想,提升学员科研能力,组织学员成立课题研究组。培训内容主要包括以下模块:学科理念、研究方法、科研项目管理、启动课题、培训反思、网络研修——科研实践。

第三年培训目标为：帮助学员探寻引领学科发展的途径，提升指导和服务地区学习共同体建设的能力。培训内容主要包括以下模块：培训理念与政策、方案研制、培训组织实施、工作坊建设、校本研修、培训反思、网络研修——构建网络学习共同体。

（二）关键绩效指标确定

在分年度的能力目标考核过程中，我们进一步细化，分解成对应的关键绩效指标，制订方案，实施考核。以“学员教育科研能力提升”目标为例，在考核过程中具体为以下 3 个关键绩效指标：

1. 教学改革能力（东部游学）。学校积极推动国培计划培训模式创新，组织学员前往江苏扬州游学。学员听课、访谈、互相交流与总结，在观察骨干教师日常教育教学行为、感受名校教育管理特色、体悟东部地区先进的教育思想与教育理念的过程中，加深对教育本质的认识和思考。

2. 教育教学问题解决能力（实地返岗指导）。为切实提高培训实效，结合“遵循教师专业发展、名师名校长成长规律，采用灵活富有个性化的培养培训方式，促进研修学员尽快成长为中小学学科教学名师”的要求，组织专家团队赴湖南长沙、岳阳、湘潭等地开展“实地指导”活动。坚持实践取向，提升学员发现问题、创新性解决教育教学和管理实际问题的能力，同时考察教育教学管理是否形成特色，教育教学教研是否形成新模式、新理论，系统考察学员教育理论素养及理论与实践相结合的综合能力。

3. 学科研究能力（高校跟岗）。学员跟随高校导师进行论文定稿的确定，通过自己的资料查阅和导师的专业引领，学员形成自己的专业论文。高校导师为所带学员设计高校课程内容，布置读书任务，参加学员研究活动。学员参加高校各类论坛，设计论文考题报告，参加研究生论文答辩等，诸多举措助力学员提升教育科研能力。

（三）能力目标考核

确定了目标、设计了考核指标，就需要用好的方式方法来进行考核，强化考核过程中的量化要求，实现定性与定量的有机结合。

学校在多年的实践探索中，逐步形成了一种“SEF”实施模式，即：“设定标准（Standard）—考核评价（Evaluation）—反馈提升（Feedback）”。

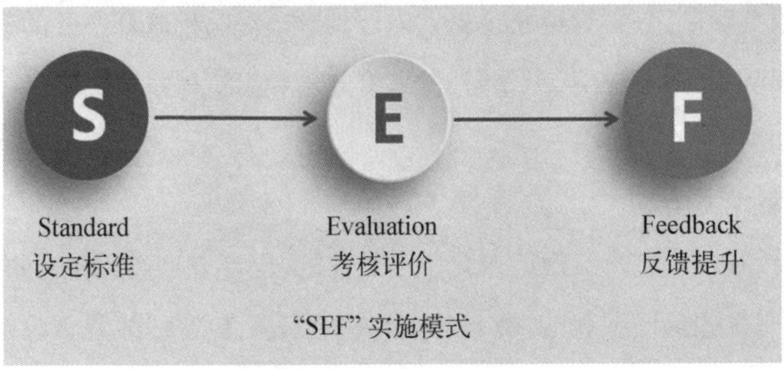

图7-14　“SEF”实施模式

在“学员教育科研能力提升”目标考核中，第一个关键绩效指标是“教学改革能力”，我们通过“东部游学”过程考核来实现，设定了学员游学方案等标准，运用学员游学评价表来进行考核评价，最后通过学员游学反思集进行反馈提升；第二个关键绩效指标是“教育教学问题解决能力”，通过“实地返岗指导”过程考核实现，设定了专家实地指导方案、课堂教学技能比赛评分细则等标准，运用学员讲示范课、工作室观摩等形式来进行考核评价，最后通过专家实地教研活动、点评指导进行反馈提升；第三个关键绩效指标是“学科研究能力”，设定了开题报告格式、教研论文格式、高校跟岗评价表等标准，运用学员论文开题、答辩等形式来进行考核评价，最后通过专家现场指导、学员学科教研论文集进行反馈提升。

三　成效

正是因为在项目实施中坚持对学员的能力目标考评，才实现了理论与实践相结合，确保培训的实效。参加我校研修的部分优秀学员，由学员成长为省级、国家级培训师、国培专家，走进国培课堂，起到了很好的示范作用，为国培工作注入了源头活水。

（一）构建工作机制

学校高度重视“国培”项目，成立了专项领导小组，由分管校领导任组长，教师教育学院主体实施，学校相关部门通力协调合作。为全面提升学员的学习能力、创新能力、批判思维、合作与交流能力、自我发展素养和信息素养，确保培养的专业水平，培养采用首席专家负责制，分学科组建了由省内外具有丰富基础教育实践的教学名师组成的培养专家团队，形成领导组、工作组、专家组的培养组织体系。

（二）科学制订培养方案

培训学员组成较为多元，既有来自中心城区的，也有来自边远乡村的，既有教授主要学科的，也有教授素质课程的，既有学校的管理干部，也有一线骨干教师。大家的起点和目标都不尽相同。因此，为更有效地促进学员专业成长，我校在方案设计中侧重拓宽拓深学员的教育教学理论功底，培养其教育教学科研能力和学科发展引领能力，树立终身学习的理念；并以学员需求为导向，以问题为中心，以案例为载体，专题性课程与案例教学、主题研讨、情境体验紧密结合，充分体现学习、研讨、反思、实践、自我评价等教学活动。同时，为方便学员随时随地学习，协同网络研修平台，配备了“研修指导力、教师成长发展、实践能力提升”三大模块的课程资源，供学员利用碎片化时间进行研修。

（三）持续调研不断优化培训方案

学校依托每年的国培需求调研结果和学员回访情况，结合教育新形势、新要求、新动向，不断微调优化改进培养方案，确保培养方案和学员发展能与时俱进，切合实际。如依据调研结果：在课程设置方面，学校把学员对培养内容期待排在前三位的“教学能力、教研能力和培训能力”作为核心研修内容，一年一个主题引领学员专业化发展。在实施过程中，我们及时更新师资力量、调动优质教育资源、创新培养方式，在培养中不断调整加大实践和诊断的分量。

（四）学员成长快、优秀率高

学员成长快、优秀率高是考核评价的明显效果。以精英班为例，参训的学员中，4位学员被评为特级教师、4位学员被评为正高级教师、10位学员被选为省级教师培训团队成员、近30位学员成为市县级国培授课专家、近半数学员入选省级教育家孵化班或学科名师班。更多的学员是在“送教下乡、优质课展示、培训讲座、教师沙龙”等活动中，作为专家，登台授课，辐射当地教育，发挥种子作用。

做好教师培训，积极服务基础教育，是高校工作中不可或缺的一环。从一点一滴的小事、实事上着手,勇挑教育使命,打造精品培训,一直是我校追求的目标。教师培训工作是一个需要不断实践和改善的过程,非一朝一夕而成。在今后的培训工作中,我们将继续探寻更加积极有效的培训模式,为我国基础教育新课程的改革和发展做出更大贡献。

(本案例由华中师范大学教师教育学院教师培训部主任周尤执笔完成)

第五节　县域乡村教师有效校本培训案例

案例Ⅰ:拓展校本研修新空间,提高乡村教师培训有效性——山西省阳城县开展全员校本研修

一　山西省阳城县乡村教师培训现状分析

(一) 传统悠久的阳城教育

阳城县位于山西省东南部,地处太行、太岳、中条三山交汇处,北依太岳,南俯中原。国土总面积 1 968 平方公里,辖乡镇 17 个,行政村 467 个,常住人口 40 万。① 阳城文脉昌隆,重教崇文,明清两代,铸就了“十凤齐鸣、十凤重鸣”的佳话;康雍年间,赢得“名列三城,风高五属”的美誉。1977 年恢复高考以来,先后考入各类大专院校近 3 万人。1994 年,率先通过“两基”验收,成为全国基础教育先进县。2014 年,以全省第一的成绩通过国家义务教育基本发展均衡县验收。2019 年全县有各级各类学校 199 所(普通高中 4 所,职业高中 2 所,初中 23 所,小学 62 所,幼儿园 107 所,特殊教育学校 1 所。含民办学校 5 所),在校学生 37 883 人,在编教职工 3 878 人。各学校认真落实“面向每一位学生、各学科全面发展、各方面整体提高”的教育教学质量观,重点落实小学生“读写说”三个习惯、初中生“自学和自理”两种能力、高中生“人人达线上理想

① 来源:阳城县人民政府网站(http://www.yczf.gov.cn/Category_1/Index.aspx)。

大学”一个任务的学段质量目标。2013年承办了山西省县域整体推进课堂教学改革阳城县现场会。2017年承办了山西省基础教育装备工作阳城现场会。湖南、陕西、河南、河北、湖北及省内很多市县同仁到我县参观交流。2019年高考,阳城一中宋笑谊以655分(裸分)获全省文科第一名,卫蕴泽以690分(裸分)获全市理科第一名(全省第三名),4人已经被清华大学录取,阳城一中成为清华大学确定为“优质生源中学”。中考总均分、高分学生数多年来一直保持全市第一,特别是2017、2018、2019连续三年,不仅总均分、总及格率全市第一,并且7门书面考试学科的成绩全部是全市第一。

(二)教师培训基本情况和存在的问题

按照培训类型,分为三类。第一类是参加山西省教育厅直接安排的培训。开展了全员网上培训,数以百计的教师参加了国培项目;第二类是市级安排的培训。主要是分学科培训和校长培训;第三类是县级培训。国培全学科送教下乡(2017、2018省厅拨专款支持,县级设计实施)、“十三五”专家型教师培养对象培训、中央彩票基金支持的乡村教师分学科外出培训(哈尔滨,北京等地)、聘请国内知名专家开教育专题报告会(已有10位以上专家到阳)、2019年教育管理干部高级轮训(分别在南通、佛山、重庆开班)、每年的省级学科带头人省市特级教师送教下乡示范教学考核培训、每年的校本研修等。按照参加培训的对象分为校长等管理人员、骨干教师和全体教师培训。总体来说,校长及骨干教师培训是引领,收到较好的效果,一些学校形成了自己的办学特色,一些校长的办学经验在本省、市内很有影响,约有100位骨干教师在县内表现突出,20多位教师在市级以上做示范课开讲座也很有名气。但面向全体教师培训的收效一般,大部分参训者参培时“激动”,培训后“不动”的情况还存在。主要问题有:全县激励教师参培,真正管用的制度和机制还不健全。如现在仅有教师晋升职称与培训证书挂钩,评模评优不挂钩,对每五年360参培学时要求不达的教师没有更多的激励措施,2015年我市作为全省教师资格定期注册试点,但是没有开展试点的后续工作,对全县暂缓注册的约700人也没有提出补培补学时等;部分学校领导怕耽误教学工作,不愿派教师参加培训,有的甚至派无关人员顶替;部分学校基本无培训后延伸落实措施,把培训收获运用到教学实践做得很不够;省市特级教师、省级学科带头人示范引领作用没有持续充分发挥。一年也只是讲一次课,课后参加一次评课交流而已。

由于评价机制的问题,导致网上培训花钱雇人做的现象还存在;校本研修仍然有应付了事的学校;仍有不少教师认为培训无用;50 岁以上的老教师普遍不愿参加培训;新教师培训已中断五年以上,也没有形成系统化培训。

二　拓展校本研修新空间，提升乡村教师培训有效性

教师进修学校在县教育主管部门的支持下,在专家的指导下,以校本研修为改革的突破口,努力拓展校本研修新空间,提升教师培训有效性。

(一) 充分利用培训资源,优化校本研修

2015 年前,校本研修,只是各学校自己开展,县教研室或进修校没有具体的要求,更没有监督落实的办法。校本研修就是上面喊一喊,各学校自行其事,年终教育局督导检查,看一看资料,评一点分数,权重很小,与教师个人切身利益也没什么关系。2016 年根据山西省教育厅的有关文件的精神,确立校本研修的主体是学校、本校的教师。校本研修的主题或内容是本校在教学中遇到的较突出问题,是县级以上培训的重要延伸和重要的落脚点之一。县进修校,在人力、财力、教科研氛围都不足的情况下,没有实力去整合全培、国培、专家型教师培养、校本研修等培训,只是尽可能利用学校掌握的有关培训资源,督促、引导全县基层学校的校本研修,促进各校形成校本研修的的氛围,逐步把校本研修纳入规范化、常规化的培训之一,落实山西省教育厅要求的教师每年完成 22 学时的校本研修任务。

(二) 突出“结合”,拓展校本研修空间

怎么理解“校本研修”是一次培训观念的转变和培训思想的解放。其实,校本研修就是发生在学校本身的研修过程,并不一定要自己的教师来培训自己,更不是教师的“自习”。阳城县突出专家讲学与校本研修结合、国培与校本研修结合、线上学习与校本研修结合等诸多结合,拓展了校本研修的新空间。具体做法是:

1. 专家型教师培养与校本研修的结合。为了给专家型教师培养对象搭建锻炼的平台,就让他们到乡村学校上示范课,课后说课,还要把自己平时的研修、参与本校教研的情况做介绍,让听课教师参加此次活动,形成多方面的收获。此举也是在给专家

型教师培养对象加压,督促他们平时要加强自我研修,不断拿出小型的教学专题。

2. 全培、国培与校本研修的结合。全县教师参加了全培或国培,怎样把网上培训的新思想、新模式、新教法与本人本校教学结合呢?我们针对这个问题,一是设计了每位教师要写一份网络培训学习交流材料,要求在各自学校教研会上交流;二是要求各学校在组织网培交流后,结合实际选定本校、本年级或本学科校本研修的课题(其实就是教学突出问题)去坚持开展研修活动,这样做就把线上与线下培训串联了起来。

3. 国培送教下乡与校本研修的结合。2017 年至 2018 年,连续两年的国培送教,我们要求下乡讲课教师的每次说课、指导教师的每次评课等环节都要当作送教点学校的一次校本或者校际(有别的学校的听课教师)教研交流。要求送教点的领导要按送教手册上的安排,早重视,早准备,充分抓住优秀教师到本校送教的机会,不仅仅是听了一节示范课,而且要让送教老师谈教学,谈经验,谈研修,以此引领启发本校的线下研修。

如果说前几年的教研主题由各校自定,那么自 2018 年,我们借国培送教下乡之力,要求以学科开展校际主题教研。具体操作是:一是送教前每学科确定几个主题。我们下发通知,要求各学校填写 2018 年送教学科培训需求调查表,各学科组长(县教研员、特级教师、省级学科带头人等)分析调查表,针对本学科全县教学现状,每学科提炼拟定 3—5 个送教主题。二是围绕主题去送教和教研。无论送教课堂,还是课后的说课、教研交流,都要围绕已确定的其中一个主题(每次节送教课,要落实哪个主题,由讲课者定)去进行。这样做会倒逼送教当天的几个环节都要注重体现主题的渗透和落实,让听课教师参加送教培训有比较突出的感受和感悟(仅有一点感悟,也比没什么感觉好)。2018 年的送教,我们要求参培教师每人写一份送教培训感悟,格式都有统一规定。三是写好主题教研实践报告。送教结束,全县近千名教师每人结合送教听课和校本研修,写一份主题教研实践报告,此报告列入校本研修考核项目,由学校评分。

4. 学分认定与校本研修结合。为了有依据认定 22 学时成绩,并在继续教育证书上登记,必须拿出县级统一的考核意见。2016 年至 2018 年的考核办法也是根据情况进行着微调,但考核的导向不变。考核就是要把线上国培或全培与线下校本研修挂起钩来,以考核为手段,引导校本研修逐渐在各基层学校形成一种氛围,形成一种真正在做的常规。具体在考核项目的设置上,也只能是抓基本的,目前还不可能通过考核分数真实反映校本研修的成效。比如,2016 年和 2017 年度的考核项目设计为网上学习交流稿 50 分、研修实践 50 分；2018 年的项目为网上学习交流 20 分，岗位作业 30 分，主题教学实践报告 50 分。考核分数完全由各学校依据进修校设定的考核项目，自主评分考核，上报成绩表。

校本研修考核中，网上学习交流占多少分，并不是网上培训折合为多少分，而是教师自己经过一段时间的网上学习，自拟一个标题，既要写网上学习了什么，重要的是自己有怎样的认识，还要与同伴进行交流，以此促进大家认真参加网上学习，认真思考自己的教学。网上培训成绩，以省厅下达的为依据，达到 60 分合格，并登记相应学时。网上成绩与校本研修成绩无关联，但网上学习内容与交流稿与校本研修有关联。

同时还要完成岗位作业。一是对参加送教下乡培训的乡村学校。我们在 2017—2018 年，要求下乡讲示范课的教师要结合本节课中理论的指导、实践的探索、知识的理解或有关认识等某一方面，去设计一项作业，让乡村听课教师课后去思考、去完成这种作业。作业的过程就是教师个人研修的过程；二是未参加送教下乡的县城学校，要求各校依据自己确定校本研究的主题，给教师布置适当次数和适合的作业。这种岗位作业与校本研修有着相互促进的紧密联系，教师完成作业，对开展校本研修有着准备性研修前布置或延伸性（研修后布置）作用，能有效推动校本教研。

三　一点体会

以拓展校本研修空间为途径，解决了网上培训落地难和结合实际进行校本研修的问题，校本研修的氛围初步形成。通过校本研修改革，多数学校能针对学校实际开展校本研修，把网上培训学习认识内化到平时的教学工作中。如有的学校坚持研究校本课题，有的参与县级课题或省级课题的研究；有的开展校际之间的交流研讨；有的还开展校本课程的研究开发。不少教师在校本研修的启发下，每年发表数篇教学经验论文等。

通过校本研修改革，指导校本教研的县级以上骨干教师业务能力得到了有效提升。一些特级教师、专家型教师培养对象的示范课和实用性强的教学专题等给乡村教师留下了深刻印象，促进了乡村教师的专业发展，提高了乡村教师培训的有效性。

总之，抓校本研修是促进教师专业成长，形成学校特色的最有效的途径之一，这样的认识在阳城县形成了共识。虽然各校的做法、研修机制正在不断完善中，但拓展校本研修空间，优化校本研修途径，把校本研修做实做好，是引领全县教师专业成长的积极探索和提升乡村教师培训有效性的成功案例。

（本案例由山西阳城县教师进修学校教师共同研究完成）

案例Ⅱ：凝聚学校精神文化　促进教师的自主学习和课程开发能力——发达地区乡村民办学校开展校本培训

自1989年起，广东国内生产总值连续居全国第一位，成为中国第一经济大省，经济总量占全国的1/8，已达到中上等收入国家水平、中等发达国家水平，广东省域经济综合竞争力居全国第一。但是广东省的乡村地区发展也是不平衡不充分的，广大的乡村教师培训问题仍然是一个难题，特别是部分民办学校，教师有效培训还是存在一定的问题。

一　问题提出

广东省乡村中小学教师培训项目：包括乡村教师培训团队置换脱产研修、乡村小学教师多学科教学能力提升培训、乡村中小学实验教师专项培训、乡村教师网络研修、乡村教师访名校以及跨年度递进式培训项目—乡村教师置换培训等项目。但是这些项目往往是针对公办学校，民办学校教师因为身份原因，对教学的期待值和自身的发展要求更为迫切，仅仅凭借以上教育部门组织的各类培训还远远不能满足教师的发展需求（上述教师培训有时还不能兼顾到民办学校教师），学校只有寻找到合适的路径，才能真正做到提升教师培训的有效性。

二　学校探索

中山市小榄广源学校创办于2005年，是小榄镇一所民办学校。学校现有37个教学班,学生 1 550 人,教师 100 人。民办学校教师流动性较大,稳定教师队伍、提升教师教育教学能力是学校管理工作的重中之重。为了让发展持续化,拥有一支结构更为合理、经验更为丰富、素质更为全面、专业基础更为扎实、教学水平更高的专业化研究型的师资队伍,学校本着“广源融汇　阳光成长”的办学理念,以“办一所有生命活力的学校”为办学目标,以尊重为教育前提,以科学精神为先导,以“倾于育 精于研 笃于导”的严谨教风为督促,根据现代整合的教育理念,科学整合校内校外教育资源,依托课程建设工程,开展了“青蓝工作坊”全员培训活动,促进形成了“切问乐学 约礼乐群”的学习氛围,开发实施了丰富多彩的校本培训课程,凝练了较为厚重的学校精神文化。

三　实施做法

(一) 符号意识

精神文化是构成学校发展的重要因素,凝聚学校精神文化系统能有效地激发教师的无限潜能与兴趣。广源学校的教风为倾于育,精于研,笃于导。如果将其生硬地置于墙上,呆板地印在纸上,僵硬地说在嘴上,这样的教风将不会对教师的学习与发展产生积极的影响作用。广源学校在育人教学的每一个环节上,不断强化解读与印证这样的教风,教师们也会自发地不断践行并赋予其更丰厚的内涵:其一,“倾于育”,倾心于育,严慈相济,爱润无痕;其二,“精于研”,精进于研,业精于勤,专业发展;其三,“笃于导”,笃履于导,行胜于言,不懈善导。这样的探索与实践,沉淀出了广源学校的教师发展目标:励于精业,协于共进,臻于幸福(工作坊团队总结)。这样的教师发展目标,意义深远。其一,教师个体勤勉,与时俱进,励己精业,指广源教师的敬业精神;其二,教师群体协同,互补互助,携手共进,指广源教师家庭温暖般的团结作风;其三,教师各美其美,美美与共,臻于幸福,指广源教师追求的职业尊严与幸福。这样的文化沉淀与熏陶,让教师从内心产生了对学校的认同感。良好的氛围、温馨的氛围、进取的氛围让培训与成长“从心开始”。

(二) 媒介依托

教师专业发展需要不断创新的平台及成长机制。在实践中,课程建设是教师培训更有效也更为实际的一个平台。教师是学校课程建构的中坚力量,也是课程实施的执行力量,广源学校将教师的专业发展与学校的课程建设有效整合,通过提升教师的课程开发意识和能力,使教师的专业能力在课程实践中得到提升,这已成为学校前行的新的生长点、发展点。在具体实施中,学校基于存在的问题,结合解决问题的思想,提出了适合本校地域、学情的课程建设。在国家教育部门要求的基本课程目标、内容、总时间不变的前提下,学校对教材进行重组和优化,以国家课程为主体,通过融合、增补、重组,形成以自主性、体验性、开放性、生成性为主要特征的模块课程实施教学。原本的音乐、美术、体育等学科进行特色优化,整合为艺术与积极探索平行、整合、拓展三种课程模块。所谓平行模式,即开设国家课程,满足学生的基本需求,达到基本要求,同时开设与之有关联的文化课程。整合模式,区分为学科内整合与学科外整合,如通过语文教材介绍民族的特殊人物、优秀故事、经典传奇、节日习俗等。拓展模式,即对已有知识进行更深一步的拓展,以实践的方式对其加以拓展和巩固。这样的课程建设平台促进了学校对教师队伍的培训在内容与方式上的改变与创新。在这样的课程建设平台的依托下,学校办学特色愈加明显,教师的专业素养不断有效提升,办学成果陆续在镇、市、省甚至全国的各级平台得到展示与宣传。

(三) 细节处理

团队的培训学习建设要结合教师特点,针对教师群体,广源学校将工作坊教师的学习活动方式设定为:群体活动+分组活动+个人研修。在群体活动中定时开展读书活动、基本功训练、听课评课等固定培训活动,如每周一次粉笔字展示,每周一次的集中听评课反馈,两周一次的论文随笔鉴赏,每月一次的文学、教育教学书籍推介等。在分组活动中,开展好书分享,其中内容以主要梗概、谈内心感受、精彩片断、自己阅读收获、推荐理由等形式展开。组内也定期交流,每个老师结合教学实际,针对书中任两个关键问题谈读后感。这样的坚持很快见到成效,老师们在明确学科教学关键问题内涵的基础上,既全面系统梳理、提炼中小学各学段、各学科教学关键问题,又提供指向问题解决的实践指导策略,开发与引导指导策略相对应的文本教学案例资源,对学校课程建设工作又是极大的推进。理论结合教学上的实际应用,也提高了教师实施课堂教学和开展课题研究的能力和水平。组内电影赏析分享会,观看奥斯卡经典电影,以文艺片为主,看后大家以豆瓣影评的方式,每人选择一个角度发表观点,小组成员就某个有共鸣的话题现场探讨,提升了教师视野。个人研修主要是针对教师的个人兴趣与特长开展,学校提供充足的资源保障,教师自主学习选择。对于喜欢书法绘画项目的教师,学校聘请省书画家每周进行定时培训,有针对性的弥补提升。主持与演讲是以诗朗诵或经典散文演讲为主,电视台的播音员每周与组员之间相互取经,突破相互短板。教师个人阅读的书籍在达到真正阅读的条件下全部由学校负责买单,仅教师个人阅读书籍支出一项,每年学校就要支出 20 万元以上。在具体的项目中,广源学校的管理者以教师为中心,注重引导教师积极主动参与学习,这样的环境学习氛围提升,学校教师教学主张和风格逐渐呈现与成熟,每个人都能成为学校发展的中坚力量,实现了学校教学质量的全面提升,提升了学校的软实力。

(四) 整合调整

教师的日常工作多,我们不能总对教师做加法,整合与调整的策略在广源学校的教师培训学习活动中时时贯穿。在学习与研究的过程中,学校始终把握大的方向,即课程研究与课题研究结合,课程研究与教研整合,课程研究与教师队伍培养整合。以任务为驱动,既促进任课教师对课堂教学的思考,又实现了对教学资源的积累。学校建立了教情、学情通报制,定期在教师会议上及时分析课程建设和教学实施情况,推广好的做法,纠正存在的问题。学校工作以核心素养培养为导向、课程建设为中心、以提高教学质量为核心。广源学校建立的这种定期检查和随时抽查结合的工作问责制,不再是行政管理上的教师的负担,而成为备受教师欢迎的个人成长推进剂。在工作之余开展每月一次的户外活动,徒步、爬山、踩自行车等,让工作与生活紧密结合,真正让广源学校的老师感受到工作即生活,生活即工作。

四　收获的喜悦

虽然广源学校是民办学校,但在这样的氛围中,教师几乎没有怎样的流动,所有的教师在专业领域中均有不同的建树。教师的专业能力提升,也必然会推进学生的有效成长,如学校的合唱团,目光已不再局限于省市,在成都进行的由中国合唱协会主办的“相约天府成都 · 唱响新时代”2019 年第十届中国魅力校园合唱节比赛,广源学校小杜鹃合唱团荣获小学组一等奖。众多的社团活动，如管乐队、自行车、网球、冰壶、乒乓球、篮球、足球、围棋、国际跳棋、国际象棋等六十几个社团均在省市取得优异的成绩。广源师生在省、市、镇各类比赛中，成绩均名列前茅，每年的学生五、六年级市级统测，学校均保持第一名的优势，学校的毕业生也依然保持着在六年来每年都有清华北大生的荣耀。

（本案例由广东省中山市小榄广源学校青蓝工作坊负责人刘金凤研究完成）

第六节　县域乡村教师有效培训之宁乡实践探索

本课题主研单位是湖南省宁乡市教师进修学校。湖南省宁乡市位于湖南省中部，隶属长沙市，经济发展水平居湖南省第三位，是湖南省首批教育强县。宁乡市（2019年）现有中小学生170 000余名，在职中小学教师8757人，其中农村中小学教师6 721人，2015年成为湖南省首批国培项目县。几年来，宁乡努力探寻国、省、市、县四级培训的基本路径，寻求县域乡村教师的专业发展道路，在课题研究的同时促进乡村教师有效培训实践方面积累了丰富的经验，为县域乡村教师的培训活动开展提供了范式。

一　宁乡市乡村教师培训管理

（一）加强组织领导

1. 做好顶层设计

宁乡各级党委政府从全局和战略高度，充分认识农村教育改革发展的重要意义，及时解决教育改革发展中存在的问题，加强对农村教师培训工作的领导，定期研究乡村教师培训工作，保证在经济社会发展规划中优先安排教育事业发展、财政资金优先保障农村教师队伍建设投入、公共资源优先满足教育发展需求。落实政府部门教育工作职责，按照政府部门分工，重点明确财政、人事、编制、国土、规划、建设等部门支持农村教师培训工作的总体要求和年度任务。

下好“书记抓、抓书记”的乡村教师队伍建设的“先手棋”。明确县乡镇村四级党政主要负责同志关心乡村教育、关注教师培训、关心乡村教师成长。设立党委专职副书记主抓教育及教师培训工作，做好顶层设计，分级分层分片区主抓乡村教师培训。宁乡市建构“金字塔”式组织管理体系，以县委副书记—乡镇党委副书记—村党委副书记为主要负责人，协同宁乡市教育局主管领导做好乡村教师有效培训的“金字塔”顶层设计，将乡村教师的培训落实情况纳入党政班子的年末述职材料，将乡村教师培训考核结果纳入单位及个人的考核评价，在培训提高乡村教师的思想政治素质、专业素养两方面发力，找准关键点，因地制宜，对症下药。

2. 政策保障一体化

乡村教师培训离不开政策保障。在乡村教师培训政策引领下，乡村教师培训坚持“服务到农村、送培到课堂、指导到现场、支持到校本”的内涵发展思路，坚持“送培团队高要求、团队成员高水准、团队构成多元化”的培训定位，建立完善的政策保障和支持服务体系，组建了高规格的乡村教师送培团队，以高水平的培训提升乡村教师的教育教学能力。

为贯彻落实《教育部办公厅财政部办公厅关于做好2017年中小学幼儿园教师国家级培训计划实施工作的通知》《国务院办公厅关于印发乡村教师支持计划（2015—2020年）的通知》（国办发〔2015〕43号）、《湖南省乡村教师支持计划（2015—2020年）实施办法》（湘政办发〔2015〕114号）和《长沙市乡村教师支持计划（2016—2020年）实施细则》（长政办发〔2016〕35号）要求，推进城乡教育均衡发展，加强乡村教师队伍建设，宁乡县委、县政府先后出台《宁乡县乡村教师支持计划（2016—2020年）实施细则》《关于加强全县乡村学校教师培训的通知》《宁乡市加强教育人才队伍建设实施办法》，创新实施乡村教师培训项目，促进县域乡村教师培训运行的常态化。

3. 完善工作机制

在宁乡县委、县政府的统一领导下，按照《宁乡教育第十三个五年发展规划（2016—2020年）》要求，明确责任要求和工作进度。教育行政部门负责第十三个五年发展规划的组织协调与实施，各有关部门积极配合，完善配套政策，扎实做好责任范围内工作，把推进农村教育事业科学发展，特别是将乡村教师培训作为各级党委和政府政绩考核的重要内容，适时组织开展各项政策措施落实情况评估。落实区域内初中、小学、幼儿园教师，以及学校各类行政管理人员全员培训的主体责任，有计划、有步骤地完成各项培训任务；组织乡村教师、校长（园长）完成五年一周期360学时的在职培训任务，“国培计划”“省培计划”“市培计划”指标在90%以上；支持乡村教师与乡村校长培训，鼓励乡村教师在职学习深造，提高乡村教师的学历层次。

（二）构建三级培训服务体系

宁乡建立了省、县、校的三级培训服务体系，明确国培、县培、校本培训的定位，以国培示范引领，县级培训统筹整合，校本培训有效接地。在一体化设计思路下，科学布局三级培训项目，增强乡村教师培训的实效。

1. 国培项目一体化设计，发挥示范引领作用

借力高校教授和省内外优秀名师的力量，以置换脱产培训育苗子。置换一批名师工作室的首席名师、核心名师和学科骨干教师参与研修，培育研修团队，通过送教下乡培训、网络研修和校本研修整合培训、教师工作坊研修等方式，为全面提升乡村教师能力素质提供人力保障。

依托教师研修工作坊、专职教师培训机构和湖南省中小学教师发展网络研修平台，以工作坊研修、网络研修与校本研修等研修模式带动教师积极参培。遴选学科骨干教师，由坊主组建学习共同体，采用师徒相授和混合学习的模式，打造一批学科研修的师傅，培育一批覆盖县域内各所学校的研修之星，探索信息技术支撑下区域联合共享共研的常态化研修路子。以送教下乡项目创模子，探索有效的培训形式和组织模式，着力提升参训教师的课堂教学能力，形成一批乡村教师校本研修的骨干力量和校本研修示范学校。借鉴省内外优秀学校的校本研修经验，以乡村教师访名校播种子，学员遴选三年内覆盖全县各学区，拓宽乡村教师教育视野，为乡村学校校本研修注入活力。以乡村校园长培训为契机，遴选示范基地校园长，提升其办学理念和思想。发挥各级培训的杠杆效应，推动校本教研新常态开展。

2. 县级培训项目结构化整合，切实提高培训实效

结构化整合包括三个维度：一个是年度项目安排有全局性思考。时间上县培项目集中在上半年和暑期，内容上以学科及通识研修为主体，兼顾专兼职培训者培训，给

国培项目的实施提供人力保障。下半年则集中力量做“国培”,均衡年度培训任务,化解工学矛盾。地域上整体布局,科学分解板块,合理布局基地校园,注重区域内均衡发展。二是周期培训项目规划有递进式思考。项目周期安排上,以“国培”为引领,县培为主导,三年内分层分级实现县域内教师培训的全科、全员全覆盖。项目实施质量上,实现数量到质量再到双增量的转变,项目实施精细化、简约化,注重研修品质的提升和区域性辅导团队的形成,为后续阶段培训实现数量增加和质量增长的双增提升打下坚实基础。三是各项目和项目间的组织实施、服务指导、发展管理等有整合性。形成结构化的“训、管、评”体制机制,即区域全员培训的规划设计、组织实施、服务指导、发展管理,有效整合教、研、训的本土资源、外来资源。指导学区和学校做有序、有用的校本研修。年初制订研修规范方案;年中管理和督查学校开展校本研修,推荐优秀成果;年末组织沉淀优质资源、总结研修等活动。

3. 校本培训主体序列化生长,激发主体成长能量

通过国培、县培项目的一体化、结构化的设计,形成区域有培训团队、学校有研修师傅、学科有研修种子的格局。在示范性校本研修基地校的带动引领下,在校园长的杠杆效应下,在网络研修平台的支撑下,打造校本培训的生态化环境。在国培的引导下,校本教研日常的集体备课、观课议课、课例研修等形式实现由点到面序列化生长,形成区域联合共享共研的校本研修的新路子,迸发研修主体成长的力量,增强培训实效。

为了进一步促进校本研修研真问题、做真培训,2017 年组织县内 10 个学区的 19 所基地学校,现场“亮剑”展示各自优势申报“宁乡县首批县级教师培训基地学校”。教师进修学校组织专家评审团对各校的竞争实力、展示效果进行现场评分并组织专家团队对初选出的学校进行实地调查,检验基地学校硬件建设和师资团队力量,以及过去三年积累的校本研修经验和成效,遴选了 12 所基地校,教育局发文并授牌。基地学校承担五项职能: 区域培训需求精准调研,本区域教学质量短板的学科培训,协助进修校组织的观摩、比武、送教等活动,给区域内学校提供好学好用的资源和校本研修方法,创新紧跟时代、适应本土的培训方式。

(三) 教师培训专业队伍建设

培训团队是培训质量的最关键因素。宁乡以国培项目县建设为契机,经过遴选、

培训使用、评价,培养了一支专兼结合、专业配套、学养精深、敬业执着、数量足够的培训团队。

1. 专职培训队伍建设

专业人才的培养上采取“四动策略”,确保人才培训的“阶段化推进”和“序列化提升”。

(1) 目标带动。构建了县域内专职培训者专业发展的两个目标体系。即“五阶专业发展体系”和““五能专业成长要求”。见表7-2、表7-3。

表7-2 专职培训者五阶专业发展体系

台阶序号	专业台阶	专业水准
第一台阶	成为合格的培训执行者	能够在一个培训项目里,执行项目负责人设计的培训流程
第二台阶	成为优秀的培训执行者	能够在一个培训项目里,创造性执行项目负责人设计的培训流程
第三台阶	成为某个培训流程设计者	能够独立自主设计某个培训项目中,一个或者多个环节的步骤流程
第四台阶	成为某个培训项目设计者	能够独立自主设计一个培训项目所有环节的步骤流程并开发相应工具
第五台阶	设计\组织实施一体化实践者	独立设计、组织实施一个完整的培训项目,科学把握训前训中训后的工作要点,善于总结提升,形成自己的培训风格

表7-3 专职培训者五能专业成长要求

目标序号	目标角色	专业水准
1	能直接进入课堂,以身示范	能上课
2	能在教学现场,进行教学指导	能指导
3	能总结提炼,开展课题研究	能研究
4	能协调各方,撰写活动组织文案	能策划
5	能根据实际需要,开发培训资源	能开发

(2) 项目驱动。全面实行“项目责任制”,项目负责人筹建项目组,项目组独立设计方案、组织实施、培训检测。学校采用系统管理的方法,对项目管理团队进行全程的动态管理,确保培训质量。

(3) 机制促动。在原有模式基础上,新建宁乡进修教职工素养提升“三个一”工程(上一堂课,做一个讲座,带一个项目)、“ABC 角”游学分享制、宁乡进修教职工成长“导师制”等工作机制。

(4) 科研拉动。近几年,我们承担了湖南省规划课题“基于高效课堂的教师自我教育策略研究”,国家社科基金“十三五”规划课题“县域乡村教师有效培训研究”。研培一体,研训一体,提升教师的科研能力。

2. 兼职培训队伍培养

为有效聚合本土教育资源,强化宁乡名师的“放大效应”,自 2015 年开始,宁乡把县内 28 个“名师工作室”的主持人和核心成员聘请为兼职培训者,实现了兼职培训者队伍对学科、学段、学区的全覆盖。连续 3 年,已落实农村教师培训经费 1 200 万元。加大名师培养力度,建立健全名师工作室管理制度,发挥名师工作室的示范引领作用。县人民政府保障名师工作室的活动经费,每年支持每个名师工作室不少于 5 万元。做好市级农村中小学名师工作站建设工作。待条件成熟时,在乡村学校建立一定数量的县级名师工作站。

(1) 建发展平台

第一,管理上给足政策。宁乡市人民政府出台文件规定了名师及团队的工作量计算方法、工作经费分配方案,让名师有足够的时间做该做的事、想做的事。评优倾斜:对年度评优的首席和核心团队成员直接定为年度绩效考核优秀。正高级、特级教师的评选及高端研修项目限在首席名师和核心团队成员中产生。

第二,发展上给足平台。除了工作室带团队研修活动,工作室承办县级重大教育活动,如语文工作室承办县级爱阅读、善思考竞赛、学生语文素养大赛和诗词大会、音乐工作室承办戏曲进校园、戏曲进社区大赛、合唱比赛。阅读推广名师工作室举办全民阅读活动,未成年人思想道德建设(少先队)工作室组织全县学生号鼓队演奏比赛等,打通课堂与课外的通道,弥补了一线教师领导力、组织力的不足,教师在活动中历练了组织能力、协调能力。

第三,专业上给足支持。组织名师团队赴北京、上海、广州、深圳及江浙教育发达地区考察,到清华大学、北京大学、北京师范大学、华东师范大学、华中师范大学等高校学习,拓宽视野,提升综合素质。2017 年起,启动卓越教师系列培训,有计划地分学科组织专业培训,增强兼职培训者的专业知识和学科教学能力。2019 年遴选 100 名卓越教师参加三年滚动培训。

（2）促研究能力

研究能力决定兼职培训者的高度，名师工作室从四个方面提升研究能力。

一是确定一个“看得见”的研究方向。确定一个主攻方向，然后一直往这个方向努力。县域研修的大方向是面向未来立德树人，用现实生活或未来的场景启动真正意义的学习。工作室从以下角度确定研究方向：课堂教学——学习者为中心的深度学习、课程意义——提升学生的能力与素养、学生评价——全面发展加个性彰显。研究主题一经选定三年基本不改，每年末组织一次学术报告，三年一次研修成果总结汇报。

二是制订一个“走得远”的研究规划。坚持做行动研究，不敷衍，坚持研究教育教学的某一个领域，有自己学科教学的思想理念，不偏移。贴自己的标签，坚持做原创开发，不抄袭。

三是培育一种“聚得拢”的团队文化。开展“1010100”活动，即精读 10 本书，研磨 10 堂课，共享 100 个学科教学案例，线上交流，线下研磨，实现时空、情感、视野的融合。

四是凝练一批“因室制宜”的成果。根据团队成员的起点和团队的规划，选择以下两种发展方向。一是叙事式。向关键事件学习，向自身经历学习，共写故事，在实践中提练故事，在整理故事中归纳方法和理念。二是课程式。向他人学习，向课程中的自己学习，学做面向学生自主学习和教师专业发展的课程。通过成果凝练，工作室逐步建立自己的思想理论、内容体系和行动策略，形成能够复制、借鉴和模仿的优秀教学经验，辐射与引领本学科领域教师的发展。

（四）教师培训管理机制建设

1. 规范教师培训制度

宁乡市成立了教师培训工作领导小组，制订培训工作计划，组织培训工作考核。明确各方职责：市教育局领导教师培训工作，对培训进行顶层设计，负责组织考核评价。市教师进修学校联合教研室、仪器电教站开展信息技术培训、师德培训、学科教师培训、班主任培训、学校管理者培训，研培一体。学校根据教师分层发展需求组织校本研修。全市以 5 所省级教师培训基地校、1 所省级师德全员培训试点校、12 所县级校本研修示范校为龙头，积累校本研修的经验，激发校本研修活力。加强乡村教师培训基地学校建设，形成宁乡良好的“培训生态圈”。宁乡遴选了玉潭实验小学、花明楼镇花明楼中学、老粮仓中学、沙田五里堆中学等 12 所中小学校作为县级教师培训基地学校,并制定详细的教师培训基地学校考核细则和管理制度。

为规范培训管理,制定《教师培训项目管理规程》和《培训考核管理办法》,规范培训管理;制定《宁乡市中小学校本研修指导意见》,研制《校本研修手册》和新教师《校本研修实践手册》,规范校本研修管理;制定《培训学员考核评价办法》《培训团队考核评价表》,编印《送教下乡项目管理手册》,落实培训过程管理。

2. 构建有效的教师培训激励机制

通过教师学分银行、教师资格证注册、职称职级评定等措施,激发教师参与培训的积极性。通过卓越教师、骨干教师、名师工作室等名优教师队伍建设,以及名师展台、优秀教师故事巡讲、青年教师技能比武等活动,搭建县域教师展示的大舞台,激发教师自我专业成长的内驱力。

3. 足额的培训经费保障机制

落实经费投入。建立健全教育经费投入长效机制,进一步发挥政府在乡村教师培训投入的主体作用,落实农村教育投入法定政策要求,不断加大各级各类教育经费保障力度,健全和完善乡村教师培训政策体系,完善教育培训经费监管体系,严格执行国家财政管理法律法规和财经纪律,建立健全乡村教师培训经费管理规章制度,健全财务会计和资产管理制度,加强预算管理,推进预算公开。宁乡加大教师培训经费投入,县人民政府按照不低于全县所属幼儿园、中小学、中职学校教职工工资总额(含绩效工资)的2%安排培训经费,并逐步提高。乡村学校按不低于年度公用经费预算总额的8%安排师训经费,确保培训工作顺利开展。宁乡各级财政部门落实保障责任,加大财政支持力度,提升资金使用的规范性,为农村教师队伍建设,特别是教师培训工作发挥了有力的组织堡垒作用。同时,作为教育大县,宁乡坚持教育事业发展"投入优先保障、资源优先配置"的原则,加强农村教育投入,在农村教师队伍培训方面加大资金投入,确保农村教师培训无忧。

足额预算。县每年财政配备920万元用于教师培训专项经费。国培项目不足部分全额从县级师训经费中列支。按照1∶1比例配套经费,支持国培项目的实施。

规范使用。制定《宁乡市教师培训经费使用管理办法》,按照湖南省教师发展中心、省财政厅、市财政局的要求,国培经费用于专家讲课、学习资料购买、食宿、茶水费、场地租赁、交通补助等专项专用,进入专账。

加强督查。教育局审计科对经费使用情况进行一年一审,教师进修学校经费使用审计组每年两次审计并通报审查情况。

4. 严格项目管理机制

宁乡教师培训采取项目制，每个项目配备首席专家1名，项目负责人1名，项目助理、班主任各1名，后勤协助2名，共同实施项目管理，对项目实施前、项目实施过程及项目实施后的工作做了明确要求（见表7－4、表7－5），训后跟踪指导流程见图7－15。

表7－4 宁乡市教师培训项目管理单

人员配备
1. 首席专家： 2. 项目负责人： 3. 项目助理： 4. 班主任： 5. 后勤协助：

表7－5 培训前工作流程

序号	工作内容	工 作 要 求	负责人	完成日期
1	联系学员	1. 报到前短信问候（表示欢迎；培训时间与地点；外地学员班级约定接站时间；提醒注意事项等） 2. 后勤安排住宿，各班学员住宿楼层和房间相对集中 3. 学员报到异常情况反馈		
2	学员住宿安排与生活、学习用品准备及学员手册准备	1. 场地联系、餐饮及住宿安排 2. 项目所需大件物品列表、采购 3. 会场布置 4. 编辑制作学员手册，专家介绍栏内容需审查 5. 学员手册、专家名牌、学员证、相关证书、报到单、海报打印		
3	建立学员qq群、微信群，在群里发布通知，摄影摄像	1. 收回问卷后进行统计写出调研报告 2. 学员来校时能叫出80%以上学员名字 3. 收集学员照片，每位学员一条学习寄语 4. 制作学员照片墙 5. 通知、收集和整理学员课前分享材料 6. 建立项目微信群、策划微信互动活动 7. 在学员群进行“每日分享” 8. 培训全程摄像并管理留存照片 9. 专家满意度测评链接发放 10. 通知报到时间、地点、餐桌号、住宿房间号		

续　表

序号	工作内容	工 作 要 求	负责人	完成日期
4	报到准备及报到	1. 提前一天查看报到场地布置 2. 接待人员至少提前半天到位		
5	短片制作 (开班前)	1. 开班前准备视频脚本及内容指导、开班短篇制作。注意考虑以下素材： 介绍学员来源地,有学员照片及短视频 介绍管理团队成员 热情洋溢的欢迎词 2. 项目管理团队合影 3. 选3—5名学员代表小视频(30秒/人)		
		培训中工作流程		
6	开班典礼准备、课程专家聘请和接送	1. 确定出席开班典礼领导,列出领导、专家接送时间表、接送外地专家 2. 会场布置、会议资料准备 3. 开班典礼上介绍课程设置及安排 4. 开班典礼上介绍培训项目的管理工作安排 5. 专家聘请、专家课酬事宜		
7	破冰	1. 破冰活动设计及组织 2. 破冰活动摄像并留存管理 3. 课程众筹、学习小组建设		
8	学员课前分享与主持	1. 遴选学员参与同题异构或晨、午、晚课程分享 2. 按课程推荐学员主持人,主持演练 3. 课前分享与主持稿提前1天审阅		
9	课间互动活动策划组织	1. 策划和组织课间互动活动 2. 准备课间操视频多个		
10	组织每日反刍并展示各组反刍思维导图	1. 学到了哪些内容 2. 哪些内容令我印象深刻 3. 这些内容对我有什么意义 4. 我的哪些经历与之相关 5. 我将如何学以致用		
11	学员观摩校、园联系	1. 学员观摩流程全程安排 2. 拟定并寄送观摩单位工作联系函 3. 提前联系观摩园单位、踩点 4. 联系接送车辆 5. 随车人员安排 6. 拍照留影		
12	学员座谈会组织	1. 列出座谈提纲 2. 组织座谈会议,做好记录		

续 表

序号	工作内容	工 作 要 求	负责人	完成日期
13	考勤管理	考勤表制作及考勤管理		
14	学员意见反馈	班主任在培训中及时收集学员意见，并向项目负责人反馈		
15	生成性资源提供	1. 学员作业确定 2. 专家教学案例及讨论案例上传群共享 3. 资料刻盘		
16	群共享 资料上传	上传材料：学员作业要求、观摩研讨提纲、分享案例（分批上传）、简报、开班及结业典礼总结视频、专家教学案例及讨论案例等		
17	网络平台建设	数字资源，如网络课程、案例、微课程收集与挂网		
18	学习简报制作	至少1期学习简报编辑与审查		
19	组织学员文娱活动	1. 活动策划 2. 活动组织		
20	组织学员进行研修复盘	1. 组织回顾学习目标 2. 学员自我评估结果 3. 分析原因 4. 总结经验		
21	结业准备	1. 整理、核对学员结业信息 2. 打印结业证书 3. 评优工作		
22	结业典礼	1. 结业典礼短片制作 2. 落实参加会议人员 3. 会务材料准备		
		培训结束后工作流程		
23	道别	发送道别信息及到家确认短信		
24	训后研修计划	收集学员训后研修计划		
25	训后指导组织	1. 研讨主题及专家确定 2. 研修时间确定、通知学员、组织研修		
26	资料汇总、归档、上报	项目资料汇总、归档		
27	项目复盘	项目组会议，向主管领导汇报：目标合理性、结果达成度、原因分析、经验总结。提交项目小结报告		
28	学员回访、训后跟踪	学员回访工作安排		

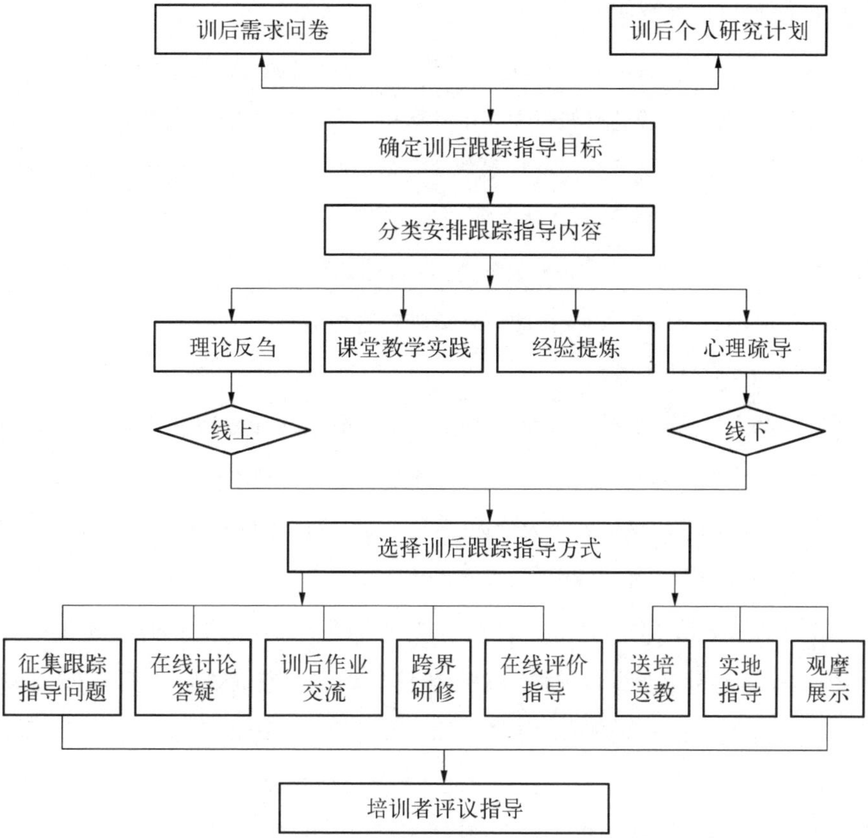

图7－15　训后跟踪指导流程

二　宁乡市乡村教师培训项目实施

（一）国培项目实施

宁乡承担的针对本县教师的国培项目有三类：送教下乡培训、教师工作坊培训、网路研修与校本研修相结合培训。针对不同项目的设计意图采用不同策略，探索了三种不同的实施模式。

1. 导师制送教下乡

导师制是在培训过程中以制度的形式要求专业教师或科研人员对学员进行的引领和帮助，指导教师转变教育教学观念，改变教学行为。在组织送教下乡培训的过程中，发挥导师的组织、指导、引领作用。

(1) 组建团队、明确职责

在送教下乡过程中,市教育局、进修学校组建专家团队,专家团队按 335x 配比,即每个学科 3 个学科专家(高校教授和省市教研员)、3 个管理人员(进修校领导 1 人,项目负责人 1 人,项目班主任 1 人)、5x 是每 5 个学员配备一个一线名师作导师形成导师团队。导师团队的组建由学科首席名师牵头,聘任业务过硬、经验丰富、能调动资源的名师为组长,组长自主组建导师小组。通过项目启动会、学员动员会、专家研讨会、校本落实会等明确导师职责,达成送教下乡培训各阶段的目标。

(2) 诊断问题、明确方向

导师团队实行从全员课堂诊断—区域诊断—园校诊断的三级联动问题诊断,明确送教下乡的工作方向。具体步骤是:其一,课堂诊断。导师团队参与全县年初进行的全员听课评课活动。以课堂教学为阵地,分学科、分学段进行调研,主要了解一线教师教育教学中的真实问题和实际困惑,基本形成覆盖全学科、全学段的大数据。其二,区域诊断。深入各园校了解需求,着重梳理区域性问题,就学科热点问题、难点问题、共性问题深入调研,形成学科培训需求和园校培训需求的准确数据。其三,园校诊断。在前面两组大数据基础上,项目组组织专家和导师团队对送教点就区域重点问题和学员情况诊断调研,了解学员原有经验,帮助学员找准教育教学能力的短板,形成学员研修重点和个性需求的精确数据。导师走进所带 5 个学员的课堂了解其教学起点、教育思想、工作态度,签定研修协议。通过层层问诊,找准参培教师教育教学工作中的痛点和难点,并发现学员参与研修的动点,为培训的实施提供精准施策点,从而提高培训的针对性和有效性。

(3) 组织实施、有效指导

在送教下乡六环节的实施中,导师发挥了陪伴、引领、指导、评价的作用,同时也作为学习者、实践者在培训过程中水平得到提高,特别是在示范教学、研课磨课、成果展示、训后跟踪反馈阶段彰显了导师制的成效。

① 示范教学

示范教学是导师充分发挥引领作用的重要环节。导师既承担典型课例示范、课堂点评和微讲座,又帮助学员准确理解本次送教下乡培训的主题,掌握实现研修目标的策略、方法,实现专业引领。完成以下六个任务:解读主题—研制观课工具—参与课堂观摩—组织小组讨论—形成共同认识—设计研课磨课课例。在示范教学过程中,导师通过引领学员对照观课议课表，记录所见所闻，理解示范课例在主题下的核心意义，并参与小组讨论，让组员的观察和讨论更聚焦主题，使学员由观摩者变成主动探求者。

② 研课磨课

在研磨课环节，导师先行备课试讲，和学员共同备课，组织小组同课异构，课后研讨和个别指导，与学员同台上再生课。在此过程中，通过开发课例观察量表、六顶帽子教研、找差距的七大方法、问题树、对策树、研究成果收集整理表等方法，使研修活动聚焦主题和问题解决，过程更加严谨科学，也为学校校本研修的实施提供了工具和基本范式，发挥国培对校本研修的指导带动作用。

③ 成果展示

"晒学习、晒过程、晒成果"的成果展示环节是超越自我之后学员的登场展示。学员展示说课、上课、评课，开展微案例、微课例、微故事比赛等。成果展示既是检验和提升前两个培训环节的成效，也是收集整理提炼研修成果充实资源课的过程，更是提振乡村教师教学自信的有效方式。导师团队成员发挥名校名师资源优势，对学员进行精细指导和磨炼，深化成果转化的力度。导师对所有学员成果进行整理提升，评选优秀案例、教育故事、教学设计、教学实录、一课三磨案例等，结集印刷或电子稿打包发给学员和学员所在学校，支持校本研修和县域其他项目的培训开展。

④ 训后跟踪、延伸成效

训后跟踪促进培训成果落地生根。训后跟踪有导师训后回访、网络跟踪，进修学校校本指导、片区交流等多种方式，其中我市每年组织贯穿全年到校视导活动，抽查每所学校的课堂教学，对培训进行有效反馈，促使学员学以致用。导师对所负责的学员每人提供一份训后跟踪记录单，包含对听课的诊断和后一阶段自我研修建议，建立长期的结对指导关系，使教师专业成长有持续性的引导与帮助。

2. 教师工作坊培训模式见第四章"乡村教师培训的方式与模式"第二节"县域乡村教师培训模式"。

3. 网络研修与校本研修相结合培训

我们积极探索网络研修与校本研修整合培训，在需求调研、培训课程、专家团队、培训方式、文化建设、考核评价、跟踪指导等多个环节上凝练了网络研修与校本研修相结合的"123"模式。见图 7－16。

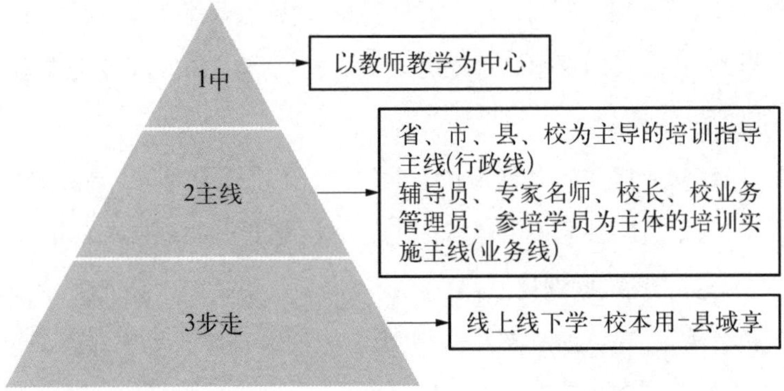

图7－16　宁乡网络研修与校本研修“123”培训模式

“1”是指1个中心。网络研修与校本研修的整合培训最终落脚点和服务对象是以教师的教学为中心。网络研修和校本研修的路径都是以教育教学实践中所遇到的问题为立足点,从教师教学方式和学生学习方式的转变为切入点。教师网络研修通过理论学习、案例分析、课例视频、研修沙龙等方式探讨和解决教师教学存在的问题;校本研修通过各学员“实践—反思—再实践—再反思—再实践”、面对面的小组帮扶、经验交流、调查研究、问题解决、协作解决、教学咨询指导、说课听课评课等研修模式,不断更新教师观念,不断改善教学行为,不断提高教学效果,促进教师自我提升和学生发展。

“2”是指2条主线。第1条主线是以省、市、县、校为主导的培训指导主线,即行政线。第2条主线是以培训者、专家名师、校长、校业务管理员、参培学员为主体的培训实施主线,即业务线。两条线既有交汇点,又有平行路。网络研修与校本研修整合培训付诸行动需要省市—县教育局—县教师进修学校—乡镇基地校—各中小学校的层级指导与班级辅导员—县域名师—校长—校业务管理员(业务副校长、教研组长等)的教学实践互相配合。如图7－17、7－18所示。

长沙市教育局成立专门的领导小组,委托我县教师进修学校制订此次网络研修与校本研修整合培训项目的实施方案、做好培训者团队遴选及参培学员确定。各乡镇基地校负责上传下达各项任务,督促此次培训项目的实施。各中小学校紧密配合实施该培训项目工作,确保这条行政线主导作用的发挥。

“3”是指3步走法。积极贯彻实施国家意志和相关文件,按照线上线下学—校本用—县域享的步骤完成县域网络研修与校本研修整合培训。网络研修与校本整合研修主要是通过网络课程平台,辅导教师根据班级(项目)学习任务设置课程,为学员网

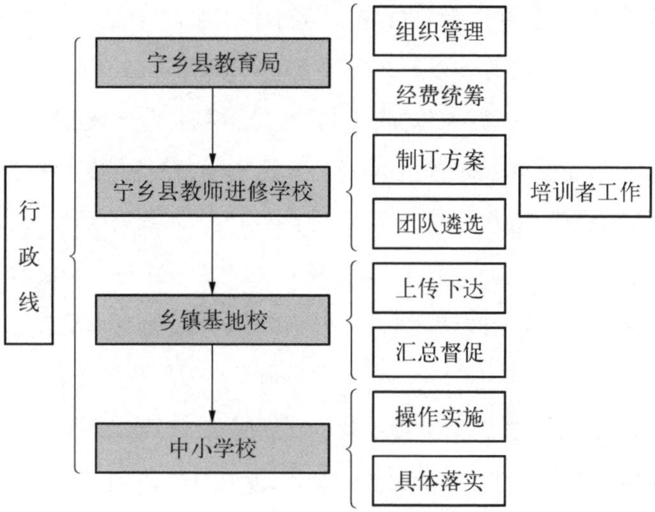

图 7-17　行政线路

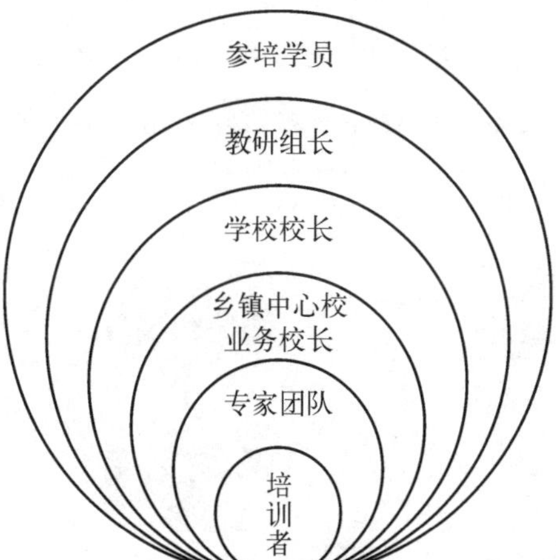

图 7-18　业务路线

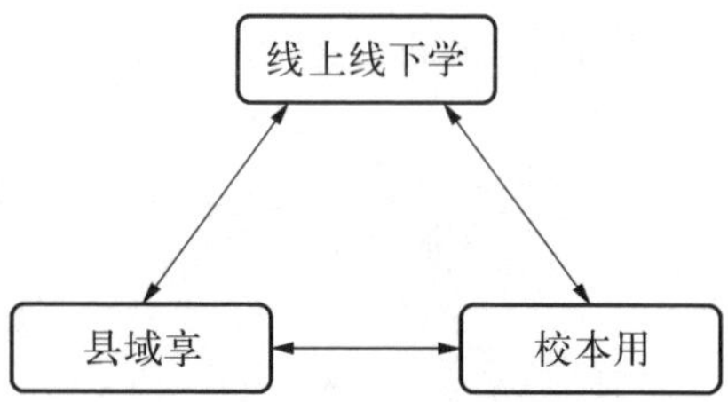

图 7-19　3 步走简易图

络课程研修提供支持。学员在课程专家的引领下，通过课程学习、问题讨论、案例分析、作业练习、成果展示等活动，完成网络课程研修任务。如图 7-19 所示。

第 1 步走：线上线下学。通过网络研修，各参培学员聚焦教学问题、创设情境，并在辅导老师及项目管理员的专业引领下进行网络学习，这是第 1 步走的“线上学”阶段。利用网络平台，结合网络研修成果，将其内化进行校本研修活动，这是第 1 步走的“线下学”阶段。创新网络研修与校本研修路径，解决校本研修中出现的“师”“校”“区”三大问题：(1) 解决教师共性问题。研修采用分层培训方法，以教龄和资质的不同，把教师分为新手教师、骨干教师、资深教师等层次进行培训,整合网络培训可解决校本研修过程中教师面临的不同教学问题。(2) 解决学校共性问题。研修采用区域培训方法,根据宁乡县地域特点及教学资源辐射度的差异,以“走班制”形式分学科、分地域进行研修。如以宁乡西部地区为例,开展龙田中心校、沙田中心校、巷子口中心校三大片区联合的校本研修活动,实现区域资源共享的优势。(3) 为解决城乡教学资源不均衡问题。创新实施网络研修与校本研修整合培训,借鉴“手拉手”服务项目,以城带乡进行研修活动。如城北中学梅花校区—大屯营镇初级中学、紫金中学—沙田中学的帮扶研修活动。

第 2 步走: 校本用。培训的目标在于学员通过学习解决学校课堂遇到的教学问题。因此,在第 1 步的基础上,县教师进修学校“趁热打铁”建立教师学习共同体,实现校本研修从课堂到课程再到课题的层次提升,促进教师在工作中学习、研究、发展的常态,即整合培训从研修到常态化的转变。

第 3 步走: 县域享。培训的最终落脚点是县域教师的整体发展水平的提高。网络研修与校本研修整合培训在第 1、2 步的基础上实现质的飞跃,即实现小片区—大范围—县域的教学资源共享,解决宁乡教师队伍建设中存在的教师教学能力不足的问题,提升宁乡教育的整体水平。3 步走具体实施见图 7-20。

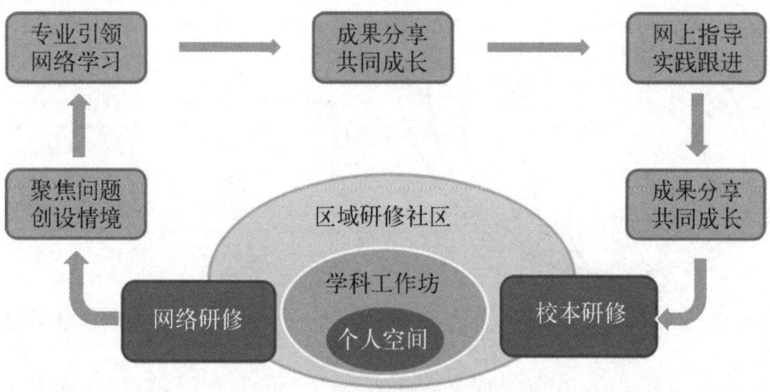

图 7-20　3 步走具体实施图

(二) 县级自主培训项目实施

1. 分层施培,增强全员培训的针对性

(1) 科学制定分层标准,分层分类设置培训项目

根据《教育部关于大力加强中小学教师培训工作的意见》精神,按照“统筹规划,

改革创新，按需施训，注重实效”的原则，在实践中，主要是按以下标准对教师进行分层分类。

一是根据乡村教师专业发展阶段分层分类。依据中小学教师专业发展阶段的相关理论，并通过对教师的相关测评和诊断结果，结合教师职称职级进行综合评价，我们将县域内乡村教师分为合格教师、成熟教师、骨干名师和卓越教师四个层级阶段。为了使教师的分层更加精确，让每一位老师定位当前阶段的发展需求，采用综合式的测评诊断让每一位老师准确定位。测评诊断依据《教师专业标准》制定科学的诊断工具和诊断标准，分别从教师的专业理念与师德、专业知识、专业能力和教育教学效果四个维度考查教师的水平和能力。具体做法是：对全员教师采用学科知识检测、课堂定级达标和职称职级水平等三个诊断工具进行检测和诊断，其中职称职级水平按照初级、中级、高级、正高以 2 分、3 分、5 分、5 分的成绩计入总分，最后将三项总分综合划等级，将县域内乡村教师划分为合格教师、成熟教师、骨干名师和卓越教师四个层级。见表 7－6。

表 7－6　教师测评诊断维度和分值设计

考查维度	专业理念与师德	专业知识	专业能力	
分值比例	5%	30%	15%	50%
诊断工具	问卷、访谈	学科知识检测	职称职级水平	课堂定级达标

二是基于乡村教师五年一周期 360 学时全员培训和实际工作岗位的需要，分类开展专项或专题培训。如，根据学科教师实际，进行乡村新任教师入职培训、乡村紧缺薄弱学科教师培训、国家统编“三科”教材培训等专题培训；根据乡村教师工作岗位需求，设置乡村适岗教师培训、乡村班主任培训、乡村学校大队辅导员培训、乡村学校校本研修指导教师研修、乡村教师一专多能培训、心理健康教育辅导员培训等专项培训；根据乡村教师的职业心态和乡村文化需求，开展中年教师“再成长”培训、资深教师心态建设培训、乡村教师地方文化史培训等主题培训。通过教师分层分类专项或专题培训，既满足乡村教师不同岗位的需求，也满足乡村教师不同职业心态和乡村文化需求，丰富了乡村教师培训的内容和形式，增强了乡村教师培训的针对性和实效性。

（2）网格化培训项目的实施内容、形式与路径，增强培训项目与层级需求的适切性

有了比较准确的教师分层，也就基本了解了各个层级教师的发展状况和培训需

求，为科学设计培训项目提供了依据。不同层级的教师培训目标、培训周期不同，在培训形式、培训内容和培训方式上也不一样。我们在进行项目设计时网格化定位各类各层培训的培训目标、培训内容、培训形式和培训路径，力求在培训中提高项目设计各要素与不同层级教师需求的适切性。

各层级教师的培训目标定位力求促使教师分阶段、递进式发展。合格教师培训，目标是助力青年教师规范教学行为、熟悉课程标准、提升教学基本功、增强课堂教学能力，发展为胜任课堂教学的合格教师。培训以 2 年为递进式研修周期，每年开展不少于 72 学分的培训。以教师专业标准、学科课程标准、教学基本功等为主要内容，采用“乡校结合”的培训路径，由乡镇片区规划设计、学校主体实施、县进修学校指导跟踪的形式展开全员合格教师培训。依托县级培训机构组织的送培团队、乡镇片区的学科骨干力量，整合学校校本研修，助力青年教师发展为合格教师。

成熟教师培训，目标是促进教师提炼教学策略，提升课堂教学能力和班级管理能力，形成成熟、稳定的教学风格，促进乡村教师由合格到胜任的发展。培训以学科课堂教学能力、班级管理能力、学科教研能力提升为主要内容，采取“县乡结合”的培训路径，以县域内组织的学科工作坊为龙头，组建县乡两级学科工作坊，以 2 年为递进式周期，每年开展不少于 72 学分的混合式研修。县进修学校根据乡镇片区的需要，组织专家团队采用送培上门与校本研修整合培训、名校跟岗培训等多种方式，助力乡村教师实现从合格到胜任的转变。

骨干教师培训，目标是增强教师教育情怀，提高学科教研能力，以学科教学能力提升为核心，促使乡村教师由胜任到名师的跨越。采用“市县结合”的培训路径，依托长沙市教师发展中心“市级骨干教师”培训项目的辐射引领作用，以县教师进修学校为主体，采取异地高端研修、“师徒相授”混合式研修、名校跟岗培训等多种方式，以 2 年为递进式研修周期，每年开展不少于 72 学分的骨干教师培训，打造学科骨干教师团队，并展开骨干引领全员的培训活动。

卓越教师培训，目标是培植乡村教育情怀、提升教育境界，着力培养一批具有鲜明教育思想和教学风格、能够引领基础教育改革发展的教育家型卓越教师。培训采用“国、省、市、县结合”的培训路径，分年分批遴选学员参加“国培计划”中的“卓越教师领航工程”和“市培计划”中的“英才工程”项目，采取深度学习、导师指导、工作坊研修、小组研磨、示范提升等形式，进行为期 3 年的在职连续培养，帮助参训教师进一步凝练教育风格、提升教育教学创新能力。

通过对各培训项目的培训目标、培训内容、培训形式和培训路径的网格化定位(如表7－7),增强了培训项目与个体需求的适切性,培训内容的针对性。

表7－7　乡村教师分层培训项目各要素的网格化

发展层次	培训内容	培训形式	培训路径
卓越教师	通识模块、乡村教育情怀、教育新思维、教育改革与创新能力	集中研修、工作坊、导师制、深度学习、合作研修等	国、省培五类培训项目、市培"英才工程"项目
骨干教师	通识模块、乡村教育情怀、教学技能、教学研究	异地集中研修、师徒相授分散+集中的工作坊研修、名校跟岗、导师带教等	市、县结合,县培主体
成熟教师	通识模块、教学策略、班级管理、课例研习、磨课研课	工作坊、送培上门与校本研修整合培训、名校跟岗实践等	县、乡结合
合格教师	通识模块、教学基本功、规范化教学、课程标准、教材分析等	集中培训+校本研修+阶段检测的学考评结合的三段式培训	乡、校结合

注:通识模块包含师德与以德育人、信息技术、乡土文化课程模块

(3)构建分层培训的课程体系,实现乡村教师个体需求到课程需求的转换

分层分类的培训策略,为各层级的教师找到了共同需求,为项目设置、目标定位、实施方式和实施路径找准了方向,明确了定位,为全员教师阶段性、系统性发展构建了框架。但在实践中发现,依据中小学《教师专业标准》,同一发展阶段的教师在专业理念与师德、专业知识、专业技能三个维度的发展并不相同;同一个教师在三个维度的发展中也并不平衡,相同发展阶段的乡村教师,对培训课程的需求也就不一样。所以,在培训课程设计中尝试建立分级的课程体系,力求在培训中实现乡村教师个体需求到课程需求的转换,提高培训课程与教师需求的适切性。

借鉴湖南省"信息技术应用能力提升工程"培训当中"诊断测评"的做法,在每一个培训项目开始前,对参训教师做训前诊断测评。诊断测评的前提是研制诊断工具,根据教育部组织研制的《中小学幼儿园教师培训课程指导标准》,组织项目专家团队根据各学科各领域的二级指标制定《能力级差表》,能力诊断以行为描述的方式为主,教师可以根据自己的实际情况,选择一种最贴近的行为描述,以此诊断自身的教学能力。教学能力诊断的结果分为四级,作为项目专家设计培训课程的依据,也是参训教

师选择培训课程的依据。

根据诊断测评的结果，采用两种形式使培训课程与教师个体需求匹配。一是用项目编班的形式，在周期性的学科培训项目中，将诊断测评能力级别不同的教师编入不同班级小班化教学，项目专家组根据不同的班级学员能力层次设计培训课程，最大限度地提高培训课程和学员需求的适切性。二是课程超市的形式，依托县域教师城域网和其他网研修平台构建区域性和学校研修平台，将县域内各培训项目开发的不同层级培训课程、校本研修，以及一师一优课等活动中提炼的课程资源，组建网络课程资源平台，形成课程超市，供教师自主选择，实现教师培训个体需求到课程需求的转换。

2. 构建纵向引领和横向发展的网络研修社区，推动全员培训的常态化和持续性开展

宁乡乡村教学点多，以单科教师应对全科教学的现象严重。培训中乡村教师工学矛盾突出、全科教师培训难以组织、校本培训缺乏规范科学的指导导致研修效率不高、集体培训效果不好等问题。随着网络和信息技术的发展，移动学习、泛在学习、碎片化学习等"互联网+"的学习方式也在改变着乡村教师的学习方式，教师学习的途径更加多元化。以学习共同体形式组建的网络研修社区，打破时间和空间的限制，通过线上和线下相结合的研修，推动了教师的深度学习和常态化学习。依托网络形成了网络研修的培训形式，有效化解了很多乡村教师培训中的实际难题。实践中，宁乡通过湖南省中小学教师发展网和奥鹏校本培训研修管理平台，构建"纵向引领"和"横向发展"体系的教师研修平台。"纵向引领"体系是组织县域内骨干学科教师建立跨学校、同学科的县级工作坊，由名师工作室首席或者优秀的一线骨干教师担任坊主，县学科教研员或域外学科专家担任学科辅导老师，遴选优秀的青年骨干教师担任坊主助手，构建三人行的培训团队。每个学科工作坊的参训教师遴选覆盖县域内每个片区、每所学校。县级工作坊着重对全员骨干教师建立周期性、阶段性的学习共同体和学科研修平台，为县域打造一批学科骨干教师团队，为"横向发展"体系提供资源支持，建立骨干引领全员的机制，推动县域教师全员培训的常态化开展。"横向发展"以片区和学校组建校本研修社区和校本研修管理平台，县域内全员教师进入校本研修平台，并在平台上以乡镇片区和学校组建研修社区，乡镇业务校长和学校校长分别为两个社区的管理团队，校长为校本研修的第一责任人，负责本校校本研修的计划制订和实施，有指导、有计划、有步骤地推动全员校本研修，引领本校教师的专业发展。研修平台按片区

设立学科教研室,由片区教研员或者骨干学科教研组长担任教研室教研员,负责网上审批、指导、跟踪学科校本研修方案的设计和实施。这样,片区内所有教师可以随时通过手机 APP 参与同一片区、同一学校不同学科的校本研修活动,通过查看资源、参与讨论、发表观点、提问答疑、分享资源等形式参与不同学科的研修,解决了全科教师培训的难点问题。片区内所有教师也可以通过手机 APP 进入平台的学科教研室,随时参与同一片区相同学科的校本研修活动,简单便捷地实现研修的常态化。

为实现资源合理配置,促进培训资源效益最大化,宁乡对各级各类研修项目统筹规划,整合实施,实现全员培训减负增效。各项目研修过程中通过主题共探、形式共研、资源共享,实现研修过程的整合相融,使研修的效率提高、研修的效果增加。如对研修主题进行共探,将送培上门、工作坊、校本研修三个系列的项目主题进行整合,主要有两种做法。一是共探主题,确定共同主题后共同研修,扩大同一主题的学员研修范围,并在解决问题的形式上共研,形成最佳研修经验,将形成的研修资源在网络研修社区共享加以推广应用。二是共探主题后将主题打碎形成系列化、层级化的微主题,各选微主题分散研修,以适应不同发展阶段的教师进行研修,形成层级化的研修格局,增加了同一主题的研修深度,形成层级化的研修资源并在网络研修社区共享。通过"纵向引领"和"横向发展"项目体系搭建,形成了县域全员教师周期性、层级化、多样化、持续性、常态化的研修格局。

3. 宁乡市县域教师培训案例

案例 1　引航工程:卓越教师二次腾飞

培养对象为宁乡市参与本项目的中小学学科教师,总人数为 100 人,分为小学、初中、高中三个组。教育局及项目学校的管理干部、进修学校、教研室的相关人员共同推动和促进"引航工程"的实施。"引航工程"结束后一年开始构建"卓越教师发展共同体",所有学员将与区域内其他教师实施结对帮扶,实现宁乡中小学教师队伍质量的整体提升。

高尚的师德修养、精深的专业水平、突出的研究能力、显著的示范作用是成为卓越教师的必备条件,培训内容总体是围绕培养卓越教师这五个方面展开,内容大致为:

(1) 提升文化底蕴,丰富人文内涵;关注时事热点,反思教育责任

研修内容:领略中华传统文化(国学)、思想(哲学)和艺术的博大精深,了解当前国内和国际社会发展形势,以及面临的主要问题与挑战(政治、经济、文化),感受当今时代脉搏和中国发展的脚步。

研修方式：读书、专题报告，交流研讨，人文考察。

（2）更新教育观念，把握育人规律，提升思想境界，夯实专业基础

研修内容：教育基本理论及现阶段教育热点问题研讨、新课程背景下课堂教学改革和创新的理论与实践、国内外中小学教学改革发展趋势、现代信息技术与学科教学的整合、教育科研的一般方法与过程管理。

研修方式：以专题报告为主，辅之以交流研讨、学术论坛等；以集中培训为主，辅之以自主阅读、课题研究等。

（3）开阔职业视野，拓展教学思路，丰富职业内涵，积淀成功体验

研修内容：融汇、吸收各地卓越教师课堂教学改革与创新的成功经验，博采众长，为我所用，积极反思、提炼和丰富自己的教学思想。

研修方式：异地学校教学观摩、参与专业技能比赛和卓越教师沙龙。适时举办部分优秀学员个人教学思想研讨会及示范课观摩活动。通过博客和微博及时发表自己的思想、观点、收获、体会，广泛交流成功经验。读书与实践相结合，个人思考与团队交流相结合，在导师的指导下完成研究报告及学术论文。

（4）实战训练，学以致用，引领示范

研修内容：将所学用于当地的教育培训实践和教学公开课。参加当地的学科教师及青年教师的培训培养工作，挑战自我极限，强化成功体验，激发自身潜能。

研修形式：学科指导教师深入学员课堂，开展有针对性地指导，帮助学员提升业务水平。有计划地组织学员进行优秀课例分享、开展送教下乡培训青年教师等活动。

实施周期：三年为一期。“引航工程”计划 3 年完成，拟定于 2019 年 1 月开始，2022 年 12 月结束。分为三个培养阶段，见表 7－8。

表 7－8 “引航工程”三培养阶段具体内容

第一阶段：破茧
自我规划，导师引领，内涵发展，行动研究
2019 年 1 月——2019 年 7 月

日　期	研修项目	活 动 内 容	成果与考核	考核（15 分）
2019 年 1 月—6 月	卓越教师之路一《我爱我家》	工程启动、名站成立 1. 卓越教师培养工程启动仪式 2. 卓越教师培养工作站揭牌	微博 5 条（图文并茂发表活动详情、感悟）	3 学分

续　表

日　期	研修项目	活 动 内 容	成果与考核	考核（15分）
2019年1月—6月	卓越教师之路二《拜师学艺》	师徒结对 1. 举行“师徒结对”活动,构建师徒关系,开启“卓越教师成长之路” 2. 建立长期型师徒关系 3. 导师参与启动仪式并积极熟悉本站学员情况	微博5条	3学分
	卓越教师之路三《京师问道》	集中研修、跟岗学习 1. 举办第一期集中研修及跟岗学习 2. 以拓展视野、更新理念为主 3. 食宿交通费用学员自理 4. 研修地点：北京	1. 上交研修感悟1篇 2. 微博5条	3学分
	卓越教师之路四《研修规划》	成长规划 1. 制订个人研修规划 2. 导师指导修订规划 3. 颁发学员研修指南	1. 完成个人研修规划上交工程办公室 2. 微博5条	3学分
2019年7月—2019年9月	卓越教师之路五《书香人生第一季》	读书分享 1. 工程提供公共书单 2. 导师推荐个性化培养书单 3. 制订读书计划 4. 完成至少5本书 5. 读书期间每学员主持读书导读一次 6. 举办第一期“读书沙龙” 7. 学员和各站分别上交第一阶段总结,布置第二阶段工作 8. 第一阶段优秀学员和优秀工作站奖励和表彰	1. 上交读书感悟5篇,字数不限 2. 上交总结1篇 3. 填写小组导读记录 4. 微博5条	3学分

第二阶段：化蝶
团队凝练,跟进研修,全面提升,团队成长
2019年7月——2020年11月

时　间	研修项目	活 动 内 容	成果与考核	学分（56分）
2019年9月	卓越教师之路六《名师指路》	站内规划： 1. 站长、副站长组织站内制订本站工作规划。如课题研究、学术论文、教材编写、读书分享等相关活动的实施计划 2. 导师随时利用网络等远程手段帮助站长修订和完善站内规划工作	1. 积极参与配合导师指导工作 2. 利用一个月时间设计和调整各站活动方案 3. 月底上交工程办公室	3学分

续 表

时 间	研修项目	活 动 内 容	成果与考核	学分（56分）
2019年10月	卓越教师之路七《我爱科研》	课题研究： 1. 集中培训：安排一名课题专家培训学员如何开展课题科研并答疑解惑 2. 导师入站指导选题、开题 3. 个人科研课题开题 4. 站内团队科研课题开题	1. 学员上交科研课题研究题目及研究计划 2. 团队上交科研课题题目及计划 3. 微博10条	5学分
2019年11月、12月	卓越教师之路八《我的课堂》	常态课磨练： 1. 各站设计常态课活动方案 2. 站内成员间须在站长组织下，完成听评说课活动 3. 派驻相关学科专家辅助导师入站听评课	1. 各站上交听评课活动记录 2. 导师给予评价及提出指导意见 3. 微博10条	5学分
2020年1月	卓越教师之路九《问道上海》	集体研修： 1. 举办第二期集中研修 2. 时间5天 3. 食宿交通费用学员自理 4. 拟定地点：上海	1. 完成研修感悟体会一篇 2. 微博10条	3学分
2020年2月	卓越教师之路十《学术之夏》	学术论文写作： 1. 集中培训：安排一名学术专家入站指导大家如何撰写学术论文，并答疑解惑 2. 以教师素养为方向，至少5000字 3. 以学科为方向，至少5000字 4. 论文初稿完成后，先进行组内交流讨论修改，定稿后上交工程办公室	1. 每名学员上交至少两篇学术论文	5学分
2020年3月	卓越教师之路十一《著书立说之编稿》	教材编写： 1. 集中培训：安排一名教材编写专家讲座并答疑解惑 2. 学员编写所在校校本教材 3. 各站组织编写本学科的县本教材 4. 导师入站指导编写	1. 学员上交校本教材大纲 2. 团队上交市本教材大纲 3. 微博10条	3学分
2020年4月	卓越教师之路十二《书香人生第二季》	读书分享： 1. 从上一季结束到本季近一年时间，要求每人至少读完10本 2. 举办二期读书沙龙 3. 邀请2名作家参与沙龙	1. 上交读书感悟1篇 2. 每名学员完成站内导读1次 3. 各站完成读书分享2次 4. 微博10条	5学分

续　表

时　间	研修项目	活 动 内 容	成果与考核	学分（56分）
2020年5月	卓越教师之路十三《楚沩论道——名师成长之路》	教育论坛： 1. 举办第一期楚沩论道学术研讨会，主题："如何成为卓越教师" 2. 邀请当期知名教育家做论坛嘉宾 3. 总结第二阶段第一年学习情况，布置下一年相关工作 4. 表彰优秀个人及团队	1. 积极参与论道活动 2. 上交感悟1篇 3. 上交个人及团队阶段性总结和计划 4. 微博10条	3学分
2020年6月	卓越教师之路十四《讲台论剑》	教学展示： 1. 站内成员开展同课异构活动 2. 各站选派代表准备一堂公开课 3. 导师组参与评课指导	1. 积极参加课堂展示活动 2. 填写本轮活动记录 3. 微博10条	5学分
2020年7月	卓越教师之路十五《游学长沙》	教育考察： 1. 第一、二、三、四批长沙教育考察 2. 每两站合并为一个考察团	1. 上交游学感悟1篇 2. 上交论文1篇 3. 微博10条	3学分
2020年8月	卓越教师之路十六《学术之春》	学术论文写作： 1. 以学科发展为方向，至少5000字 2. 备战可以在国家级学术刊物上发表的论文一篇，至少10000字，题材不限 3. 论文写作完成后，先进行组内交流讨论修改，定稿后上交工程办公室	1. 未发表的论文需备案初稿 2. 已经发表的论文需上交工程办公室存档	5学分
2020年8月、9月	卓越教师之路十七《著书立说之修稿》	教材编写： 1. 学员校本教材需完成初稿 2. 团队学科县本教材需完成初稿 3. 导师指导修改教材初稿 4. 完成初稿上交工程办公室	1. 团队上交县本教材初稿并备案 2. 学员上交校本教材初稿并备案 3. 微博10条	5学分
2020年11月	卓越教师之路十八《学艺广州》	集中研修、跟岗学习： 1. 举办第三期集中研修、第二期跟岗学习 2. 拟定地点：广州学校 3. 时间7天	1. 上交研修感悟1篇 2. 微博10条	6学分

续 表

第三阶段：飞舞 团队辐射，导师点睛，实战练兵，成果固化 2020年12月—2022年10月				
时　间	研修项目	活动内容	成　　果	考核（25分）
2020年12月	卓越教师之路十九《科研硕果》	课题结题： 1. 集结《宁乡市卓越教师培养工程科研课题成果集》 2. 由各站推荐优秀科研成果，由导师组及领导小组评选优秀课题集结成册	1. 各学员及各站整理上交本组课题全部资料 2. 优秀作品集结成册	5学分
2021年1月—4月	卓越教师之路二十《著书立说之定稿》	教材成稿集成： 1. 集结《宁乡市卓越教师培养工程市本教材集》 2. 由各站推荐优秀科研成果，由导师组及领导小组评选优秀教材集结成册，并在宁乡县中小学校推荐使用	1. 学员上交所编著校本教材 2. 各站上交集体编著的市本教材 3. 优秀作品集结成册	5学分
2021年5月—6月	卓越教师之路二十一《学术大成》	论文发表集成： 1.《宁乡市卓越教师培养工程优秀论文集》 2. 由各站推荐优秀科研成果 3. 导师组及领导小组评选优秀论文集结成册	1. 学员上交个人全部工程期间相关论文 2. 各站上交集体论著 3. 优秀作品集结成册	5学分
2021年7月—11月	卓越教师之路二十二《实战练兵》	送教下乡： 1. 举办各站支教下乡培训活动 2. 各站至少保证每个成员都参与两次以上学科培训 3. 通过培训达到提升自己的作用，增强自信	1. 每名学员必须完成支教下乡培训两次 2. 每站需完成薄弱学校学科指导一周	5学分
2021年12月—2022年10月	卓越教师之路二十三《一路向前》	工程回顾与考核： 1. 回顾三年个人成长及团队成长历程，编著《一路向前》宁乡市卓越培养工程感悟集 2. 每名学员用自己真情实感、人生感悟，写一篇文章记录来纪念这段经历，图文并茂 3. 学员回顾、各站回顾、导师回顾、工程总回顾 4. 依据各项评价与考核办法，统计学员学分	1. 上交个人三年总结（PPT 和 Word 两版） 2. 上交各站三年总结	5学分

续　表

时　间	研修项目	活动内容	成　　果	考核（25分）
2022年10月—2022年12月	卓越教师之路二十四《幸福时光》	结业盛典： 1. 第一期学员出站 2. 表彰与总结，依据工程考核办法规定，对符合工程考核标准的学员，予以结业并授予宁乡县名师称号 3. 毕业联欢：学员节目、各站节目、导师组节目	1. 严格执行考核办法 2. 未能通过考核的学员，颁发工程肄业证书，不授予名师称号	

（此方案为宁乡市教育局与北京师范大学联合制订）

案例2　领雁工程：骨干教师送教上门，提升教师课堂教学能力

"送培上门"培训旨在提升乡村中小学教师专业水平，是由当地基地学校申报和组织，由市县教师培训机构整合本土名优教师、学科教育研究专家等资源，分阶段、分学科、分区域有序地将培训资源（优质课、专题讲座和文本资源等）配送到乡村，让更多乡村中小学教师更便捷参与的一种"订单式"培训活动，实现乡村教师和骨干教师发展的双赢。此项目的实施流程是：

1. 配备专业团队

在县市两级骨干教师中，根据师德水平和学科教学素养等方面遴选出精干的"送培上门"学科专家团队（3名以上）。每一个送培点每一个学科配备首席名师（1名）、学科核心专家（1—2名）、学科名师成员（1—3名）。确立学科首席名师负责制，构建"首席名师"+"核心专家"+"学科名师"三级培训团队体系。

2. 明确三方职责

培训项目主要包括"组织方""参培方"和"施培方"。乡村教师"送培上门"项目的"组织方"是乡镇基地学校和培训承接乡村学校，"施培方"是市教师进修学校，"组织方"和"施培方"形成"市（县）—乡（镇）—校（点）"三级联动培训组织实施管理机制，再加上"参培方"—基地学校管属的乡村教师，三方组合为"送培上门"培训项目参与人员阵容。

"施培方"根据"组织方"调研确定的培训需求和培训主题，制订切实可行的施培方案，整合本地名优教师、学科教育研究专家，组建优质"培训团队"，将优质课、专题讲座和文本资源有序配送到乡村培训现场，并与"组织方"一起实施培训和训后跟踪与评价。

"参培方"做好训前准备,提供自身教学经验,提出教学困惑。训中认真聆听并参与研讨。训后将所获得理论与方法返校实践检验,并提交实践报告,完成培训有效性问卷、参加校本研修等。

"组织方"是"施培方"和"参培方"联系纽带,负责遴选参培人员,收集整理培训需求,确定培训主题,配合"施培方"实施培训和训后跟踪评价,并组织与培训主题相对接的校本研修。

"施培方""组织方"与"参培方"密切配合,"市(县)—乡(镇)—校(点)"三级联动培训组织实施,让"专业的人以专注的心做专业的事"。

表7-9 "施培方""组织方"与"参培方"任务主要承担方清单:

任务	组织方	施培方	参培方
需求调研	√		√
确立主题	√		√
拟定目标	√		√
确定内容		√	
设计流程		√	
组建团队		√	
环境布置	√		
组织学生	√		
培训主持	√		
优课展示		√	√
互动研讨	√		√
专题讲座		√	
总结提升	√	√	√
评价跟踪	√	√	√
餐饮服务	√		
校本研修	√		√

3. 四环节培训实施

四环节指:第一次送培上门—学校课例研修—再次送培上门—教师课堂达标。

第一环节送培上门主要是名师示范答疑。名师团队根据学校教师指定的章节或专题进行课堂示范和实践经验分享,为"两课一研一讲"的课程结构,即"首席名师(40

分钟研讨课)+学科名师(40 分钟示范课)+互动研讨(60 分钟)+首席专家/名师(30 分钟专题讲座和 30 分钟总结提升)”。如,“运算定律的整理与复习”40 分钟+“立体图形的体积整理与复习”40 分钟+城乡教师互动研讨 60 分钟+“如何设计针对学困生的基础专题性复习课”30 分钟+总结提升 30 分钟。

第二环节学校课例研修是学校教研组为主体,进行优课移植和相似内容的课型设计,主要形式有主题阅读、集体备课、优课移植、课后研讨。将送教名师的理念、方法应用于课堂教学,就是教师内化知识与能力的过程。

第三环节送培上门是在教师经历了自主实践、思考后产生了新的疑问,有了新的需求,采取同课异构、集体研讨、理论指导的方式进一步解决问题,形成能力。同课异构的课题为第二阶段学校打磨的课例。

第四环节课堂达标是阶段成果汇报,检验培训的行为转化成果。一般在年末进行。每位老师在校内主讲一堂课,学校行政和教研组长评价,提出引领性指导意见。教研组长组织进行资料整理、成果汇编。骨干教师对本年度送培的示范课例、微型讲座进行整理,提交骨干教师考核办公室参加年度考核。

案例 3　新苗工程:新教师入格培训

新教师培训一年一周期。包含上岗前的师德和基本技能集中研修、半年的岗位实践、半年后的教学技能达标三个阶段。将新教师的书本学习、基本功练习、课堂实践有机整合,线上指导与集中研修结合,学习吸收与过关达标结合。

集中研修阶段为每年 8 月,由教师进修学校组织。学习内容为师德修养、教材分析、课程标准解读、人际沟通、教育政策与法规等。集中研修主要采用“案例研究”“讲授互动”“自主研修”等形式实现新教师的规范化培训。

岗位实践时间为每年的 9—12 月,由学员所在学校和市教师进修学校联合组织,教师在岗位练兵,完成四项基本任务:

1. 拜师学艺。新教师参培回校后,寻求一位经验丰富的本校同科目优秀教师为师,互帮互助。师傅在备课—上课—布置和批改作业—辅导学生—制卷—考试等教学环节中给予新教师带教指导,提出需要改进的问题,指导新教师提高教学技能。新教师帮助师傅教师学会 1—2 种教育信息技术。

活动名称:寻找身边的导师

作为一名新老师,在教学中总会遇到一些困惑,但只要你不抵触别人的真诚,就会遇见一直真诚帮你解惑的人，他会是你教学生涯中的导师。活动内容：请在你的学校或者身边寻找到一位教学导师。

任务单：做好以下“四个一”

每天向导师问候一次，可以是面对面的问候，或者微信、QQ 聊天等其他形式；

每周向导师提交一篇教学设计，请他提出修改建议；

每月听导师一堂课，请教累积的教学问题；

每期向导师上一堂汇报课，收获你的成功。

“寻找身边的导师”活动记录表	
导师简介	
本学期我想解决的问题	
我的行动计划	
本学期我的收获	
导师寄语	
导师签名	

2. 一天一练。书法练习不是一朝一夕就能见效的，新教师每天练习书法半个小时，粉笔字、钢笔字交替进行，延续巩固集中研修成果。

3. 每月一书。新教师每月至少阅读一本与教学有关的书籍，教师进修学校每月组织读书评比活动。

4. 每月一课。每位新教师每月主讲一堂校级公开课。对每堂课进行自我反思和二次备课。学校对新教师课堂教学进行评价和指导。

考核达标阶段在次年的 1—3 月进行。由市教师进修学校统一组织。所有新教师参加课件制作、即兴演讲、两笔字现场书写、微型课无生试讲四项比赛。以赛促学，以赛促练，夯实新教师的基本技能。考核结论通报给学员所在学校，由学校根据个人考核结果安排新一轮的校本培训。

在三阶段的新教师培训中，我们探索了以下七种教师培训模式。

第一，观摩学习，构建“观摩—对话”模式。“观摩—对话”模式适合分学科、分区域、小规模的新手教师培训。这是根据实地观摩一线教师的课堂教学，真正走入教学课堂，通过别人的优秀课来找出自身差距的一种培训模式。

第二，案例研究，构建"案例—研析"模式。新教师在培训前通过搜集或撰写自己在步入教师岗位后见到的一些教学案例，并在集中培训或校本培训中和其他学员一起呈现，分组或分学科进行案例的研究和分析，汲取成功的教学经验、弥补自己的教学不足。这种培训模式的效果最显著。

第三，名师答疑，构建"建构—引导"模式。随着网络技术的发展，"名师直播""名师授课答疑"逐渐步入学员的视线，即针对新手教师对课程的一些疑问进行解答，实现问题的及时解决。

第四，带教指导，构建"建构—支助"模式。"建构—支助"模式是导师制下的一种互帮互助的培训模式，即新教师寻求一位经验丰富的"师父"或"导师"来提升自己的教学技能，导师在备课-上课-布置和批改作业-辅导学生-制卷-考试等教学环节中给予新手教师带教指导，提出需要改进的问题，不断反思，总结经验。

第五，专题学习，构建"讲授—互动"模式。"讲授—互动"模式是适用于新教师的专题学习讲座，是专家授课的过程中实现专家与学员的双向互动，其中专家讲授是新手教师培训过程的主要环节，专家与学员的互动是培训过程的次要环节。新手教师对专家的专题内容，以及自己在教育教学过程中出现的困惑向专家名师提问，专家做出解答是为了更好地引导学员参与到讲座中，最大限度地调动学员的积极性与主动性。

第六，网络研修，构建"引领—互助"模式。充分借助网络技术，实现网络研修与校本研修融合的一种培训模式，这是目前各大培训机构逐渐普及并为之推广的一种新型培训模式。

第七，自主研修，构建"自学—讨论"模式。"自学—讨论"模式是实现专家引领和新手教师自学的一种创新培训模式，主要方式是新手教师在已有知识水平基础上自主学习相关理论及教学技能，通过自查自找、自我提升的方式促进新手教师自主发展学习习惯的养成。

案例 4　彩霞工程：满足资深教师的特别需求

目前，宁乡共有 50 岁以上教师 1 609 人。一方面，从整体上来说，这些教师从事教育工作几十年，资格老，经验丰富，一般都形成了自己独特的教学风格，也取得过诸多成绩，但他们中不少人一定程度上满足于自己已有的知识和经验，思想日渐僵化，加之身处相对偏僻的乡村，受客观条件的限制，他们对教育改革和新课程理念等的了解也相对滞后，故他们的教育思想观念大都有待进一步更新。另一方面，部分资深教师自认为凭自己的经验干到退休不成问题,因而忽视了充电学习提升,有的则由于觉得自己即将步入老年,身体和精力已大不如前,遇到新事物新问题也难以适应和改变,因而产生了职业倦怠感。为缓解资深教师的职业倦怠,帮助他们重拾职业理想,市教育局出台了彩霞工程,分三年对50岁以上的资深教师进行轮训,同时每次训后还组织他们参与赛课活动,不仅检测了培训的效果,也激活了资深教师的成长活力。

1. 按需设课

根据调查了解和分析,资深教师的培训需求主要包括四个方面:一是建设阳光心态,重唤工作激情;二是了解新课改,注入新理念;三是适应新时代,掌握新技术;四是参照名师专家的实践经验,学习新方法等。培训中,我们按需设课,设计了“四元”培训板块的培训内容:

一是阳光心态建设板块。阳光心态建设是激发资深教师工作内驱力的重要方面。我们开设“人生定位与心态调整”“终身学习与教师专业发展”“三十年奋斗的人生故事”等课程,用长沙市、宁乡市与他们同龄的优秀教师的事迹去激发学员那股消失的职业激情,让资深教师重新思考自己的人生价值,活到老,学到老,精彩到老。通过一个星期集中研修的调适,局领导还带领参培学员走向美丽的乡村,参观楚天科技、加加酱油等知名企业和本县新建的品牌学校,让资深教师对未来教育事业发展产生美好的憧憬,更加坚定他们努力工作的决心与信心。

在本板块的培训中,针对资深教师的身体特点开设了养生课,聘请了市人民医院的两位专家讲授“中老年教师的身心调适”和“中老年人的四季养生”,课程内容实用,教师对学习充满热情。课间或课前,播放资深教师喜爱的传统革命歌曲,共做中老年健身操,课中教会了学员做手指操等,不仅活跃了氛围,也让学员在心情愉悦中学会了养生和工作间如何调适身体。

二是新技术、新技能板块。设计了网络应用培训,使老师们学会上网查找资料、进行网络交流和下载编辑整理网络资源;在实践教学过程,手把手教会了老师们课件的制作、微课的制作、电子表格的使用和电子相册的制作等内容,帮助老师们掌握了基本的信息技术,有利于老师们更好地利用新技术为教学服务。

三是新课程理论与实践板块。分语文、数学两个学科开设了8个专题:“小学语文课程标准解读与运用策略分析”“小学数学课程标准解读与运用策略分析”“汉语拼音与识字教学有效教学”“阅读教学经典案例赏析”“口语交际和习作经典案例赏析”“语文综合实践活动课与经典案例分析”“空间与图形教学研究初探”“数学广角教学分析与处理”“解决问题经典案例赏析”。这些专题针对性强，案例典型鲜明，使资深教师对新课程要求有系统、直观的了解，能够清醒地意识到自己需要改进的方向，逐步形成主动更新知识结构、致力教育科研的意识。

四是育人经验分享板块。资深教师基本都是从传统教育走过来的，对新型的师生观、学习观等从情感上、习惯上来说还并不完全适应。教师是爱的化身，如何施爱却是有些老师的困惑。培训中，既聘请了省市名师做专题讲座，更注重利用资深教师身边熟知的典型来现身传经，同时还注意挖掘资深教师自身资源，让他们分享影响自己深刻的教育家及自己的教育故事，升华教育情怀。

2. 因人施培

资深教师的学习时长不宜过长，需要长短课交替，听与做结合，课程要以乡村教育真实案例为基础，以交流对话为基础，以案例教学为主导实施培训，增强学员认同度和参与度，实现身动、心动、脑子动。

以交流对话为基础，增强学员认同度。首先，项目选择了多位和资深教师年龄相仿的讲师，他们都在课中以自己的人生信念来与学员沟通，学员从他们饱满的精神状态和学识中体会年龄不应该是拒绝学习的理由，老教师一样可以活出人生的精彩。学员的主体意识觉醒了，实实在在的“心灵”触动了，行为和心态也相应发生了变化。

以“案例”为主导，激发学员参与度。培训中，大多采取案例式教学，选取一线教师教学中的典型教学片段和名家教学实录作为教学资源。课堂上通过“情境再现”的方式，如模拟课堂教学、播放教学录像，现场生成案例，并组织培训者与学员之间的现场对话与反思。在这个过程中，既有理念的引领，也有方法的示范，重点突出，观点明确，解决了乡村资深教师面临的真实问题。

案例 5　春雨工程：农村小规模学校全科教师培训

宁乡现有近 100 所 80 人以下小规模乡村小学，该类学校的师生(班)配比为 N+1，N 为班级数，这意味着这些学校的教师每一个人基本上都承担一个班级的绝大部分工作任务，不仅要当班主任，还要兼任多门不同的课程教学任务，这就要求这些学校的教师必须同时具备班级管理及各科教学的能力。为此，宁乡启动春雨工程，开展适应乡村小规模学校发展需要的全科教师培训。

全科教师的培训其实是个两难的问题，一方面，乡村小规模学校教师因师资短缺，工作任务重,工作之余进行自主学习和反思的时间和精力有限,缺少与其他教师的交流、沟通,没有时间外出参加进修活动和学习培训。而另一方面,这些学校的教师学科结构大都极不均衡,多以语文、数学专业教师居多,英语、音乐、美术、体育、科学及综合实践等学科的教师却相当紧缺,且这些紧缺学科教师的专业性又非常强,其他科任教师难以替代,短期的培训难以达到应有的要求,校本培训也难以达成应有的目标。为突破这一瓶颈,宁乡采取广挖资源、靶向培训的办法,努力开辟一条乡村小规模学校全科教师有效培训的新路子。

1. 广挖资源

全科教师奇缺且工作任务重而培养周期又非几日之功,单凭县级教师培训机构的培训无法破解这一难题。要大面积提升小规模学校教师的全科教学水平和技能,最有效的途径还是在校中学、在校中培。为此,宁乡在调研分析的基础上,为基地学校和小规模学校找到了两大捷径:

(1) 用好本校中师毕业教师这一宝贵资源。中等师范学校毕业生曾经是我国小学教育的中流砥柱,而随着教育的不断发展和高校的扩招,2000 年以来,中等师范学校逐渐取消或者升格成师范专科学校,但事实证明,当年的中师生如今是各个学校的中坚力量,在教育岗位上发挥着举足轻重的作用。反思起来,这一切源于当年中等师范学校的培养目标,当年国家为了补充急缺的基础教育特别是小学教育的教师,面向初中招收优秀毕业生进入师范学校学习,其培养目标是"培养合格的小学教师",开设的课程除了语、数、理、化、教育学、心理学、教材教法等文化课和专业课外,还要求学生习得各种教学基本功和教学技能,诸如三笔字、琴棋书画、体育竞技等均要进行系统学习和考核过关,学生们在各种训练中练就了扎实的基本功,他们不但具备小学各学科教学的基本知识,更拥有各学科教学的基本技能,他们完全能胜任小学阶段全科的教学。在调研中发现,宁乡县乡村教育战线 40 岁以上的中年小学教师绝大多数毕业于中等师范学校,虽然所占比率不足乡村教师的四分之一,但他们是全科教师培训的宝贵资源。因此,我们一方面倡导这些教师勇挑重担,到小规模学校挑起全科教学的大梁;另一方面要求各基地学校充分利用好这批宝贵资源,让他们在校本研训中发挥好"传、帮、带"的作用,通过校本培训的方式在各学校培养一批全科教师。

(2) 挖掘和利用好社区资源。小规模学校教师学科结构的不均衡造成很多学校难以按照国家规定开足、开齐所有课程,无法满足学生学习兴趣和个性化发展需求,而师资短缺的现状又一时无力实现根本改变。为此，我们提出充分挖掘和利用好社区资源服务学校教学的思想。每一个社区都有自身的文化积淀，社区中也拥有极其丰富的人力资源，如离退休的老教师、民间艺人、综合实践课程相关方面的行家里手、书画名家等各类特长人才，我们要求各小规模学校建立自己所在社区的人才库，搜罗各类特长人才，根据需要聘请他们到学校兼任某些课程和培训学校教师，甚至联合开发一些乡土特色课程，从一定程度上缓解教师结构不均衡问题，提升教师综合实践能力和资源开发利用能力，也有利于学生社会实践能力的提高。

(3) 引入域内优质学校资源。域内优质学校安排骨干名师定期到小规模学校送教送培，通过骨干名师的课堂示范、经验分享、案例研讨等方式，为小规模学校牵线搭桥，结对帮扶。努力解决乡村教师教育理念陈旧、教学手段落后、教学实践经验不足等诸多问题，实现一对一的帮扶，全面提升乡村小规模学校教师多学科教学的实践能力。

(4) 利用高等院校毕业生见习资源。让毕业生顶岗实践，把小规模学校的相应教师置换出来，并为他们联系域内优质小学跟岗学习。在跟岗实践学习期间，要求学员全面参与音乐、美术、体育、英语、科学、综合实践、思想品德等课程的观摩学习，并由优质小学的各学科骨干对学员进行实践指导和基本功训练。

2. 靶向培训

(1) 集中培训补短板。全科教师培训重在培养教师的跨学科教学能力。通过跨学科教学能力的培养，使教师具备开足开齐开好国家课程、开发乡土校本课程的能力，使乡村学生全面健康发展。由于40岁以下教师基本都是出身师范类专、本科院校的科班生，对于小学各学科的专业知识的理解方面存在的问题并不明显，因此，培训的侧重点主要放在集中解决教师最需要解决的多学科教学问题上。利用假日组织集中培训，主要安排在寒暑假进行，学期中根据需要利用周末安排两到三次。集中培训注重实践性知识培训，以专家讲座、名师示范、技能培训、案例探究、基本功训练及观摩考察学习等为主。为了确保培训的实效性，宁乡师训人不断摸索如何设置有效的培训课程，以较好地解决学员培训多样性需求与培训效果的矛盾。在培训实践中，形成自己的培训课程模块设计，培训课程模块分四大板块：教育理念与教学策略、专业基本功训练、教学技能提升与训练、乡土资源开发与利用。其中，教学理念与教学策略模块的课程突出理论与实践的结合，聚焦于课堂，以案例教学的形式组织教学，要求课程内容必须融合新课程改革和新课标相关的教育理念，并以案例分析阐述的方式传道于学员，以便学员们能真切地领悟新的教育理念、掌握教学策略。专业基本功训练模块的课程在教给学员相关动作要领、技能技巧的同时，重在指导和加强对学员的训练，努力让学员练好各学科的基本功。教学技能提升与训练模块课程注重引领示范，通过名师骨干的示范教学，让学员们观摩学习和亲自实践，并组织相应的案例研讨，让学员们在学习中感悟、在实践训练中提升自己的教学技能。乡土资源开发与利用模块，不仅强调培养学员开发与设计乡土课程的能力，也注重了乡土情怀的培养，主要形成的课程有乡村儿童研究、“三农”问题与中国现代化、农民社会与文化、城乡文化比较、乡村教育与农民素质、农村生态建设、乡村小学艺体教学的技能训练、课堂教学设计与乡土资源的利用等。每次培训，都根据学员的需求从以上四大模块中筛选相应的课程组织培训，每次培训突出解决乡村小规模学校教师在教育教学实践中不同阶段遇到的急需解决的实际问题和困惑，培训内容贴近实际，贴近农村中小教师的现有水平和兴趣爱好，但又有所拔高，这充分调动了参培教师的学习积极性。

（2）网络研修重自主。全科教师工作任务重，参加集中培训的时间和机会有限，小规模学校也限定了同科教师之间的交流。随着网络和信息技术的发展，移动学习、泛在学习、碎片化学习等“互联网+”学习方式也在改变乡村教师的学习方式。依托县域教师城域网和奥鹏网研修平台构建起区域、学校研修平台，将县域内开发的全科教师层级培训课程、各学科校本研修，以及一师一优课等活动中提炼的课程资源，组建网络资源平台，不断丰富培训课程资源库，形成课程超市，努力为参培教师创设学员个体和小规模学校校本研修的网络平台。乡村教师根据自己的需要在网上选学相关内容，实现课程与需求的统一。同时，以学习共同体形式组建的网络研修社区，打破时间和空间的限制，实现了线上和线下相结合的研修，促进了教师的深度学习和常态化学习，有效地化解了乡村教师学习中的很多现实难题。

（3）逐层递进抓落实。专、本科毕业的文化科教师术业有专攻，原有的培养目标过于注重所学专业的培养，对于音、体、美、科学、综合实践等专业性要求相对较高的技能的学习不可能一蹴而就，为减轻教师们的负担和压力而又有效地把他们培养成全科教师，经过摸索形成了分步培训、逐层递进的培训模型。具体来说，包括分步培训和逐层递进两大方面。宁乡要求全县所有小规模乡村学校的教师每学期根据自己的兴趣、特长和教学任务情况申报自己的培训科目，三年内达成合格以上全科教师的培训目标。每学期学员参培学科采取“必修 1+选修 1”的模式进行，即按照急需（工作需要）、最便捷(能最快达成目标)的原则选取除语数两科外的其他小学科中的一科作为必修科目参加培训,必修课程要求通过一学期的培训达成合格以上目标;此外,教师同时还要另外选修一门学科的基本知识和基本技能,选修的这门学科要求达到入门级,并在下一个学期作为必修学科继续参与培训并达到合格目标,依此类推,通过“选修(入门)—必修(合格)”,逐层递进,直到所有学科达成合格以上培训目标。这一模型有效地分解了培训的难度,减轻了教师们学习的压力,并有效促进了教师的达标行动。

达标检测一般安排在学期末进行。由县教师进修学校统一组织,利用全科教师综合技能展示平台等组织参培教师参与必修学科的技能合格检测,检测包括教学设计、课件制作、基本功竞赛、微型课无生赛课等四项内容。通过以赛促学、以赛促练、以赛评估,来检测参培教师必修学科的学习合格情况。

参考文献

[1] 杨海燕,高书国.农村教育的价值、特征与发展模式[J].教育研究,2017(06).
[2] 姚荣.从“嵌入”到“悬浮”:国家与社会视角下我国乡村教育变迁研究[J].清华大学教育研究,2014(04).
[3] 顾明远.实现教育现代化必须把农村教育办好[J].中国教育学刊,2017(09).
[4] 杜育红,杨小敏.乡村振兴:作为战略支撑的乡村教育及其发展路径[J].华南师范大学学报(社会科学版),2018(02).
[5] 韩长赋.实施乡村振兴战略推动农业农村优先发展[N].人民日报,2018-08-27.
[6] 中共中央国务院关于实施乡村振兴战略的意见[Z].中华人民共和国国务院公报,2018.
[7] 王立国.基于教师专业发展的教师素质标准研究[D].兰州:西北师范大学,2007.
[8] 唐松林,姚尧.乡村振兴战略中教师的使命、挑战与选择[J].湖南师范大学教育科学学报,2018(04).
[9] 程方平.教师保障:乡村教育振兴的基石[J].教育研究,2018(07).
[10] 杨建伟.“农村教师研修工作站”培训模式的实践与思考[J].北京教育学院学报,2011(06).
[11] 方中雄,杨秀治,白永潇.农村义务教育教师大规模有效培训的政策与模式研究[J].江苏教育研究(理论版),2008(08).
[12] 张淮江,汪文华.基于网络环境的中小学教师培训模式探索[J].中小学教师培训,2009(09).
[13] 王长春,刘欢欢,林志淼.主题式结构化体验学习培训模式实践探究——以河北师范大学初中数学乡村骨干教师培训为例[J].中小学教师培训,2017(11).
[14] 刘海星,贾琰琰,武丽志.农村教师远程培训模式及支持服务研究以“广东省义务教育教师学历与综合素质提升项目”为个案[J].中小学教师培训,2014(06).
[15] 曾苗苗.基于微信的农村教师培训O2O模式研究[J].中小学教师培训,2017(11).
[16] 陈霞.教师培训有效性的评价指标体系构建研究[J].中小学教师培训,2008(10).
[17] 王后雄,皇甫倩.“国培计划”项目绩效多维监控评价指标体系研究[J].教师教育论坛,2015(03).
[18] 余信华.农村中小学教师培训效果评价指标体系的构建[J].中小学教师培训,2016(11).
[19] 周拓.基于柯氏评价模型的中小学教师培训评价体系构建[D].石家庄:河北师范大学,2014.
[20] 李长娟.偏远乡村地区教师培训的实践探微与路径突破[J].教学与管理,2015(12):33-35.
[21] 张志越.乡村教师培训现状调查与策略研究[J].教育理论与实践,2011(01).
[22] 党亭军.继续教育背景下乡村教师培训中的问题及对策研究[J].继续教育研究,2010(03).
[23] 胡艳.影响我国当前中小学教师培训质量的因素分析[J].教师教育研究,2000(03).
[24] 谭有模.民族地区农村教师培训的困境及探索[J].现代教育科学,2012(02).

[25] 李长娟.偏远乡村地区教师培训的实践探微与路径突破[J].教学与管理,2015(12).

[26] 宋海英,陈睿.关于提高乡村教师培训实效性的思考——以吉林省实施"国培计划"为例[J].教育探索,2011(10).

[27] 容中逵."国培"背景下乡村教师研训问题研究——基于浙江、河北、四川三省调研情况的分析[J].教育发展研究,2014(12).

[28] 邵晓霞.基于翻转课堂的"国培计划"培训模式探究——以天水师院"国培计划"中西部乡村英语骨干教师培训项目为例[J].中小学教师培训,2015(01):4.

[29] 国务院办公厅关于印发乡村教师支持计划(2015—2020年)的通知[Z].2015-06-01.

[30] 王定华.全面开启新时代教师队伍建设新征程[J].人民教育,2017(22).

[31] 严文蕃,李娜.互联网时代的教学创新与深度学习——美国的经验与启示[J].远程教育杂志,2016(02).

[32] 祝智庭,彭红超.深度学习:智慧教育的核心支柱[J].中国教育学刊,2017(05).

[33] 詹青龙,陈振宇,刘小兵.新教育时代的深度学习:迈克尔·富兰的教学观及启示[J].中国电化教育,2017(05).

[34] 郭华.基于深度学习的教学改进[J].教育科学论坛,2015(02).

[35] 赵兴龙.互联网时代乡村教师深度培训模式[J].电化教育研究,2018(04).

[36] 康淑敏.基于学科素养培育的深度学习研究[J].教育研究,2016(07).

[37] 张浩,吴秀娟.深度学习的内涵及认知理论基础探析[J].中国电化教育,2012(10).

[38] 何玲,黎加厚.促进学生深度学习[J].现代教学,2005(05).

[39] 舒兰兰,裴新宁.为深度学习而教——基于美国研究学会"深度学习"研究项目的分析[J].江苏教育研究,2016(16).

[40] 张燕,黄荣怀.教育目标分类学2001版对我国教学改革的启示[J].中国电化教育,2005(07).

[41] 赵兴龙,李奕.教师走网:移动互联时代教师流动的新取向[J].教育研究,2016(04).

[42] 王敏娟,史蒂夫·施林希特恩梅尔,陈佳,柳华妮.文化适应学习模型:一个面向全球受众的创新教学设计模型[J].开放教育研究,2016(03).

[43] 王志军,陈丽.联通主义学习理论及其最新进展[J].开放教育研究,2014(05).

[44] 姚荣.从"嵌入"到"悬浮":国家与社会视角下我国乡村教育变迁研究[J].清华大学教育研究,2014(04).

[45] 唐松林,邹芳.语境视域与乡村教师:乡村教师素质分析[J].湖南师范大学教育科学学报,2013(05).

[46] 王石川.善待乡村教师,延续乡村之光[N].人民日报,2015-12-23.

[47] 范先佐.乡村教育发展的根本问题[J].华中师范大学学报(人文社会科学版)2015(05).

[48] 罗儒国.中小学教师培训状况的调查与分析[J].现代教育管理,2011(12).

[49] 刘清华.教师知识的模型建构研究[D].重庆:西南师范大学,2000.

[50] 王俊.教师知识结构研究[D].上海.华东师范大学,2005.

[51] 陈向明.实践性知识:教师专业发展的知识基础[J]北京大学教育评论,2003(01).

[52] 张民选.专业知识显性化与教师专业发展[J].教育研究,2002(01).

[53] 靳莹,王爱玲.新世纪教师能力体系探析[J].教育理论与实践,2000(04).

[54] 申继亮,王凯荣.论教师的教学能力[J].北京师范大学学报(人文社会科学版),2000(01).

[55] 徐建平,张厚粲.中小学教师胜任力模型：一项行为事件访谈研究[J].教育研究,2006(01).
[56] 彭小虎.社会变迁中的小学教师生涯发展[D].上海：华东师范大学,2005.
[57] 周福盛.教师个体知识的构成及发展研究[D]兰州：西北师范大学,2006.
[58] 刘昕.塑造建构主义体育教师——兼论体育教师个体专业化发展[J].中国学校体育,2008(12).
[59] 胡庆芳.教师的学习特征[J].上海教育,2005(12).
[60] 张运卉,张丽.学习共同体：教师培训模式的理论与实践[J].中小学教师培,2007(07).
[61] 刘学惠,申继亮.教师学习的分析维度与研究现状[J].全球教育展望,2006(08).
[62] 张奎明.国外建构主义教师教育改革研究[J].比较教育研究,2007(02).
[63] 刘岸英.反思型教师与教师专业发展[J].教育科学,2003(04).
[64] 李洪修.课程变革下小学教师合作有效性的个案研究[D].长春：东北师范大学,2005.
[65] 陈芳.加强教师合作,促进教师专业发展[J].教书育人,2008,(27).
[66] 陶晓丽.我国中小学教师合作现存问题及对策研究[D].重庆：西南大学,2007.
[67] 何韧.挖掘教师的合作潜力[J].中小学管理,2003(12).
[68] 郭德侠.互助与合作：教师专业成长的有效策略[J].教育理论与实践,2007(11).
[69] 李广平.教师间的合作专业发展[J].外国教育研究,2005(03).
[70] 吴颖民.国外对中小学教师领导力问题的研究与启示[J].比较教育研究,2008.(08).
[71] 金建生.中小学教师领导研究[D].兰州：西北师范大学,2007.
[72] 林海燕.教师领导内涵的新发展[J].中小学管理,2006(02)：38-39.
[73] 彭小虎.社会变迁中的小学教师生涯发展[D].上海：华东师范大学,2005.
[74] 刘良华.行动研究的史与思[D].上海：华东师范大学,2001.
[75] 姜勇.女性主义教育学视野中的教师专业发展[J].教师教育研究,2004(06).
[76] 赵雪霞.诺丁斯关心理论对教师素质的全新要求[J].外国教育研究,2003(03).
[77] 王欢,李亮.农村教师职业动机及其培养研究[J].决策探索,2017(07).
[78] 马莹,赵志纯.农村教师从教动机调查研究[J].现代教育科学,2007(04).
[79] 王玉.非师范专业中学新任教师胜任力的培养[J].教育观察,2017(06).
[80] 75.6%农村受访者感到乡村教师严重紧缺[N].中国青年报,2016-05-13.
[81] 汪文华.高质量的乡村教师培训需要瞄准“靶向”[N].中国教育报,2018-04-12.
[82] 余新.影响教师培训有效性的五个基本环节[J].北京教育学院学报,2009(12).
[83] 杨建朝,蔡婉怡.内外兼修：乡村教师支持政策的反思与改进[J].信阳师范学院学报,2019(01).
[84] 鲍赫.教师培训需求的创新模式研究[J].吉林省教育学院学报,2018(08).
[85] 郭家海.核心素养“转化落实”的三个关键问题[J].新课程研究,2016(22).
[86] 东北师范大学中国农村教育发展研究院.《中国农村教育发展报告 2019》发布[J].中国民族报,2019-02-19.
[87] 高慧斌.一项基于甘肃、四川、内蒙古三省份的调查发现——农村教师培训成效喜忧参半[N].中国教育报,2017-01-06.
[88] 罗儒国.中小学教师培训状况的调查与分析[J].现代教育管理,2011(12).
[89] 刘慧芳.国外中小学教师在职教育与培训的比较与启示[J].教育探索,2001(11).
[90] 冯莉.论中小学教师继续教育存在的问题及其对策[J].湖南第一师范学报,2008(01).

[91] 赵连贵. 教育科研：教师专业发展有效途径[J]. 现代中小学教育,2013(06).
[92] 陈跃红. 美英教师继续教育的发展探析及启示[J]. 继续教育研究,2009(09).
[93] 朱玉东. 论国内外中小学教师培训的基本走向[J]. 内蒙古师范大学学报(教育科学版),2003(06).
[94] 谭华凤. 新加坡中小学教师职后培训体系研究[D]. 重庆：西南大学,2016.
[95] 于杨. 美国科学教师在职培训新动向[J]. 高教探索,2014(05).
[96] 谭兆敏,段作章. 国外教师在职培训模式的比较研究及启示[J]. 继续教育研究,2006(01).
[97] 朱艳. 比较视角中的英国中小学教师培训[J]. 教育研究与实验,2014(06).
[98] 刘双喜. 日本在职教师培训模式及其启示[J]. 黑龙江高教研究,2014(02).
[99] 张雪. 法国远程教育发展现状[J]. 中小学电教,2010(03).
[100] 方中雄,毕超. 发展远程培训创新教师继续教育模式[J]. 北京教育学院学报,2010(04).
[101] 牛风蕊. 美国教师资格证书制度分析及其启示[J]. 天津电大学报,2011(03).
[102] 徐红,唐姗姗. 英美教师专业标准的比较及启示[J]. 河北师范大学学报(教育科学版),2014(06).
[103] 谢宁. 美国克氏《2000 年教育目标法》评价[J]. 比较教育研究,1996(04).
[104] 沈甜甜. 科学教师在职培训研究——武汉市科学教师培训问题探讨[D]. 武汉：华中师范大学,2006.
[105] 余新. 教师培训的本质、功能与专业化发展[J]. 教育科学研究,2010(12).
[106] 祝怀新,许啸. 英国教师培训管理体系改革探析[J]. 西南大学学报,2009(03).
[107] 李中亮. 教师培训机构国家标准建设的作用、迫切性和依据[J]. 西北成人教育学院学报,2014(02).
[108] 杨洁. 农村教师"送培下乡"的 S－T－U 模式：要素与操作[J]. 当代教育科学,2018(08).
[109] 胡来宝,石博. "以课领训"夯实教师培训主体性实践[J]. 中小学教师培训,2015(12).
[110] 刘清堂,张妮,朱姣姣. 教师工作坊中的知识共享行为研究[J]. 中国远程教育,2018(11).
[111] 王道福,蔡其勇. "国培计划"教师培训"知识-能力-实践-体验"模式建构[J]. 课程·教材·教法,2013(07).
[112] 张平忠. 福建省县级教师进修学校发展组织保障浅析[J]. 福建教育学院学报,2013(06).
[113] 胡玉平. 基于 OTP 模型的幼儿教师培训需求分析——以教育部幼师国培示范项目为例[J]. 唐山师范学院学报,2018(01).
[114] 王红,吴颖民. 实现专业化,教师培训的发展路径[N]. 光明日报,2017－06－15.
[115] 杨彦军,郭绍青. 国内教师培训评价研究现状综述[J]. 中国人民大学教育学刊,2012(06)：170－179.
[116] 陈霞. 教师培训有效性的评价指标体系构建研究[J]. 中小学教师培训,2008(12).
[117] 朱光明. 从反思日记到反思性实践者——谈教师反思日记的写作[J]. 小学语文,2007(11).
[118] 曾语录,赵明琼. 送培单位和参训教师影响培训质量的因素及改善对策——基于对农村中小学教师参加培训的现状调查[J]. 继续教育研究,2012(10).

[119] 杨文静,张学良.美国教师培训评价经验及启示[J].黑龙江生态工程职业学院学报,2015(09).

[120] 贺安溪,胡惠明.农村中小学教师培训评价研究[J].当代教育理论与实践,2012(01).

[121] 张晓文,吴晓蓉.乡村教师生活世界遮蔽与回归——基于教育人类学生命价值的视角[J].教师教育研究,2019(04):31.

[122] 李宝荣.行动学习:教师现场式学习的有效路径[J].中国教育学刊,2017(07).

[123] 周亚东.论教师现场学习的动力机制[J].教育理论与实践,2017(11).

[124] 周亚东.实践性知识:教师现场学习的核心指向[J].教育探索,2016(12).

[125] 孙德芳,周亚东.教师学习:从学院式到现场式[J].中国教育学刊,2016(06).

[126] 梁红梅,马喜.生态视域下农村校长的工作压力与应对策略——基于X省百位农村中青年骨干校长的调查[J].教育理论与实践,2017(31).

[127] 张海珠,段巍.乡村教师沟通与合作能力检核模型的构建[J].湖南师范大学教育科学学报,2018(05).

[128] 许芳杰.课堂教学境域中的教师现场学习[J].教育科学,2018(02).

[129] 李兴洲.公平正义:教育扶贫的价值追求[J].教育研究,2017(03).

[130] 张廷凯,牛瑞雪.回归学科研究——课程改革的深化逻辑[J].课程·教材·教法,2017,37(02).

[131] 苏鸿.课程知识的实践意蕴与核心素养教育[J].课程·教材·教法,2017(05).

[132] 王炳明.乡村教师队伍建设的政策分析——基于湖南省泸溪县落实《乡村教师支持计划》的案例研究[J].中国教育学刊,2017(02).

[133] 曲晓慧,冯毅.我国高等教育国际化发展路径研究[J].学习与探索,2018(05).

[134] 左成光,王俊民.芬兰基础教育基于核心素养的科学课程标准探析[J].外国中小学教育,2017(10).

[135] 吴亮奎.乡村教师专业生态问题的表现、成因及改变策略[J].教师教育研究,2017(06).

[136] 王红.政策精准性视角下乡村青年教师激励的双重约束及改进[J].教师教育研究,2019(04):31.

[137] 王红,邬志辉.乡村教师职称改革的政策创新与实践检视[J].中国教育学刊,2019(02).

[138] 彭国昌,朱天义.精准性:习近平新时代中国特色社会主义国家治理思想的精髓[J].青海社会科学,2018(01).

[139] 王双龙.教师自我意识与学校支持氛围对教师专业发展的影响研究[J].教育科学研究,2017(11).

[140] 韦吉飞,刘达.多元城镇化中新生代乡村教师“经济杠杆”激励效应研究[J].教师教育研究,2018,30(06).

[141] 蒲大勇,王丽君,任兴灵.农村特岗教师“去职”原因及其影响因素的实证研究——以四川省N市为例[J].教育测量与评价(理论版),2016(02).

[142] 商应美,于爽.免费师范生就业政策执行跟踪研究:现状·成效·举措——以东北师范大学五届免费师范毕业生为例[J].东北师大学报(哲学社会科学版),2018(05).

[143] 何文涛.智慧学习环境下基于知识建模图的在线教育资源众筹及其应用研究[J].电化教育研究,2019(04).

[144] 黄晓娜.发达国家中小学教师培训课程的经验与启示[J].东北师大学报(哲学社会科学版),2019(03).

[145] 李福华. 论国家力量介入教师队伍建设的内生性需求[J]. 清华大学教育研究,2018(06).
[146] 闫华. 信息技术时代教师从教学者向助学者的转变[J]. 首都师范大学学报(社会科学版),2018(04).
[147] 郝志军. 基础教育课程改革反思与推进建议[J]. 西北师大学报(社会科学版),2017(05).
[148] 顾丽梅. 成人转化学习理论在教师远程继续教育中的实践[J]. 中国成人教育,2017(08).
[149] 钟柏昌,李艺. 核心素养如何落地：从横向分类到水平分层的转向[J]. 华东师范大学学报(教育科学版),2018(01).
[150] 殷蕾. 转化学习理论视角下教师培训的困境与出路[J]. 中国教育学刊,2018(10).
[151] 赵明辉,杨秀莲. 法国义务教育新道德与公民教育课程：内容、特点及启示[J]. 外国中小学教育,2018(04).
[152] 杨跃. 教师教育改革：一项道德领导事业[J]. 南京师大学报(社会科学版),2016(01).
[153] 吴亮奎. 乡村教师专业生态问题的表现、成因及改变策略[J]. 教师教育研究,2017(06).
[154] 李润洲. 何谓核心素养——一种“人-学习-知识”视角的回答[J]. 教育科学研究,2018(05).
[155] 马云鹏. 重构教师培训体系　提升教师专业素养——《中小学幼儿园教师培训课程指导标准(义务教育数学学科教学)》的特征与启示[J]. 中小学教师培训,2018(06).
[156] 宋海英,王姣姣. “翻转式培训”模式的构建与实施策略[J]. 当代教育与文化,2018(05).
[157] 付卫东,范先佐.《乡村教师支持计划》实施的成效、问题及对策——基于中西部 6 省 12 县(区)120 余所农村中小学的调查[J]. 华中师范大学学报(人文社会科学版),2018(01).
[158] 蒲大勇,王丽君,杜永红. 农村特岗教师发展状况和生态机制建构——基于四川省的实证调查分析[J]. 教育发展研究,2018(02).
[159] 王艳玲,苏萍,苟顺明. 特岗教师流动及流失意愿的影响因素分析——基于云南省的调查[J]. 教师教育研究,2017(05).
[160] 王艳玲,李慧勤. 乡村教师流动及流失意愿的实证分析——基于云南省的调查[J]. 华东师范大学学报(教育科学版),2017(03).
[161] 谢幼如,吴利红,邱艺,张惠颜,李伟. 用互联网思维创新教学实践研究：课程视角[J]. 中国电化教育,2017(10).
[162] 魏非,李树培. 混合式研修：内涵、现状与改进策略[J]. 教师教育研究,2017(05).
[163] 杜世纯,傅泽田. 基于 MOOC 的混合式学习及其实证研究[J]. 中国电化教育,2016(12).
[164] 王鉴,苏杭. 略论乡村教师队伍建设中的“标本兼治”政策[J]. 教师教育研究,2017(01).
[165] 袁文力. 立足常态,创新实施,为教师专业发展助力——“国培计划”项目县磐石市总体培训规划[J]. 吉林省教育学院学报,2018,34(12).
[166] 柯孔标. 义务教育拓展性课程的理论与实践探索[J]. 课程·教材·教法,2019(03).
[167] 杨道宇. 从知识到“事物本身”：学习对象的深度变革[J]. 课程·教材·教法,2018(04).
[168] 李臣之. 论本校课程建构[J]. 课程·教材·教法,2017(11).
[169] 陈纯槿. 中学教师工作满意度影响因素的实证研究——基于 PISA2015 教师调查数据的

分析[J]. 教师教育研究,2017(02).
[170] 张鹏,马海英. 别让多媒体教学成为教师惰性的借口[J]. 中国教育学刊,2016(05).
[171] 聂竹明,刘钊颖. 优质教育资源共享制度变革：从科层制到社群化[J]. 中国教育学刊,2017(05).
[172] 高丙成. 我国教育现代化评价指标体系的构建与应用[J]. 教育科学研究,2019(07).
[173] 王笑天,李爱梅,吴伟炯,等. 工作时间长真的不快乐吗？异质性视角下工作时间对幸福感的影响[J]. 心理科学进展,2017(01).
[174] 王洁,张民选. TALIS 教师专业发展评价框架的实践与思考——基于 TALIS2013 上海调查结果分析[J]. 全球教育展望,2016(06).
[175] 邵发仙,胡卫平. 教育政策取向的学科核心素养研究范式[J]. 教育科学研究,2019(07).
[176] 贺春兰. 家校关系：舆论诉求与回应建议——从舆论视野看我国家校关系的演进和趋势[J]. 教育科学研究,2019(07).
[177] 吕立杰,刘新,王萍萍. 实习教师自我效能与职业认同的相关性研究[J]. 高教探索,2016(11).
[178] 汪贤泽. 关于浙江省教师教育课程现状的研究[J]. 全球教育展望,2016(09).
[179] 钟启泉. 回归基础教育的基本职能[J]. 人民教育,2016(17).
[180] 肖其勇,郑华. 农村小学全科教师培养供给侧改革研究[J]. 中国教育学刊,2016(12).
[181] 丁庆. 乡村教师支持计划背景下乡村小学包班制的发展路径探讨[J]. 教学与管理,2016(18).
[182] 张虹. 全科小学教师培养的地方经验及其反思[J]. 教育发展研究,2016(10).
[183] 张嫚嫚,魏春梅. 乡村教师培训存在的问题分析及对策思考[J]. 教师教育研究,2016(05).
[184] 刘敏,石亚兵. 乡村教师流失的动力机制分析与乡土情怀教师的培养——基于 80 后“特岗教师”生活史的研究[J]. 当代教育科学,2016(06).
[185] 唐智松,王丽娟,谢焕庭. 乡村教师职业情怀的现状与特征[J]. 现代远程教育研究,2019(05).
[186] 王晓生,邬志辉. 乡村教师职称评聘的结构矛盾与改革方略[J]. 中国教育学刊,2019(09).
[187] 鲍赫. 基于乡村教师专业成长视阈下的“送教下乡”培训模式构建[J]. 吉林省教育学院学报,2019(08).
[188] 樊改霞. 乡村教师职业发展及其前景分析——兼议乡村教师队伍建设的路径[J]. 中小学教师培训,2019(08).
[189] 蒋敏杰. “一起做研究”：问题需求导向的乡村教师教学素养提升策略与路径[J]. 中小学教师培训,2019(08).
[190] 刘京莉,任志鹏. 教师培训视角下乡村小学教师专业发展途径探究[J]. 中小学教师培训,2019(08)：7－10.
[191] 李树培. 教师如何改善师生交往[J]. 教书育人,2002(10).
[192] 李上钊,王康,顾钰婷. 乡村教师专业发展培训系统的构建[J]. 教育教学论坛,2019(21).
[193] 史志乐. 乡村教师素质提高的政策审视与路径探析[J]. 教师教育研究,2019(03).
[194] 顾玉军. 乡村振兴中乡村教师助力乡村文化传承路径探析[J]. 教育理论与实践,2019

(13).
[195] 田爱丽,房才桐.基于场域的乡村教师适应性专业发展取向[J].现代教育管理,2019(04).
[196] 谢姗.基于AGIL模型的乡村教师职后培训发展策略[J].现代教育科学,2019(04).
[197] 唐一鹏,王恒.何以留住乡村教师——基于G省特岗教师调研数据的实证研究[J].教育研究,2019(04).
[198] 陈玉义,万明钢.公共视域下乡村教师荣誉制度的实践困境与对策——基于甘肃、山东等6省区的调查分析[J].中国教育学刊,2019(04).
[199] 姜金秋,田明泽.乡村教师生活补助政策对教师留任意愿的影响——基于连片贫困地区三个县的实证研究[J].教育科学研究,2019(04).
[200] 张晓文,张旭.从颁布到落地:32份《乡村教师支持计划》文本分析[J].现代教育管理,2017(02).
[201] 陈红,李宝荣,廖明华.中小学英语教师培训课程指南[M].北京:北京师范大学出版社,2014.
[202] 周钧.美国教师教育理论与实践[M].北京:北京师范大学出版社,2015.
[203] 北京教育学院语文教师培训课程项目组.中小学语文教师培训课程指南[M].北京:北京师范大学出版社,2015.
[204] 翁乃群.村落视野下的农村教育[M].北京:社会科学文献出版社,2009.
[205] 吕世虎.中学语文参与式教师培训教程[M].北京:首都师范大学出版社,2012.
[206] 杨春茂.教师为人师表培训教材——师德修养与为人师表[M].北京:首都师范大学出版社,2014.
[207] 史宁中.新农村建设与城镇化推进中农村教育布局调整研究[M].北京:经济科学出版社,2014.
[208] 袁南辉,赵玉,周元春,等.网络环境下职业教育教师培训模式实践研究[M].广州:暨南大学出版社,2014.
[209] 洪明.教师教育的理论与实践[M].福州:福建教育出版社,2007.
[210] 吴荷芬.这样做,培训才有效——幼儿园教师职后培训指导手册[M].上海:华东师范大学出版社,2014.
[211] 联合国教科文组织国际教育局.教育展望169——移动学习支持下的教师培训与课程开发[M].上海:华东师范大学出版社,2015.
[212] 姚松.农村教育布局调整中的利益博弈研究[M].北京:科学出版社,2016.
[213] 宋萑,袁丽.21世纪的教师教育改革:本土话语与全球视野[M].北京:北京师范大学出版社,2017.
[214] 汪明春.教师教育综合素质教程[M].武汉:华中科技大学出版社,2016.
[215] 吴德刚.中国农村教育综合改革研究[M].北京:教育科学出版社,2011.
[216] 代蕊华.教师专业发展与校本培训[M].北京:教育科学出版社,2011.
[217] 余新.教师培训者专业化丛书——教师培训师专业修炼[M].北京:教育科学出版社,2012.
[218] 于月萍,李潮海,周浩波.城镇化背景下农村教育转型与路径研究[M].沈阳:辽宁人民出版社,2016.
[219] 苏平.培训师成长实战手册——培训需求诊断与调研[M].北京:人民邮电出版

社,2015.
[220] 张慧真. 如何成为孩子的好教师——西南少数民族地区农村教师培训手册[M]. 北京：中央民族大学出版社,2013.
[221] [英] 马丁·奥林治(Martin Orridge). 赢在培训——提升培训活力的150个游戏[M]. 派力,译. 北京：企业管理出版社,2011.
[222] 邬志辉,秦玉友. 中国农村教育发展报告2017—2018[M]. 北京：北京师范大学出版社,2019.
[223] 段烨. 培训师21项技能修炼[M]. 北京：北京联合出版公司,2014.
[224] 吕丽艳. 教育卸责问题研究——基于农村教育实践的考察[M]. 长春：东北师范大学出版社,2015.
[225] 崔国富. 新农村与城镇化建设视域下农村教育综合改革研究[M]. 北京：中国文史出版社,2014.
[226] 广州大学教师培训学院组. 教师培训的改革与创新[M]. 北京：北京师范大学出版社,2012.
[227] 兰军. 基于教师发展的中小学教师培训模式研究[M]. 武汉：华中科技大学出版社,2012.
[228] 戴伟芬. 美国教师教育课程思想30年[M]. 北京：北京师范大学出版社,2012.
[229] 顾明远,曲恒昌. 转型与提升：教师教育的改革与发展[M]. 济南：山东教育出版社,2015.
[230] 刘远胜,许泽能. 寻求成长突破——农村中小学骨干教师培训模式研究[M]. 四川：四川教育出版社,2010.
[231] 朱跃跃. 教育理论与实践研究丛书——教师校本培训项目制[M]. 北京：中国书籍出版社,2015.
[232] 李妍,赵丽,王立科. 国际视野下的教师发展与教师培养研究——理论建构与实践案例[M]. 上海：华东师范大学出版社,2013.
[233] 刘薇. 改变教学的36部教育名著[M]. 上海：华东师范大学出版社,2010.
[234] 弘爱. 点灯者——中国需要马小平这样的教师[M]. 上海：华东师范大学出版社,2015.
[235] 上海市新农村教师专业发展培训项目工作小组. 新农村教师教育新路[M]. 上海：上海社会科学院出版社,2013.
[236] 龙宝新. 当代国际教师教育研究[M]. 北京：科学出版社,2018.
[237] 陈永明. 教师教育学科群导论[M]. 北京：北京大学出版社,2013.
[238] 王萍. 美国中小学教师教育发展研究[M]. 武汉：武汉大学出版社,2014.
[239] 谢延龙. 西方教师教育思想——从苏格拉底到杜威[M]. 福建：福建教育出版社,2015.
[240] 曾煜. 中国教师教育史[M]. 北京：商务印书馆,2016.
[241] 邬志辉. 中国农村教育[M]. 北京：社会科学文献出版社,2019.
[242] 孟繁华,张景斌. 和谐共生——教师教育共同体的理论与实践[M]. 北京：首都师范大学出版社,2016.
[243] 余文森. 从有效教学走向卓越教学[M]. 上海：华东师范大学出版社,2015.
[244] 朱旭东. 中国现代教师教育体系构建研究[M]. 北京：北京师范大学出版社,2014.
[245] 乌云特娜. 东欧转型国家的农村教育发展的研究——以波兰、俄罗斯、罗马尼亚和乌克兰四国为例[M]. 北京：中国社会科学出版社,2014.

[246] 戴斌荣. 农村教育发展研究[M]. 北京：北京师范大学出版社,2015.
[247] 潘世祥. 基于创新的教师培训模式的培训实录[M]. 北京：清华大学出版社,2014.
[248] Donald L.(唐纳德·L·柯克帕特里克)、James D. Kirkpatrick(詹姆斯·L·柯克帕特里克). 如何做好培训评估——柯式四级评估法[M]. 林祝君,冯学东,译. 北京：电子工业出版社,2015.
[249] 刘峰. 教师培训项目评估的理论与实践[M]. 北京：电子工业出版社,2016.
[250] 李宁. 全球化视野下中国农村教育问题研究[M]. 吉林：东北师范大学出版社,2015.
[251] 李方,钟祖荣. 教师培训质量导航[M]. 北京：高等教育出版社,2014.
[252] [美] 梅尔·希尔伯曼(Mel Silberman). 如何做好生动培训[M]. 孙丰田,译. 北京：机械工业出版社,2013.
[253] [美] 黄绍裘,安奈特·布鲁肖. 如何培训高效能教师——来自全美权威教师培训项目的建议[M]. 韩可,译. 北京：中国青年出版社,2014.
[254] 王永平. 参与式教师教育技术培训研究[M]. 重庆：重庆大学出版社,2016.
[255] [美] Elaine Biech(伊莱恩·碧柯). 107 种经典培训活动[M]. 李静,孟静,祁宇,译. 北京：电子工业出版社,2019.
[256] 周正勇,周彪. 职业培训师修炼之道[M]. 北京：中国铁道出版社,2017.
[257] 邵光华. 样例学习的理论与实践[M]. 杭州：浙江大学出版社,2013.
[258] 苏姗姗,董小平. "国培计划"项目质量评价模式构建[J]. 中国教育学刊,2012(03).
[259] 黄甫全. 新课程中的教师角色与教师培训[M]. 北京：人民教育出版社,2003.
[260] [美] 雷蒙德·A. 诺伊. 雇员培训与开发[M]. 徐芳,译. 北京：中国人民大学出版社,2001.
[261] 赵祥麟. 外国现代教育史[M]. 上海：华东师范大学出版社,1987.
[262] 余新. 教师培训师专业修炼[M]. 北京：教育科学出版社,2012.
[263] [美] Thomas R. Guskey. 教师专业发展评价[M]. 万乐,张英,译. 北京：中国轻工业出版社,2005.
[264] 申继亮. 教师人力资源开发与管理[M]. 北京：北京师范大学出版社,2006.
[265] 刘峰. 教师培训项目评价的理论与实践[M]. 北京：电子工业出版社,2014：48－51.
[266] 殷蕾,许放. 高职教师培训实效评价指标体系构建研究[J]. 中国高教研究,2018(10).
[267] 黄显华,朱嘉颖. 一个都不能少——个别差异的处理[M]. 上海：上海科技教育出版社,2003.
[268] 李方,钟祖荣,余新. 教师培训管理工具箱[M]. 北京：高等教育出版社,2010.
[269] 靳玉乐. 现代教育学[M]. 成都：四川教育出版社,2015.
[270] [英] 阿尔玛·哈里斯,丹尼尔·缪伊斯. 教师领导力与学校发展[M]. 许联,吴合文,译. 北京：北京师范大学出版社,2007.
[271] 申继亮. 教师人力资源开发与管理[M]. 北京：北京师范大学出版社,2006.
[272] 邬志辉,秦玉友. 中国农村教育发展报告 2016[M]. 北京：北京师范大学出版社,2017.
[273] 郭元祥. 教师文化(17)——教师的信念[M]. 上海：华东师范大学出版社,2008.
[274] 范良火. 教师教学知识发展研究[M]. 上海：华东师范大学出版社,2003.
[275] 林崇德. 教育的智慧[MJ. 北京：北京师范大学出版社,2005.
[276] 单文经. 教学专业知能的性质初探[M]. 台北：师大书苑,1990.
[277] 叶澜,白益民. 教师角色与教师发展新探[M]. 北京：教育科学出版社,2001.

[278] [美] Lyle M. Spencer, Sige M. Spencer. 才能评鉴法：建立卓越的绩效模式[M]. 魏梅金，译. 汕头：汕头大学出版社，2003.

[279] Cherniss, c.. Professional burnout in human service organizations [M]. New York: Praeger, 1980.

[280] 张学民. 教师职业发展与培训——教师教学专长发展的研究[M]. 北京：知识产权出版社，2007.

[281] [美] Stephen D. Brookfield. 批判反思型教师 ABC[M]. 张伟，译. 北京：中国轻工业出版社，2002.

[282] 莲蓉. 教师职业生涯发展[M]. 北京：中国轻工业出版社，2008.

[283] [美] 唐纳德 A. 舍恩. 培养反映的实践者：专业领域中关于教与学的一项全新设计[M]. 郝彩虹，张玉荣，雷月梅，王志明，译. 北京：教育科学出版社，2008.

[284] D. J. Klein. 等. 教师能力标准一一面对面、在线及混合情境[M]. 顾小清，译. 上海：华东师范大学出版社，2007.

[285] 操太圣，卢乃桂. 伙伴协作与教师赋权——教师专业发展新视角[M]. 北京：教育科学出版社，2007.

[286] 钟任琴. 教师专业权能之研究——理论建构与实证分析[M]. 台北：五南图书出版公司，2000.

[287] 刘铁芳. 乡土的逃离与回归：乡村教育的人文重建[M]. 福州：福建教育出版社，2011. 45 - 49.

[288] 戴伟芬. 农村教师培训的第三空间路径研究[M]. 北京：科学出版社，2017.

[289] [美] Ralph Fessler, [美] Judith C. Christensen. 教师职业生涯周期[M]. 董丽敏，高耀明，译. 北京：中国轻工业出版社，2005.

[290] Turner-Bisset R. The knowledge bases of the expert teacher[J]. British Educational Research Journal, 1999, 25(01).

[291] Berliner, D. c. Learning about and learning from expert teachers[J]. International Journal of Educational Research, 2001(35).

[292] Crawford, P. H. Exploring thedevelopment of teaching expertise: novice and expert teachers ref1ection upon professional developmen[D]. North Carolina State University, 2003.

[293] Hall, v. The effects of technology resources, school administration, and teacher expertise onthe relationship between teachers' pedagogical beliefs and classroom computer use[D]. University of California, 2007.

[294] Terhart, E. Constructivism and Teaching: A New Paradigm in General Didactics? [J]. Journal of Curriculum Studies, 2003, 35(01).

[295] Kelchtermans, G. &. Ballet, K.. The micropolitics of teacher induction: A narrative-biographical study on teacher socialization[J]. Teaching and Teacher Education, 2002(18).

[296] Hashweh, M. Z. Teacher pedagogical constructions: a reconfiguration of pedagogical contentknowledge[J]. Teachers and Teaching: theory and practice, 2005, 11(03).

[297] Peterson, A.. Teachers' changing perceptions of self and others throughout the teaching career: some perspectives from an interview study of fifty retired secondary school teachers [R]. Paper present to the Southwest Educational research association, San Francisico, 1979.

[298] Pines, A. M. Teacher burnout: A psychodynamic existential perspective[J]. Teachers and

Teaching: Theory and Practice, 2002(02).

[299] Maslach, C, Schaufeli, W. B. & Leiter, M. P. Job burnout[J]. Annual Review Psychology, 2001(52).

[300] Burke, R. J. &. Greenglass, E. R. A longitudinal study of psychological burnout in teachers [J]. Human Relations, 1995(48).

[301] Valli, L. Listening to Other Voice; A Description of Teacher Reflection in the United States [J]. Peabody Journal of Education, 1997: 72.

[302] Maslach, c. Burnout: A social psychological analysis. In. w. Jone (Ed.), The burnoutsyndrome: Current research, theory, investigations[M]. Park Ridge: London House Press, 1982.

[303] Harris. A. &. Lambert. L. Building Leadership Capacity for School Improvement[M]. Buckingham: Open University Press, 2003.

[304] Hatton N & Smith, D. Rlletion In Teacber Educationr Towards Deinitin snd Implementaion [J]. Teaching & Teacher Education, 1995.

[305] GLOORPA. Swarmcreativity: competitive advantage through collaborative innovation networks [M]. Oxford,UK: Oxford University Press,2016.

[306] Grossman, P. L.. The making of a teacher: Teacher knowledge and teacher education[M]. NewYork: Teachers College P ress, 1990.

[307] Farber, B. A. Crisis in education: Stress and burnout in the American teacher[M]. San Francisco, CA: Jossey-Bass, 1991.

[308] Dreyfus, H. L. &. Dreyfus, S. E. Mind over machine[M]. New York: Free Press, 1986.